大学入試シリーズ

114

神戸大学

文系-前期日程

文・国際人間科〈文科系〉・法・経済・経営・海洋政策科〈文系〉学部

教学社

はしがき

　入力した質問に対して，まるで人間が答えているかのような自然な文章
で，しかも人間よりもはるかに速いスピードで回答することができるとい
う，自然言語による対話型の AI（人工知能）の登場は，社会に大きな衝
撃を与えました。回答の内容の信憑性については依然として課題があると
言われるものの，AI 技術の目覚ましい進歩に驚かされ，人間の活動を助
けるさまざまな可能性が期待される一方で，悪用される危険性や，将来人
間を脅かす存在になるのではないかという危惧を覚える人もいるのではな
いでしょうか。

　大学教育においても，本来は学生本人が作成すべきレポートや論文など
が，AI のみに頼って作成されることが懸念されており，AI の使用につい
ての注意点などを発表している大学もあります。たとえば東京大学では，
「回答を批判的に確認し，適宜修正することが必要」，「人間自身が勉強や
研究を怠ることはできない」といったことが述べられています。

　16 ～ 17 世紀のイギリスの哲学者フランシス・ベーコンは，『随筆集』
の中で，「悪賢い人は勉強を軽蔑し，単純な人は勉強を称賛し，賢い人は
勉強を利用する」と記しています。これは勉強や学問に取り組む姿勢につ
いて述べたものですが，このような新たな技術に対しても，侮ったり，反
対に盲信したりするのではなく，その利点と欠点を十分に検討し，特性を
よく理解した上で賢く利用していくことが必要といえるでしょう。

　受験勉強においても，単にテクニックを覚えるのではなく，基礎的な知
識を習得することを目指して正攻法で取り組み，大学で教養や専門知識を
学ぶための確固とした土台を作り，こうした大きな変革の時代にあっても
自分を見失わず，揺るぎない力を身につけてほしいと願っています。

＊　　　＊　　　＊

　本書刊行に際しまして，入試問題や資料をご提供いただいた大学関係者
各位，掲載許可をいただいた著作権者の皆様，各科目の解答や対策の執筆
にあたられた先生方に，心より御礼を申し上げます。

編者しるす

赤本の使い方

そもそも **赤本**とは…

受験生のための大学入試の過去問題集！

60年以上の歴史を誇る赤本は，600点を超える刊行点数で全都道府県の370大学以上を網羅しており，過去問の代名詞として受験生の必須アイテムとなっています。

Q. なぜ受験に過去問が必要なの？

A. 大学入試は大学によって問題形式や頻出分野が大きく異なるからです。

マーク式か記述式か，試験時間に対する問題量はどうか，基本問題中心か応用問題中心か，論述問題や計算問題は出るのか——これらの出題形式や頻出分野などの傾向は大学によって違うので，とるべき対策も大学によって違ってきます。
出題傾向をつかみ，その大学にあわせた対策をとるために過去問が必要なのです。

赤本で志望校を研究しよう！

赤本の掲載内容

傾向と対策

これまでの出題内容から，問題の**「傾向」**を分析し，来年度の入試にむけて具体的な**「対策」**の方法を紹介しています。

問題編・解答編

年度ごとに問題とその解答を掲載しています。
「問題編」ではその年度の試験概要を確認したうえで，実際に出題された過去問に取り組むことができます。
「解答編」には高校・予備校の先生方による解答が載っています。

ページの見方

ページの上部に年度や日程，科目などを示しています。見たいコンテンツを探すときは，この部分に注目してください。

日程・方式などの試験区分

各学部・学科で課された試験科目や配点が確認できます。

試験時間は各科目の冒頭に示しています。

問題編冒頭 / **各科目の問題**

他にも赤本によって，大学の基本情報や，先輩受験生の合格体験記，在学生からのメッセージなどが載っています。

● 掲載内容について ●

著作権上の理由やその他編集上の都合により問題や解答の一部を割愛している場合があります。なお，指定校推薦入試，社会人入試，編入学試験，帰国生入試などの特別入試，英語以外の外国語科目，商業・工業科目は，原則として掲載しておりません。また試験科目は変更される場合がありますので，あらかじめご了承ください。

赤本の使い方

受験勉強は過去問に始まり，過去問に終わる。

STEP 1 まずは解いてみる
（なにはともあれ）

STEP 2 弱点を分析する
（じっくり具体的に）

過去問をいつから解いたらいいか悩むかもしれませんが，まずは一度，**できるだけ早いうちに解いてみましょう。実際に解くことで，出題の傾向，問題のレベル，今の自分の実力がつかめます。**
赤本の「傾向と対策」にも，詳しい傾向分析が載っています。必ず目を通しましょう。

解いた後は，ノートなどを使って自己分析をしましょう。**間違いは自分の弱点を教えてくれる貴重な情報源です。**
弱点を分析することで，今の自分に足りない力や苦手な分野などが見えてくるはずです。合格点を取るためには，こうした弱点をなくしていくのが近道です。

合格者があかす赤本の使い方

傾向と対策を熟読
（Fさん／国立大合格）

大学の出題傾向を調べることが大事だと思ったので，赤本に載っている「傾向と対策」を熟読しました。解答・解説もすべて目を通し，自分と違う解き方を学びました。

目標点を決める
（Yさん／私立大合格）

赤本によっては合格者最低点が載っているものもあるので，まずその点数を超えられるように目標を決めるのもいいかもしれません。

時間配分を確認
（Kさん／公立大合格）

過去問を本番の試験と同様の時間内に解くことで，どのような時間配分にするか，どの設問から解くかを決めました。

過去問を解いてみて、まずは自分のレベルとのギャップを知りましょう。それを克服できるように学習計画を立て、苦手分野の対策をします。そして、また過去問を解いてみる、というサイクルを繰り返すことで効果的に学習ができます。

STEP 3 志望校にあわせて 重点対策をする

STEP 1▶2▶3… サイクルが大事！ 実践を繰り返す

分析した結果をもとに、参考書や問題集を活用して**苦手な分野の重点対策**をしていきます。赤本を指針にして、何をどんな方法で強化すればよいかを考え、**具体的な学習計画を立てましょう**。
「傾向と対策」のアドバイスも参考にしてください。

ステップ1～3を繰り返し、足りない知識の補強や、よりよい解き方を研究して、実力アップにつなげましょう。
繰り返し解いて**出題形式に慣れること**や、試験時間に合わせて**実戦演習を行うこと**も大切です。

添削してもらう
（Sさん／国立大合格）

記述式の問題は自分で採点しにくいので、先生に添削してもらうとよいです。人に見てもらうことで自分の弱点に気づきやすくなると思います。

繰り返し解く
（Tさん／国立大合格）

1周目は問題のレベル確認程度に使い、2周目は復習兼頻出事項の見極めとして、3周目はしっかり得点できる状態を目指して使いました。

他学部の過去問も活用
（Kさん／私立大合格）

自分の志望学部の問題はもちろん、同じ大学の他の学部の過去問も解くようにしました。同じ大学であれば、傾向が似ていることが多いので、これはオススメです。

神戸大-文系前期◀目次▶

目 次

大 学 情 報 1

◆ 在学生メッセージ　　25

◆ 合格体験記　　31

傾向と対策 39

解 答 編　※問題編は別冊

2023年度　■前期日程

英　　語 3

数　　学 23

国　　語 47

2022年度　■前期日程

英　　語 3

数　　学 23

国　　語 49

2021年度　■前期日程

英　　語 3

数　　学 21

国　　語 44

2020年度　■前期日程

英　　語 3

数　　学 21

国　　語 48

神戸大-文系前期◀目次▶

2019年度 ■前期日程

英　語 …………………………………………… 3
数　学 …………………………………………… 18
国　語 …………………………………………… 40

掲載内容についてのお断り

国際人間科学部・海洋政策科学部の理系数学および理科については，『神戸大学（理系―前期日程）』に掲載しています。

下記の問題に使用されている著作物は，2023 年 5 月 11 日に著作権法第 67 条の 2 第 1 項の規定に基づく申請を行い，同条同項の規定の適用を受けて掲載しているものです。
　2022 年度：「英語」大問Ⅱ

University Guide

大学情報

大学の基本情報

沿革

1902（明治35）		神戸高等商業学校を設置
1929（昭和 4）		神戸高等商業学校が神戸商業大学に昇格
1944（昭和19）		神戸商業大学は神戸経済大学となる
1946（昭和21）		兵庫県立医科大学を設置
1949（昭和24）		兵庫県立農科大学を設置。神戸経済大学，姫路高等学校，神戸工業専門学校，兵庫師範学校，兵庫青年師範学校を包括して神戸大学を設置（文理・教育・法・経済・経営・工の6学部）
1952（昭和27）		兵庫県立医科大学は兵庫県立神戸医科大学となる。兵庫県立農科大学は兵庫県立兵庫農科大学となる。神戸商船大学を設置
1954（昭和29）		文理学部を廃止し文学部と理学部を設置
1963（昭和38）		教養部を設置
1964（昭和39）		兵庫県立神戸医科大学を国立移管し医学部を設置
1966（昭和41）		兵庫県立兵庫農科大学を国立移管し農学部を設置
1992（平成 4）		教養部・教育学部を改組し国際文化学部・発達科学部を設置
2003（平成15）		神戸大学と神戸商船大学が統合し海事科学部を設置
2004（平成16）		国立大学法人化により国立大学法人神戸大学となる
2017（平成29）		国際文化学部・発達科学部を改組し国際人間科学部を設置
2021（令和 3）		海事科学部を改組し海洋政策科学部を設置

ロゴマーク

神戸大学のロゴマークは平成14年の創立百周年を機につくられました。神戸大学の英文名である「Kobe University」の頭文字「K」を2羽の鳥に象形化し，それぞれが大きな軌跡（個性）を描きながら山や海を渡り，大空（世界）へと自由に羽ばたき，時にはお互いに助け合いながら進みゆく様子を表現しています。

学部・学科の構成

大　学

文学部　六甲台キャンパス
　人文学科（哲学講座〈哲学専修〉，文学講座〈国文学専修，中国文学専修，英米文学専修，ドイツ文学専修，フランス文学専修〉，史学講座〈日本史学専修，東洋史学専修，西洋史学専修〉，知識システム講座〈心理学専修，芸術学専修，言語学専修〉，社会文化講座〈社会学専修，美術史学専修，地理学専修〉）

国際人間科学部　六甲台キャンパス
　グローバル文化学科
　発達コミュニティ学科
　環境共生学科
　子ども教育学科

法学部　六甲台キャンパス
　法律学科

経済学部　六甲台キャンパス
　経済学科

経営学部　六甲台キャンパス
　経営学科

理学部　六甲台キャンパス
　数学科
　物理学科
　化学科
　生物学科
　惑星学科

医学部　医学科：楠キャンパス／保健学科：名谷キャンパス
　医学科
　保健学科（看護学専攻，検査技術科学専攻，理学療法学専攻，作業療法学専攻）

4　神戸大／大学情報

工学部　六甲台キャンパス

建築学科

市民工学科

電気電子工学科

機械工学科

応用化学科

情報知能工学科

農学部　六甲台キャンパス

食料環境システム学科（生産環境工学コース，食料環境経済学コース）

資源生命科学科（応用動物学コース，応用植物学コース）

生命機能科学科（応用生命化学コース，応用機能生物学コース）

海洋政策科学部　深江キャンパス

海洋政策科学科（海洋基礎科学領域，海洋応用科学領域，海洋ガバナンス領域，

海技ライセンスコース〈航海学領域，機関学領域〉）

（備考）講座・専修・コース・領域等に分属する年次はそれぞれで異なる。

大学院

人文学研究科／国際文化学研究科／人間発達環境学研究科／法学研究科／経済学研究科／経営学研究科／理学研究科／医学研究科／保健学研究科／工学研究科／システム情報学研究科／農学研究科／海事科学研究科／国際協力研究科／科学技術イノベーション研究科／法科大学院／社会人 MBA プログラム

大学所在地

楠キャンパス
名谷キャンパス
六甲台キャンパス
深江キャンパス

六甲台キャンパス
(本部, 文・理・工・農学部)　〒657-8501　神戸市灘区六甲台町1-1
(法・経済・経営学部)　〒657-8501　神戸市灘区六甲台町2-1
(国際人間科学部)
　グローバル文化学科　〒657-8501　神戸市灘区鶴甲1-2-1
　上記以外の学科　〒657-8501　神戸市灘区鶴甲3-11
楠キャンパス　〒650-0017　神戸市中央区楠町7-5-1
名谷キャンパス　〒654-0142　神戸市須磨区友が丘7-10-2
深江キャンパス　〒658-0022　神戸市東灘区深江南町5-1-1

入試データ

- 農学部生命機能科学科応用機能生物学コースは，2020年度に環境生物学コースから名称変更された。
- 海洋政策科学部は，2021年度に海事科学部を改組し設置された。

入試状況（志願者数・競争率など）

- 合格者数には追試験合格・追加合格者を含む。
- 競争率は受験者数÷合格者数で算出。
- 経済学部の志願者数，受験者数は，出願時に選択した区分での数であり，合格者数は下記の当該選抜対象者全体から決定した数である。
 ①「数学受験」を選択した場合，「数学選抜」においてのみ入学者選抜の対象となる。
 ②「英数受験」を選択した場合，「英数選抜」「数学選抜」において入学者選抜の対象となる。
 ③「総合受験」を選択した場合，「総合選抜」「英数選抜」「数学選抜」において入学者選抜の対象となる。
- 農学部の前期日程・後期日程は，第1～6志望までコース選択することができるため，志願者数・受験者数は第1志望の数を，合格者数は農学部全体の受験者から決定した数を示す。

2023年度 一般選抜状況

■■前期日程

学部・学科等		募集人員	志願者数	受験者数	合格者数	競争率
文	人文	77	168	161	82	2.0
国際人間科	グローバル文化	95	234	229	99	2.3
	発達コミュニティ	54	195	181	62	2.9
	環境共生 文科系受験	23	48	47	25	1.9
	環境共生 理科系受験	30	85	82	35	2.3
	子ども教育	39	100	96	41	2.3
法	法律	117	303	294	118	2.5
経済	数学選抜	30	36	34	32	1.1
	英数選抜	30	41	37	32	1.2
	総合選抜	160	746	701	171	4.1
経営	経営	220	813	758	230	3.3

（表つづく）

神戸大／大学情報　7

学部・学科等			募集人員	志願者数	受験者数	合格者数	競争率
理		数	21	54	52	22	2.4
	物	理	25	61	59	27	2.2
	化		24	51	46	26	1.8
	生	物	18	58	54	20	2.7
	惑	星	25	75	74	29	2.6
医		医	92	256	233	94	2.5
	保健	看 護 学	70	121	113	77	1.5
		検査技術科学	28	62	59	30	2.0
		理 学 療 法 学	15	42	40	16	2.5
		作 業 療 法 学	15	40	35	18	1.9
工		建 築	75	284	280	77	3.6
		市 民 工	49	202	197	49	4.0
		電 気 電 子 工	65	232	229	67	3.4
		機 械 工	88	300	295	89	3.3
		応 用 化	85	224	213	86	2.5
		情 報 知 能 工	90	356	347	94	3.7
農	食料環境システム	生 産 環 境 工 学	20	37	36	22	1.6
		食 料 環 境 経 済 学	5	17	17	9	1.9
	資源生命科	応 用 動 物 学	20	39	35	21	1.7
		応 用 植 物 学	21	47	45	24	1.9
	生命機能科	応 用 生 命 化 学	29	110	109	30	3.6
		応 用 機 能 生 物 学	21	48	48	21	2.3
海洋政策科		理 系 科 目 重 視 型	115	276	273	140	2.0
		文 系 科 目 重 視 型	30	124	116	31	3.7
合 計			1,921	5,885	5,625	2,046	―

▪▪後期日程

学部・学科等			募集人員	志願者数	受験者数	合格者数	競争率
文	人	文	20	262	113	24	4.7
国際人間科	グローバル文化		35	257	100	39	2.6
	発達コミュニティ		10	123	53	11	4.8
	環境共生	文科系受験	8	54	24	8	3.0
		理科系受験	9	88	44	9	4.9
	子ども教育		11	55	25	11	2.3
法	法	律	60	574	198	66	3.0
理	数	理	7	94	34	11	3.1
	物	理	10	108	46	12	3.8
	化		6	63	18	7	2.6
	生	物	4	45	20	5	4.0
	惑	星	8	90	43	10	4.3
医	保健	看護学	6	79	22	12	1.8
		検査技術科学	10	109	40	13	3.1
		理学療法学	3	34	11	4	2.8
工	建	築	16	217	81	19	4.3
	市 民 工	学	12	123	72	16	4.5
	電 気 電 子 工	学	26	264	106	33	3.2
	機 械 工	学	13	259	104	20	5.2
	応 用	化	18	216	83	20	4.2
	情 報 知 能	工	15	278	98	17	5.8
農	食料環境システム	生産環境工学	5	48	24	6	4.0
		食料環境経済学	2	22	12	3	4.0
	資源生命科	応用動物学	6	33	17	7	2.4
		応用植物学	5	35	17	6	2.8
	生命機能科	応用生命化学	7	129	57	8	7.1
		応用機能生物学	8	41	26	8	3.3
海洋政策科	理系科目重視型		40	320	180	44	4.1
合	計		380	4,020	1,668	449	―

神戸大／大学情報　9

2022年度　一般選抜状況

■前期日程

学部・学科等		募集人員	志願者数	受験者数	合格者数	競争率
文	人　　　　　文	77	252	247	83	3.0
国際人間科	グ ロ ー バ ル 文 化	95	285	275	97	2.8
	発 達 コ ミ ュ ニ テ ィ	54	145	140	64	2.2
	環境共生 文 科 系 受 験	23	55	54	25	2.2
	理 科 系 受 験	30	73	70	38	1.8
	子 ど も 教 育	39	111	107	42	2.5
法	法　　　　　律	117	365	355	117	3.0
経　　済	数 学 選 抜	30	61	59	32	1.8
	英 数 選 抜	30	43	42	32	1.3
	総 合 選 抜	160	579	528	170	3.1
経　　営	経　　　　　営	220	774	722	230	3.1
理	数　　　　　理	21	64	64	23	2.8
	物　　　　　理	25	67	63	26	2.4
	化　　　　　学	24	71	68	26	2.6
	生　　　　　物	18	51	48	22	2.2
	惑　　　　　星	25	99	98	26	3.8
医	医	92	247	222	92	2.4
	保健 看 護 学	70	146	134	78	1.7
	検 査 技 術 科 学	28	66	63	30	2.1
	理 学 療 法 学	15	49	45	15	3.0
	作 業 療 法 学	15	35	30	19	1.6
工	建　　　　　築	75	312	306	75	4.1
	市 民 工	49	202	200	49	4.1
	電 気 電 子 工	73	257	251	74	3.4
	機 械 工	88	257	255	88	2.9
	応 用 化	85	265	256	86	3.0
	情 報 知 能 工	90	354	341	94	3.6
農	食料環境システム 生 産 環 境 工 学	20	47	46	23	2.0
	食 料 環 境 経 済 学	5	23	23	8	2.9
	資源生命科 応 用 動 物 学	20	47	46	21	2.2
	応 用 植 物 学	21	50	50	24	2.1
	生命機能科 応 用 生 命 化 学	29	132	127	31	4.1
	応 用 機 能 生 物 学	21	51	49	21	2.3
海洋政策科	理 系 科 目 重 視 型	115	373	360	144	2.5
	文 系 科 目 重 視 型	30	63	61	31	2.0
合　　　　　計		1,929	6,071	5,805	2,056	―

■■■後期日程

学部・学科等		募集人員	志願者数	受験者数	合格者数	競争率
文	人　　　　　　　文	20	295	122	26	4.7
国　際人間科	グローバル文化	35	350	132	43	3.1
	発達コミュニティ	10	131	57	11	5.2
	環境共生 文科系受験	8	102	53	8	6.6
	環境共生 理科系受験	9	70	30	9	3.3
	子ども教育	11	90	48	11	4.4
法	法　　　　　　　律	60	464	150	71	2.1
理	数　　　　　　　理	7	87	38	11	3.5
	物　　　　　　　理	10	121	56	16	3.5
	化	6	84	37	6	6.2
	生　　　　　　　物	4	28	15	6	2.5
	惑　　　　　　　星	8	70	33	12	2.8
医	保健 看　護　学	6	80	33	13	2.5
	保健 検査技術科学	10	94	33	13	2.5
	保健 理学療法学	3	34	14	4	3.5
工	建　　　　　　　築	16	192	101	24	4.2
	市　民　工	12	155	80	16	5.0
	電　気　電　子　工	18	231	102	22	4.6
	機　械　工	13	254	114	22	5.2
	応　用　化	18	205	73	22	3.3
	情　報　知　能　工	15	319	126	20	6.3
農	食料環境システム 生産環境工学	5	37	25	6	4.2
	食料環境システム 食料環境経済学	2	29	18	3	6.0
	資源生命科 応用動物学	6	37	15	8	1.9
	資源生命科 応用植物学	5	49	20	7	2.9
	生命機能科 応用生命化学	7	136	58	8	7.3
	生命機能科 応用機能生物学	8	29	20	12	1.7
海　洋政策科	理系科目重視型	40	279	137	40	3.4
合　　　　計		372	4,052	1,740	470	－

2021年度 一般選抜状況

■■前期日程

学部・学科等			募集人員	志願者数	受験者数	合格者数	競争率
文	人	文	77	160	155	80	1.9
国際人間科	グローバル文化		95	254	242	96	2.5
	発達コミュニティ		54	255	238	62	3.8
	環境共生	文科系受験	23	65	64	24	2.7
		理科系受験	30	74	71	37	1.9
	子ども教育		39	107	104	40	2.6
法	法	律	117	306	297	120	2.5
経済	数学選抜		30	30	29	32	—
	英数選抜		30	40	38	32	1.2
	総合選抜		160	657	620	170	3.6
経営	経	営	220	787	719	231	3.1
理	数	理	21	58	56	23	2.4
	物	理	25	98	96	27	3.6
	化		24	81	78	24	3.3
	生	物	18	50	46	20	2.3
	惑	星	25	64	60	27	2.2
医	医		92	261	234	92	2.5
	保健	看護学	70	173	155	77	2.0
		検査技術科学	28	107	100	30	3.3
		理学療法学	15	43	40	15	2.7
		作業療法学	15	56	51	17	3.0
工	建	築	75	259	253	76	3.3
	市 民 工		46	158	155	48	3.2
	電気電子工		73	260	257	76	3.4
	機 械 工		88	349	339	94	3.6
	応 用 化		85	200	195	85	2.3
	情報知能工		90	416	404	93	4.3
農	食料環境システム	生産環境工学	20	40	40	23	1.7
		食料環境経済学	5	18	17	8	2.1
	資源生命科	応用動物学	20	44	43	21	2.0
		応用植物学	21	49	48	24	2.0
	生命機能科	応用生命化学	29	127	125	29	4.3
		応用機能生物学	21	29	28	23	1.2
海洋政策科	理系科目重視型		115	355	350	142	2.5
	文系科目重視型		30	164	159	34	4.7
合 計			1,926	6,194	5,906	2,052	—

■■後期日程

学部・学科等			募集人員	志願者数	受験者数	合格者数	競争率
文	人	文	20	297	112	26	4.3
国際人間科	グローバル文化		35	342	126	38	3.3
	発達コミュニティ		10	106	49	11	4.5
	環境共生	文科系受験	8	89	46	8	5.8
		理科系受験	9	77	35	9	3.9
	子ども教育		11	69	29	11	2.6
法	法	律	60	606	212	68	3.1
理	数	理	7	88	34	9	3.8
	物		10	123	55	15	3.7
	化		6	67	26	10	2.6
	生	物	4	36	13	4	3.3
	惑	星	8	62	37	10	3.7
医	保健	看護学	6	86	22	8	2.8
		検査技術科学	10	123	44	13	3.4
		理学療法学	3	38	13	3	4.3
工	建	築	16	203	76	22	3.5
	市民	工	15	99	51	21	2.4
	電気電子	工	18	211	65	23	2.8
	機械	工	13	201	78	16	4.9
	応用	化	18	214	89	24	3.7
	情報知能	工	15	290	111	19	5.8
農	食料環境システム	生産環境工学	5	34	17	6	2.8
		食料環境経済学	2	27	11	3	3.7
	資源生命科	応用動物学	6	43	16	7	2.3
		応用植物学	5	41	18	6	3.0
	生命機能科	応用生命化学	7	147	55	8	6.9
		応用機能生物学	8	37	17	9	1.9
海洋政策科	理系科目重視型		40	286	151	40	3.8
合	計		375	4,042	1,608	447	―

2020年度 一般入試状況

■■前期日程

学部・学科等			募集人員	志願者数	受験者数	合格者数	競争率
文	人　　　　文		77	229	222	86	2.6
国際人間科	グローバル文化		95	216	210	96	2.2
	発達コミュニティ		54	201	187	58	3.2
	環境共生	文科系受験	23	48	46	24	1.9
		理科系受験	30	85	84	39	2.2
	子ども教育		39	96	94	41	2.3
法	法　　　　律		117	337	330	120	2.8
経済	数学選抜		30	46	44	32	1.4
	英数選抜		30	37	33	32	1.0
	総合選抜		160	602	560	169	3.3
経営	経　　　　営		220	865	804	231	3.5
理	物	数理	21	75	70	23	3.0
		物理	25	52	51	26	2.0
	化		24	44	44	25	1.8
	生物		18	65	61	22	2.8
	惑星		25	84	81	27	3.0
医	医		92	250	219	92	2.4
	保健	看護学	70	154	146	78	1.9
		検査技術科学	28	69	65	30	2.2
		理学療法学	15	36	34	16	2.1
		作業療法学	15	47	47	19	2.5
工	建築		75	213	209	76	2.8
	市民工		46	147	144	50	2.9
	電気電子工		73	316	309	77	4.0
	機械工		88	199	193	92	2.1
	応用化		78	176	174	79	2.2
	情報知能工		85	215	208	90	2.3
農	食料システム環境	生産環境工学	20	28	27	22	1.2
		食料環境経済学	5	15	15	8	1.9
	資源生命科	応用動物学	20	36	35	21	1.7
		応用植物学	22	52	51	23	2.2
	生命機能科	応用生命化学	29	113	110	31	3.5
		応用機能生物学	21	26	26	22	1.2
海事科	グローバル輸送科 海洋安全システム科 マリンエンジニアリング		} 143	395	388	170	2.3
合　　　計			1,913	5,569	5,321	2,047	—

■■後期日程

学部・学科等			募集人員	志願者数	受験者数	合格者数	競争率
文	人	文	20	218	78	25	3.1
国際人間科	グローバル文化		35	349	141	38	3.7
	発達コミュニティ		10	128	57	11	5.2
	環境共生	文科系受験	8	80	32	8	4.0
		理科系受験	9	76	38	9	4.2
	子ども教育		11	56	21	11	1.9
法	法	律	60	411	145	70	2.1
理	数	理	7	84	38	8	4.8
	物	理	10	85	34	13	2.6
	化		6	63	24	8	3.0
	生	物	4	42	22	4	5.5
	惑	星	8	65	35	9	3.9
医	保健	看護学	8	76	22	10	2.2
		検査技術科学	10	93	24	12	2.0
		理学療法学	3	40	18	3	6.0
		作業療法学	3	24	14	6	2.3
工	建	築	16	153	57	21	2.7
	市民工		15	136	61	17	3.6
	電気電子工		18	202	63	21	3.0
	機械工		13	242	96	18	5.3
	応用化		26	212	61	36	1.7
	情報知能工		20	245	93	24	3.9
農	食料環境システム	生産環境工学	5	41	20	7	2.9
		食料環境経済学	2	24	13	3	4.3
	資源生命科	応用動物学	6	44	15	8	1.9
		応用植物学	5	47	20	6	3.3
	生命機能科	応用生命化学	7	133	44	8	5.5
		応用機能生物学	8	43	26	9	2.9
海事科	グローバル輸送科 海洋安全システム科 マリンエンジニアリング		47	334	157	55	2.9
合 計			400	3,746	1,469	478	—

神戸大／大学情報　15

2019年度 一般入試状況

■■前期日程

学部・学科等			募集人員	志願者数	受験者数	合格者数	競争率
文	人	文	77	190	182	83	2.2
国際人間科	グ ロ ー バ ル 文 化		95	231	227	100	2.3
	発 達 コ ミ ュ ニ テ ィ		54	228	209	58	3.6
	環境共生	文 科 系 受 験	23	92	90	25	3.6
		理 科 系 受 験	30	67	66	37	1.8
	子 ど も 教 育		39	109	106	41	2.6
法	法	律	117	322	312	119	2.6
経 済	数 学 選 抜		30	48	46	32	1.4
	英 数 選 抜		30	62	56	32	1.8
	総 合 選 抜		160	755	705	169	4.2
経 営	経	営	220	721	670	230	2.9
理	物	数 理	21	54	53	23	2.3
	化		25	67	67	27	2.5
		学	24	56	52	26	2.0
	生	物	18	62	59	23	2.6
	惑	星	25	70	66	28	2.4
医	医		92	279	244	93	2.6
	保健	看 護 学	70	191	179	75	2.4
		検 査 技 術 科 学	28	97	96	31	3.1
		理 学 療 法 学	15	40	38	16	2.4
		作 業 療 法 学	15	52	50	19	2.6
工	建 築		75	223	222	77	2.9
	市 民 工		46	139	137	49	2.8
	電 気 電 子 工		73	346	341	76	4.5
	機 械 工		88	215	211	92	2.3
	応 用 化		78	203	197	83	2.4
	情 報 知 能 工		85	239	232	91	2.5
農	食料環境システム	生 産 環 境 工 学	20	31	31	23	1.3
		食 料 環 境 経 済 学	5	19	19	8	2.4
	資源生命科	応 用 動 物 学	20	53	53	22	2.4
		応 用 植 物 学	22	65	63	23	2.7
	生命機能科	応 用 生 命 化 学	29	115	112	30	3.7
		環 境 生 物 学	21	36	36	22	1.6
海 事 科	グ ロ ー バ ル 輸 送 科 海 洋 安 全 シ ス テ ム 科 マ リ ン エ ン ジ ニ ア リ ン グ		143	456	451	170	2.7
合 計			1,913	5,933	5,678	2,053	—

■■後期日程

学部・学科等			募集人員	志願者数	受験者数	合格者数	競争率
文	人	文	20	291	126	25	5.0
国際人間科	グローバル文化		35	327	128	38	3.4
	発達コミュニティ		10	118	50	10	5.0
	環境共生	文科系受験	8	65	28	9	3.1
		理科系受験	9	83	41	9	4.6
	子ども教育		11	76	41	13	3.2
法	法	律	60	651	274	72	3.8
理	数	理	7	73	29	8	3.6
	物	理	10	99	43	11	3.9
	化		6	66	28	8	3.5
	生	物	4	42	15	4	3.8
	惑	星	8	71	44	11	4.0
医	保健	看護学	8	98	28	13	2.2
		検査技術科学	10	87	41	13	3.2
		理学療法学	3	36	15	3	5.0
		作業療法学	3	39	17	3	5.7
工	建	築	16	169	77	22	3.5
	市 民	工	15	116	52	18	2.9
	電 気 電 子	工	18	201	76	25	3.0
	機 械	工	13	234	86	15	5.7
	応 用	化	26	223	79	26	3.0
	情 報 知 能	工	20	293	104	23	4.5
農	食料システム環境	生産環境工学	5	21	9	5	1.8
		食料環境経済学	2	25	13	2	6.5
	資源生命科	応用動物学	6	45	24	8	3.0
		応用植物学	5	39	17	6	2.8
	生命機能科	応用生命化学	7	131	48	10	4.8
		環境生物学	8	21	14	12	1.2
海事科	グローバル輸送科 海洋安全システム科 マリンエンジニアリング		} 47	286	156	57	2.7
合 計			400	4,026	1,703	479	―

合格者最低点（一般選抜）

- 表中の「―」の欄は，合格者数が10人以下のため公表していない。
- 経営学部（前期日程）では，最初に，共通テストの成績のみによる「共通テスト優先」で募集人員の約30％を優先的に選抜し，次いで，個別学力検査の成績のみによる「個別優先」で募集人員の約30％を優先的に選抜した後に，共通テストと個別学力検査の成績による「共通テスト・個別総合」で選抜を行っている（2019・2020年度はセンター試験）。

■■前期日程

学部・学科等			2023年度	2022年度	2021年度	配点合計
文			535.575	518.525	527.500	800
国際人間科	グローバル文化		515.616	501.333	528.746	800
	発達コミュニティ		534.525	493.400	538.950	800
	環境共生	文科系受験	582.733	550.300	600.100	900
		理科系受験	664.800	607.600	629.666	1,000
	子ども教育		522.025	496.375	506.225	800
法			538.650	513.300	540.175	800
経済	数学選抜		656.416	616.891	573.575	800
	英数選抜		595.416	556.633	549.308	800
	総合選抜		534.391	477.633	504.375	800
経営	共通テスト優先		725.800	701.200	758.800	900
	個別優先		218.400	213.666	190.200	350
	共通テスト・個別総合		477.816	466.583	469.383	725
理	数		525.700	516.000	503.150	815＊
	物理		583.100	541.250	542.000	850
	化		540.000	534.300	553.900	850
	生物		559.075	526.025	548.775	850
	惑星		548.675	543.625	512.250	850
医	医		650.080	619.680	613.200	810
	保健	看護学	443.066	455.733	482.433	800
		検査技術科学	487.400	457.666	527.800	800
		理学療法学	550.700	527.466	531.033	800
		作業療法学	447.133	422.266	476.433	800

(表つづく)

18 神戸大／大学情報

学部・学科等			2023 年度	2022 年度	2021 年度	配点合計
工		建　　　　　築	526.550	503.500	488.583	800
		市　　民　　工	509.116	475.000	482.416	800
		電　気　電　子　工	517.066	473.766	479.566	800
		機　　　械　　　工	505.620	465.420	488.260	800
		応　　　用　　　化	527.125	505.325	486.900	800
		情　報　知　能　工	531.283	500.033	490.266	800
農	食料システム環境	生産環境工学	559.750	529.200	539.450	850
		食料環境経済学	—	—	—	850
	資生命源科	応　用　動　物　学	562.400	534.850	547.450	850
		応　用　植　物　学	562.250	533.100	563.100	850
	生機能命科	応　用　生　命　化　学	599.800	561.750	588.700	850
		応　用　機　能　生　物　学	575.150	537.350	546.250	850
海洋政策科	理　系　科　目　重　視　型		583.250	578.358	584.258	1,000
	文　系　科　目　重　視　型		619.375	546.475	619.675	1,000

（備考）＊理学部数学科の配点合計は，2023・2022 年度 815 点，2021 年度 800 点。

神戸大／大学情報　19

学部・学科等			2020 年度	2019 年度	配点合計
文			562.125	574.675	800
国際人間科	グ ロ ー バ ル 文 化		540.610	559.930	800
	発 達 コ ミ ュ ニ テ ィ		544.100	567.500	800
	環境共生	文 科 系 受 験	594.500	630.800	900
		理 科 系 受 験	609.466	672.900	1,000
	子 ど も 教 育		526.750	561.800	800
法			559.125	570.475	800
経済	数 学 選 抜		712.625	629.975	800
	英 数 選 抜		600.641	592.891	800
	総 合 選 抜		536.333	545.083	800
経営	セ ン タ ー 優 先		762.400	779.200	900
	個 別 優 先		223.700	219.300	350
	セ ン タ ー ・ 個 別 総 合		502.016	507.391	725
理	数		500.675	541.375	800
	物 理		521.575	582.450	850
	化		501.225	588.800	850
	生 物		520.850	575.900	850
	惑 星		526.550	564.850	850
医	医		616.960	660.320	810
	保健	看 護 学	495.033	532.600	800
		検 査 技 術 科 学	483.700	564.400	800
		理 学 療 法 学	520.233	595.666	800
		作 業 療 法 学	478.466	513.866	800
工	建 築		504.300	566.275	800
	市 民 工		461.133	516.533	800
	電 気 電 子 工		475.550	538.266	800
	機 械 工		490.200	535.750	800
	応 用 化		495.900	545.650	800
	情 報 知 能 工		483.075	540.250	800
農	食料環境システム	生 産 環 境 工 学	511.450	582.700	850
		食 料 環 境 経 済 学	—	—	850
	資源生命科	応 用 動 物 学	522.600	606.650	850
		応 用 植 物 学	530.950	601.600	850
	生命機能科	応 用 生 命 化 学	539.850	614.700	850
		環 境 生 物 学		589.400	850
		応 用 機 能 生 物 学	519.100		850
海 事 科			576.225	633.125	1,000

20 神戸大／大学情報

■■後期日程

学部・学科等			2023年度	2022年度	2021年度	配点合計
文			559.250	583.200	587.500	800
国際人間科	グローバル文化		559.960	530.100	567.010	800
	発達コミュニティ		462.300	438.750	455.800	600
	環境共生	文科系受験	—	—	—	600
		理科系受験	—	—	—	600
	子ども教育		430.650	433.450	448.700	600
法			542.500	479.200	557.000	700
理	数		672.600	611.325	—	815＊
	物　　　理		832.400	804.000	790.850	1,100
	化		—	—	—	750
	生　　　物		—	—	—	625
	惑　　　星		—	487.200	—	700
医	保健	看　護　学	382.333	394.200	—	600
		検査技術科学	426.800	400.400	440.133	600
		理学療法学	—	—	—	600
工	建　　　築		600.883	602.483	582.433	800
	市　民　工		584.890	565.780	553.350	800
	電気電子工		618.533	587.166	565.750	800
	機　械　工		616.720	576.746	569.333	800
	応　用　化		612.513	587.670	565.696	800
	情報知能工		650.200	630.650	606.900	800
農	食料環境システム	生産環境工学	—	—	—	850
		食料環境経済学	—	—	—	850
	資源生命科	応用動物学	—	—	—	850
		応用植物学	—	—	—	850
	生命機能科	応用生命化学	—	—	—	850
		応用機能生物学	—	585.325	—	850
海洋政策科	理系科目重視型		717.800	641.725	664.383	1,000

（備考）＊理学部数学科の配点合計は，2023・2022年度815点，2021年度800点。

神戸大／大学情報　21

学部・学科等			2020年度	2019年度	配点合計
文			565.400	613.950	800
国際人間科	グローバル文化		540.670	557.910	800
	発達コミュニティ		485.150	—	600
	環境共生	文科系受験	—	—	600
		理科系受験	—	—	600
	子ども教育		432.750	432.750	600
法			512.200	532.300	700
理	数		—		800
	物理		809.200	822.000	1,100
	化		—	—	750
	生物		—	—	625
	惑星		—	483.500	700
医	保健	看護学	—	452.200	600
		検査技術科学	425.133	456.933	600
		理学療法学	—	—	600
工	建築		601.450	592.033	800
	市民工		601.883	531.083	800
	電気電子工		608.250	562.816	800
	機械工		620.033	566.160	800
	応用化		581.233	581.400	800
	情報知能工		625.293	583.283	800
農	食料システム環境	生産環境工学	—	—	850
		食料環境経済学	—	—	850
	資源生命科	応用動物学	—	—	850
		応用植物学	—	—	850
	生命機能科	応用生命化学	—	—	850
		環境生物学		583.975	850
		応用機能生物学	—		850
海事科			655.808	626.941	1,000

募集要項の入手方法

　神戸大学ではインターネット出願が導入されています。学生募集要項の紙媒体による発行はありません。詳細は神戸大学ホームページで確認してください。

■神戸大学ホームページ　https://www.kobe-u.ac.jp/

 神戸大学のテレメールによる資料請求方法

[スマートフォンから] QRコードからアクセスしガイダンスに従ってご請求ください。
[パソコンから] 教学社 赤本ウェブサイト(akahon.net)から請求できます。

神戸大／大学情報　23

■■問い合わせ先

学部等	住所・電話番号等
文　学　部	〒657-8501 神戸市灘区六甲台町1-1 神戸大学　文学部　教務学生係　　　　　　　　　TEL 078-803-5595
国際人間科学部 グローバル文化学科	〒657-8501 神戸市灘区鶴甲1-2-1 神戸大学　国際人間科学部 　　　　　　鶴甲第一キャンパス事務課 教務学生係 TEL 078-803-7530
国際人間科学部 上記以外の学科	〒657-8501 神戸市灘区鶴甲3-11 神戸大学　国際人間科学部 　　　　　　鶴甲第二キャンパス事務課 教務学生係 TEL 078-803-7924
法　学　部	〒657-8501 神戸市灘区六甲台町2-1 神戸大学　法学部　教務グループ　　　　　　　TEL 078-803-7234
経　済　学　部	〒657-8501 神戸市灘区六甲台町2-1 神戸大学　経済学部　教務係　　　　　　　　　TEL 078-803-7250
経　営　学　部	〒657-8501 神戸市灘区六甲台町2-1 神戸大学　経営学部　教務グループ　　　　　　TEL 078-803-7260
理　学　部	〒657-8501 神戸市灘区六甲台町1-1 神戸大学　理学部　教務学生係　　　　　　　　TEL 078-803-5767
医　学　部 医　学　科	〒650-0017 神戸市中央区楠町7-5-1 神戸大学　医学部医学科　教務学生係　　　　　TEL 078-382-5205
医　学　部 保　健　学　科	〒654-0142 神戸市須磨区友が丘7-10-2 神戸大学　医学部保健学科　教務学生係　　　　TEL 078-796-4504
工　学　部	〒657-8501 神戸市灘区六甲台町1-1 神戸大学　工学部　教務学生係　　　　　　　　TEL 078-803-6350
農　学　部	〒657-8501 神戸市灘区六甲台町1-1 神戸大学　農学部　教務学生係　　　　　　　　TEL 078-803-5928
海洋政策科学部	〒658-0022 神戸市東灘区深江南町5-1-1 神戸大学　海洋政策科学部　教務学生グループ 　　　　　　　　　　　　　　　　　　　　　　TEL 078-431-6225
入　試　課	〒657-8501 神戸市灘区六甲台町1-1 神戸大学　学務部入試課　　　　　　　TEL 078-803-5230 　　　　　　　　　　　　　　　　　　　078-803-5235

合格体験記 募集

　2024年春に入学される方を対象に，本大学の「合格体験記」を募集します。お寄せいただいた合格体験記は，編集部で選考の上，小社刊行物やウェブサイト等に掲載いたします。お寄せいただいた方には小社規定の謝礼を進呈いたしますので，ふるってご応募ください。

応募方法

下記URLまたはQRコードより応募サイトにアクセスできます。
ウェブフォームに必要事項をご記入の上，ご応募ください。
折り返し執筆要領をメールにてお送りします。
（※入学が決まっている一大学のみ応募できます）

⇨ **http://akahon.net/exp/**

応募の締め切り

総合型選抜・学校推薦型選抜	2024年2月23日
私立大学の一般選抜	2024年3月10日
国公立大学の一般選抜	2024年3月24日

受験川柳 募集

受験にまつわる川柳を募集します。
入選者には賞品を進呈！　ふるってご応募ください。

応募方法

http://akahon.net/senryu/ にアクセス！

在学生メッセージ

大学ってどんなところ？ 大学生活ってどんな感じ？ ちょっと気になることを，在学生に聞いてみました。

（注）以下の内容は 2020～2022 年度入学生のアンケート回答に基づくものです。ここで触れられている内容は今後変更となる場合もありますのでご注意ください。

 大学生になったと実感！

　高校の時は毎日 5 時間目まであったけれど，授業の取り方を工夫すれば昼からの日や昼までで終わる日もできて，大学の時間がある程度自由に調整できるところです。授業時間が 90 分になったのも大きく変わった点で，授業がなかなか終わらなくてしんどいです。（T. K. さん）

　家に帰る時間が遅くなったことです。大学が終わった後にアルバイトに行ったり，友達と遊んだりすることが多いので，だいたい帰宅時間は 23 時を過ぎます。高校生までは特に何もなかったら 19 時頃までには家に帰っていました。私は自宅から大学に通っていますが，次の日の朝も早いので，家はお風呂に入って寝るだけの場所になってしまいました。（赤岩さん）

　色々な地域から来ている学生と交流したとき，時間割を自分で決めるとき，レポートなどで自分の意見を求められるときに，大学生になったなと実感しました。高校までは近くの地域から通っている人だけで，時間割も決まっており受動的に勉強をしていましたが，大学では能動的に勉強する学生が多く，そこが高校までとは違うなと感じます。（R. I. さん）

──────メッセージを書いてくれた先輩方──────
《国際人間科学部》Y.S. さん／Y. H. さん　《理学部》T. K. さん
《工学部》赤岩七海さん／R. I. さん

大学生活に必要なもの

　神戸大学はノートパソコン必携なので，各自で用意する必要があります。大学の授業がオンデマンドで配信されたり，課題の提出もパソコンを使ってオンラインで行ったりします。（T. K. さん）

　大学生になって新たに必要になったものは，自分用のパソコンです。レポートの提出だけではなく，履修登録や成績発表も専用サイトで行われるので，パソコンをきちんと使いこなす必要があります。タイピングができないと，レポートを作るのに時間がかかってしまいます。私は苦手だったので春休みに少し練習しました。授業のノートを取るのにパソコンやタブレットを使う人はそこまで多くはないです。ほとんどの人は高校までのようにルーズリーフやノートを使っています。（赤岩さん）

　大学生になってから必要なものの中で新しく用意したものは，ノートパソコンと指定されている教科書と定期です。寮暮らしや一人暮らしをしている人で，印刷機を購入している人もいました。また，iPadで授業を受けている人も見受けられます。（Y. S. さん）

この授業がおもしろい！

　環境学入門という授業がおもしろいです。生態系やエネルギーなどそれぞれの分野を専門に研究している先生方が授業をしてくれるので，環境問題や環境の保全方法について様々な視点から学ぶことができます。（T. K. さん）

　電気電子工学科には，「初年次セミナー」という4人グループで自由研究をし発表する授業があります。週1回グループで集まり実験をしました。前期の最後には発表会があり，他のグループの実験成果を見ることができます。優秀なら賞がもらえるので，どの班も本気で取り組みます。私の班は，電磁誘導をおこす実験をしたのですが，意外と難しく苦戦しました。また，授業初日にこのグループで集まったので，学内で友達ができる良い機会でもありました。（赤岩さん）

大学の学びで困ったこと&対処法

　大学では学生と教授の距離が遠いです。高校までは授業後や放課後に気軽に質問しに行くことができましたが，大学の教授や講師は研究や授業で忙しいので事前にメールしてアポをとったり，対応をしてくれても時間が短かったりします。なので，友達に聞いたりインターネットで調べたりして解決するようにしています。(赤岩さん)

　海外のことについてほとんど知らなかったことです。高校の授業で世界史は学びましたが，現在の国際関係や各国の情勢についてほとんど知識がなかったため，授業で国と国の関係やその国の間で起こっている問題などが話されていてもいまいちピンとこず，授業後に調べてみてやっと理解できたということが何度かありました。今では現在世界で起こっていることをもっと知ろうと，とりあえず毎日新聞を眺めています。しかし，短期間で世界中のことをすべて知ることは不可能であるので，高校生の間にも隙間時間に新聞を読んだりニュースを見るなどして世界のことに目を向けるようにすると良いと思います。(Y. H. さん)

部活・サークル活動

　私は軟式テニスのサークルで活動しています。神戸大学にはテニスサークルがいくつもあるので，どのサークルに入ろうか迷いましたが，新歓に行ってみて一番自分の雰囲気に合っているサークルに決めました。だいたい週1回，休日に参加しています。サークル仲間のテニスのレベルが高いので，テニスのしがいがあって楽しいです。(赤岩さん)

　ESSという英語を楽しむサークルと，子どもと活動するボランティアサークルと，バドミントンサークルに入っています。ESSでは友達と英語で会話したりゲームをしたりするだけでなく，自分で作って暗記したスピーチのコンテストに出場したり，ドラマでピーターパンを演じたり，チームに分かれてディベート大会を開いたりしています。忙しいですが達成感も大きく，特にプライズをもらえたときはとても嬉しかったです。ボランティアサークルでは動物園や科学館に行ったり，公園でひたすら鬼ごっこをしたりしています。元気いっぱいの子どもと遊ぶことでたくさんの活力をもらうことができます。バドミントンサークルは週1回の頻度で友達と2時間ほどバドミントンを楽しんでいます。(Y. H. さん)

交友関係は？

　学科によっては入学してすぐに学生と教授陣が集まって自己紹介する会があるので，そこで近くの席の人と話して仲良くなりました。その後も同じ授業を取った人と一緒に帰ったり課題を教えあったりしているうちに仲良くなっていました。（T. K. さん）

　入学前にツイッターで自分と同じ学科の友達とつながり，ライングループを作りました。また，あるサークルが企画した，新入生同士が大学に集まって先輩たちと一緒に大学巡りをするイベントに参加して，同じ学科の先輩ともつながりました。（Y. H. さん）

　授業で席が近い人に声をかけて交流を持つようになったり，授業のグループワークのグループメンバーで協力していく中で仲良くなったりもしました。また，先輩とは部活動で声をかけてきてもらったりして交流しています。（R. I. さん）

いま「これ」を頑張っています

　塾講師のアルバイトをしているので，良い先生になれるように頑張っています。小学校や中学校で習った内容だけでなく，入試が終わって学習した内容もどんどん抜けているので，生徒に教えることが自分の復習にもなっています。（T. K. さん）

　いま頑張っていることは英語の勉強です。前期で周りの人よりも英語の能力が劣っていることを痛感させられていたにもかかわらず，なかなかやる気になれなかったのですが，後期に入りいまやらなければ後悔することになると感じ，始めました。（Y. S. さん）

　スーパーのレジのバイトを頑張っています。入りたての頃はパートさんとの人間関係やお客さんの要望に応えることに苦労していました。しかし，遠隔授業で家にこもりがちだった生活の中で，唯一社会と関わることができる貴重な居場所の一つでもあったため何とか辞めずに続けています。今ではだいぶ余裕も生まれてきて，バイト仲間とのちょっとした会話や，休憩時間にもらえるお菓子などを楽しみに週3程度で働いています。（Y. H. さん）

普段の生活で気をつけていることや心掛けていること

　授業によっては，1回提出物を出し逃したり出席できなかったりすると単位が取得できない科目があります。提出物は直接手渡しするのではなくオンラインで提出するものが多く，気を抜いていると提出期限を超過してしまうので気をつけています。（T. K. さん）

　時間を有効に使うことに気をつけています。空きコマはもちろん，授業が終わってからアルバイトに行くまでの時間に，残っている課題を終わらせるようにしています。また，自宅から大学まで2時間かかるので，電車に乗っている間にその日の授業の教科書を読んで予習をしています。（赤岩さん）

 ## おススメ・お気に入りスポット

　大学の中には自習室やコモンルームがいくつかあります。自習室は静かに勉強する部屋で，コモンルームは自習するだけでなく数人で集まって話し合いながら利用することができます。どちらもテスト前の勉強や空きコマの時間つぶしに役立っています。（T. K. さん）

　神戸大学からは夜景がとても綺麗に見えます。神戸の夜景は「100万ドルの夜景」と言われており，日本三大夜景にもなっています。「百年記念館」から見える景色は最高です。（赤岩さん）

 ## 入学してよかった！

　カリキュラムが比較的自由に組めるので，高校の時よりも毎日の生活にゆとりができて，趣味に使う時間やバイトに専念する時間が増やせたところがよかったと思います。しっかり授業に出席してある程度勉強していれば単位は取れるので，受験勉強に追われた高校生の時と比べると本当に楽しいです。（T. K. さん）

　人間的に成長できるところです。大学にはスペックの高い（有能な）人がたくさんいます。私の周りには，優しくて勉強やスポーツができておしゃれな人が多いです。そのような人と関わることで，向上心が芽生え，自分の足りていない部分に気づき，改善しようと努力することで成長できます。（赤岩さん）

高校では出会ったことのないような経験をしている人や考えを持っている人に出会えたことです。そのような人たちと何気ない会話をするだけで，身が引き締まる思いがします。勉強に熱心な人も多いので，そのような人たちに触発されて課題以外に予習や復習にも力を入れるようにしています。(Y. S. さん)

高校生のときに「これ」をやっておけばよかった

大学入試に必要のない科目や興味がない科目でも，その単位を取らないと卒業要件を満たせない場合があります。高校の時にさぼりがちだった社会などの科目ももっと真剣に授業を聞いておけばよかったと思います。(T. K. さん)

行事にもっと積極的に取り組めばよかったと思います。大学ではクラスもないし，文化祭・体育祭といったイベントもないです。このような経験は高校までしかできないし，一生の思い出になります。高校生のうちにそういったイベントに積極的に参加して，青春を存分に楽しんでおくべきだったと思います。私は塾や勉強の時間を優先するために，大きな役に立候補することはありませんでした。今から考えたら，高校生のうちにしかできないことに全力で取り組みたかったです。(赤岩さん)

英語のスピーキングの練習をもっとたくさんしておけばよかったと思います。受験英語はほとんどリーディングであったため，書かれている文章を受け身的に読むことになりますが，大学に入って英語の授業を受けると，積極的に英語で自分の考えを述べることが要求され，言いたいことが言えないという事態に何度も直面しました。言いたい英単語がパッと思い浮かぶようになるともっと英語で楽しく会話できるのではないかと思います。(Y. H. さん)

合格体験記

　みごと合格を手にした先輩に，入試突破のためのカギを伺いました。入試までの限られた時間を有効に活用するために，ぜひ役立ててください。
（注）ここでの内容は，先輩が受験された当時のものです。2024 年度入試では当てはまらないこともありますのでご注意ください。

アドバイスをお寄せいただいた先輩

Y. S. さん　国際人間科学部（環境共生学科）
前期日程 2021 年度合格，兵庫県出身

　合格のポイントは，赤本の最近 7 年分を繰り返し解き直したことです。時間がなくても焦らずに，自分がどうして間違えたのか研究することが大切だと思います。

その他の合格大学　関西大（文〈共通テスト利用〉），立命館大（文，政策科，産業社会〈共通テスト利用〉）

Y. H. さん　国際人間科学部（子ども教育学科）
前期日程 2021 年度合格，兵庫県出身

　今日やると決めたことは今日のうちにやりきること。次の日に残してしまうと次の日の負担も増えるし，明日やればいいと思うことが気の緩みにつながります。

その他の合格大学　関西学院大（教育〈共通テスト利用〉），関西大（文〈共通テスト利用〉）

H. M. さん　国際人間科学部（グローバル文化学科）
前期日程 2020 年度合格，広島県出身

　合格のポイントは，赤本で3科目を15年分やったことです。英語と国語は添削してもらい，苦手だった国語は，15年分解いたあとに最近7年分くらいをもう一度やり直して，2回目も添削してもらいました。

その他の合格大学　同志社大（グローバル地域文化），関西学院大（社会〈センター利用〉）

T. A. さん　法学部
前期日程 2020 年度合格，兵庫県出身

　日々学習に取り組むことも大事ですが，本番で落ち着いて解けるように，精神を鍛えることも同じぐらい大切です。自分を信じ，緊張に打ち勝って力を存分に出し切ることができれば，合格を勝ち取ることができます。頑張ってください。

その他の合格大学　関西学院大（法）

入試なんでもQ&A

受験生のみなさんからよく寄せられる，入試に関する疑問・質問に答えていただきました。

Q 「赤本」の効果的な使い方を教えてください。

A 英語と数学は『神戸大の英語15カ年』『神戸大の数学15カ年』（ともに教学社）も利用し，慣れてきたら時間を計って解いていました。特に英語は苦手だったので，最初は速く読むことを意識しすぎてしまい本文の読み間違えが多かったのですが，徐々に慣れることができました。国語は自分で採点しにくいので，先生に添削してもらった後，もう一度自分で赤本を解くことをお勧めします。人に見てもらうことで自分の弱点に気づきやすくなると思います。もうこの問題は飽きるほど見たと思ってからが一番伸びるので試してみてください。　　　　（Y. S. さん／国際人間科）

A 5日に1回，本番のような時間割で実際の試験のようにして1年分解く日をつくっていました。最初は時間配分がうまくいかず得点が思うように伸びなかったけれど，2日ほど空けてもう一度解くことで1回目に見つかった反省点を活かして問題を解くことができ，それを7年分繰り返すことで，神戸大学の過去問の傾向や，自分に合った時間配分を見つけることができました。さらに，解答を見ながら自分の答案を採点することで，自分の答案に抜けていた部分を見つけたり，より簡潔で伝わりやすい答案の書き方を知ることができました。　　　　（Y. H. さん／国際人間科）

Q 1年間の学習スケジュールはどのようなものでしたか？

A 高校3年生の4～6月は未習範囲の社会と，完全に覚えられていない理科を重点的に学習しました。7～8月は共通テスト対策として，休日の午前中は数学の青チャートを単元ごとに解くことに加え，二次試験対策として『理系数学の良問プラチカ　数学Ⅰ・A・Ⅱ・B』（河合出版）を数Bから進めました。9月からは共通テストのみの科目は週2回に絞り，ひ

たすら英語，数学，国語の記述を対策しました。直前期の 12〜1 月は共通テスト用の問題集を解きながら，社会と理科は忘れている箇所だけ教科書で振り返りました。共通テスト後は，赤本を解くことに集中しました。

(Y. S. さん／国際人間科)

Q 学校外での学習はどのようにしていましたか？

A 高校 3 年生になってから数学のみ塾に通い始めました。特に二次試験対策を集中的に行い，答案作りに必要な要素を教えてもらえたことがよかったと思います。国語と英語は通信教育を利用して自分の解答を添削してもらっていました。返却された答案は必ず解き直すようにしていました。日本史はオンラインの動画を見ており，時代ごとの背景を頭に浮かべるようにすると高得点を取れるようになりました。生物も最初だけオンラインの動画を見て自分でまとめ直していました。 (Y. S. さん／国際人間科)

Q 神戸大学を攻略する上で，特に重要な科目は何ですか？

A 英語だと思います。神戸大学の英語は時間制限が厳しく，力をつけるには先生の手助けが必要となる英作文が課されるため，素早く正確に英語を読む力と，短時間で内容が濃く相手に伝わる英文を書く力が必要であり，このような力を身につけるにはたくさんの時間と労力がかかるからです。読解力をつけるために，自分が読んだことのないたくさんの英文を読んで，自分の知らない単語を前後の文脈から推測したり，和訳する力を身につけるとともに，自分が読んだことのある英文を音読しながら和訳することで，文構造を素早くとらえる力を身につけるよう心がけました。英作文は 1 週間に 2 回，自分で書いたものを先生に添削してもらい，そこで注意されたことを踏まえてもう一度自分で書き，本番に活かせるようにしていました。 (Y. H. さん／国際人間科)

A 国語です。特に現代文が重要です。文章や記述量が多い上に試験時間が短いので，主語と述語を明確にして，日本語として成り立つ文章を短時間で要点を押さえつつ作り上げる訓練が必要です。また，古文や漢文は基礎問題も出るため，確実に得点できるよう，基礎を徹底する必要があり

ます。現代文が苦手な人は古文・漢文で得点を落とすと致命的です。

（H. M. さん／国際人間科）

Q 苦手な科目はどのように克服しましたか？

　A　数学にずっと苦手意識がありました。数学の得点は下がる一方だったのですが、根気強く1冊の問題集を単元ごとに3回ずつ解くようにすると成果が10月に表れ始めました。典型パターンの解法を頭に入れ切ったことで、新しい問題を見ても手がつけられないことがなくなったからだと思います。共通テストの数学も、長い問題文のうち必要な要素のみを読み取る練習を続けるうちに、一番の得意科目にすることができました。

（Y. S. さん／国際人間科）

Q 模試の上手な活用法を教えてください。

　A　入試本番と同じように緊張感をもって模試に取り組むことで、入試の独特な雰囲気に慣れ、本番でもそれほど緊張することなく自分の力を十分発揮することができるようになると思います。また、模試が終わったらそのままにせず、解答・解説を読んで間違った部分を復習して知識を定着させることも大切です。結果返却後は、記述模試では特に、自分の解答には何が足りなかったのかを分析することで、点をもらえる解答とはどういったものかを理解することができるようになると思います。

（T. A. さん／法）

Q 併願する大学を決める上で重視したことは何ですか？ また、注意すべき点があれば教えてください。

　A　神戸大学の二次試験の勉強に極力集中したかったので、私立は共通テスト利用のみの出願にしました。そうすることで、神戸大学のほかの受験生が私立の試験の勉強をしている時間も、神戸大学の勉強に集中することができ、試験本番も、自分は人よりもたくさん神戸大学の勉強をしてきたと思うことで自信をもって臨むことができました。共通テスト利用で確実に合格できるように、自分のもともと併願したかった私立に加えて、併

願は考えていなかった，少しレベルを落とした私立にも出願しました。

（Y. H. さん／国際人間科）

Q 試験当日の試験場の雰囲気や，注意点などがあれば教えてください。

A JR六甲道駅から試験会場に向かうバスがとても混雑していました。学部によって乗るバスが違うので，何本か待ちました。また，阪急の最寄り駅からバスに乗ろうとしていた人の多くはJR六甲道駅から乗っている人が多過ぎて乗り切れず，やむなく歩いて坂を上っていました。早め早めの行動がいいと思います。ちなみに，私の受けた会場は一番上にあるキャンパスの6階だったので，坂や階段がしんどかったです。

（H. M. さん／国際人間科）

Q 受験生のときの失敗談や後悔していることを教えてください。

A 理科と社会を共通テストの1カ月前に完成させてしまったので，1カ月間の記憶とモチベーションの維持が大変でした。理科と社会は共通テストの2週間前くらいに完成させて，残りの2週間は共通テストの問題演習にあてるくらいがちょうどいいのではないかと思います。そうすることで，共通テストの勉強をメインで行いながらも二次試験の勉強も少しできるので，共通テストが終わってから二次試験の勉強にスムーズに移れると思います。 （Y. H. さん／国際人間科）

Q 受験生へアドバイスをお願いします。

A 受験勉強は決して平坦なものではありません。成績が伸び悩み，思うような結果が得られなかったり，勉強がつらくて投げ出したくなったりすることもあると思います。しかし，日々の学習の積み重ねは必ず自分に味方してくれます。本気で勉強に取り組んできたという自信は本番で必ず自分を後押ししてくれます。合格した自分の姿を思い浮かべながら一生懸命勉強に取り組み，努力してきた自分の力を信じて最後まであきらめずに頑張ってください。

（T. A. さん／法）

科目別攻略アドバイス

みごと入試を突破された先輩に,科目ごとに独自の攻略法を紹介していただきました。

■英語

> 基本的な単語と文法は確実に押さえたうえで,それを使いこなせるようにすること。　　　　　　　　　　　　（Y. H. さん／国際人間科）

おすすめ参考書　『英単語ターゲット1900』（旺文社）

> スピードが勝負です。単語の意味が瞬時に出てくるように単語帳で日頃から訓練しておく必要があります。また,2020年度は英作文が長文の中に組み込まれていました。私は長文の内容が理解できず,英作文が1問空白となってしまいました。単語力と長文速読力がカギです。　　　　　　　　　　　　　　　　　　　　　（H. M. さん／国際人間科）

おすすめ参考書　『英検準1級　でる順パス単』（旺文社）

■数学

> 数学は,過去問よりは学校で配布されている基礎問題集を解くことをお勧めします。過去問を早くに解いても神戸大の数学は解けるようになりません。市販の問題集を購入する場合は,文系数学は難解なものが多いので,数Ⅲが除かれた理系数学の問題集を解く方がいいと思います。　　　　　　　　　　　　　　　　　　　（Y. S. さん／国際人間科）

おすすめ参考書　『理系数学の良問プラチカ　数学Ⅰ・A・Ⅱ・B』（河合出版）

■国語

国語は,現代文のテーマがつかめていないと,書き出しからわからないときがあります。記述対策に入る前に,頻出のテーマを頭に入れてから問題を解くと一気に筆者の主張が見つけられるようになります。古文・漢文は解答を書き始める前に必要な要素を書き出しておくといいと思います。

(Y.S.さん／国際人間科)

おすすめ参考書　『生きる現代文キーワード』(駿台文庫)

Trend & Steps

傾向と対策

40　神戸大-文系前期／傾向と対策

傾向と対策を読む前に

　科目ごとに問題の「傾向」を分析し，具体的にどのような「対策」をすればよいか紹介しています。まずは出題内容をまとめた分析表を見て，試験の概要を把握しましょう。

■注意

　「傾向と対策」で示している，出題科目・出題範囲・試験時間等については，2023 年度までに実施された入試の内容に基づいています。2024 年度入試の選抜方法については，各大学が発表する学生募集要項を必ずご確認ください。

　また，新型コロナウイルスの感染拡大の状況によっては，募集期間や選抜方法が変更される可能性もあります。各大学のホームページで最新の情報をご確認ください。

■来年度の変更点

　2024 年度一般選抜前期日程では，以下の変更が予定されている（本書編集時点）。

• 文・国際人間科・法学部で外国語科目が英語のみとなる。

神戸大-文系前期／傾向と対策　41

英　語

年度	番号	項　目	内　　　　　容
2023	〔1〕	読　　解	同意表現，具体例，英文和訳，空所補充
	〔2〕	読　　解	英文和訳，内容説明，空所補充，内容真偽
	〔3〕	読　　解	同意表現，英文和訳，内容説明，内容真偽
	〔4〕	英　作　文	内容説明（40 語），意見論述（60 語）
2022	〔1〕	読　　解	内容真偽，空所補充，英文和訳
	〔2〕	読　　解	内容真偽，英文和訳，共通語による空所補充，内容説明（70 字他），空所補充
	〔3〕	読　　解	同意表現，空所補充，英文和訳
	〔4〕	英　作　文	内容説明（40 語），意見論述（70 語）
2021	〔1〕	読　　解	空所補充，内容説明（25・35 字），英文和訳
	〔2〕	読　　解	同意表現，内容説明，空所補充，英文和訳，内容真偽
	〔3〕	会　話　文	英文和訳，内容説明（40 字），同意表現，内容真偽
	〔4〕	英　作　文	内容説明（40 語），意見論述（60 語）
2020	〔1〕	読　　解	内容説明（50 字），同意表現，英文和訳，空所補充，意見論述（60 語）
	〔2〕	読　　解	内容説明（30 字 3 問），空所補充，英文和訳，内容真偽
	〔3〕	読　　解	内容説明（25 字），同意表現，英文和訳，空所補充，意見論述（70 語）
2019	〔1〕	読　　解	空所補充，内容説明（35 字），英文和訳，内容真偽
	〔2〕	読　　解	内容説明，空所補充，英文和訳，内容真偽
	〔3〕	読　　解	同意表現，内容説明，後続文の内容
	〔4〕	英　作　文	意見論述（60 語 2 問）

▶読解英文の主題

年度	番号	主　　　　　　　　題	語　数
2023	〔1〕	意味のある人生とは	約 700 語
	〔2〕	世界の水資源問題	約 690 語
	〔3〕	ドライブ前の女性たちの会話	約 590 語
2022	〔1〕	光害が夜行性の生物に与える影響	約 660 語
	〔2〕	リンガ・フランカとは	約 600 語
	〔3〕	留学をめぐる幼なじみの男女の会話	約 650 語
2021	〔1〕	ミツバチの減少を食い止める方策	約 640 語
	〔2〕	理数系分野で女性が活躍するには	約 590 語

42　神戸大-文系前期／傾向と対策

2020	〔1〕	一般的な種の保護の重要性	約 460 語
	〔2〕	役柄に合う髪色に染める話にとまどう少女	約 620 語
	〔3〕	日本の禅の歴史と書画との関係	約 600 語
2019	〔1〕	火星を人類が住める惑星に改造する計画	約 500 語
	〔2〕	身体運動を伴う通勤の効用	約 400 語
	〔3〕	ピアノを運んでもらうための交渉	約 520 語

傾　向　読解問題 3 題，英作文 1 題の出題が基本
2021 年度は会話文が登場

1　出題形式は？

　＜問題構成＞　例年，読解問題 3 題，英作文 1 題の計 4 題の出題となっている。ただし，2020 年度は英作文が読解問題の 2 題に 1 問ずつ組み込まれ，全部で読解問題 3 題という構成であった。また，2021 年度は読解問題が 2 題に減り，完全な会話文の問題が 1 題出題されたが，2022・2023 年度は，読解問題のうちの 1 題で会話文を多く含む英文が出されている。英作文は，意見論述の英作文が必出で，2021〜2023 年度は意見論述に加えて内容説明も出題されている。試験時間は 80 分。

　＜解答形式＞　英文和訳，英作文，内容説明などの本格的な記述問題に加え，読解問題の設問には，空所補充，同意表現，内容説明，内容真偽などの選択問題も出され，バラエティーに富んだ形式となっている。

2　出題内容はどうか？

　＜読解問題＞

　例年，出題の中心はバラエティーに富んだ設問からなる総合読解問題である。英文の量は，1 題 500〜650 語前後のものがほとんどで，総語数としては 1400〜1900 語程度と幅がある。2023 年度は総語数としては近年で最も多く，2000 語程度であった。

　英文の内容は，環境問題をテーマとするものが多く，他には健康問題，格差問題など今日的な話題や，生物学系，人文系，教育系，言語をテーマとするもの，やや抽象度の高い科学系の論説文などから計 2 題，会話文が主体のものが 1 題というパターンとなっている。2021 年度〔3〕は大学院での授業における議論の一部が取り上げられ，完全な会話文形式であった。英文のレベルとしては，語彙には一部難解な語もあるものの，

全体的には読みやすい英文が多い。

設問形式はさまざまであり，過去に頻出しているものを順に挙げてみよう。

① 英文和訳

例年，1つの長文につき1，2カ所，全部で3～5カ所の下線部を和訳させることが多い。比較的短い英文の和訳が多いが，2021年度以降，やや長めのものが増えている。下線部のそれぞれにポイントとなる語句・文法・構文が含まれているほか，特に会話文が主体の読解問題では，会話がなされている場面の状況や前後の文脈をしっかり把握できていないと日本語にならない箇所が出題されているのも特徴である。指示語の内容を明確にしながら訳すという条件がついていることもあるので注意しよう。

② 内容説明

20～70字の字数制限のあるものが多いが，特に制限のないものもあるので，その場合は解答用紙のスペースに応じて書くことになる。2021年度は，日本語の内容説明文の空所に適切な文を入れるという形の設問が出題されたほか，2023年度は，下線部の内容の具体例を選ぶ問題も出題された。また，同じ内容の英文を選択する形式の問題もみられる。

③ 文法・語彙問題

動詞を適当な語形で挿入したり，空所補充の形で前置詞・関係詞・接続詞などを入れたり，というように，基本的な語彙力・文法力や熟語力，文脈から判断する力をみるような設問が多い。英文の中の語句と同じ意味や用法の語句を選択する問題も出題されている。

＜英作文問題＞

例年，意見論述の問題が出題されている。2020年度は読解問題に組み込まれる形になり，長文の内容をしっかり理解して答える必要があった。また，2022・2023年度では英文中の語句を40語程度の英語で説明させる問題も出題され，英作文においても読解力が求められた。

意見論述は，文章を読み，それに関連するテーマや筆者の意見に対して自分の意見を述べるもの（2020～2023年度），アパートに関する意見を述べるもの（2019年度）というように，バラエティーに富む形式で出題されている。語数は40～70語程度で2問のことが多い。

44 神戸大-文系前期／傾向と対策

③ 難易度は？

　試験時間が 80 分と比較的短く，記述量がかなりあるため，時間配分には細心の注意が必要である。ただ，難問・奇問の類はなく，実力どおりの得点が得られる，日頃の地道な努力が報われる良問といえるだろう。

対　策

1 読解問題

　長文読解問題の比重は例年大きく，読解力の養成に最大の力を注ぐ必要がある。難解な語も含まれた総語数 1400〜1900 語前後の英文を短時間で読みこなすためには，かなり高度な語彙力が求められる。単語の暗記には，語の意味を文章中で覚えていく形の『速読英単語 必修編』『速読英単語 上級編』（いずれも Z 会）などを用いるのもよい。重要構文・熟語の暗記も欠かせない。また，挿入・倒置・省略・同格といった英文解釈上のテクニックも必ず身につけておくこと。そうした基礎的学力の養成に可能なかぎりの時間を割いた上で，実戦的な演習に取り組むようにしたい。

　まずは英文の一文一文の意味を正確に読み取りながら，パラグラフごとに話の大まかな流れをとらえる習慣をつけること。特に英文和訳が求められている部分の前後は，状況を頭に描きつつ内容をつかむことが必要である。

　また，長文のテーマには今日的な話題が取り上げられることが多いので，環境問題，健康問題，社会問題など世相を反映した文章や，科学技術，心理学，教育学，文化や言語の歴史といった分野の文章には，英文・和文を問わず普段からよく目を通し，一般教養を深めておくことも有効な対策となるだろう。

　以下，主な設問形式について，順にその攻略法を述べる。

① 英文和訳

　まずはポイントとなる構文・イディオムを確実に押さえることができるよう練習を積む。直訳ではうまく日本語にならない箇所も多くみられるので，あくまでも英文全体の話の流れに沿ったわかりやすい日本語を書くよう心がけることが肝心である。本書で過去問に当たる際には，下

線部以外の箇所も全訳を注意深く読んで,「これは」と思われる部分の和訳には注意し,訳の練習に利用するとよい。

② 内容説明

特に指示語を含んでいるものはそうであるが,内容説明は前後にある該当箇所の特定と,それをいかに要領よくまとめるかが最大のポイントである。原因と結果,一般論と具体例など,文と文のつながりにも気を配りながら,必ず自分で答案をまとめる練習を繰り返すこと。

③ 文法・語彙問題

文法・語彙力は読解力の基礎であるから,強化に時間をかける必要があるのは当然だが,純粋に文法の知識や語彙力・熟語力を問うものも出題されているので,確実に身につけておくことが必要である。また,単語学習の際には,同意語・反意語,特殊な意味など多角的な知識を得るようにすること。

2 英作文問題

意見論述は,例年,書きやすい題材が取り上げられることが多く,語数もそれほど多くないので,基本的な英作文の力があれば対処できる問題が多い。ただし2020年度は,読解問題の長文の内容を理解していることが前提となっており,その意味での難しさがあった。

英作文力そのものを養う方法としては,小論文や面接の対策本を利用して自分でテーマを設定し,辞書を使わず40〜70語程度の英文を書く練習を繰り返しておくとよいだろう。その際,書き慣れていない語彙・構文を利用するよりも,正しく使いこなせる語彙・熟語・構文を用いることを心がけたい。できれば先生に添削してもらうのが望ましいが,ある程度自由な発想でどんどん書き進める練習をすることも大切である。

また,赤本プラス『大学入試 すぐ書ける自由英作文』(教学社)などの,入試頻出の重要テーマを集めた参考書を通読し,応用力をつけておけば,本番でどんなテーマが出題されても,冷静に対応できるだろう。

神戸大「英語」対策に必須の参考書

- → 『速読英単語 必修編』（Ｚ会）
- → 『速読英単語 上級編』（Ｚ会）
- → 『大学入試 すぐ書ける自由英作文』（教学社）
- → 『神戸大の英語 15カ年』（教学社）

赤本チャンネルで神戸大特別講座を公開中！
実力派講師による**傾向分析・解説・勉強法**をチェック ➡

神戸大-文系前期／傾向と対策　47

数　学

年度	番号	項　　目	内　　　　　　　容
2023	〔1〕	2 次 方 程 式	2次方程式の解の存在範囲，解の実部についての条件 ⇨図示
	〔2〕	確　　　率	硬貨を投げ，表の出た枚数により硬貨をやりとりする確率
	〔3〕	図形と方程式，整 数 の 性 質	2円の交点を通る直線，座標軸との切片が整数となる条件
2022	〔1〕	2 次 関 数，積 分 法	2次関数のグラフと直線の共有点の個数，囲まれた部分の面積
	〔2〕	図形と方程式	円と直線が異なる2点で交わる条件，2交点の中点の軌跡
	〔3〕	指数・対数関数，整 数 の 性 質	指数・対数関数と等式の証明，不定方程式の解　⇨証明
2021	〔1〕	整数の性質，数　　　列	複素数の虚部の整数を10で割った余り，$(3+i)^n$ が虚数であることの証明 ⇨証明
	〔2〕	式 と 証 明	4つの文字を含む2次不等式の証明　　　　　　⇨証明
	〔3〕	図 形 と 計 量	塔の高さ，塔と道との距離の測量　　　　　　　⇨証明
2020	〔1〕	微 ・ 積 分 法	整式の除法，微分の計算，放物線と直線で囲まれた部分の面積
	〔2〕	2 次 関 数，数　　　列	2次関数の最大値・最小値，漸化式と数列の一般項 ⇨証明
	〔3〕	場 合 の 数	和が30になる3つの自然数の順列と組合せの総数
2019	〔1〕	微 ・ 積 分 法	放物線の接線，囲まれた図形の面積の最大値
	〔2〕	数　　　列	3個の自然数が繰り返される数列の和　　　　　⇨証明
	〔3〕	ベ ク ト ル	ベクトルの内積，三角形の重心の軌跡

傾　向　標準程度だが，実力差が出る設問

1 出題形式は？

　例年，大問3題の出題で，試験時間は80分である。すべての大問が2〜4の小問に分割されている。解答は全問記述式。

2 出題内容はどうか？

　出題範囲は「数学Ⅰ・Ⅱ・Ａ・Ｂ（数列，ベクトル）」である。

　近年の出題項目をみると，微・積分法，ベクトル，数列，確率，2次関数などの出題が多いが，他の分野からも幅広く出題されており，全範

48 神戸大-文系前期／傾向と対策

囲に注意する必要がある。

　証明問題が毎年のように出題されている。証明問題の形式をとらなくても，数学の答案は論理的に筋の通った内容が必要で，そのような答案が作成できる力を養成しなければならない。計算によって解決される問題も多く，正確・迅速な計算力も重要である。また，いくつかの小問に分割された誘導的設問が多く，その誘導を理解して順応する力が求められる。なお，2023 年度は証明問題は出題されなかったが，図示問題がみられた。

③　難易度は？

　標準程度である。よく練られた論理的な良問であり，これに応じて答案を作成するためには論証力が必要である。難度が高めの問題もあるが，誘導的な小問に分割されているので，その誘導に従えば解答できる。1題あたり 25 分程度を目安として，取り組みやすい問題から確実に解いていきたい。

対　策

１　基本事項の学習

　教科書の基本事項の習得は学習の基礎である。用語の定義は正確に記憶しているか，公式は自力で導くことができるか，定理は証明できるか，また，これらを用いて基本程度の問題ならば解くことができるかを自問して，「基本事項は習得できた」という自信がつくまで，繰り返し学習しなければならない。

２　問題集による学習

　教科書学習に加え，問題集による演習も必要である。標準程度の問題が適当で，難問は除外してよいだろう。標準問題が解けないときは，基本事項の習得が不十分ということであるから，必要な基本事項を確認して，補強しておかなければならない。問題集の解答を見るときは，解法を丸暗記するのではなく，基本事項の使い方を学ぶ態度が重要である。

３　計算力の増強

　計算力は重要である。問題の解法がわかっていても，計算力が弱いと，計算困難に陥って解答にまで至らないことがある。逆に，計算力がある

と，計算によって解法を探ったり，解法の正しさを計算で確認したりできる。解答結果の検算も必要で，検算方法を研究しておくことが望ましい。正確・迅速な計算力を養成するよう訓練すべきである。

■**4** **図の活用**

図の活用もきわめて重要である。問題に対して適切な図が描けると，題意の理解，解法の発見，解答結果の検討などが容易になり，問題の本質を具体的かつ的確に把握できるようになる。演習の際，図が利用できる問題に対しては必ず図を描くように習慣づけて，図を描く技量を高め，図を利用する力の向上をはかるべきである。

■**5** **頻出項目の学習**

全範囲にわたって，手薄な箇所が生じないよう学習すべきことは当然であるが，それがひととおりできたならば，頻出項目については，特に学習を強化すべきである。＜傾向＞に挙げた頻出項目の問題は，標準程度ならば確実に解答できるという自信がつくまで，主として演習により，十分に学習しておきたい。

■**6** **答案の作成練習**

週に1回程度は答案の作成練習を行うとよい。答案は解答の経過がよくわかるように，的確かつ簡潔に記述すべきである。そのような記述力は，練習によって体得するよりほかに養成方法はない。教科書の例題の解答を参考にして独習するだけでも効果を上げることはできるが，可能ならば添削などの指導を受けることが望ましい。

50　神戸大-文系前期／傾向と対策

国　語

年度	番号	種　類	類別	内　　　　　容	出　　典
2023	〔1〕	現代文	評論	内容説明（80字3問, 160字）, 書き取り	「消費社会とはどのような社会か?」浅野智彦
	〔2〕	古　文	説話	口語訳, 内容説明（50・60字）, 文法, 文学史	「発心集」鴨長明
	〔3〕	漢　文	説話	読み, 書き下し文, 口語訳, 内容説明（50字）	「蒙求」李瀚
2022	〔1〕	現代文	評論	内容説明（80字3問, 160字）, 書き取り	「分析哲学 これからとこれまで」飯田隆
	〔2〕	古　文	歌物語	口語訳, 内容説明（40・50字）, 和歌解釈, 文学史, 文法	「伊勢物語」
	〔3〕	漢　文	随筆	書き下し文, 口語訳, 内容説明（50字2問）	「望渓集」方苞
2021	〔1〕	現代文	評論	内容説明（80字3問, 160字）, 書き取り	「心にとって時間とは何か」青山拓央
	〔2〕	古　文	軍記物語	口語訳, 内容説明（50・60字）, 箇所指摘, 文法, 文学史	「平家物語」
	〔3〕	漢　文	随筆	口語訳, 内容説明（20・70字）, 読み, 書き下し文	「夢渓筆談」沈括
2020	〔1〕	現代文	評論	内容説明（80字3問, 160字）, 書き取り	「日本古代文学史」西郷信綱
	〔2〕	古　文	日記	文学史, 文法, 人物指摘・口語訳, 内容説明（50・70字）	「讃岐典侍日記」藤原長子
	〔3〕	漢　文	思想	読み, 書き下し文, 口語訳, 内容説明（50字他）	「貞観政要」呉兢
2019	〔1〕	現代文	評論	書き取り, 内容説明（80字3問, 160字）	「食べることの哲学」檜垣立哉
	〔2〕	古　文	説話	文学史, 文法, 口語訳, 内容説明（50・60字）	「今昔物語集」
	〔3〕	漢　文	史伝	読み, 口語訳, 内容説明（60字）	「資治通鑑」（「江表伝」により改変）

（注）　経営学部は〔1〕〔2〕, 海洋政策科学部（2021年度より出題）は〔1〕を解答。

神戸大-文系前期／傾向と対策　51

傾　向　内容説明が設問の中心となる
古典では文法，口語訳，書き下し文にも習熟しよう

1　出題形式は？

＜問題構成＞　経営学部は現代文 1 題・古文 1 題の計 2 題で試験時間80 分，海洋政策科学部は現代文 1 題で試験時間 60 分，その他の学部は現代文 1 題・古文 1 題・漢文 1 題の計 3 題で試験時間 100 分となっている。配点は，現代文が 80 点，古文が 40 点，漢文が 30 点である。現代文が長文であり，現・古・漢いずれも本格的な記述問題主体の設問構成をとっているので，時間配分を考えておかないと，時間切れになる恐れがある。

＜解答形式＞　原則として全問記述式。ただし，知識問題などでは選択式のものもみられる。記述式の問題は，漢字の書き取り，内容説明，文法，和歌解釈，口語訳，書き下し文などである。説明問題では字数制限がある場合とない場合があり，字数制限がない場合は，解答欄の大きさに合わせて答えなければならない。

2　出題内容はどうか？

＜現代文＞

本文：人文系・社会系を問わず，比較的有名な著者の重厚な内容の評論が出題されており，年度によって違いはあるが，総じて 5000 字前後と分量も多い。その内容を俯瞰的に把握できるような読解力が求められている。

設問：例年 5 問の出題で，書き取りと内容説明で構成されている。2019年度までは書き取りが最初にあって内容説明の設問が続く形になっていたが，2020 年度以降は書き取りが最後の設問として出題されている。内容説明は傍線部を軸として前後をきちんと押さえた解答が要求され，最後に「本文全体の論旨」を踏まえた問題が出題される。内容説明の解答の総字数は 400 字で一定している。

＜古　文＞

本文：有名な作品からの出題が多い。過去には受験生になじみのない作品が出題されたこともあるが，文章は特に読みづらいものではなく，大学入試の古文として標準的なものである。

設問：例年，口語訳が出題されるが，前後の文脈から言葉を補う必要が

あるなど，機械的な口語訳の作業では通用しないものもある。文法は，敬語法，品詞分解，用言・助動詞の活用形や用法などの基本的な問題である。ほかには心情や理由などを答える内容説明問題が複数出題されるのが通例で，指示内容や主語を明確にして訳出または説明することが求められている。2022 年度には和歌解釈も出題された。文学史は例年出題されている。

＜漢　文＞

本文：幅広いジャンルから出題されている。比較的易しい内容のものが多い。

設問：書き下し文，口語訳，内容説明など設問形式は標準的であるが，文章の展開を正確に読み取る読解力や応用力が必要である。設問で問われる傍線部や波線部は白文（返り点・送り仮名のない文章）となっていることも多い。

3 難易度は？

　文章は読みやすくても，本格的な記述問題が中心で，しかも字数制限のある問題も多いので難度が高くなっている。解答のポイントとなる問題文の該当箇所を押さえ，短い時間で要領よく解答をまとめる練習を積んで，記述力・論述力を養いたい。時間配分にも注意が必要である。海洋政策科学部は現代文だけで 60 分だが，古文や漢文が出題される学部は，現代文 50 分，古文 30 分，漢文 20 分をおおよその目安としたい。

対　策

＜現代文＞

1 読解力

　神戸大学の現代文は〈読解力が要〉である。読解の精度が解答の精度にそのまま反映される可能性が高い。日頃から新書などに触れ，語彙や思想に関する知識を蓄えながら，論の展開を押さえていく訓練を積んでおきたい。1 日数節，あるいは 1 章分などと範囲を決め，話の流れを図式化してノートにまとめたうえで，字数を決めて要約していく訓練などは読解力の向上に非常に有効である。その際，自分で納得するだけではなく，他人が見てもわかるようなまとめ方を心がけると記述力アップに

もつながるだろう。

2 記述力

　設問数自体は多くないが，一つ一つが丁寧な読解を前提としたものが多いので，過去問の演習は必須である。本書を参考にしながら，最初は時間をかけてきちんと解答を書く練習を行うことが望ましい。また，自分の書いた解答を再度見直して書き直す，という作業も記述力の向上に効果的である。ほかに問題集を解くのであれば，『神戸大の国語15カ年』（教学社）のような「神戸大学」に特化したものが望ましい。それ以外であれば，記述式中心の標準～難レベルのものを選ぶとよい。その際に160字程度で全文を要約していくと，「本文全体の論旨」を踏まえた設問の練習になる。選択式中心ではあるが，同じような長文を毎年出題する，同志社大学の問題も練習材料となるだろう。選択式で問われている設問を80字以内というように自分で字数を決めて答えを作り，選択肢と見比べていくとよい。

＜古　文＞

1 読解力

　文法力と単語の知識で一文一文に口語訳をつけていく練習を積むとよい。その際，訳出箇所に指示語があれば，具体的な指示内容を把握することを意識するようにしよう。また，主語の明示を求める口語訳の設問もあるので，人物関係や動作主も押さえるようにしたい。古文単語は，古語辞典や単語集を十分に活用して学習していくこと。和歌に表れた心情を説明させる設問や贈答歌の理解を求める設問もあるので，文章内容と和歌の関連を読み取り，詠まれている状況や心情を把握する訓練をしておきたい。文学史の対策もしておこう。

2 記述力

　基本的に現代文と要領は同じだが，心情説明問題などは古文特有の答えにくさがあるので，過去問や問題集で演習をしておくのがよい。古文の世界での行動形式や約束事，さらには和歌の解釈についての知識を身につけるのに最適な問題集として『体系古文』（教学社）がある。

＜漢　文＞

1　国語便覧と教科書を使った学習

　　国語便覧などに整理されている句法，構文はしっかり身につけよう。便覧には短めで有名な文章（故事成語が多い）が挙げられているので，それを白文に書き直して，何度も読み下す練習をすれば，基礎的な力は十分つくはずである。その上で，教科書に載っている文章を何度も読み，漢文読解の呼吸をつかんでほしい。

2　過去問を使った学習

　　珍しい出典からの出題も多いので，初見のものでも読み下し，解釈できるように，漢文読解に慣れておくことが必要である。受験対策の仕上げとして，過去問や他の国立大学で出題された問題文に当たっておこう。

3　古文文法の知識を身につける

　　頻出の書き下し文は，古文文法にのっとって行われるので，漢文においても正確な古文文法の知識が必要になる。古文学習の際，漢文への応用も視野に入れ，正確な文法力を身につけるよう心がけたい。

2023年度

解答編

神戸大-文系前期　　　　　　　　　　　　　　　　　2023 年度　英語〈解答〉　*3*

解答編

英語

Ⅰ　**解答**　問１．(a)—(う)　(b)—(あ)　(c)—(え)　(d)—(あ)　(e)—(え)
　　　　　　　問２．(イ)—(い)　(ロ)—(う)　(ハ)—(あ)

問３．全訳下線部参照。　問４．(う)　問５．(あ)

◆━━━━━━━━◆全　訳◆━━━━━━━━◆

≪意味のある人生とは≫

　意味のある人生について思いを巡らすとき，私たちは人類に多大な貢献をした人たちに注目することが多い。エイブラハム＝リンカーン，マーティン＝ルーサー＝キング＝ジュニア，ネルソン＝マンデラは，きっと自分は価値ある人生を送ったと感じていたはずだ。しかしながら，私たち，ごく普通の人間だとどうだろう？

　多くの学者は，主観的に見て意味のある存在とは，つまるところ３つの要因に行きつくことが多いという点では意見が一致している。その３つとは，自分の人生は一貫しており「筋が通っている」と感じること，明確で満足のいく長期的な目標を持っていること，そして自分の人生は長い目で見れば重要だと思えることである。心理学者たちはこの３つを一貫性，目的，存在の重要性と呼んでいる。

　しかしながら，私たちは考慮すべき，また別の要素もあると考えている。あなたが足を止めて見とれてしまう，長い冬の後の最初の蝶を思い浮かべるとか，さわやかなハイキングの後の山の頂上から見る景色を想像してみるといい。時には，現実として存在するものが私たちに美しいちょっとした瞬間を与えてくれる。人が進んでそのような経験に価値を見出すようにしていると，こういう瞬間がその人の人生観をより良いものにしてくれるかもしれない。私たちはこの要素を経験への価値評価と呼ぶ。その現象は，出来事が生じるときに，その出来事に深くつながっているとの思いや，そのつながりから価値を引き出す能力を映し出す。それは，人生に本来備わ

っている美しさを発見し，それに対する称賛を表すものなのだ。

　私たちは最近，3,000人以上の参加者を対象とする一連の研究において，この形態の価値評価をもっと深く理解しようと試みた。これらの研究全般にわたり，私たちの興味は，一貫性，目的，存在の重要性という古典的な3つの要素の影響を考慮したとしても，経験への価値評価は，人が意味があると感じることと関連しているかという点にあった。もし関連しているなら，経験への評価は，大きな価値や意義があるということにつながる特異な要因である可能性があり，単にこれらの他の変数の産物などではないということなのだ。

　私たちの考えを検証するための最初として，新型コロナウイルス感染症の世界的流行の初期段階の間に，私たちは参加者たちに，ストレスを和らげるためのさまざまな対処法にどの程度賛同するかを評価してもらった。それでわかったのは，人生の美しさに価値を見出すことに目を向けてストレスとうまく付き合った人たちは，同様に人生も非常に意味のあるものだと感じると答えたという点だった。それに続く研究で，私たちは参加者らに，一貫性，目的，存在の重要性，さらに人生の意義を普通はどう感じるかという点に関わる他の発言だけでなく，「私は人生の美しさをとても価値あるものだと思っている」とか「私は多種多様な経験ができてありがたく思う」といったさまざまな発言にどの程度賛同するかをランク付けするよう依頼した。その結果から，「人生には価値があると思う」とか，多くの経験には価値があると思うと回答した人ほど，自分の存在は価値あるものだと感じていることがわかった。実際，この2つの要素は互いに強く関連していた。その後の研究において，私たちはさらに，これらの概念の間の関連性を探った。例えば，過去1週間で最も有意義だった出来事を思い出すよう依頼された参加者は，通常，そういう瞬間を経験したことを高く評価すると回答していることがわかった。

　最後に，私たちは一連の実験を行い，そこで参加者に特定の課題を与えて，もう一度，一貫性，目的，存在の重要性に関連する発言にどれほど強く共感するかを回答してくれるよう依頼した。あるケースでは，BBCのドキュメンタリー番組『プラネット・アース』のオープニング・シーンのような畏敬の念を起こさせるビデオを見た参加者は，木工細工の指導ビデオのような，もっと当たり障りのないビデオを見た参加者と比べて，経験

の価値を高く評価し，人生の意義をより強く感じると回答していることがわかった。同様に，最近経験したことで，それに対して感謝の念を持っていることについて書いた参加者は，過去1週間で訪れたどこにでもある場所について書いただけの参加者と比較すると，後になって，意味があると強く感じ，経験の価値を評価する思いも強かった。

　この結果は，小さなことを大切に思うことで，人生をより有意義なものと感じることができる，という私たちの当初の仮説を裏付けるものだった。しかしながら，その理解を応用するのは難しいことがある。現代のようなペースの速い，まずプロジェクトありきのライフスタイルでは，一日を対象とするものや目標で埋め尽くしてしまう。私たちはいつも忙しく動き回っていて，仕事中でも手の空いているときでも最大限の結果を出そうとする。このように，将来の結果を重視するあまり，たった今起きていることをいとも簡単に見逃してしまう。しかし，人生は今この瞬間に起きているのだ。私たちはペースを落とし，人生に驚きを覚えるようにして，日常の大切さをしっかり受け入れるべきだ。インドの元首相のジャワーハルラール＝ネルーが1950年に書き残しているように，「私たちは素晴らしい世界に住んでいる…目を開いて探し求めさえすれば，手に入れることができる冒険は尽きることがない」のである。

■■■■ ◀解　説▶ ■■■■

▶問1．選択肢の語句の意味と単純に比較するのではなく，「本文の内容に合致するように，別の表現で」という条件に合うものを選ぶ必要がある。(a) boils down to ～ は「つまるところ～となる，～に帰着する」という意味のイディオム。ここでは，subjectively meaningful existence「主観的に見て意味のある存在」という主語と three factors「3つの要因」という目的語とのつながりから判断する。選択肢の中では(う) comprises「（部分として）～を含む，～から成る」が適切。(い) complements「～を補足する」　(え) contradicts「～と矛盾する」

(b) inherent は「本来備わっている，固有の」という意味で，選択肢の中では(あ) fundamental「根本的な，基本的な」が適切。(い) long-term「長期間にわたる，はるか先の」　(う) multiple「多数の，複数の」　(え) satisfying「満足のいく」

(c) account for ～ には「～を説明する，～の割合を占める，～の主な原因

となる」などの意味があるが，ここでは，even when we（　）the effects of the classic trio「古典的な3つの要因の影響を（　）した場合でさえ」という文脈の中で置き換えられる語句を選ぶ必要がある。文脈に照らし合わせると，take account of〜「〜を考慮する」に近い意味だと考えられるので，選択肢の中では(え)took into consideration「〜を考慮した」が適切。(あ)figured out「〜だとわかった」　(い)gave an explanation for「〜を説明した」　(う)made up「〜を作成した，〜を作り上げた」

(d)on the go は「あちこち動き回って，忙しく働いて」という意味のイディオム。選択肢の中では(あ)busy and active「忙しく動き回って」が適切。(い)と(う)は意味的にも異なるが，この部分が現在進行形の文になるので，前置詞句の代わりとして用いるのは不適。(え)の self-indulgent は「わがままな」の意味。

(e)embrace には「（人）を抱擁する，〜を利用する，（主義・思想など）を受け入れる」などの意味があり，ここでは目的語が the significance in the everyday「日常にある大切なもの」であることから，(え)willingly accept「進んで受け入れる」が適切。(う)の accumulate は「〜を蓄積する」の意味。

▶問2．選択肢の英文の訳は以下の通り。

(あ)「若き教師のジョージは，生徒や親たちが自分に感謝してくれると，自分の行為や人生は他者に対して価値があると感じる」

(い)「若手公務員のジュリアは，自分が大学の社会学課程で学んだことを，地域社会へのサービスに生かしている」

(う)「小説家になりたいナオミは，10万語の小説を書き上げるために，毎朝100語は書くよう心がけている」

(イ)coherence「一貫性」の例としては，大学で学んだことを仕事で生かしているという点で一貫している(い)が適切。

(ロ)purpose「目的」の例としては，10万語の小説を書くという目的のために努力している(う)が適切。

(ハ)existential mattering「存在の重要性」の例としては，生徒や親に感謝されることで自分の存在に価値があると考えている(あ)が適切。

▶問3．**we had participants rate**

この had は使役動詞として用いられており，have A do「A に〜しても

神戸大-文系前期　　　　　　　　　　　　　　　　2023 年度　英語〈解答〉　7

らう」という意味。participants は「参加者」だが，実験に参加してもら
っている人たちのことなので「被験者」という訳も可能。

to what extent they agreed with different coping strategies

　to what extent 以下は rate の目的語となっている疑問詞節で，「どの
程度〜か」という意味。to the extent「その程度まで」が元になってい
る。agree with 〜「〜に同意する」　coping strategy「対処法，対応策」

to relieve their stress.

　この to 不定詞は目的を表す用法と考えられる。relieve「〜を解消する，
〜を和らげる」

▶問 4．㋐　A.「〜に出席する」　　　　B.「深い」

　　　　㋑　A.「〜を記憶する」　　　　B.「生き生きした」

　　　　㋒　A.「〜を思い出す」　　　　B.「高い」

　　　　㋓　A.「〜を思い出させる」　　B.「安定した」

　第 5 段第 4 文（Our results showed …）で，実験の結果，人生や多く
の経験に価値があると思うほど，自分の存在に価値があると感じるという
ことがわかったと述べられている。空所のある文はそれに続く実験なので，
経験の価値と自分の存在の価値に正の相関があるという内容にすればよい。
前の週の最も意味のある出来事を思い出せば，そういう瞬間に自分が居合
わせたことを高く評価するはずであるから，A は「〜を思い出す」で，B
には high が入る。したがって，組み合わせとしては㋒が正解。

▶問 5．㋐「小さなことを大切に思うことで，人生をより有意義なものと
感じることができる」

㋑「意味のある人生は，仕事と余暇を楽しむことと関係がある」

㋒「あなたが他者にとって意味があれば，あなたの人生も意味のあるもの
になる」

㋓「一貫性，目的，存在の重要性は，意味のある人生の構成要素となりう
る」

　our original theory の内容を答える設問である。第 3 段（However, we
believe …）を参考にする。冬の後の最初の蝶やハイキング後の景色は，
日常の小さな美しい瞬間の例で，そういった瞬間の経験を評価することが
良い人生観を持つことにつながるという趣旨で，これが理論の中身と考え
られる。この内容になっているのは，㋐である。

8　2023 年度　英語〈解答〉　　　　　　　　　　　　神戸大-文系前期

●━◆━━◆━━◆━━◆━●語句・構文●━◆━━◆━━◆━━◆━━◆━━◆━━◆━━◆━●

（第 1 段）focus on ～「～に注目する，～を重視する」　contribution「貢献」

（第 2 段）coherent「首尾一貫していて」　make sense「筋が通る，意味をなす」　in the grand scheme of things「長い目で見れば，物事を俯瞰的に見ると」　existential mattering「存在の重要性」とは，自分が存在していること自体に意味があり，重要だと思うこと。

（第 3 段）be open to ～「進んで ～ を取り入れる，～ しやすい」　experiential appreciation「経験への価値評価」とは，自分の人生経験には価値があると高く評価する思いのこと。extract「～を引き出す」　detection「発見」

（第 4 段）set out to *do*「～し始める，～しようと試みる」　contributor「一因，引き金となっているもの」　variable「変数，不確定要素」

（第 5 段）the COVID pandemic「新型コロナウイルス感染症の世界的流行，コロナ禍」　rate「～を評価する，～を格付けする」　the 比較級～，the 比較級…「～すればするほど…」　subsequent「次の，後の」

（第 6 段）identify with ～「～に共感する」　awe-inspiring「畏敬の念を起こさせる」　opening sequence「オープニング・シーン，オープニング」　neutral「中立的な」　instructional「指導的な」　woodworking「木工の，木工細工」

（最終段）confirm「～を裏付ける」　fast-paced「ペースの速い，急速な」　project-oriented「プロジェクト指向の，プロジェクト中心の」　goal「目標，目的」　at leisure「手の空いているとき，暇なとき」　all too「あまりに～すぎる」

Ⅱ　**解答**　問 1．全訳下線部参照。　問 2．㋐
　　　　　　問 3．世界の一部の地域では，水不足がすでに非常に深刻な問題となっているという状況は，もし私たちが地元や地域ごとに利用できる水資源を使いすぎたり，無駄にしたり，汚染したりし続けるなら，今後数十年で劇的に悪化するだろう。
問 4．A―㋐　B―㋔

神戸大-文系前期　　　　　　　　　　　　　2023 年度　英語〈解答〉　9

問 5．（お）　※

※問 5 については，二つの正答のうち一つは本文の記述から導き出せないことが判明
　したため，正答を導き出せない選択肢について，全員に加点する措置が取られたこ
　とが大学から公表されている。

━━━━━━◆全　訳◆━━━━━━

≪世界の水資源問題≫

　水不足が進行中である。しかし，これは実際のところどういうことなの
だろう？　なんだかんだ言っても，地球から水がなくなることは，1 滴た
りともないのだから。水は限りある資源とはいえ，私たちが水を永久に使
えなくしない限り，水を使い切ってしまうことなどないだろう。しかしな
がら，人間の水の使用を自然界の水循環の中に組み入れ，地域内で利用可
能な水を適切，効果的，持続可能かつ公正な方法で利用することは重要で
ある。この分野では大きな進展があったにもかかわらず，安全な飲料水を
利用できない人がまだ何百万人もいる。毎日，何百万人もの女性や子供た
ちが，水を汲んで家まで運ぶために，長距離を，しかも往々にして危険な
道のりを歩かなければならない。食料や土地の場合と同様に，清潔な飲料
水や農業用水を手に入れる機会は平等に分配されてはいないのだ。

　淡水となると，たいていの人は河川や湖，地下水や氷河にある水，いわ
ゆる「ブルー・ウォーター（青の水）」を思い浮かべる。降雨のほんの一
部が，この淡水の供給源となるにすぎない。降雨の大部分は地表に降り注
ぎ，そのまま「何の役にも立たない蒸発」として，あるいは，植物に利用
された後，「生産的蒸散」として蒸発する。この 2 つ目のタイプの雨水は
「グリーン・ウォーター（緑の水）」と呼ばれる。利用可能な淡水供給量
のうち，グリーン・ウォーターの割合は 55％から 80％の間で，世界の地
域によっても，地域の木の密度によっても異なる。今後の水管理にとって
最大の好機と課題は，より多くのグリーン・ウォーターを土壌や植物の中
に蓄えること，さらにはそれをブルー・ウォーターとして蓄えることであ
る。

　農業は，地球上で利用可能な淡水を，群を抜いて最も大量に消費する。
水路や地下水から汲み上げられる「ブルー・ウォーター」の 70％は農業
用で，50 年前と比べて 3 倍になっている。2050 年までには，世界の農業
の水需要は，灌漑に必要であることでさらに 19％増加すると推定されて

いる。現在，世界の食料の約40％は，人工的に灌漑された地域で栽培されている。特に，東南アジアの人口密集地域では，収穫量が増加した主な要因は，1960年代から1980年代の間に，さらなる灌漑設備へ巨額の投資がなされたことだ。はたしてどこなら，将来的にさらに灌漑を拡大し，河川や地下水からさらに水を得ることが可能なのだろうか，どうすればこれができるのか，そしてそれは理にかなっているのかどうかが議論されている。農業はすでに，特に灌漑が不可欠な地域においては，人々の日々の使用や環境ニーズと競合しており，生態系を文字通り干上がらせる恐れがある。さらに，今後数年の間に，気候変動によって，水が利用できるかどうかに，甚大かつ一部は予測不可能な変化がもたらされるだろう。

　世界の一部の地域では，水不足がすでに非常に深刻な問題となっている。その状況は，もし私たちが地元や地域ごとに利用できる水資源を使いすぎたり，無駄にしたり，汚染したりし続けるなら，今後数十年で劇的に悪化するだろう。農業は，トウモロコシや綿花といった水を大量に必要とする作物を，それには乾燥しすぎている地域で栽培するのを避けるとともに，効率の悪い栽培や，土壌の塩害をも引き起こす灌漑システムを改善することで，水問題を軽減することも可能だろう。他にもこれまで行われてきたが，避けることができる可能性もあるのは，水を蓄える森林の伐採や，一時的に使用されていない土地での蒸発，世界の一部の地域における地下水源の大規模な過剰利用などである。

　水路全体の汚染や汚濁もまた別の深刻な問題である。水は多くの物質を運ぶ。例えば，洗い流された肥沃な土壌や，高濃度では水路を栄養過多にして水路から酸素を奪うさまざまな栄養分である。水には，農薬や塩分，重金属，家庭排水，工場から出る非常に多種多様な化学物質も含まれている可能性がある。ヨーロッパの多くの河川や湖沼は，産業排水による直接的な汚染からは徐々に回復しつつあるが，アジアなどの発展途上国の人口密集地では，その問題は大幅に増大しつつある。さらに下流での水の使用はますます危険かつ高価になり，時には不可能になろうとしている。地下水に含まれる有害物質が，あらゆる世代の人々がこの大切な資源を使用できないようにする可能性がある。農業は，農薬や大量の窒素で水域を汚染している。大河の河口近くの，過剰な肥料のために海洋生物が呼吸できなくなっている，いわゆる「デッド・ゾーン（死の海域）」の数と規模が拡

神戸大-文系前期 　　　　　　　　　　　　　 2023 年度　英語〈解答〉　*11*

大しているのだ。

━━━━━━ ◀解　説▶ ━━━━━━

▶問 1．**As is the case for food and land,**

　As is the case for ～ は「～の場合と同様に，～の場合のように」とい
う意味の表現で，As is often the case with ～「～にはよくあることだ
が」と区別が必要。

**access to clean drinking water and water for agricultural usage is
unequally distributed.**

　主語は access で，access to ～ の形で「～を利用する方法〔機会〕，～
を入手する方法〔機会〕」という意味になる。ここでは to 以下は clean
drinking water「清潔な水」と water for agricultural usage「農業用水」
の 2 つで，動詞が distribute「～を分配する」なので，「方法」より「機
会」の方が適切。is unequally distributed は直訳すると「不平等に分配
されている」だが，「平等に分配されてはいない」という訳が自然であろ
う。

▶問 2．説明文の全訳は以下の通り。

　「ブルー・ウォーター（青の水）」は，湖，河川，ダムの後ろの貯水池に
ある。それは降雨や雪解け水によって再補塡される。利用可能なブルー・
ウォーターは，飲料水を含む多くの目的に使用される。また，農業用の灌
漑水としても使用される。

　「グリーン・ウォーター（緑の水）」とは，地中にあって植物や土壌の微
生物が利用できる水である。それは根から吸収され，植物に利用されてか
ら，放出されて大気中に戻る水である。

イ．irrigation water for ～「～のための灌漑用の水」という文脈から判
断して，agriculture「農業」が適切。

ロ．グリーン・ウォーターが植物の根から吸収され，植物に利用されてか
ら，どこに放出されるかを考えると，atmosphere「大気」が適切。

したがって，イとロに入る語の組み合わせとしては，㋐が正解。

▶問 3．**The situation will worsen dramatically in the decades to
come**

　The situation の内容は，直前の第 4 段第 1 文（In some regions …）に
述べられており，この部分を The situation につなげる形で「～という状

況は」と和訳するとよい。その中心となるのは water scarcity「水不足」が has already become a very serious problem「すでに非常に深刻な問題となっている」という点。〔解答〕以外には「一部地域ですでに深刻な問題となっている水不足という状況」とまとめることも考えられる。worsen「悪化する」 dramatically「劇的に」 in the decades to come の to come は時を表す単語の後ろに置かれると「この先，今後」という意味になる。in the decades「数十年間で」

if we continue to overuse, waste, and contaminate the resources available at local and regional levels.

　continue to *do*「～し続ける」 to 不定詞の動詞は overuse「～を過剰に使用する」，waste「～を浪費する」，contaminate「～を汚染する」の3つ。available「利用できる，入手できる」以下は，the resources「資源」を修飾する形となっている。at local and regional levels は，ここでは「地元や地域ごとに，地元や地域において」という意味で用いられている。

▶問4．A．空所の前後にある，Agriculture「農業」と，people's everyday use and environmental needs「人々の日々の使用や環境ニーズ」との関係性を水不足の文脈で考えると，㋐の competes with「～と競合する」が正解。「環境ニーズ」とは，ここでは環境を維持するために必要とされるもの，環境を維持するために人に求められているものなどを指す。

B．Toxic substances in the groundwater「地下水の中の有害物質」が this treasure「この宝物」すなわち地下水をどういう状態にするかを考えると，㋓の unusable「使用できない，使用に適さない」が正解。

▶問5．㋐「デッド・ゾーン，言い換えると低酸素エリアは，農業に破滅的影響を及ぼしている」 デッド・ゾーンとは，最終段最終文（The number and …）に述べられているように，大河の河口近くの海域を指すので，農業とは関係がなく，不一致。

㋑「地球の淡水の半分以上は農業目的で使用されている」 第2段第1～4文（When it comes … termed "green water."）より，淡水にはブルー・ウォーターとグリーン・ウォーターがあるとわかり，続く第5文（The green water …）に，利用可能な淡水供給量のうち，グリーン・ウォーターの割合は55％から80％の間と述べられているので，計算上は，

ブルー・ウォーターの割合は 20％から 45％になる。第 3 段第 1 文
（Agriculture is by …）に，ブルー・ウォーターの 70％が農業用とも述
べられているので，農業に利用される淡水の割合は 14％から 30％をやや
上回る程度である。よって，不一致。

(う)「水不足は近年，世界の一部の地域ではまれになっている」 第 4 段第
1 文（In some regions …）に，世界の一部の地域では，水不足がすでに
非常に深刻な問題となっていると述べられており，不一致。

(え)「二酸化炭素が水の汚染の結果として，海洋に放出されている」 最終
段第 2・3 文（Water carries many … substances from factories.）にあ
る，水が運ぶ多くの物質や農薬が海洋汚染の原因となると考えられるが，
二酸化炭素の放出に関する記述はなく，不一致。

(お)「水を大量に必要とする作物の栽培をやめることは，水問題の解決の一
助となるかもしれない」 第 4 段第 3 文（Agriculture could reduce …）
に，トウモロコシや綿花といった水を大量に必要とする作物を，乾燥しす
ぎている地域で栽培するのを避けることで，水問題を軽減することも可能
だという内容が述べられており，一致。

━━━━━━━━ ●語句・構文● ━━━━━━━━

(第 1 段) after all「結局，そうは言っても」 finite「有限の，限りある」
as long as Ｓ Ｖ「Ｓが Ｖ する限り，Ｓが Ｖ しさえすれば」 render Ｏ Ｃ
「Ｏを Ｃ の状態にする」 integrate *A* into *B*「*A* を *B* に組み入れる，*A*
を *B* に統合する」 have access to 〜「〜を利用できる」

(第 2 段) When it comes to 〜「〜となると」 evaporate「蒸発する」
non-beneficial「役に立たない」 transpiration「蒸散」 *A* as well as *B*
「*A* も *B* も，*B* だけでなく *A* も」は，どちらかと言うと *A* の方に重点が
あり，意味的には and に近い。wood density は「木の密度」だが，ここ
では木材内の密度というより，その地域にどれほど木が生えているかとい
う「森林密度」の意味と解釈できる。challenge「課題」

(第 3 段) by far「圧倒的に」 watercourse「水路」 densely populated
「人口密度が高い，人口が密集している」 yield「収穫，収穫量」
threaten to *do*「〜する恐れがある」 dry up 〜「〜を干上がらせる」

(第 4 段) water-intensive「水を大量に使用する」

(最終段) contamination「汚染，汚濁」 nutrient「栄養素」

14 2023 年度　英語〈解答〉　　　　　　　　　　　　　　　　神戸大-文系前期

concentration「濃縮，集中」 sewage「下水，排水」 industrial discharge「産業排水，産業廃棄物」 downstream「下流」 for entire generations「すべての世代にとって」 water body「水域」 dead zone「デッド・ゾーン（死の海域）」とは，人間の活動による過剰な富栄養化によって発生する無酸素や低酸素濃度状態のせいで，生物が生息できない湖や海の水域のこと。

Ⅲ　解答

問1．(a)—(う)　(b)—(あ)　(c)—(お)

問2．(い)

問3．あなたの具合が悪いのはあなたのせいじゃない。でも誰にも言わないというのは違うわ。

問4．クリスティーは滝に連れて行くから，車にそのまま乗っていればいいということ。

問5．(う)

〰〰〰〰〰◆全　訳◆〰〰〰〰〰〰〰〰〰〰〰〰〰〰〰〰〰〰〰〰〰〰

≪ドライブ前の女性たちの会話≫

「私をだませてると思ってるのね，あなた？」

一瞬，沈黙があってから，ルーシーが尋ねた。「何言ってるの，ママ？」

「隠せるわけないでしょ。また具合が悪いのね」

「具合が悪くなんかないわ，ママ。私は元気よ」

「どうして私に対してこういうことをするの，ルーシー？　いつもいつも。どうしてこういうやり方じゃなきゃだめなわけ？」

「言っていることがわかんないわ，ママ」

「私がこういう旅行を楽しみにしていないとでも思うの？　自分の娘と自由に過ごせる一日よ。それが，私は深く愛しているのに，とっても気分が悪いときに，自分は元気だって私に言う娘なの？」

「そんなの嘘よ，ママ。私は本当に元気なんだから」

しかし，私はルーシーの声に変化を聞き取ることができた。それはまるで，彼女がこの時点までしてきた努力を放棄したかのようであり，急に力尽きたという状態だった。

「どうしてそんなまねをするの，ルーシー？　私が傷つかないとでも思ってるの？」

「ママ，誓って言うけど，私は元気よ。お願いだから私たちをドライブに連れてって。クリスティーは滝に行ったことがないし，とっても楽しみにしてるんだから」

「クリスティーが楽しみにしてるの？」

「ママ」とルーシーは言った。「お願いよ，みんなで行っていいわよね？お願いだから，こういうことをしないで」

「私がこういうことが好きだとでも思ってるの？ これのどこが？ そうね，あなたは具合が悪い。それはあなたのせいじゃない。でも誰にも言わないというのは違うわ。あなたがこんなふうにそのことを自分の中にしまい込んでるから，私たちみんなで車に乗り込んでいて，これから丸一日あるのよ。それって良くないわ，ルーシー」

「十分元気ってときに，ママが，私が具合が悪いって言うのも良くないわ…」

家政婦のメアリーが，外からルーシーの横のドアを開けた。ルーシーは黙り込み，それから悲しみに満ちた顔を車の座席の端からのぞかせて私を見た。

「ごめんなさいね，クリスティー。また今度2人で行きましょう。約束するわ。ほんとにごめんなさい」

「大丈夫」と私は言った。「私たちはあなたにとって最善のことをしなくちゃいけないわ，ルーシー」

私も降りようとしたが，そこでルーシーの母親が言った。「ちょっと待って，クリスティー。ルーシーの言う通りよ。あなたはこれを楽しみにしてたのよね。じゃ，そのままそこに居たらどうなの？」

「すみません，話がわかりませんけれど」

「あら，簡単なことよ。ルーシーは具合が悪いから行けない。もっと早くそれを私たちに言ってくれたらよかったのでしょうに，言わないことにしてた。そう，だから彼女は後に残る。メアリーもね。でも，クリスティー，あなたと私がまだ行けないという理由はないわ」

背もたれが高かったので，私には彼女の母親の顔は見えなかった。しかし，ルーシーはまだ座席の端から私の方に顔をのぞかせていた。彼女の目はうつろになっていて，まるで何が目に入っても，もうどうでもいいという感じだった。

16 2023 年度　英語〈解答〉　　　　　　　　　　　　　　　　　　神戸大-文系前期

　「さあ，メアリー」とルーシーの母親は声を大きくして言った。「ルーシーが降りるのを手伝ってちょうだい。気をつけてあげてね，彼女は具合が悪いの，忘れないでね」

　「クリスティー？」とルーシーは言った。「ほんとにママと滝に行くつもり？」

　「あなたのお母様がそう言ってくださるのはとてもありがたいわ」と私は言った。「でも，たぶん一番いいのは，今回は…」

　「ちょっと待って，クリスティー」と，母親が割って入った。それからこう言った。「どういうことなの，ルーシー？　クリスティーのこと，どうして滝を見たことがないのかとか，気遣ってあげてるのかと思ったら。今度は彼女を家に居させようとしてるわけ？」

　ルーシーはそのまま私を見つめており，メアリーはずっと車の外に立ったまま，ルーシーがつかめるように手を差し出していた。ついにルーシーが口を開いた。「わかったわ。多分，あなたは行った方がいいわ，クリスティー。あなたとママとでね。丸一日を台無しにしても意味がないもの，たったそれだけの理由でね…ごめんなさい。私がずっと具合が悪くてごめんなさいね。私もどうしてだかわからないの…」

　その次には，涙が出そうだと思ったけれど，彼女はそれをこらえて，静かに続けた。「ごめんね，ママ。本当にごめんなさい。私ってきっと，周りの人をうんざりさせちゃう人ね。クリスティー，あなたは行ってらっしゃい。滝がとっても気に入るわよ」

　そして彼女の顔は座席の隅から消えた。

━━━━━━━◀解　説▶━━━━━━━

▶問 1．選択肢の訳は以下の通り。

㋐「一方的な主張はやめて」

㋑「私を責めないで」

㋒「元気なふりをしないで」

㋓「どうして家に居ようとしているの？」

㋔「どうして考えを変えようとしているの？」

㋕「どうしてドライブに行きたいの？」

(a)第 1 段（"You think you …）や第 3 段（"You can't hide …）のルーシーの母親の発言から，ルーシーは，自分の体調が悪いことを隠して，一緒

にドライブに行こうとしていることがわかる。したがって，「どうして私にこういうことをするの？」という発言の「こういうこと」は元気を装っているという意味だと判断できるので，発言の真意としては(う)が正解。

(b)ルーシーの母親は，自分は元気だと言い張る娘の言葉に耳を貸さず，一方的に娘は病気だという自分の判断を伝えているのに対して，ルーシーは don't do this「こういうことはしないで」と言っている。argue「口論する，主張する」には，相手の話に耳を貸さず，一方的に自説を論じるという意味が込められている場合があることから，(あ)が正解。(い)だとすると，直後の I like this? の this が「ルーシーを責めること」になる。一方で，下線部(2)では「あなたの責任ではない」と責めるのを否定しているので，2つは矛盾している。But 以下の内容を考慮すると，完全に矛盾するとも言い難いが，解答としてより無理なく筋が通るのは(あ)だと考えられる。

(c)ルーシーはあれほど母親やクリスティーと一緒にドライブに行きたがっていたのに，第21段最終文（But no reason, …）で，母親とクリスティーだけで出かけるような流れになったことから，第24段第2文（"Are you really …）で，クリスティーに自分の母親と一緒に行くつもりかと確認することで，暗に行ってほしくないという思いを伝えていると判断できる。それを母親は聞き咎めて，What is this?「これはどういうこと？」と言っており，真意としては(お)が正解。change *one's* mind「心変わりをする」

▶問2. 選択肢の訳は以下の通り。

(あ)「彼女は母親を落ち着かせようとしたが，うまくいかなかった」

(い)「彼女はずっと自分が大丈夫に見えるように努めたが，そうすることはできなかった」

(う)「彼女はドライブに行くことを提案していたが，母親に断られた」

(え)「彼女は車での長旅の計画を立てるのに時間と労力を注いだが，その甲斐はなかった」

　第7段第3文（A daughter I …）の発言から，ルーシーは母親が自分の嘘を見抜き，ドライブには連れて行ってもらえないことがわかったと判断でき，下線部(1)の後続文でも，ルーシーが疲れ果てたような状態になっていることから，(い)が正解。

▶問3. **That's not your fault.**

That は前文の you're sick「あなたは具合が悪い」を受けている。That's not your fault. は「それはあなたのせいではない，それはあなたが悪いのではない」という意味の慣用表現。

But not telling anyone.

この部分は，not telling anyone という動名詞句の後に，is your fault が省略された形であり，「誰にも言わないのはあなたが悪い」ということ。

▶問4．Why don't you *do* ～? は「～したらどう？」と相手にこの後の行為を勧める表現。stay right where you are は直訳すると「まさにあなたが居る所に留まる」という意味で，ここでは，車に乗ったままで居ることを指す。また，それは滝を見にドライブに出かけるためであることから，その点も含めるとよいだろう。

▶問5．㈎「ルーシーは，クリスティーが楽しみにしていた旅行に彼女を行かせることでわくわくした」第24段第2文（"Are you really …）で，ルーシーは，自分が行けないのに，クリスティーは自分の母親と滝へ出かけるつもりかと問うており，第26段最終文（Now you're trying …）で母親に指摘されている通り，クリスティーには行ってほしくないのが本音だと判断できるので，不一致。

㈑「メアリーは，ルーシーを車から外に出させた。彼女はルーシーの母親の命令に従わなければならなかったからだ」第23段（"Okay, Mary," …）より，メアリーは，ルーシーが車から降りるのを手伝うように彼女の母親から命じられてはいる。しかし，第27段第1文（Lucy went on …）より，メアリーは，ルーシーに手を差し伸べて車の外に立っていただけで，実際にルーシーを車から降ろしたとは述べられていないので，不一致。

㈒「ルーシーの母親は，クリスティーと一緒に滝に行くことを提案したが，クリスティーはその提案を断ろうとした」第21段最終文（But no reason, …）の発言で，ルーシーの母親はクリスティーに，自分と一緒に滝へ行くことを提案している。一方，クリスティーは第25段（"Your mother's suggestion …）で，その提案を歓迎しながらも，「今回は…」と口ごもっており，それを断ろうとしていると判断できる。そのことは，第26段最終文（Now you're trying …）のルーシーの母親の発言からもわかるので，一致。

㈓「ルーシーは病気から快復したが，外出したくなかったので，自分の具

神戸大-文系前期　　　　　　　　　　　　　　　　　2023 年度　英語〈解答〉　*19*

合が悪そうに見えるよう装った」　ルーシーは第 4 段第 1 文（"I'm not
sick, …）以降，繰り返し自分は病気ではないと主張したが，第 27 段後ろ
から 2 文目（Sorry I'm sick …）で，最終的には自分の体調が悪いことを
認めており，不一致。

◆━◆━◆━◆━◆　●語句・構文●　◆━◆━◆━◆━◆━◆━◆━◆━◆━◆

（第 1 段）have me fooled は使役動詞としての have の用法で，me が目的
語，過去分詞 fooled「だまされた」が補語となっており，「私をだまさせて
いる」という意味。

（第 7 段）happen to *do*「たまたま〜する」には，相手の言動に不満や反
感を持って，この表現を使う場合がある。

（第 9 段）It was as if 〜「まるで〜かのようだった」

（第 19 段）be about to *do*「まさに〜しかけている」

（第 26 段）hold on「ちょっと待つ」　cut in「割り込む」

（第 27 段）a hand held out 〜 は付帯状況を表す分詞構文。　What's the
sense in 〜?「（〜の意味はどこにあるのか？→）〜には意味がない」

（第 28 段）go on「事を続ける，旅を続ける，先に行く」

IV　解答例

(1) 〈解答例 1 〉Smartphone addiction is a mental
disorder people fall into when they are too
dependent on their smartphones in all aspects of their lives. One of the
typical characteristics is the fear of losing access to their smartphones
or not having connectivity.（40 語程度）

〈解答例 2 〉Smartphone addiction is problematic patterns and
behaviors caused by the compulsive overuse of smartphones.
Individuals with smartphone addiction cannot stop themselves from
repeatedly checking social media sites or communication apps, and
they feel uneasy or get irritated when they have no access to their
smartphones.（40 語程度）

(2) 〈解答例 1 〉I think the researchers found various negative effects
of a smartphone. One of these may be a decline in academic
performance because students often spend more time on social media
or playing games than they do studying. They probably also found

that many students rarely or never turn their smartphones off and that some sleep with the device nearby. (60 語程度)

〈解答例 2〉I think the researchers found that many students spend more time on social media than they do interacting with real people, which may bring about a lowering of their social skills. They may also have found that overuse of their smartphones can cause them to have lower concentration, or even reduce their cognition, as well as causing eyesight deterioration, or poor sleep quality. (60 語程度)

■■■■■ ◀解　説▶ ■■■■■

研究論文の一部の全訳：スマホは非常に便利で，スマホのない生活など想像できないことも多い。しかしながら，スマホは有害ともなりうる。例えば，人々はスマホ依存症になる。他のどの依存症とも同様に，これは様々な問題につながる可能性がある。研究では，若者の生活へのマイナスの影響や，依存症の問題を反映する将来の見込みが示されている。スマホが現在の日本の学生にどのようなマイナスの影響を与えるかを明らかにするために，私たちは 3,043 人の学生にアンケートに記入するよう依頼した。

▶(1)　本文中の smartphone addiction「スマホ依存症，スマホ中毒」という語の定義を 40 語程度で述べる問題。自分の考える定義でよい。スマホ依存症とは，例えば，毎日長時間スマホを使用し続けるせいで，スマホが使えないとか，ネットにつながらないと，不安やイライラなどの様々な症状が現れる状態と考えられる。スマホの使用を自分でコントロールできず，身体あるいは精神面で不調が生じるという点を中心に述べるとよい。compulsive「強迫的な，何かに取りつかれたような」 overuse「使いすぎ」 app は application program の省略形で，携帯端末やパソコンで使用される，いわゆる「アプリ」のこと。

▶(2)　研究者は，アンケート結果からどのようなことがわかったと思うかを予想して，60 語程度で述べる問題。英文からは，スマホによるマイナスの影響についてのアンケートと考えられるので，アンケート結果の予想に関しても，マイナスの影響を述べる。視力の低下や睡眠の質の悪化，集中力の低下や成績の低下などが書きやすいが，スマホを通した付き合いばかりしていると，社会性が育たないというような面も挙げることができるだろう。academic performance「学業成績」 concentration「集中」

cognition「認識力」 eyesight deterioration「視力の低下」

❖講　評

　2023 年度は 2022 年度に続き従来の設問形式で，読解問題 3 題，条件作文の形式の自由英作文 1 題の計 4 題の出題であった。読解問題のうちの 1 題は 2021 年度の完全な会話文形式から，2 年連続で，例年どおりの会話文主体の英文に戻った。自由英作文は，例年同様，条件付きの自由英作文の出題となっており，語数が合計 100 語で，2021 年度と同じであった。配点は 2021・2022 年度と同じ。読解問題の英文量は 2021 年度より大幅な増加傾向が続いており，2023 年度も 2022 年度より微増ながら，総語数は 2,000 語近くになっている。設問は記述式の部分は例年，英文和訳と内容説明がほぼ同数出題されていたが，2023 年度は英文和訳中心となった。2022 年度と同様，やや長めの英文の和訳があり，指示語の内容を明示して訳す問題が増加した。空所補充，同意表現，内容真偽，説明文の完成など，さまざまなタイプの選択問題も多い。

　Ⅰ．読解問題。有意義な人生がテーマの英文で，設問は英文和訳（1問）が記述式，選択式は同意表現，空所補充（2問）に加えて，下線部の語句の具体例を選ぶ問題が出題された。空所補充は比較的平易。同意表現が例年より難しく，英文の内容の理解が前提となっている。

　Ⅱ．読解問題。水資源に関わる問題という，神戸大学では定番の環境問題を取り上げた英文である。設問は英文和訳（2問）が記述式，選択式は空所補充による下線部の説明文の完成と空所補充，内容真偽という構成であった。

　Ⅲ．読解問題。会話文の多い小説からの出題。母親と娘と娘の友人との，車での旅行をめぐる会話。設問は英文和訳と内容説明が記述式，下線部の内容の言い換えと内容説明，内容真偽が選択式。英文和訳は，直訳ではわかりやすい訳にならない部分からの出題で，短い英文ながら訳しにくい問題であった。

　Ⅳ．自由英作文。研究論文の一部を読んで，用語の定義を説明するものと，アンケート結果を予測して述べるという条件付きの自由英作文（40・60 語程度）が出題された。スマホ依存症というわかりやすいテーマではあったが，用語としての説明とアンケート結果の予測が，似た

ような内容になる恐れがあり，意外に苦戦した受験生も多かったのでは
ないか。

　全体的に見て，この英文の量と設問の難度に対して 80 分という試験
時間は短く，ここ数年，やや難化傾向が続いている。

1

◆発想◆ (1)・(2) 2次関数 $y=f(x)$ のグラフの概形から条件を求める。
(3) $f(x)=0$ が実数解をもつ場合と虚数解をもつ場合に分ける。

解答 (1) $f(x)=x^2+ax+b=\left(x+\dfrac{a}{2}\right)^2-\dfrac{a^2}{4}+b$

よって，$y=f(x)$ のグラフは，$x=-\dfrac{a}{2}$ を軸とする下に凸な放物線である。
$f(x)=0$ の判別式を D とすると，異なる2つの正の解をもつ条件は

　(i) $D>0$, (ii) 軸 $-\dfrac{a}{2}>0$, (iii) $f(0)>0$

である。
(i)より
$$D=a^2-4b>0, \quad b<\dfrac{a^2}{4}$$
(ii)より　　$a<0$
(iii)より　　$f(0)=b>0$
ゆえに，求める必要十分条件は
$$a<0 \quad \text{かつ} \quad 0<b<\dfrac{a^2}{4} \quad \cdots\cdots\text{(答)}$$

(2) $f(x)=0$ が異なる2つの実数解をもち，それらが共に -1 より大きく，0より小さくなる条件は

　(i) $D>0$, (ii) 軸 $-1<-\dfrac{a}{2}<0$,

　(iii) $f(0)>0$, (iv) $f(-1)>0$

(i)より　　$a^2-4b>0$　　$b<\dfrac{a^2}{4}$

(ii)より　　$0<a<2$
(iii)より　　$b>0$

(iv)より

$f(-1) = 1 - a + b > 0$　　$b > a - 1$

よって

　　$0 < a < 2$　かつ　$0 < b < \dfrac{a^2}{4}$　かつ　$b > a - 1$

ゆえに，点 (a, b) の存在する範囲は右図の網掛け部分。ただし，境界は含まない。

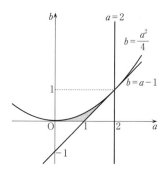

(3) $f(x) = 0$ が実数解をもつとき
2つの解が共に -1 より大きく，0 より小さくなる条件は

(i) $D \geq 0$，(ii) 軸 $-1 < -\dfrac{a}{2} < 0$，

(iii) $f(0) > 0$，(iv) $f(-1) > 0$

よって

　　$0 < a < 2$　かつ　$0 < b \leq \dfrac{a^2}{4}$　かつ　$b > a - 1$　……①

$f(x) = 0$ が虚数解をもつとき

$D < 0$ より　　$a^2 - 4b < 0$　　$b > \dfrac{a^2}{4}$

このとき，$f(x) = 0$ の解は

　　$x = \dfrac{-a \pm \sqrt{a^2 - 4b}}{2} = -\dfrac{a}{2} \pm \dfrac{\sqrt{4b - a^2}}{2} i$

したがって，解の実部は $-\dfrac{a}{2}$ であるので

　　$-1 < -\dfrac{a}{2} < 0$　　$0 < a < 2$

よって

　　$0 < a < 2$　かつ　$b > \dfrac{a^2}{4}$　……②

①または②が a, b のみたす条件であるので，点 (a, b) の存在範囲は右図の網掛け部分。ただし，境界は含まない。

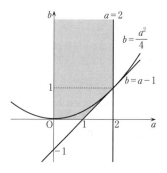

神戸大-文系前期　　　　　　　　　　　　　　　　　　　　2023 年度　数学〈解答〉25

━━━━━━ ◀解　説▶ ━━━━━━

≪2次方程式の解の存在範囲，解の実部についての条件≫

▶(1)　判別式の符号，軸の位置，$f(0)$ の符号を調べ，条件を求める。

▶(2)　判別式の符号，軸の位置，$f(0)$ と $f(-1)$ の符号を調べ，条件を求める。

▶(3)　実数解をもつ場合は，(2)と同様にして条件を求める。虚数解をもつ場合は，$D=a^2-4b<0$ より，$\sqrt{a^2-4b}=\sqrt{4b-a^2}\,i$（$i$ は虚数単位）となるので，解の公式を用いて実部を求めればよい。

2　◇発想◇　(1)　1回投げたとき，Aの表の枚数がBの表の枚数より多い場合である。

(2)　1回目で硬貨のやりとりがなく，2回目で(1)と同じことが起こる場合である。

(3)　2回の操作(P)の終了後，Aの硬貨の枚数は2枚でなければならない。

解答　1枚または2枚の硬貨を投げたとき，表の出る枚数とその確率は下の表のようになる。

1枚投げたときの表の出る枚数とその確率

枚数	0	1
確率	$\frac{1}{2}$	$\frac{1}{2}$

2枚投げたときの表の出る枚数とその確率

枚数	0	1	2
確率	$\frac{1}{4}$	$\frac{1}{2}$	$\frac{1}{4}$

A，Bがそれぞれ硬貨を x 枚，y 枚持っているという状態を (x, y) と表すと，最初の状態は $(2, 1)$ である。

(1)　1回の操作(P)で，$(2, 1) \to (3, 0)$ となるのは，「Aが2枚表（Bは1枚表，0枚表のどちらでもよい）」，または「Aが1枚表，Bが0枚表」の場合であるので

$$p_1=\frac{1}{4}\times 1+\frac{1}{2}\times\frac{1}{2}=\frac{1}{2}\quad\cdots\cdots（答）$$

(2)　2回の操作(P)の後，Aの硬貨が3枚となるのは

$$(2, 1) \to (2, 1) \to (3, 0)$$

となる場合である。

$(2, 1) \to (2, 1)$ となるのは,「A，Bともに1枚表」，または「A，Bともに0枚表」の場合であるので，確率は

$$\frac{1}{2} \times \frac{1}{2} + \frac{1}{4} \times \frac{1}{2} = \frac{3}{8}$$

(1)より，$(2, 1) \to (3, 0)$ となる確率は $\frac{1}{2}$ であるので

$$p_2 = \frac{3}{8} \times \frac{1}{2} = \frac{3}{16} \quad \cdots\cdots(答)$$

(3)　3回の操作(P)の後，Aの硬貨が3枚となるのは

　(i) $(2, 1) \to (2, 1) \to (2, 1) \to (3, 0)$

　(ii) $(2, 1) \to (1, 2) \to (2, 1) \to (3, 0)$

のいずれかの場合である。

(i)の確率は，(1)，(2)より　　$\frac{3}{8} \times \frac{3}{8} \times \frac{1}{2} = \frac{9}{128}$

(ii)について，$(2, 1) \to (1, 2)$ となるのは,「Aが0枚表，Bが1枚表」の場合であるので，確率は

$$\frac{1}{4} \times \frac{1}{2} = \frac{1}{8}$$

$(1, 2) \to (2, 1)$ となるのは,「Aが1枚表，Bが0枚表」の場合であるので，確率は

$$\frac{1}{2} \times \frac{1}{4} = \frac{1}{8}$$

$(2, 1) \to (3, 0)$ となる確率は $\frac{1}{2}$ であるから，(ii)の確率は

$$\frac{1}{8} \times \frac{1}{8} \times \frac{1}{2} = \frac{1}{128}$$

以上より　　$p_3 = \frac{9}{128} + \frac{1}{128} = \frac{5}{64} \quad \cdots\cdots(答)$

◀解　説▶

≪硬貨を投げ，表の出た枚数により硬貨をやりとりする確率≫

▶(1)　Aの表の枚数がBの表の枚数より多いのは,「Aが2枚，Bが1枚」,「Aが2枚，Bが0枚」,「Aが1枚，Bが0枚」の3つの場合である。

▶(2)　Aが3枚となる直前は，$(2, 1)$ の状態でなければならない。

神戸大-文系前期　　　　　　　　　　　　　　　　　　　　2023 年度　数学〈解答〉　27

▶(3)　操作(P)を 2 回繰り返したとき，(2, 1) の状態でなければならない
ので，2 通りの場合がある。

3　◆発想◆　(1)　2 つの円の位置関係は，中心間の距離と 2 つの円
の半径の和，差との大小により決まる。
　(2)　2 円が 2 つの交点をもつとき，2 円の方程式から 2 次の項を
消去してできる 1 次方程式は，2 つの交点を通る直線を表す。
　(3)　p, q が整数となる a のうち，(1)をみたすものを求める。

解答　(1)　$C_1 : x^2 + y^2 = a$　……①
　　　　　　　$C_2 : x^2 + y^2 - 6x - 4y + 3 = 0$　……②

C_1 は中心 $(0, 0)$，半径 $\sqrt{a}$ の円である。
②より，$(x-3)^2 + (y-2)^2 = 10$ なので，C_2 は中心 $(3, 2)$，半径 $\sqrt{10}$ の
円である。

中心間の距離は　　$\sqrt{3^2 + 2^2} = \sqrt{13}$

よって，異なる 2 点で交わる条件は
$$|\sqrt{a} - \sqrt{10}| < \sqrt{13} < \sqrt{a} + \sqrt{10}$$

左の不等式より　　$-\sqrt{13} < \sqrt{a} - \sqrt{10} < \sqrt{13}$
$$\sqrt{10} - \sqrt{13} < \sqrt{a} < \sqrt{13} + \sqrt{10}$$　……③

右の不等式より　　$\sqrt{13} - \sqrt{10} < \sqrt{a}$　……④

③，④より　　$\sqrt{13} - \sqrt{10} < \sqrt{a} < \sqrt{13} + \sqrt{10}$

各辺は正であるので，平方して
$$23 - 2\sqrt{130} < a < 23 + 2\sqrt{130}$$　……(答)

(2)　①－②より　　$6x + 4y - 3 = a$
$$6x + 4y = a + 3$$　……⑤

これは直線を表し，2 つの交点A，Bの座標はいずれも①，②をみたすこ
とから，⑤をみたす。したがって，⑤は 2 点A，Bを通る直線の方程式で
ある。

⑤において，$y = 0$ とすると　　$x = \dfrac{a+3}{6}$

$x = 0$ とすると　　$y = \dfrac{a+3}{4}$

ゆえに $p = \dfrac{a+3}{6}$, $q = \dfrac{a+3}{4}$ ……(答)

(3) p, q が共に整数となるとき，$\dfrac{a+3}{6}$，$\dfrac{a+3}{4}$ は共に整数であるので，

$a+3$ は 6 と 4 の公倍数，したがって，6 と 4 の最小公倍数 12 の倍数である。

(1)より　　　$26 - 2\sqrt{130} < a+3 < 26 + 2\sqrt{130}$ ……⑥

ここで，$2\sqrt{130} = \sqrt{520}$ であり，$22^2 = 484$，$23^2 = 529$ より

$\sqrt{484} < \sqrt{520} < \sqrt{529}$　　$22 < 2\sqrt{130} < 23$

したがって　　$3 < 26 - 2\sqrt{130} < 4$，$48 < 26 + 2\sqrt{130} < 49$ ……⑦

$a+3$ は整数であるので，⑥，⑦より　　$4 \le a+3 \le 48$

$a+3$ は 12 の倍数であるので

$a+3 = 12$, 24, 36, 48　　$\therefore$　$a = 9$, 21, 33, 45 ……(答)

◀解　説▶

≪2円の交点を通る直線，座標軸との切片が整数となる条件≫

▶(1)　一般に，2つの円の半径が r_1, r_2，中心間の距離が d であるとき，異なる2点で交わるための必要十分条件は，$|r_1 - r_2| < d < r_1 + r_2$ である。本問の場合，C_1 の中心は C_2 の外部にあるので，C_1，C_2 が外接するとき，$\sqrt{a} = \sqrt{13} - \sqrt{10}$，内接するとき，$\sqrt{a} = \sqrt{13} + \sqrt{10}$ であることから，$\sqrt{13} - \sqrt{10} < \sqrt{a} < \sqrt{13} + \sqrt{10}$ としてもよい（図を描いてみるとよい）。

▶(2)　①－②から，x, y の1次方程式が得られ，これが2点A，Bを通る直線の方程式である。

▶(3)　p, q が整数であることから，$a+3$ が 12 の倍数であることがわかるので，(1)の結論を利用して，$a+3$ のとりうる値の範囲を求める。その際，$26 - 2\sqrt{130}$ や $26 + 2\sqrt{130}$ が，どの連続する2つの整数の間にあるかを調べる必要がある。

❖講　評

2023年度は，2次方程式，確率，図形と方程式，整数の性質からの出題で，ベクトル，数列，微・積分法からの出題はなかった。また，理系との共通問題は出題されなかったが，類似問題が出題された（**1**）。

1．2次方程式 $x^2 + ax + b = 0$ の解が条件をみたすような点 (a, b)

の存在範囲を図示する問題。(1), (2)は基本的である。(3)で実数解をもつ場合と虚数解をもつ場合に分けることがポイントとなる。

2. 2人が硬貨を投げ，表の出た枚数が少ない方が相手に1枚の硬貨を渡すという操作を繰り返すときの確率を求める問題。操作を行うことにより，2人の持っている硬貨の枚数が変化することに注意しなければならない。(2)は(1)を，(3)は(1), (2)を利用することができるので，2人の持っている硬貨の枚数がどのように変化するか調べることになる。内容としては標準的といえる問題である。

3. 2つの円が異なる2点で交わる条件，2交点を通る直線と軸との交点の座標が整数となる条件を求める問題。(1)は基本的であるが，絶対値を含む不等式の扱いに注意が必要である。(2)は2つの円の方程式から2次の項を消去した1次方程式が，2つの交点を通る直線を表すことを知らなければ，解くことは難しい。(3)は，(2)の結果から a についての条件を求めることは難しくないが，(1)で求めた範囲の扱い方がポイントとなる。いずれにしても差がつく問題といえるだろう。

全体としては，標準的な問題中心の出題である。基本的な小問を確実に解くこと，誘導の内容を理解することが大切である。

○字あった二〇二二年度に比べると減っているが、これで例年並みである。設問は、二〇二〇年度以降の形式を踏襲していて、字数制限つきの内容説明、書き取りの順になっている。書き取りは五問。字形が複雑なものも含まれているが、難しいものはない。「はっきりと、くずさないで書くこと」という指示を守って、全問正解を狙いたい。内容説明の解答字数は例年どおりの、八〇字三問と一六〇字一問、総記述字数四〇〇字。すべて傍線部の内容を問う設問となっている。部分読解の問一から問三も、「本文全体の論旨」をふまえて解答する問四も、すべて傍線部とその前後を精読することで解答の方向性はつかめるので、書く内容自体は見つけやすいが、指定字数内に収めるのはたいへんである。出版年度や問題文のテーマで違いは見られるが、全体としては例年と変わらない出題である。問題文の内容をできる限り素早く読み取って設問に取りかかり、読み取った内容を正しく記述することにしっかりと時間をかけていきたい。

二　古文（説話）　鎌倉時代に鴨長明が著した仏教説話集『発心集』の一話で、信仰心が足りず立派な最期を遂げることができなかった僧について述べた文章が出題された。設問は、口語訳、内容説明、文法、文学史で、内容説明の二つの問いには、六〇字と五〇字の字数制限が設けられている。問一の口語訳は標準レベル。問二・問三の内容説明（理由説明）は、解答の素材となる範囲がかなり広いので、整理をつけて必要な内容を抽出し、簡潔な表現で答案を仕上げる力量が必要である。問四の文法（助動詞「べし」を適切な活用形にするもの）と問五の文学史（説話集を選ぶもの）は基本レベルで取りこぼしは禁物。

三　漢文（説話）　唐の李瀚が古人の逸話などをまとめた『蒙求』から、文学者が文才を失ったという不思議な出来事を述べた話が出題された。設問は、読み、書き下し文、口語訳、内容説明で、内容説明は五〇字の字数制限が設けられている。問一の読みはやや易、問二の書き下し文は標準レベル。問三の口語訳は「平易な現代語」となるように配慮する。問四の内容説明は、状況を把握することとともに、二度の夢の出来事を要領よくまとめる表現力も求められている。

神戸大-文系前期　　　　　　　　　　　　　　　　　　2023 年度　国語〈解答〉　*31*

「用」は「もちゐる」（または「もちゆ」「もちふ」）を基本形とする動詞。「用」「所」「無」の順で「もちゐ〔ゆ・ふ〕るところなし」と読む。現代仮名遣いだと「もちい〔ゆ・う〕るところなし」。「無所用」の逐語訳は〝用いることがない〟であるが、自然な表現で訳せば〝無用だ・使い物にならない〟のようになる。

▼問三　「吾に筆有り、卿の処に在ること多年なり」と読む。「卿」は第二人称。逐語訳は〝私には筆があり、あなたのもとにあるのが長年にわたる〟であるが、わかりやすい表現に整えて解答するのがよい。

▼問四　傍線部(B)自体は〝当時の人はこのことを才能が尽きたと言った〟の意で、「之」は江淹の身に起きたことを指している。具体的には、江淹が見た二つの夢とその後の出来事で、「錦」と「筆」について、それぞれの持ち主だという文学者から返還を求められ、懐にあったものを返すと、それ以降は文章をうまく作ることができなくなったというものである。美しい文様が織り込まれた錦や文字を書くための筆は文才の象徴ともされるもので、文学者の持ち物であったそれらが知らないうちに江淹の懐にあり、求められるままに取り出して返したということは、江淹が自分の持っていた文章の才能を手放し失ってしまったことを意味していると思われる。書くべき内容は次の三点である。

(i)　江淹に

(ii)　懐の錦と筆を元の持ち主の文学者に求められて返す夢を見て

(iii)　後に文才が衰えるということ

❖講　評

一　現代文（評論）　二〇〇〇年に出版された、「消費社会のあり方」をテーマにした社会学の文章で、人文科学系の文章が続いていたこの数年とは異なり、家族論が出題された二〇一〇年度以来の社会科学系の文章からの出題となった。二〇二〇年度を除くと最新に近い文章が出題されてきた近年の傾向を考えると少し以前の文章に見えるが、今の時代にも頻繁に論じられるテーマなので、古いという印象はまったくない。本文の長さは五〇〇〇字を切っており、約五五〇

探し、五色の筆一本を見つけ、それを渡した。その後は詩を作っても、まったくすばらしい句が浮かばなかった。当時の人はこのことを才能が尽きたと言った。

▼読み

江淹、字は文通。少くして孤貧なり。嘗て司馬長卿・梁伯鸞の人と為りを慕ひ、章句の学を事とせず、情を文章に留む。淹文章を以て顕れ、晩節に才思微しく退くと云ふ。宣城の太守と為り、時に罷免て帰る。夢に一人ありて自ら張景陽と称し、謂ひて曰く「前に一匹の錦を以て相ひ寄す。今還さるべし」。淹懐中を探り、数尺を得て之を与ふ。此の人大いに悢りて曰く「那ぞ割き截りて都て尽くすを得んや」。丘遅を顧見して、謂ひて曰く「此の数尺、謂ひて余す。既に用ゐる所無し。以て君に遺らん」。爾るより淹が文章躓けり。又た嘗て夢む。一丈夫自ら郭璞と称し、謂ひて曰く「吾に筆有り、卿の処に在ること多年なり。以て還さるべし」。淹乃ち懐中を探り、五色の筆一つを得、以て之を授く。爾る後は詩を為るに、絶えて美句無し。時人之を才尽くと謂ふ。

▲解説▼

▼問一

① 「字」は実名ではなく呼び名として用いられる名のこと。

② 「少」はここでは "年が若い・幼い" という意味の形容詞「少し」として用いられており、"年が若い頃に・年少の時から" という意味の副詞的な表現として「少くして」と読む。

③ 「都」は "すべて・皆・まったく・完全に" の意の副詞として「都て」と読む。

▼問二 (ア) 「今」は副詞としてそのまま「いま」と読む。「可」は「べし」を基本形とする助動詞で、ここでは当然の用法。「見」はここでは「る」を基本形とする受身の助動詞。「還」は、前の文を踏まえ、"(預けている錦を)返す・返還する" の意で、「見」「可」の順で「かへさるべし」と読む。現代仮名遣いだと「かえさるべし」。「可見還」の逐語訳は〈私はあなたに預けている錦をあなたに〉返還されなければならない であるが、「全訳」では自然な表現として "返してもらいたい" としておいた。

(イ) 「既」は「すでに」と読む副詞。「無」は「なし」を基本形とする形容詞。「所」は後の動詞を名詞化する働き。

神戸大-文系前期　　　　　　　　　　2023年度　国語〈解答〉　33

に慈円が著した史論書。ハの『閑吟集』は室町時代後期の編者未詳の歌謡集。二の『禁秘抄』は鎌倉時代初期に順徳天皇が著した有職故実の解説書。

三

出典　李瀚（りかん）『蒙求（もうぎゅう）』〈巻上　百四十二〉

解答

問一　①あざな　②わかくして　③すべて

問二　（ア）いまかえさるべし

（イ）すでにもちい〔ゆ・う〕るところなし

問三　私は筆を持っていたが、その筆があなたのもとに何年もある。

問四　江淹に、懐の錦と筆を元の持ち主の文学者に求められて返す夢を見た後に文才が衰えるということが起きた。（五〇字以内）

◆**全　訳**◆

江淹は、字は文通。少年の頃からみなしごで貧しかった。いつも司馬長卿・梁伯鸞の人となりを慕い、書物の章句についての学問を専らには行わず、情熱を文章に傾けた。淹は文章によって世に知られ、晩年に才知のある優れた思考はいくらか衰えたという。宣城の太守となり、やがて辞職して帰郷した。夢で一人の人がいて、自ら張景陽と名乗り、語って言うことは「以前一匹の（長さの）錦を預けた。すぐに返してもらいたい」。淹は懐の中を探し、数尺（の長さの）錦を見つけてそれを渡した。この人が非常に怒って言うことは「どうして切り裂いてすべてすっかりなくなったものを受け取ることができようか」。丘遅を振り返り見て、語って言うことは「この数尺が残っている。もはや使い物にならない。あなたに差し上げよう」。それ以来淹の文章は出来が悪くなった。また以前夢を見た。一人の男が自ら郭璞と名乗り、語って言うことは「私は筆を持っていたが、（その筆が）あなたのもとに何年もある。返してもらいたい」。淹はそこで懐の中を

ざりならず、貴くて終はり給ひしにあらずや」は、ましてや蓮花城は深い信仰心を持って尊い死を迎えたのではない

のかということ。「かたがた何の故にや、思はぬさまにて来たるらん」は、いずれにしてもどのような理由で思いが

けない様子で（＝死後に物の怪となって）やって来ているのだろうかということ。以上の内容を六〇字以内にまとめ

る。書くべき内容は次の三点である。

(i) 長年親交があり恨まれる覚えもなく

(ii) 深い信仰心を持って尊い死を遂げたはずの蓮花城が

(iii) 物の怪となって登蓮の前に現れた

▼問三 傍線部(B)は、「ある人」が語った言葉についての筆者の感想で、"このことは、いかにもそうだと思われる"とい

うもの。「ある人」の言葉は、すべての行状やその結果は本人の心がけ次第であり、仏道への信仰心が不足している

にもかかわらず仏の加護を得ようとするのは無理があるのではないか、という内容である。筆者はこのことを、臨終

に心が揺らいで往生を遂げることができなかった蓮花城の有様と重ね合わせ、たしかにその通りだと感じたものと考

えられる。書くべき内容は次の二点である。

(i) 死に際に未練を残した蓮花城は

(ii) 信仰心の不足により仏の加護を得ることができなかった例に相当する

▼問四 a、係助詞「こそ」の結びで、已然形「べけれ」とする。

b、後の「なら」は断定の助動詞「なり」なので、連体形「べき」とする。

c、後の「構へ」は名詞なので、連体形「べき」とする。

d、通常の文末なので、終止形「べし」とする。

▼問五 『発心集』は鎌倉時代初期に鴨長明が著した仏教説話集。選択肢の中で説話集（仏教説話集）は鎌倉時代中期に

無住が著したホの『沙石集』である。イの『山家集』は平安時代末の西行の私家集。ロの『愚管抄』は鎌倉時代初期

気は仏の力によってきっと癒えるだろう。このことを理解せず、心は自分のせいで浅く、（心が浅いにもかかわらず）御仏の加護をあてにするのは、不確かなことである」と語りました。このことは、いかにもそうだと思われる。

▲解説▼

▼問一　①「年ごろ」は〝何年もの間・長年〟の意。「年ごろありて」で〝何年も過ぎて・長年経って〟のように訳す。

②「さる」は「さある」が縮まったもの、「べき」は当然や運命を表す助動詞「べし」の連体形で、「さるべき」は文字通りに訳すと〝そうであるはずのこと〟であるが、ここでは、現世で起こることはすべて前世から定まっているという仏教思想に基づいた表現として、〝（そのようなはずの）前世からの因縁〟と解釈するのがふさわしい。登蓮は、蓮花城が自分の死を悟り、自ら入水して立派な最期を遂げようとしていることについて、そのように決意して実行するのは前世からの因縁だととらえているのである。「にこそあらめ」の「に」は断定の助動詞「なり」の連用形、「こそ」は強調を表す係助詞、「あら」はラ行変格活用動詞「あり」の未然形、「め」は推量の助動詞「む」の已然形（係助詞「こそ」の結び）で、〝であるだろう〟と訳す。

③「あはれ」は感動詞で〝ああ〟と訳す。「ただ今」は〝今すぐに〟の意の副詞（連語）、「制し」は〝止める・やめさせる・制止する〟の意味の動詞「制す」の連用形。「給へ」は尊敬語補助動詞の用法の「給ふ」の命令形、「かし」は念押しの終助詞で、「〜給へかし」で〝〜てくださいよ〟と訳す。

④「火水に入る」は、三つ前の文の「身灯、入海（＝入水）」にあたる意味で、自ら死ぬために火や水に身を投じるということ。「なのめならず」は、〝並一通りだ・普通だ〟という意味の形容動詞「なのめなり」に打消の助動詞「ず」が付いた連語で、〝並一通りではない・際立って著しい〟の意。

▼問二　傍線部(A)は、蓮花城と名乗る霊に対する登蓮の言葉で、〝このことは、納得できない〟の意。登蓮が納得できないと思った理由は、その後の言葉に述べられている。「年ごろあひ知りて、このことは、終はりまでさらに恨みらるべきことなし」「いはんや発心のさまなほ

って、このようにやって来申し上げているのである」と言った。これこそは本当に前世につくった因業だと思い当たっておりません。一方ではまた、後の時代の人の戒めときっととなるにちがいない。

人の心は、見定めるのが難しいものであるので、（このような行いは）必ずしも清らかで美しく飾らず素直な気持ちからも生じない。ある者は、他人より勝っているという良い評判にも執着し、ある者は、おごり高ぶりや嫉妬を原因として、愚かに、焼身や、海に入水をする者は浄土に往生するとだけ思い込んで、気持ちが焦るのにまかせて、このような行状を思い立つことをしてしまうでしょう。とりもなおさず異教の苦行と同じだ。とんでもない誤った考え方と言わなければならない。だから、火や水に入る（＝火や水に身を投じて死ぬ）苦しみは並一通りではない。その意志が深くないならば、どうして堪え忍ぶことができるだろうか。苦しみや患いがあると、また心は穏やかでない。仏の助け以外には、乱れなく正しい信仰心でいるようなことはこの上なく難しい。【中略】

ある人が言うことは、「さまざまな行いは、すべて自分の心にある。自分から励み勤めて、自分で知らなければならない。他人には見当をつけるのは難しいことである。すべて過去の（後の果報の原因となる）一切の善悪の行為も、未来の因果の応報も、御仏の加護も、じっと考えて、自分の心の持ちようを穏やかにしたならば、きっと自分で自然と推察がつくにちがいない。ともかくも、一例を示す。もし人が、仏道を修行するようなことのために山林にも入り、一人で広い野原の中でも過ごすような時に、それでも身を危ぶみ、命を惜しむ心があるならば、必ずしも仏がお守りくださっているだろうとは期待することができない。垣根や壁をも周囲に巡らし、逃げることができる準備をして、自分で身を守り、病気を治して、少しずつ（修行が）進むようなことを願うのがきっとよい。もしすっかり仏に差し上げた身と思って、虎や狼がやって来て襲ったとしても、むやみに恐れる心はなく、食べ物がなくなって飢え死にするとしても、嘆かわしくなく思われる段階になってしまったならば、仏も必ずお守りくださり、菩薩も聖衆（＝極楽浄土にいる菩薩たち）もやって来て、お守りくださるにちがいない。一切の悪鬼も害獣も、（襲う）機会を得るはずがない。盗人は思慮を生じさせて去り、病

そのような行為は愚かでものの道理を理解できない人がする所業である」と言って、戒めたけれども、まったく気が変わることなく固く決意していることと思われたので、「このように、これほど決心なさっているような状況に至っては、留めることができない。そのようなはずの前世からの因縁であるだろう」と言って、その時の準備などを、協力して、一緒に手配した。

（蓮花城は）とうとう、桂川の深い所に行き着いて、念仏を大きな声で唱え申し上げ、時を経て、水の底に沈んだ。その時、（蓮花城の入水の噂を）聞き及ぶ人が、市場のように（おおぜい）集まって、少しの間は、尊く思って悲しむことはこの上ない。登蓮は長年親しくしていたのになあと、しみじみ悲しく思われて、涙を拭いながら帰ってしまった。

こうして何日も過ぎるにつれて、登蓮が物の怪のように思われる病になる。周囲の人は不審に思って、たいへんなことだと思ったうちに、霊が現れて、「かつての蓮花城」と名を告げたので、（登蓮は）「このことは、納得がいかない。長年の間親しくして、臨終までまったく不満に思われるはずのことはない。ましてや悟りを得ようとする心の様子は並一通りではなく、立派な様子でお亡くなりになったのではないか。いずれにしてもどのような理由で、思いがけない様子でやって来ているのだろうか」と言う。

物の怪が言うことは、「そのことである。よくぞ止めてくださったのに、自分の心の持ちようを知らずに、取り返しのつかない死に方をしております。別段他人に対してのことでもない（他ならぬ自分自身のことな）ので、その間際に考え直しそうだとも思われなかったけれども、どのような仏道を妨げる魔物のすることであったのだろうか、ちょうど水に入ろうとした時に、急に後悔する気持ちになっておりました。けれども、あれほどの人の中で、どうして自分の判断で気を変えることができるだろうか。ああ、今すぐに止めてくださいよと思って、（あなたと）視線を合わせ（ようとし）ていたけれども、（あなたは）知らん顔で、『もうこうなったら早く早く』と促して、（私は水に）沈んでしまうようなことへの残念な気持ちで、何の往生のことも思い浮かばない。思いがけない悪道に入っているのです。このことは、私の愚かな罪であるので、他人（＝あなた）を不満に思い申し上げてよいことではないけれども、死に際に残念だと思った一心によ

38　2023年度　国語〈解答〉　　　　　　　　　　　　　　　神戸大-文系前期

要がある。

二

出典　鴨長明『発心集』〈巻三　第八話　蓮花城入水事〉

問一　①何年も過ぎて
　②そのようなはずの前世からの因縁であるだろう
　③ああ、今すぐに止めてくださいよ
　④火や水に身を投じて死ぬ苦しみは並一通りではない

問二　長年の親交があり恨まれる覚えもなく、深い信仰心を持って尊い死を遂げたはずの蓮花城が、物の怪となって登蓮の前に現れたから。（六〇字以内）

問三　死に際に未練を残した蓮花城は、信仰心の不足により仏の加護を得ることができなかった例に相当するから。（五〇字以内）

問四　a、べけれ　b、べき　c、べき　d、べし

問五　ホ

◆全　訳◆

　近年、蓮花城といって、人に知られている聖がいた。登蓮法師が知り合って、何かにつけ、思いやりを向けては（時が）過ぎたうちに、何年も過ぎて、この聖が言ったことは、「今は、年が過ぎるにつれて衰弱して参りますようなことが、近づくことは疑いようもない。死に際に乱れなく正しい信仰心を保って亡くなって参りますので、死期が近づくことは疑いようもない。死に際に乱れなく正しい信仰心を保って亡くなろうと思います」と言う。みでございますので、心が清らかになっている時に、入水をして、臨終を迎えようと思います」と言う。

　登蓮は聞き、驚いて、「あってよいことでもない。あと一日であっても、念仏の功徳を積もうと願いなさるのがよい。

神戸大-文系前期　　　　　　　　　　　　　　　　　　2023 年度　国語〈解答〉　*39*

① ［消費社会の進展］

（1）機能から記号　（Ⅱ第五～第八段落・Ⅲ第一段落）

（2）近代社会からポストモダン　（Ⅲ第三段落）

＝ただ一つの論理の制御に服しているという世界観から、多元的な論理によって構成されているという世界観へ

＝一元的世界観から多元的世界観

②「他者志向」（Ⅲ第四段落）

（1）自らの行為を決定する際に、伝統や自己の内部に確立された価値観や信念ではなく、他者の視線にどう映るかを準拠点にする

（2）アイデンティティは状況によってその都度構成される流動的・多元的なものになる

＝アイデンティティは記号や物語の消費を通して構成されるものとなる

「だから」（Ⅲ第五段落）

（1）物語の多元化が進行して、記号的価値が多元化・細分化する

（2）相互に不透明なものとなっていく＝お互いの姿が見えにくくなっていく

③「さえも困難にする」（Ⅲ第四段落＋辞書）

他者志向（＝他者による自己決定）すら難しくなる

▼問五

（e）〝たわむれに描いた絵〟〝滑稽な絵〟〝風刺的な絵〟などの意味がある。

（b）「衛」、（c）「厳」、（d）「献」、（e）「戯」のように画数が多く、急いで書くと線が重なって文字の形がよくわからなくなるものが解答に含まれている。「はっきりと、くずさないで書くこと」という条件がついているので、急いで雑に書いたり、くずした文字を書いたりするのではなく、一点一画、一つ一つの線を丁寧に書いていくことを心がける必

▼問四 「本文全体の論旨をふまえたうえで」とあるが、設問自体は「どういうことか」と傍線部の説明を求めるものなので、①「消費社会の進展」②「他者志向」③「困難にしていく」の三点に分けて、それぞれを言い換えていくことを考える。まず傍線部㈓の中に「だから」とあるので、前文の内容を傍線部の前提という形で、⓪として解答に組み込む（書くにあたって最初に書かなければならないということではない）。「だから」がうけている傍線部の前文を見ると、「記号的価値自体が、多元化・細分化し、相互に不透明なものとなっていく」とあり、ここに⓪を置くとわかりやすい。その際、「相互に不透明なものとなっていく」を、「不透明」＝〝透明でなく、向こうにあるものが見えない〟という辞書的な意味を利用して、〝相手のことが見えなく／見えづらくなる〟と言い換えておくと、〈相手のことが見えなくなって、他人を準拠点にできなくなっていく〉ということになり、③の「〈他者志向さえも〉困難にしていく」にスムーズにつながっていく。③に関しては、「困難」を辞書的に言い換えて全体を締めくくったのでいいだろう。以上の流れは、文章の冒頭から書かれている「消費社会」がもたらしたものと重なり合っているので、「本文全体の論旨」をふまえることにもなっている。解答要素は次のとおり。

④自動車を大量に安価に提供するために部品や組立工程を徹底的に規格化する（Ⅲ第一段落）ので、①「消費社会の進展」②「他者志向」③「困難にしていく」の三点に分けて、それぞれを言い換えていくことを考える。まず傍線部㈓の中に「だから」とあるので、前文の内容を傍線部の前提という形で、⓪として解答に組み込む（書くにあたって最初に書かなければならないということではない）。「だから」がうけている「記号的価値」は、「機能」から「記号」へ（Ⅲ第一段落）という変化を「商品」にもたらした①「消費社会の進展」によるものである。Ⅱ第五段落以降や、ⅢのGMとフォードの比較などにも記されている。そして、Ⅲにある〈フォードからGMへという変化〉は、Ⅲ第三段落で〈近代社会（モダン）からポストモダンへの移行〉と重ねられ、その結果現れたものがⅢ第四段落にある〈他者志向〉という「アイデンティティのあり方」の「変容」である。この中身についてはその人々にとって、……流動的・多元的なものとなる」と説明されている。以上の内容で①も②も言い換えていくことができるが、この内容が「だから」のうけている「記号的価値自体が、多元化・細分化し、相互に不透明なものとなっていく」につながるので、ここに⓪を置くとわかりやすい。その際、「相互に不透明なものとなっていく」を、「不透明」＝〝透明でなく、向のあとにⅢ第四段落にある〈自らの行為を決定する際に、……他者の視線にそれがどう映るかということを準拠点にする」「他者志向の人々にとって、……流動的・多元的なものとなる」「アイデンティティはこうして記号や物語の消費を通して……

六段落の「企業の広告戦略は、……システムとして組織化するものだ」やⅡ第八段落に「記号的差異の操作——つまりは広告戦略」にあるように、「企業」はこのことを「広告」を通しておこなう。傍線部の前にある「資本（＝企業）」が「広告」への出資を通して需要を自分自身の力でつくり出すような自己準拠システムとして作動しはじめる」も、これにつながる内容である。以上の〈広告→差異→需要〉という流れを、対称軸として「欲求」「機能」と対比させ、文末に「空間」または辞書的な言い換えである〈環境〉などを置いてまとめていく。解答要素は次のようになる。

① 個人の自然な欲求とそれを充足する商品の機能を問題にはしない／重視しない　（Ⅱ第七段落）

② 資本が広告への出資を通して創出する　（Ⅱ第八段落）

③ 人々の間の相互差異化　（＝他人とは違った自分でいようとする心情）をかき立てる　（Ⅱ第六段落）

④ （②、③の結果）需要を生み出す環境／空間　（Ⅱ第六段落・Ⅱ第八段落）

▼問三　「どういうことか」と言い換えを求める設問ではあるが、主語にあたる「フォードの生産システムの要は」の部分は、傍線部⑺のテーマともいえる部分なので「要」を辞書的に〈重視していた・中心にすえていた〉などと言い換えるくらいでいいだろう。そのうえで「徹底した機能性と合理性」を言い換えるために、Ⅲ第一段落の「部品や組立工程を徹底的に規格化することによって、……自動車を大量かつ安価に提供」、Ⅲ第二段落の「フォード・システムの場合この目標はどこに置かれていたのか。……。……人間的な欲求の自然性を準拠点とした上で、その欲求をどれだけよく充足し得るか、という観点から合理性や機能性は測定されていた」などを用いていく。解答要素は次のよう
になる。

① フォード（の生産システム）は……を重視していた／中心にすえていた

② 人間に内在する「自然な」欲求　（Ⅲ第二段落）

③ ②をどれだけ充足するかという観点　（Ⅲ第二段落）

持つ……力」という構文になっているので、〈変化の前後〉にあたる①、③についても〈「商品」が人間に対してどの

ような「力」を発揮するか、どのような影響を与えるか〉ということを意識して内容を整理していくと、傍線部と対

応した構文の解答を作成することができる。解答要素は次のとおり。

① [変化前]

伝統的な諸制約　社会的な諸規定　「身分の境界」がある　（Ⅱ第四段落）

② [変化のきっかけ]

（1）消費社会の到来　（Ⅱ第一段落）

（2）商品化　商品に自由にアクセスできる　（Ⅱ第二段落）

③ [変化後]

（1）「から自由になる　①とは無関連になる　①に縛られなくなる　（Ⅱ第四段落）

（2）自分自身の「自然な」欲求にしたがい自由に商品を購入し享受する消費者になる　（Ⅱ第四段落）

▼問二　一つ前のⅡ第七段落に「一定の記号システムあるいは一つの物語」とあるように、「物語」とは「記号システム」

のことである。そして「記号システム」とは、傍線部(イ)の直前に「この需要は、……創出される」とあるように〈需

要を創出するために用いられるもの〉である。〈なぜ記号が需要を創出するのか〉に関しては、Ⅱ第七段落の「商品

にとって重要なのは、その『機能』ではなく『記号』としての差異の表示だ」「記号は他の記号との連鎖において存

在するものであり、……構成することになる」が手がかりになる。いいかえるとそれは、……人々の間の相互差異化の活動

が互いに差異化を競う営みである……。……人々の間の相互差異化のゲームという社会的活動

の観点から見られるべきものなのだ……」やⅡ第七段落の「要するに、消費行為を、……もはや現実的ではない」を合わ

せて考えると、「記号」と「需要」とをつなぐものとして「差異」があることが読み取れる。〈記号システム」が生

み出す「差異」を意識することで「需要」そしてその先にある「消費」が生まれる〉ということである。そしてⅡ第

- 記号や物語の消費を通して構成・再構成されるような不断のプロジェクトとなる

　物語の多元化が進行　←
- 記号的価値自体が多元化・細分化　←
- 相互に不透明なものとなっていく　←

　消費社会の進展は、他者志向さえをも次第に困難にしていくような過程である　（問四）

＊

▼問一　直前にある「第一のそれ」＝「アクセスへの制限から自由」を別の表現で言い換えたものが傍線部㋐で、「伝統的身分制のシンボリズムを……どのように敗退していったかを描き出し」た「グラント・マクラッケン」や、〈伝統的社会〉における「服装」〈「階級を示すステータスシンボルとして」〉の「古光沢」を例に説明されている。さらにこのことを「消費する人々の側」という別の角度から、「伝統的な諸制約から……相対的に無関連な『人間』としての消費者が市場に登場してきた」「これら『個人』『人間』としての消費者は……自由に商品を購入し享受する」とも述べている。解答はここにある事柄をまとめていけばよいが、傍線部に「相対化」「均質化」という言葉が含まれている。「化」という接尾語は〈変化〉を表すので、〈変化〉の説明が求められていると考えて、①〈変化前〉②〈変化のきっかけ〉③〈変化後〉に分けて、内容を整理していく。②の〈変化のきっかけ〉はマクラッケンの言葉にも出てくる「商品化」であるが、この段落から考えて〈それまで商品とはなりえなかったものが商品になっていくこと〉ということも入れておきたい。Ⅱ第二段落にある〈商品＝物語〉が「誰に対しても……自由にアクセスできる場所におかれて」〉という表現が使いやすい。このように〈「商品」〉とはなりえなかったものを「商品」にしていった〉ものは「消費社会」なので、②には「消費社会」のことも書いておいた方がいいだろう。また傍線部が「商品の

2

フォードの生産システムの要

徹底した機能性と合理性　（問三）

・人間的な欲求の自然性を準拠点とした上で、その欲求をどれだけよく充足し得るかという観点から測定されていた

3

フォード的な機能性や合理性への信憑＝近代社会が発生以来もちつづけていた世界像

・世界を一貫して合理化していこうとする運動であり、またそのような徹底した合理化が可能であるという信念

・世界が全体として特定の方向に向かって進歩していくという世界観

・世界がただ一つの論理の制御に服しているという世界観

←[消費社会化の進行]

世界は多元的な論理によって構成されるものであるという感覚が浸透していく

4・5

アイデンティティのあり方も変容

「他者志向」

・自らの行為を決定する際に、他者の視線にどう映るかということを準拠点にする

・状況によって容易に変化する

←

アイデンティティ

・状況に応じてその都度構成されるような流動的・多元的なものとなる

商品の持つ相対化・均質化の力　（問一）

・伝統的な諸制約から自由な「個人」としての消費者、社会的な諸規定から無関連な「人間」としての消費者が登場

・自分自身の「自然な」欲求にのみしたがい自由に商品を購入し享受する

5～7
第二の自由　（＝物的な制約から自由）
消費社会は欲求の「自然性」それ自体から欲求を自由にする
・新しい欲求に応える商品は、モノとしての機能から自由な存在となる
・商品にとって重要なのは、「機能」ではなく「記号」としての差異の表示

8
自然性から解放された欲求は、記号的差異の操作　（＝広告戦略）によって生産システムの変数として操作され得る

Ⅲ
【現実感覚の変容／アイデンティティの変容】　（「機能」から「記号」へという……過程なのである）
商品の流通する空間は次第に物語空間へと変貌していく　（問二）
←

1
GMのフォードに対する勝利は、アメリカの資本主義が新しい段階に入ったことを明瞭に示す
新しい段階＝「機能」ではなく「記号」の消費を軸とする段階
「機能」から「記号」へ
＝需要が資本によって外的な（自然な）制約ではなく自己準拠的に創出しうるものとなる段階
＝消費社会という段階

46　2023 年度　国語〈解答〉　　　　　　　　　　　　　　　　　　　　　　　神戸大-文系前期

近代社会を特徴づけていたものは、世界はただ一つの論理の制御に服しているという世界観だったが、消費社会によって世界は多元的な論理によって構成されるという感覚が浸透し、アイデンティティのあり方も、「他者志向」と呼ばれる流動的・多元的なものへと変容して、記号や物語の消費を通して構成・再構成されるものになっていく。そして物語の多元化が進行すれば、記号的価値は多元化・細分化し、相互に不透明なものとなっていく。消費社会の進展は他者志向さえをも次第に困難にしていくような過程である。

▲解　説▼

一行空きのところで、大きくⅠ、Ⅱ、Ⅲと分けていくこととする。各段落の後にある表題は、原著に添えられていたものである。また 1・2、…は段落番号である。

Ⅰ　【現代社会としての消費社会】（資本主義的諸社会の……手がかりがある）

1・2　消費社会

消費社会の中で商品は、広告の紡ぎ出すさまざまな物語に包まれて人々の目の前に現れる

→消費社会のあり方を理解するための手がかり

Ⅱ　【自由の空間】（「夢のような」という表現を……変貌していくのである）

1〜3　消費社会

消費社会において各商品のまとう物語は、外的な制約から二重の意味で自由

[第一に]　アクセスへの制限から自由

[第二に]　物的な制約から自由

4　二つの自由のうち第一のそれ（＝アクセスへの制限から自由）

国語

一

出典 浅野智彦「消費社会とはどのような社会か?」（大澤真幸（編）『社会学の知33』新書館）

解答

問一　消費社会の到来でモノは自由にアクセスできる商品となり、伝統的な諸制約や諸規定に縛られていた人々を、自然な欲求にしたがって商品を享受する消費者に変えたということ。（八〇字以内）

問二　個人の自然な欲求とそれを充たす機能ではなく、人々の間の相互差異化の欲求とそれに対応する記号的差異を、資本が広告を通して操作し、需要を生み出すシステムをもつ空間。（八〇字以内）

問三　フォードの生産システムは、人間に内在する自然な欲求を充足させるために、部品や組立工程を徹底的に規格化して大量に安価に商品を提供することを重視していたということ。（八〇字以内）

問四　機能より記号的価値を重視する消費社会の進行で多元的世界観が浸透し、他者の視線を準拠点に自らの行為を決定する人々にとってアイデンティティも記号や物語の消費を通してその都度構成される流動的・多元的なものとなる。これが進み、記号的価値自体が多元化・細分化しお互いが見えづらくなると、他者による自己決定すら難しくなるということ。（一六〇字以内）

問五　(a)接触　(b)防衛　(c)厳密　(d)貢献　(e)戯画

◆**要　旨**◆

消費社会は個人の自然な欲求から欲求を自由にする。商品にとって重要なのは、「機能」ではなく「記号」としての差異の表示であり、欲求は、記号的差異の操作（＝広告戦略）によって生産システムの変数として操作され得るものになる。

2022年度

解答編

神戸大-文系前期　　　　　　　　　　　　　　　2022 年度　英語〈解答〉　3

解答編

■英語■

Ⅰ **解答** 問1．㋐　問2．㋐・㋔　問3．㋔
問4．全訳下線部(3)参照。

問5．全訳下線部(4)参照。

問6．㋐・㋒

━━━━━━━◆全　訳◆━━━━━━━

≪光害が夜行性の生物に与える影響≫

　電灯は私たちの世界を変えつつある。世界の人口の約 80 ％が，今では夜空が人工の光で汚染されている場所に住んでいる。人類の3分の1がもはや銀河を見ることはできない。しかし夜間の光はさらに深刻な影響を及ぼしている。人だと，夜間の光害は，睡眠障害，うつ病，肥満，さらには一部のがんとも関連づけられてきた。研究によると，夜行性動物は夜間の光レベルがわずかに変化しただけでも行動を変えることがわかっている。フンコロガシは，光害によって星が見えなくなると，あたりを移動する際に方向感覚を失ってしまう。光はまた，生物種間の相互作用をも変えてしまうことがある。蛾のような昆虫は，光のせいで捕食生物からうまく逃れることができなくなると，コウモリに食べられる恐れが高まるのだ。

　海や海岸の生き物がどう対処しているかについては，比較的わずかなことしか知られていない。光害にさらされたクマノミはうまく生殖できない。卵が孵化するには暗さが必要だからである。ほかにも，光がありすぎると，夜間もずっと活動的な魚もいて，昼間に身を隠している場所から普段より早く出てしまい，捕食生物に身をさらすことが増えてしまう。こうした影響は，海岸沿いの家や，遊歩道，ボートや港から発せられる人工の光に直接さらされている場所で観測されており，夜行性海洋生物への光害の影響は，かなり限られていることを示唆するかもしれない。

ただし，街灯からの光が上向きに出ている場合は，大気中に拡散してから，地面に反射してくる。夜間に田舎で屋外にいる人なら誰でも，遠くの都市や町の上空の明るさとして，この効果に気づくだろう。このような形の光害は，人工的な夜空の明るさとして知られており，直射光による光害からすると約100倍薄暗いものだが，はるかに広い範囲に拡散する。それは今では世界の4分の1の海岸線の上で見られ，そこから数百キロメートル沖の海にまで及ぶこともある。人間はあまり夜間に物を見るようにはできていないので，夜空の明るさの影響は無視できる程度に思われるかもしれない。しかし海や海岸の生物の多くは微光に対して非常に敏感である。夜空の明るさはそういう生き物たちの夜空の知覚の仕方を変え，最終的にはその生息に影響を与えていることもありうるのだ。

私たちは，夜間に餌を探して動き回る道標として月を利用することで知られている，海岸に生息する甲殻類の小さなハマトビムシを使ってこの考えを検証した。ハマトビムシは体長1インチに満たないが，ヨーロッパ全域の砂浜でよく見られ，空中に数インチもジャンプする能力があることから，そういう名前がついている。彼らは昼間は砂の中にもぐり，夜になると腐りかけの海藻を餌にするために姿を現す。彼らは海岸に打ち上げられた藻類から栄養素を分解し，再利用することで，その生態系において重要な役割を果たしているのだ。

私たちの研究では，19夜にわたり海岸に均一な薄暗い光の層を投げかける，光を拡散する球体に入れた白色のLEDライトを使って，人工的な夜空の明るさの影響を再現した。満月が出ている晴れた夜間ならば，ハマトビムシは，ごく自然に海藻が見つかりそうな岸辺に向かって進むだろう。私たちの人工的な夜空の明るさの下では，彼らの動きははるかにもっとばらばらだった。

(3)ハマトビムシは移動する頻度が下がって，餌を食べる機会を逃すことになったが，そのことは，彼らには栄養素を再循環させる生物としての役割があることから，生態系に，より広範囲にわたる影響を及ぼすかもしれない。人工的な夜空の明るさは，ハマトビムシが迷わず進むための月の利用の仕方を変えてしまう。しかし，羅針盤として月や星を利用するのは，アシカや鳥類，は虫類，両生類，さらには昆虫も含む，さまざまな海洋動物や陸上動物の間に共通する特性なので，さらに多くの生き物が夜空の明

神戸大-文系前期　　　　　　　　　　　　　　　　2022 年度　英語〈解答〉　5

るさに対して脆弱である可能性が高い。しかも，夜間の地球がますます明るさを増しているという証拠もある。科学者たちによると，2012 年から 2016 年までに，地球上の，人工の光で照らされた屋外の範囲が，毎年 2.2％ずつ増加していることがわかったのだ。

　私たちは，研究者として，光害がどのようにして海岸や海の生態系に影響を及ぼしているかを，さまざまな動物の生育に及ぼす影響や生物種間の相互作用，さらには分子レベルでの影響にも焦点を当てることによって，明らかにすることを目標としている。(4)光害が夜行性の生物に影響するのかどうか，（するのであれば）それはいつ，どのようにしてなのかを理解することによってはじめて，私たちはその影響を和らげる方法を見つけることができるのだ。

■━━━━━━ ◀解　説▶ ━━━━━━■

▶問 1．㋐「コウモリは蛾を食べているときは，捕食者からうまく逃れることができない」　第 1 段最終文（Insects such as …）に，蛾は光があると捕食動物から逃れにくくなり，コウモリに食べられる恐れが高まると述べられているが，コウモリが捕食動物から逃れるわけではないので，本文の内容に合致せず，これが正解。

㋑「クマノミは夜間の繁殖上の問題を経験する」　第 2 段第 2 文（Clownfish exposed to …）に，光害にさらされたクマノミはうまく繁殖できないと述べられており，一致。

㋒「フンコロガシは混乱して，どこへ向かったらいいかわからなくなる」第 1 段第 7 文（Dung beetles become …）に，フンコロガシは光害によって方向感覚を失ってしまうと述べられており，一致。

㋓「魚は自分たちを餌とする他の魚に食べられる危険性が高まる」　第 2 段第 3 文（Other fish stay …）に，クマノミ以外の魚も，光がありすぎると捕食生物に身をさらすことが増えてしまうと述べられており，一致。

▶問 2．選択肢における It はいずれも artificial skyglow「人工的な夜空の明るさ」を指している。

㋐「それは，科学者によってハマトビムシと LED ライトを使って調査されている」　第 4 段第 1 文（We tested this …）と第 5 段第 1 文（In our study, …）に，筆者を含む科学者たちが，ハマトビムシと LED ライトを使って行った調査の手順が述べられており，一致。

6 2022 年度 英語〈解答〉   神戸大-文系前期

(い)「それは,海のはるか沖でしか見つけられない」 第3段第4文(It's currently detectable …)に,それは世界の4分の1の海岸線の上で見られ,そこから数百キロメートル沖の海にまで及ぶことがあると述べられており,不一致。

(う)「それは,遠く離れた田舎の上空で輝きを放つ都市からでも容易に気づくことができる」 そもそも,「田舎の上空で輝きを放つ都市」は意味が通らない。また,第3段第2文(Anyone out in …)に,夜間に田舎で屋外にいる人なら誰でも,遠くの都市や町の上空の明るさとして,その効果に気づくと述べられており,artificial skyglow は都市ではなく田舎から見て気づくものだとわかるので,不一致。

(え)「それは,夜間に人工の光が拡散することで作られる」 第3段第1文(Except, when light …)および同段第3文(This form of …)に,街灯から出る光が大気中に拡散して,地面に反射する仕組みと,それが人工的な夜空の明るさとして知られる現象となっていることが述べられており,一致。

▶問3. (あ) A.「魅力的な」   B.「無感覚な」

   (い) A.「重要ではない」 B.「抵抗力のある」

   (う) A.「目に見えない」 B.「引きつけられて」

   (え) A.「無視できるほどの」 B.「敏感な」

A. 空所を含む文の前半で,人間はあまり夜間に物を見るようにはできていないと述べられており,夜空の明るさの影響もあまり受けないはずなので,選択肢の中では(い)か(え)に絞られる。

B. 空所直後の文(Skyglow could be …)に,夜空の明るさが海や海岸の生き物たちの夜空に対する知覚の仕方を変えてしまうと述べられているため,それらの生き物は夜間の光に敏感だと考えられる。

 よって,(え)が正解。

▶問4. **They migrated less often,**

 この They は第4・5段(We tested this … much more random.)で調査対象となっている sand hopper「ハマトビムシ」を指す。migrate「移動する」 less often は migrate する頻度に関して述べた部分なので,migrate less often で「移動する頻度が下がる〔減る〕,それほど頻繁に移動しなくなる」などの訳が考えられる。

missing out on feeding opportunities

　この部分は分詞構文で，and missed ～ と考えて訳すとよい。miss out on ～「～の機会を逃す，～を取り損なう」 feeding opportunities「餌を食べる機会」

which, due to their role as recyclers, could have wider effects on the ecosystem.

　この which は直前に述べられた内容を先行詞とする関係代名詞。普通は前にコンマがあり，継続用法となる。「このために～，これが～」というように訳を補うとよい。due to ～「～のために，～のせいで」 recyclers は文字通りだと「リサイクル業者」だが，第4段最終文（They play an …）に，ハマトビムシが海藻の栄養素を分解し，再循環させることで，生態系において重要な役割を果たしていると述べられていることから，「栄養素を再循環させる生物」というような訳が考えられる。could は現在，あるいは未来のことに対する推量を表す用法で「～ということもあり得る，～かもしれない」という意味。have wider effects on ～「～により広範囲の影響を与える，～により広い範囲の影響を及ぼす」 ecosystem「生態系」

▶問5．**Only by understanding if, when and how light pollution affects nocturnal life（can we find）**

　文全体が，Only by *doing* で始まり，主文が can we find のように倒置形となっている点に注目する。直訳すると「～することによってのみSがVする」となるが，「～することによってはじめて〔ようやく〕SはVする」とするのが日本語として自然。understanding 以下の節は understand の目的語となる名詞節。if はここでは「～かどうか」の意味。if, when and how にはいずれも light pollution affects nocturnal life が続くので，「光害が夜行性の生物に影響するのかどうか，それはいつ，どのようにしてなのか」とすると，訳の繰り返しを避けることができる。light pollution「光（ひかり）害」 nocturnal life「夜行性の生物」

can we find ways to mitigate the impact.

　find の目的語である ways「方法」の後に ways を修飾する to 不定詞句が続く形。mitigate「～を和らげる，～を軽減する」 impact「影響」

▶問6．(あ)「世界の人々の3分の1が人工の光に邪魔されて，銀河を見る

ことができない」　第1段第2・3文（Around 80% of … the Milky Way.）に，世界の人口の約80％が，夜空が人工の光に汚染された場所に住み，人類の3分の1が銀河を見ることができないと述べられているので，一致。

(い)「長い時間をかけて，海洋動物は最終的に人工の光に慣れる」　第2段第1文（Relatively little is …）に，海や海岸の生き物がどう対処しているかについてはわずかなことしか知られていないと述べられており，海洋動物がやがて人工の光に慣れると判断はできないはず。また，この対処の中身については同段第2文（Clownfish exposed to …）に，光害にさらされると生殖できなくなるクマノミの例があり，海洋動物が人工の光にうまく対処できないこともわかるので，不一致。

(う)「研究者は世界中で人工の光が増えていることを明らかにしている」　第6段最終文（From 2012 to …）に，科学者たちによると地球上の，人工の光で照らされた屋外の範囲が毎年2.2％ずつ増加していることがわかったと述べられており，一致。

(え)「ハマトビムシは，自然の月の光に比べて，人工的な夜空の明るさの下ではより用心深くなった」　第5段最終2文（During clear nights … much more random.）には，ハマトビムシは月の光があれば餌である海藻の見つかりそうな岸辺に自然に向かうだろうに，人工的な夜空の明るさの下では，動きがばらばらだったと述べられている。用心深くなっているわけではないので，不一致。

(お)「ハマトビムシは，打ち上げられた魚を食べて，海洋生態系の栄養素の循環に貢献している」　第4段最終2文（They bury in … on the beach.）から，ハマトビムシは，魚ではなく海藻を餌にして，その栄養素の循環に貢献しているとわかるので，不一致。

(か)「夜空の明るさは，海や海岸の生き物がその光によって深刻な影響を受けるほど，海岸に直接当たる光よりもさらに明るく輝くことがある」　第3段第3文（This form of …）に，人工的な夜空の明るさとして知られている光害は直射光によるものより約100倍薄暗いと述べられており，不一致。

◆━◆━◆━◆　●語句・構文●　◆━◆━◆━◆━◆━◆━◆

（第1段）be linked to ～「～と関連がある」　sleep disorder「睡眠障害」

神戸大-文系前期 2022 年度　英語〈解答〉　9

depression「うつ病」 obesity「肥満」 modify「～を変更する」
disorient「～の方向感覚を失わせる」 navigate「～を移動する」
interact with each other「相互に作用する」 moth「蛾」 vulnerable to
being *done*「～される恐れがある，～されやすい」 evade「～を避ける，
～から逃れる」 predator「捕食動物」
(第2段) fail to *do*「～できない」 reproduce「生殖する，繁殖する」
promenade「遊歩道，散歩道」
(第3段) except「ただし」 the atmosphere「大気」 dim「薄暗い」
direct light「直射光，直射日光」 detectable「見つけられる」 be well
adapted to ～「～にうまく適応している」 organism「生命体，生物」
ultimately「最終的に」
(第4段) nightly「夜間の」 emerge「現れる」 feed on ～「～を餌にす
る」 rotting「腐りかけの」 seaweed「海藻，海草」 break down ～
「～を分解する」 nutrient「栄養，栄養素」 stranded「打ち上げられた，
座礁した」
(第5段) recreate「～を再現する」 diffuse「拡散する」 sphere「球体」
even「均一な」 random「でたらめの」
(第6段) compass「羅針盤」 trait「特性」 diverse「さまざまな」 seal
「アシカ，アザラシ」 reptile「は虫類」 evidence「証拠」の後の that
節は evidence の内容を表す同格の節。by「～ぶん」
(最終段) aim to *do*「～することを目指す」 unravel「～を解明する」
molecular「分子の」

Ⅱ **解答**
問1. (い)または(う)※
問2. 全訳下線部参照。
問3. (い)　問4. (い)
問5. 共通言語をもたない人々が，すでに知っている言語の断片から新た
に作り上げたリンガ・フランカの一種で，厳格な構造がなく予測不能な変
化をする言語。(70字以内)
問6. (あ)

※問1については，複数の正答が存在したため，全員正解の措置が取られたことが大
学から公表されている。

≪リンガ・フランカとは≫

　私たちにはそれぞれ母語があり，それを自分たちの言語社会の中で話す。しかし，もし互いに相手の言語を話さない2つの社会が交わるようになり，話をする必要があるとすると，どうなるだろう？　両者が何とかやっていける程度には相互の言語を身につけることができることもあるが，それが無理なこともある——例えば，もし交わりをもつ社会が3つとか，5つとか，あるいはそれ以上あるとすればどうなるだろう？　多くの場合，その人たちはリンガ・フランカ，つまり，それぞれの集団の母語とは異なる媒介語のようなものを使う。近現代史からの例がフランス語で，17世紀から第一次世界大戦後まで，ヨーロッパの外交用の言語として用いられた。古代中国の漢文は，さらに長期間にわたって，中国に隣接する国々で外交上のリンガ・フランカとしての役割を果たした。今日のリンガ・フランカの最たる例は，間違いなく英語で，航空産業からビジネスやロック音楽に及ぶ分野で国際的な意思の疎通を支えている。

　となると，リンガ・フランカはどのようにして生まれるのだろう？　約1万年前，農業と家畜の飼育が次第に狩猟や採集に取って代わるにつれ，人間の集団はますます大きく，かつ階級組織となり，また異なる母語をもつ近隣集団と交わる機会も増えた。おそらく，場合によっては，そのような集団同士は何らかの支配的な勢力——ある地域の実力者とか初期の帝国のような——によって接触させられることもあっただろう。また，市場のネットワークが出現するにともない，その接触が自然発生的に生じる場合もあったかもしれない。その後，もしかすると5千年前から，集団間の接触を求めるまた別の動機が生まれた。熱意ある宗教信者たちが，精神的生活の貴重な知識を見知らぬ人々に伝えるのが自分たちの義務だと考えたのだ。それで，帝国主義者や商人や伝道者たちはこれまでみな，自分たちと母語が同じ集団を超えて意思の疎通をはかろうという気になっていたのだ。リンガ・フランカは，大きすぎる——あるいは一つにまとまってあまりに日が浅い——ために共通言語がない複数の集団のひとかたまり全体に及ぶ言葉の壁を乗り越えるのに役立つ，技術的な解決策なのだ。その解決策を実行に移すのは，このあたりの時期に現れるようになったに違いない，新種の専門家の仕事である。それが通訳で，彼らは自分の母語に

神戸大-文系前期 2022年度 英語〈解答〉 *11*

加えて，その地域のリンガ・フランカを身につけ，それを使って他の集団の通訳と意思の疎通をはかったのだ。

　ときに，リンガ・フランカが橋渡しをする母語に取って代わることもある。例えば，ラテン語は兵士たちがローマ帝国内に定住することによって遠くまで広範囲に広まった。ラテン語は次第に西ヨーロッパ全体の母語となったのである。しかし，ラテン語がそれほど広い地域にわたる共通言語であり続けるには，ラテン語を母語として話す集団が引き続き交流を続ける必要があっただろう。が，そうはならなかった。5世紀以降のゲルマン民族の征服によって，ローマ帝国はお互いにほとんど関係をもたない異なる地域に分裂したために，ラテン語は最終的に，異なる方言や言語，例えばフランス語，イタリア語，スペイン語，カタロニア語といったものに分かれたのである。

　リンガ・フランカとは，ラテン語やサンスクリット語のように，厳格なルールにのっとって教えられることで，何世紀もの間，ほとんど変わることなく生き残ることができる言語なのかもしれない。その一方で，それが十分に発達した言語である必要はまったくない。リンガ・フランカの重要な下位範疇の一つがピジン語で，それは共通言語をもたない人々が，自分たちがすでに知っている言語の断片から新たな言語を作り上げる結果として生まれるものだ。明確に「リンガ・フランカ」だと知られる最初の言語は，こういう類の媒介言語だった。それは単純化され，高度に混合したイタリア語の一種で，1000年頃に地中海東部で貿易商をはじめとする人々が使っていた。そういう大まかな構成の言語は予測不能な変化をするかもしれない。また，意思の疎通は，明確に共有された文法や語彙よりむしろ，協調的な想像力とお互いの善意に左右されるのである。

━━━━━━━◀解　説▶━━━━━━━

▶問1. 下線部(1)はリンガ・フランカがどのようにして生まれるかを問うており，その答えは下線部直後の第2段第2～6文（About ten thousand … their mother-tongue groups.）で述べられている。come about「生じる，発生する」

㋐「複数の社会に，共通言語がなかった」 第2段第2文（About ten thousand …）に，人間の集団，つまり社会が，異なる母語をもつ近隣の集団と交わる機会が増えたと述べられており，異なる母語をもつ人たちと

の意思の疎通のためにリンガ・フランカが生まれたと考えられるので，本文の内容に一致。

(い)「帝国が他の帝国に征服されることが多かった」　第2段第3文（In some cases, …）に，母語の異なる集団が初期の帝国のような支配的な勢力によって接触させられることもあっただろうと述べられてはいるが，帝国同士の争いの頻度に関する記述はなく，本文の内容に一致しているとは言えない。よって，正解の一つと考えられる。

(う)「宗教の指導者たちは自分たちの言語を使うよう主張した」　第2段第5文（Later on—since …）に，熱心な宗教信者たちが，見知らぬ人たちへも自分たちの知識を伝えるのが義務だと考えたと述べられており，宗教を広めるためにリンガ・フランカが生まれたとは考えられるが，自分たちの言語を使うよう主張したという記述はなく，本文の内容に一致しているとは言えない。よって，これも正解の一つと考えられる。

(え)「通商の相手国は，新興市場で意思の疎通をはかる必要があった」　第2段第4文（In others the …）に，市場のネットワークが出現するにともない，自然発生的に（リンガ・フランカを必要とする）接触が生まれる場合もあったかもしれないと述べられており，本文の内容に一致。

▶問2．この文は lingua franca の説明文であり，英文全体の構造としては，fix に続く that 節は fix を先行詞とする関係代名詞節，その節中に，a set of groups を先行詞とする that 節が続く形となっている。

A lingua franca is a technical fix

　lingua franca は日本語訳としては「（異なる言語を話す人同士の）共通語，補助言語，媒介言語，通商語」などが考えられるが，ここでは英文全体がこの単語の説明になっているので，そのまま「リンガ・フランカ」でよい。fix はここでは「解決策，応急処置」という意味で用いられているが，文脈から判断して訳すことになるだろう。

that helps overcome language barriers across a set of groups

　that 以下の部分は fix を先行詞とする関係代名詞節。help *do*「～するのに役立つ」　overcome「～を克服する，～を乗り越える」　language barrier「言葉の壁，言語障壁」　across「～（全体）にわたって，～のいたるところで」　a set of groups は「ひとかたまりとなった複数の集団，一連の集団」などの訳が考えられるが，この後に続く関係代名詞節中の動詞

が is となっていることから，意味の中心としては set なので「複数の集団のひとかたまり」という訳がよいだろう。

that is too large — or too recently united — to have a common language.

　この that 以下は a set of groups を先行詞とする関係代名詞節だが，is となっていることから，いくつかの集団をひとかたまりとして見た場合の記述とわかる。too ～ to *do* は「あまりに～なので…できない，…するには～すぎる」という表現。large は集団の規模が大きいという意味。recently united は文字通りに訳すと「最近一つにまとまった」だが，ここでは「一つにまとまって日が浅い」とする方が一般論として述べるのによいだろう。また，複数の集団が一つの国家となったという意味とは限らないので「国家統一された」といった表現は避けるとよい。to have 以下は「～をもてない，～がない」などの訳が考えられる。common language「共通言語」

▶問3．1つ目の空所直後の who 以下に，自分の母語に加えて，その地域のリンガ・フランカを身につけて互いの意思の疎通をはかる人のことだと説明されているので，⒤interpreters「通訳」が正解。空所を含む文の前半（Performing that fix … around this time）に specialist「専門家」とあるが，㋐imperialists「帝国主義者」，㋒invaders「侵略者，侵入者」，㋔inventors「発明者」はいずれも言語の専門家ではないため，不適。

▶問4．㋐「ゲルマン民族の征服の結果として，人々は代わりにドイツ語を話すようになった」

⒤「ラテン語を話す複数の地域社会が，自分たち自身のそれぞれの地域に分かれてしまい，接触しなくなった」

㋒「ローマ帝国の兵士がラテン語の使用を強要しなかったので，人々は自分たちの地域の方言を話した」

㋔「ローマ帝国はその地域の文化的多様性を後押しすることを望んだ」

　ラテン語が西ヨーロッパで使われなくなった理由については第3段最終文（Germanic conquests after …）に，ゲルマン民族の征服によってローマ帝国が分裂し，最終的にはいくつかの言語に分かれたという経緯が述べられており，⒤が正解。

▶問5．pidgins「ピジン語，ピジン言語」の説明は，直後の which

result 以下に述べられている。which は pidgins を先行詞とする関係代名詞で，継続用法なので「そしてそれ（ピジン語）は〜」と考える。result「（結果として）生じる」 lack「〜がない」 make up 〜「〜を作り上げる」 one は common tongue を指す。なお，下線部を含む段の最終文（Such a loosely…）にも pidgins に関する説明があり，この部分を加えるとより詳しい内容となるが，70字以内で説明する必要があるので簡単に触れる程度でよいだろう。loosely structured「大まかに構成された，ゆるい構造の」は「厳格な構造のない」と訳すとわかりやすい。unpredictably「意表をついて，予測できないほどに」

▶問6．(あ)　B．「協調的な想像力」　　　C．「お互いの善意」
　　　(い)　B．「環境管理」　　　　　　C．「持続可能な発展」
　　　(う)　B．「集団としての同一性」　C．「年上の世代，旧世代」
　　　(え)　B．「階層的権力」　　　　　C．「民族の結束」

　リンガ・フランカを介した，母語の異なる集団同士の意思の疎通が何に左右されるかを問うている。人間同士の意思の疎通に必要なものを考えれば，(あ)が正解とわかるだろう。また，clearly shared grammar and vocabulary「明確に共有された文法や語彙」と対比されていることから，明確に共有される性質のものではないこともヒントになる。

◆━◆━◆━◆　●語句・構文●　━◆━◆━◆━◆

（第1段）mother tongue「母国語，母語，祖語」 come into contact「接触する，知り合う」 get by「うまくやっていく」 what if 〜？「もし〜だとしたらどうなるだろう」 resort to 〜「〜を使う，〜に訴える」 bridge language「媒介語」 distinct from 〜「〜とは異なる」 written Classical Chinese「漢文，古代中国の文語文」 serve「役割を果たす」 diplomatic「外交上の」 border on 〜「〜に隣接する」 range from A to B「A から B に及ぶ，A から B にわたる」

（第2段）stock-breeding「家畜の飼育，畜産」 gathering「採集」 hierarchical「階級組織の」 bring A into contact「A を接触させる」 spontaneously「自然発生的に」 come into existence「出現する」 later on「その後」 in addition to 〜「〜に加えて」

（第3段）bridge「〜を橋渡しする」 dialect「方言」

（最終段）on the other hand「その一方で」 subcategory「下位範疇」

神戸大-文系前期　　　　　　　　　　　　　2022 年度　英語〈解答〉 *15*

specifically「明確に」

Ⅲ　**解答**　　問１．(1)―(い)　(2)―(お)　(3)―(え)　(4)―(う)
　　　　　　　　問２．A―(う)　B―(え)　C―(い)　D―(あ)　E―(お)
問３．全訳下線部参照。

━━━━━◆全　訳◆━━━━━

≪留学をめぐる幼なじみの男女の会話≫

(次の一節で，マリアンとケンはアイルランドの同じ小さな町で育った長
年の友人である)

　マリアンは今やシャワーからあがり，青いバスタオルに身を包む。鏡は
一面，湯気で曇っている。彼女がドアを開け，ケンは振り返り彼女を見る。
「どうかしたの？」とマリアンが言う。

「このメールを受け取ったばかりなんだ」

「あら？　誰から？」

　ケンはノートパソコンを無言で見つめ，それから視線を彼女に戻す。彼
の目は赤く，眠そうに見える。彼は膝を毛布の下で立てたまま座っており，
ノートパソコンが彼の顔にうっすら光を当てている。

「ケン，誰からなの？」と彼女は言う。

「ニューヨークにあるこの大学からだよ。僕を芸術の修士課程に入れて
くれようとしてるみたい。ほら，クリエイティブ・ライティングの課程だ
よ」

　マリアンはそこに立つ。髪の毛はまだ濡れたままで，ブラウスの生地に
じわじわとしみ込んでいる。「それに申し込むなんて話してくれなかった
わね」と彼女は言う。

　ケンは彼女を見つめるだけだ。

「って言うか，おめでとう」とマリアンは言う。「大学があなたの入学を
認めてくれるとしても驚かないわ。あなたがその話をしなかったことに驚
いただけよ」

　ケンはうなずくが，顔は無表情で，それから視線をノートパソコンに戻
す。「よくわからないんだ」と彼は言う。「君に言うべきだったけど，そん
なのあまりにも大きな賭けだと本気で思ったからさ」

「まあ，それって，私に言わない理由にはならないわね」

「どうでもいいよ」とケンは言い添える。「僕が行くつもりってわけじゃ
ないし。なぜ応募したのか，自分でもわからないくらいだよ」

マリアンは衣装ダンスの扉からタオルを持ち上げ，それを使ってゆっく
りと毛先のもみほぐしを始める。彼女はデスクチェアに腰を下ろす。

「君に言わなくてごめん，これでいいよね？」とケンは言う。「時々，君
にそういう話をするのが照れくさくなることがあるんだ。だって，単にバ
カみたいだし。正直に言って，僕は今も君をとっても尊敬してる。君に僕
のことを，よくわかんないけど，頭がおかしいって思われたくないんだ」

マリアンはタオルの上から髪の毛を握りしめたが，一つ一つの髪の房の
ごわごわ，ザラザラした手触りを感じていた。「あなたは行くべきよ」と
彼女は言う。「ニューヨークにってこと。その申し出を受けるべき。行く
べきだわ」

ケンは何も言わない。彼女は顔を上げる。彼の背後の壁はバターのよう
に黄色い。「いいや」と彼は言う。

「きっとあなたなら学資の援助もしてもらえると思うわ」

「君がなんでそんなこと言うのかわかんないよ。君は来年もここに居た
がってると思ってた」

「私は残れるし，あなたは行ける」とマリアンは言う。「たかが１年じゃ
ない。あなたはそうすべきだと思うわ」

ケンは妙な，意味不明の声を出すが，それはほとんど笑い声に近いもの
だ。彼は首に手をやる。マリアンはタオルを下に置き，ブラシで髪のもつ
れをゆっくりほぐし始める。

「そんなのばかげてる」とケンは言う。「僕は君を置いてニューヨークに
行くつもりなんてない。僕はもし君が居なきゃ，ここにだって居ないだろ
うさ」

彼の言う通りだわ，とマリアンは思う。彼なら居ないだろうと。彼なら
どこかまったくほかのところに居て，まったく別の生活をしているだろう。

「君がいないと寂しすぎるよ」とケンは言う。「病気になってしまう，ほ
んとだよ」

「最初はね。でも治っていくわよ」

二人はそのまま黙って座り，マリアンはブラシを念入りに髪の毛に通し，
髪のもつれを探りながら，ゆっくりと根気強くそのもつれをほぐしていく。

神戸大-文系前期　　　　　　　　　　　　　　　　　　　　2022 年度　英語〈解答〉　*17*

もうこれ以上イライラしていても意味がない。

　「僕が君のことを愛してるのはわかってるよね」とケンは言う。「ほかの誰に対しても同じように感じることなんて決してないよ」

　マリアンはうなずく。わかってる。彼は本当のことを言っている。

　「正直に言うと，どうしたらいいかわからないんだ」とケンは言う。「君が僕に居てほしいって言ってくれたら，そうする」

　マリアンは目を閉じる。彼はたぶん帰ってこないだろうと思う。あるいは，帰ってくるにしても，別人になってだ。今，二人が手にしているものは二度と取り戻すことはできない。しかし，彼女にとって寂しさの痛みなど，自分がかつて感じていた，自分には何の価値もないという痛みに比べれば，なんでもないことだろう。彼は自分に贈り物のようないいものを持ってきてくれたし，今ではそれは自分のものだ。そうこうする間に彼の人生が目の前で一気にあらゆる方向に向かって開くのだ。二人はお互いのためになることをたくさんやってきた。本当に，と彼女は思う。本当にそうだ。人は本当にお互いを変えることができるのだ。

　「あなたは行くべきよ」とマリアンは言う。「私はずっとここに居るつもり。わかってるでしょう」

■■■■■■■■■■■■ ◀解　説▶ ■■■■■■■■■■■■

▶問 1．⑴　Is something up?は会話文で用いられる表現で「どうかしたの？」という意味であり，㈠Are you okay?「大丈夫？」が近い。

⑵　a long shot は「大きな賭け，大ばくち」という意味で，うまくいく見込みは低いものの成功すれば大きな成果が得られる場合に用いる表現。選択肢の中では，㈥a small chance of success「わずかな成功の見込み」が意味的に近い。

⑶　look up to ～ は「～を尊敬する」という意味のイディオムで，㈋respect「～を尊敬する」が近い。

⑷　out of my mind は out of *one's* mind の形で「頭がおかしい，どうかしている，まともじゃない」という意味のイディオムで，㈢foolish「愚かな，ばかげた」が近い。

▶問 2．㈅「彼の言う通りだわ」

㈠「君がなんでそんなこと言うのかわかんないよ」

㈥「って言うか，おめでとう」

⒠「君に言わなくてごめん」

⒪「わかってるでしょう」

A．ケンがニューヨークの大学の修士課程に進学できるらしいという話を聞いたあとなので，自分の驚きはさておき，それを祝福したはずであり，congratulations「おめでとう」という表現を含む⒢が正解。

B．マリアンに，ケンが留学を申し込んだ話をしなかったことを問い詰められている状況であり，そのことを詫びる⒠が正解。

C．空所の直後の発言（I thought …）から，ケンは，マリアンは自分に留学せず残ってほしいはずだと思い込んでいたことがわかる。よって，そのマリアンから逆に留学を後押しされたことで戸惑っていると考えられ，⒤が正解。

D．空所のあとに続く he wouldn't be（here if it wasn't for me が省略されている）や He would be somewhere else entirely という文から，マリアンは，ケンがマリアンが居なければここに居ないだろうと言ったことを，正直な気持ちだと感じていることがわかる。したがって，彼の言う通りだという内容の，⒜が正解。

E．ケンがマリアンに留学の話をしなかった理由が，彼女が現在居る場所から離れるつもりはないとケンもわかっていたからだと，会話を通して互いに了解しあった状況であり，I'll always be here. という言葉に続く発言としては，相手もそれを知っていると確認する内容となる⒪が正解。

▶問3．**But for her the pain of loneliness will be nothing**

But for her「しかし，彼女にとっては」という前置詞句のあとに，主語の the pain of loneliness「寂しさの痛み，孤独の痛み」が続く。will be nothing の will は推量を表す用法で，be nothing はこのあとの to に続いており，be nothing to 〜 で「〜に比べて何でもない，〜に比べればなんということもない」という意味になる。

to the pain that she used to feel, of being unworthy.

that she used to feel は pain を先行詞とする関係代名詞節で，さらにそのあとの of being unworthy も pain の内容を説明する同格の句となっている。used to *do*「以前は〜したものだった，よく〜したものだ」unworthy「値打ちのない，価値のない」

神戸大-文系前期　　　　　　　　　　　　　　　2022 年度　英語〈解答〉　*19*

◆─◆─◆─◆─◆　●語句・構文●　─◆─◆─◆─◆─◆─◆─◆─◆─◆

（第 1 段）climb out of ～「～から抜け出す」

（第 5 段）dumbly「無言で」 with his knees raised up は付帯状況を表す with の用法で「膝を立てて」という意味。glow「柔らかく輝く」

（第 7 段）offer me a place は，ここでは大学院への入学を認めるという内容となっている。 creative writing「クリエイティブ・ライティング，創作」とは「文芸創作」と訳されることもあるが，文学だけでなく，芸術，学術などさまざまな範囲のライティングのこと。

（第 8 段）soak「しみ込む，濡れる」

（第 13 段）It doesn't matter.「それはどうでもいいことだ」 It's not like ～「～というわけではない」

（第 15 段）feel embarrassed「照れくさい，ばつが悪い」

（第 16 段）squeeze「～を握る」 coarse「粗い，硬い」 grainy「ザラザラした」 texture「手触り，触感」 individual「個々の」 strand「髪の房」

（第 21 段）knot「結び目，固いもつれ」

（第 26 段）methodically「念入りに」 There's no point in *doing*「～しても意味がない，～しても仕方がない」

IV　解答例

(1) 〈解答例 1 〉 "Level playing field" means a situation where students are given equal opportunities in their school activities and can focus on their studies without being influenced by their socioeconomic differences, which may arise from their parents' social and financial status.（40 語程度）

〈解答例 2 〉 In a "level playing field," every student is treated equally and has the same opportunity regardless of their parents' income level. It is a fair situation, which allows all students to concentrate on their studies and school activities.（40 語程度）

(2) 〈解答例 1 〉 I am for school uniforms. When all students are dressed alike, there will be no competition among students over clothing choices. Since my school has school uniforms, I do not have to

20 2022 年度 英語〈解答〉 神戸大-文系前期

waste time every morning worrying about what to wear or how I look. Moreover, I once attended my cousin's wedding in my school uniform, which saved my parents a lot of money for my ceremonial costume.（70 語程度）

〈解答例 2〉I am against school uniforms, which restrict students' freedom of expressing themselves freely. For this reason, I chose a high school which did not require school uniforms. For me, fashion is an important way to express my own preference for colors or design. Some people say that it is expensive to buy clothes that can be worn every day to school, but I can easily find high-quality clothes at low prices.（70 語程度）

━━━━━ ◀解　説▶ ━━━━━

設問の英文の全訳：制服は，伝統的に私立学校の支持を受けているが，米国の公立学校から採用される数が増えている。2020 年の報道記事によると，制服の着用を求める公立学校の割合は，1999〜2000 年度の 12％から，2017〜2018 年度の 20％へと跳ね上がっている。

　制服を支持する人たちは，制服によって，社会経済的不平等を軽減し，子供たちが服装より学習に集中することを奨励する「平らな競技場（公平な条件）」が作り出されると言う。

　反対する人たちは，制服は生徒が自分の個性を表現できないようにしており，行動や学業成績にプラスの効果などないと言う。

▶(1)　本文の中にある "level playing field" という語句の意味を本文の内容に基づいて 40 語程度で述べる問題。この語句の簡単な意味は第 2 段の that reduces … に 16 語で説明されているが，40 語程度での説明が求められているので，socioeconomic inequalities といったやや抽象的な表現を，具体的に言い換える必要がある。また，同段中の focus on 〜「〜に集中する」という表現はそのまま利用してもよいし，concentrate on 〜 という表現に変えてもよいだろう。

▶(2)　学校の制服の是非について，自分の意見を賛成，反対のいずれかの立場で，個人的な経験に基づく理由を添えて 70 語程度で述べる問題。〈解答例 1〉は賛成の立場で，理由としては，服装に気を使わずにすむから勉強に集中できるという点をあげ，個人的な経験については，制服は式服と

しても着ることができてお金の節約になった，と述べている。ほかにも理由としては，制服着用によって，学校内での sense of unity「一体感」や community spirit「共同体意識」が高まるという点も考えられるだろう。〈解答例2〉は反対の立場で，理由としては，自由な自己表現が制限されるという点をあげている。個人的な経験については，自分にとってはファッションが色やデザインの好みを表現する重要な方法であること，制服がないことが高校選びの基準となったことを述べている。また，私服は高くつくという意見も紹介した上で，高品質のものを低価格で買えると反論している。

❖講 評

2022年度の大問構成は，読解問題3題，英作文1題の計4題の出題であった。読解問題のうちの1題は，2021年度の完全な会話文形式から，例年どおりの会話文主体の英文に戻った。英作文は，2021年度と同様，条件つきの自由英作文の出題となっており，語数が合計約110語で，2021年度より10語増加となった。配点は2021年度と同じで，従来より少なめである。読解問題の英文量は例年より200語程度増加して約1,900語となった。記述式の設問は，2021年度に続き，内容説明に字数制限があるものや，難度の高いものがあり，英文和訳も2021年度と同様，例年に比べると長めの英文の和訳で，文法的に判断に迷う部分もあった。空所補充，同意表現，内容真偽など，さまざまなタイプの選択問題も多い。

Ⅰ．読解問題。光害が夜行性の生物に与える影響がテーマで，近年頻出の環境問題を取り上げた英文となっている。設問は，記述式が英文和訳（2問），選択式が内容真偽と空所補充という構成だが，内容真偽は本文の内容に合致しないものを選ぶ問題と合致するものを選ぶ問題の2種類あり，後者では合致するものをすべて選ばせるという新たな形式もあった。空所補充は平易。英文和訳は2021年度同様，やや構造の把握が難しい上，前後を含めた文脈的な理解が必要であった。

Ⅱ．読解問題。リンガ・フランカという媒介言語に関する英文で，やや耳慣れない語が中心テーマだったため，最初は戸惑った受験生もいたかもしれないが，全体の内容としては理解しやすい英文であった。設問

22 2022 年度 英語〈解答〉 神戸大-文系前期

は，記述式が英文和訳と字数制限つきの内容説明，選択式が内容真偽，空所補充（2問），内容説明という構成であった。空所補充問題のうち問6は，一般論として考えても解ける問題。字数制限つきの内容説明は説明の範囲が絞りにくい問題であった。

Ⅲ．読解問題。会話文の多い小説からの出題。若い男女が留学をめぐって相手の気持ちを汲み取りながらやりとりをしており，受験生にとって会話の流れが理解しやすい英文であった。設問は，記述式が英文和訳，選択式が同意表現と空所補充というシンプルな形で，標準的なレベルの問題であった。

Ⅳ．英作文。英文を読んで，その一部の語句について意味を説明するものと，テーマに関する自分の意見を個人的な経験を踏まえて述べるという条件つきの自由英作文が2問（40・70語程度）出題された。制服の是非という身近なテーマではあったが，説明すべき語句の内容がわかりにくく，前半で苦戦した受験生が多かったかもしれない。

全体的に見て，この英文の量と設問の難度に対して80分という試験時間は短く，2021年度に続き難度の高い出題が続いている。

数学

1

◇発想◇ (1) $y=x^2$ $(x\geqq 0)$ と直線 l, $y=-x^2$ $(x<0)$ と直線 l の共有点の個数をそれぞれ調べ，それらを合わせる。

(2) 共有点の x 座標を求め，グラフの概形から積分により求める。

解答

(1) 曲線 C の $x\geqq 0$ の部分を C_1，$x<0$ の部分を C_2 とする。

(i) $x\geqq 0$ のとき

$y=x^2$ と $y=2ax-1$ から y を消去すると

$$x^2=2ax-1 \qquad x^2-2ax+1=0$$

これの判別式を D とし，$D=0$ とすると

$$\frac{D}{4}=a^2-1=0$$

$a>0$ より $a=1$

よって，C_1 と直線 l は $a=1$ のとき接する。

l は点 $(0, -1)$ を通り，傾き $2a$ の直線であるので，図(i)より C_1 と l の共有点の個数は

$0<a<1$ のとき 0 個，$a=1$ のとき 1 個，$a>1$ のとき 2 個

(ii) $x<0$ のとき

図(ii)において，l の傾き $2a>0$ より，C_2 と l の共有点の個数は 1 個

(i), (ii)より C と l の共有点の個数は

$0<a<1$ のとき 1 個，$a=1$ のとき 2 個，$a>1$ のとき 3 個

……(答)

(2) (1)より $a=1$, $l: y=2x-1$

C_1 と l の共有点の x 座標は

$$x^2-2x+1=0 \qquad (x-1)^2=0 \qquad \therefore \quad x=1$$

C_2 と l の共有点の x 座標は

$$-x^2 = 2x-1 \quad x^2+2x-1=0 \quad \therefore \quad x = -1 \pm \sqrt{2}$$

$x<0$ より $\quad x = -1-\sqrt{2}$

C と l で囲まれた図形は右図の網かけ部分であるので，求める面積は

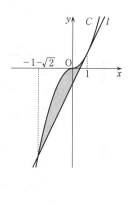

$$\int_{-1-\sqrt{2}}^{0}\{(-x^2)-(2x-1)\}dx$$
$$+\int_{0}^{1}\{x^2-(2x-1)\}dx$$
$$=\int_{-1-\sqrt{2}}^{0}\{-(x+1)^2+2\}dx+\int_{0}^{1}(x-1)^2dx$$
$$=\left[-\frac{1}{3}(x+1)^3+2x\right]_{-1-\sqrt{2}}^{0}+\left[\frac{1}{3}(x-1)^3\right]_{0}^{1}$$
$$=\left(-\frac{1}{3}\right)-\left(\frac{2\sqrt{2}}{3}-2-2\sqrt{2}\right)+0-\left(-\frac{1}{3}\right)$$
$$=\frac{4\sqrt{2}}{3}+2 \quad \cdots\cdots(\text{答})$$

◀解　説▶

≪2次関数のグラフと直線の共有点の個数，囲まれた部分の面積≫

▶(1) l は定点 $(0, -1)$ を通り，傾き $2a(>0)$ の直線であるので，グラフを描いて考えればよい。

▶(2) C と l の共有点が2個のときのグラフの概形，共有点の x 座標を求め，積分により面積を求めればよい。積分の計算について，〔解答〕では，公式 $\int(x-\alpha)^2 dx = \frac{1}{3}(x-\alpha)^3+C$（$C$ は積分定数）が利用できる形に変形している。

2 ◇発想◇　(1)　円と直線の方程式から y を消去してできる x の2次方程式が，異なる2つの実数解をもつ条件を求める。円の中心と直線との距離を用いてもよい。

(2)　(1)で得られた2次方程式の解と係数の関係を用いる。円の中心を通り，与えられた直線に垂直な直線と，もとの直線の交点がRであることを用いてもよい。

(3)　a のとりうる値の範囲から不等式を変形して，s のとりうる

神戸大-文系前期　　　　　　　　　　　　　　　　　　2022 年度　数学〈解答〉　25

値の範囲を求める。

(4) (2)の結果から a を消去する。

解答 (1) $x^2+y^2=1$ に $y=\sqrt{a}\,x-2\sqrt{a}$ を代入すると

$$x^2+(\sqrt{a}\,x-2\sqrt{a})^2=1$$

$$(a+1)x^2-4ax+4a-1=0 \quad\cdots\cdots①$$

$a>0$ より　　$a+1\neq0$

円と直線が異なる 2 点で交わることより，①の判別式を D とすると

$$D>0$$

よって

$$\frac{D}{4}=(-2a)^2-(a+1)(4a-1)>0 \qquad -3a+1>0$$

$a>0$ より　　$0<a<\dfrac{1}{3}$　$\cdots\cdots$（答）

(2) ①の 2 つの実数解を $\alpha,\ \beta$ とおくと

$$P(\alpha,\ \sqrt{a}\,\alpha-2\sqrt{a}),\ Q(\beta,\ \sqrt{a}\,\beta-2\sqrt{a})$$

であるので

$$s=\frac{\alpha+\beta}{2},\quad t=\frac{(\sqrt{a}\,\alpha-2\sqrt{a})+(\sqrt{a}\,\beta-2\sqrt{a})}{2}=\sqrt{a}\cdot\frac{\alpha+\beta}{2}-2\sqrt{a}$$

①の解と係数の関係より　　$\alpha+\beta=\dfrac{4a}{a+1}$

よって

$$\left.\begin{array}{l} s=\dfrac{2a}{a+1} \\[2ex] t=\sqrt{a}\cdot\dfrac{2a}{a+1}-2\sqrt{a}=-\dfrac{2\sqrt{a}}{a+1} \end{array}\right\}\quad\cdots\cdots（答）$$

(3) $s=\dfrac{2a}{a+1}=2-\dfrac{2}{a+1}$

$0<a<\dfrac{1}{3}$ より　　$1<a+1<\dfrac{4}{3}$

各辺の逆数をとると　　$1>\dfrac{1}{a+1}>\dfrac{3}{4}$

各辺に -2 をかけて　　$-2<-\dfrac{2}{a+1}<-\dfrac{3}{2}$

各辺に 2 を加えて　　$0 < 2 - \dfrac{2}{a+1} < \dfrac{1}{2}$

よって　　$0 < s < \dfrac{1}{2}$　……(答)

(4)　$s = \dfrac{2a}{a+1}$ より　　$sa + s = 2a$　　$(2-s)a = s$

$2 - s > 0$ なので　　$a = \dfrac{s}{2-s}$

よって

$$t = -\dfrac{2\sqrt{a}}{a+1} = -\dfrac{2\sqrt{\dfrac{s}{2-s}}}{\dfrac{s}{2-s}+1}$$

$$= -\dfrac{2\sqrt{\dfrac{s}{2-s}}(2-s)}{s+(2-s)}　　（分母，分子に 2-s をかける）$$

$$= -\sqrt{s(2-s)}　　（2-s>0 より）$$

ゆえに　　$t = -\sqrt{s(2-s)}$　……(答)

別解　(1) 円の中心 $(0, 0)$ と直線 $\sqrt{a}x - y - 2\sqrt{a} = 0$ の距離は半径 1 より小さいので

$$\dfrac{|-2\sqrt{a}|}{\sqrt{(\sqrt{a})^2+(-1)^2}} < 1　　2\sqrt{a} < \sqrt{a+1}$$

両辺正なので平方して　　$4a < a + 1$　　$\therefore\ a < \dfrac{1}{3}$

$a > 0$ より　　$0 < a < \dfrac{1}{3}$

(2) 円の中心 $(0, 0)$ を通り，直線 $y = \sqrt{a}x - 2\sqrt{a}$　……② と垂直な直線の方程式は

$$y = -\dfrac{1}{\sqrt{a}}x　　……③$$

②，③の交点がRであるので，y を消去して

神戸大-文系前期　　　　　　　　　　　　　　　　　　　　2022 年度　数学〈解答〉　27

$$\sqrt{a}\,x - 2\sqrt{a} = -\frac{1}{\sqrt{a}}x \qquad (a+1)\,x = 2a$$

$$\therefore \quad x = \frac{2a}{a+1}$$

これを③に代入して

$$y = -\frac{1}{\sqrt{a}}\cdot\frac{2a}{a+1} = -\frac{2\sqrt{a}}{a+1}$$

よって　　$s = \dfrac{2a}{a+1},\quad t = -\dfrac{2\sqrt{a}}{a+1}$

━━━━◀解　説▶━━━━

≪円と直線が異なる２点で交わる条件，２交点の中点の軌跡≫

▶(1)　「異なる２点で交わる」$\Longleftrightarrow$「①が異なる２つの実数解をもつ」$\Longleftrightarrow$「①が２次方程式かつ（①の判別式）>0」である。図形的に考え，〔別解〕のように，点と直線の距離の公式を用いてもよい。

▶(2)　(1)で判別式を用いた場合，〔解答〕のように，解と係数の関係を利用し，円の中心と直線との距離を用いた場合，〔別解〕のように，OR⊥PQ であることを利用するとよいだろう。

▶(3)　不等式を変形する際，「$a<b \Longleftrightarrow a+c<b+c$」「$c<0,\ a<b \Longrightarrow ac>bc$」「$0<a<b \Longrightarrow \dfrac{1}{a}>\dfrac{1}{b}$」を用いる。不等号の向きが変わる場合に注意。

▶(4)　a を s で表し，t に代入する。$2-s>0$ であるので

$$\sqrt{\frac{s}{2-s}}\,(2-s) = \sqrt{\frac{s}{2-s}}\cdot\sqrt{(2-s)^2} = \sqrt{\frac{s(2-s)^2}{2-s}} = \sqrt{s(2-s)}$$

と変形できる。

━━━━━━━━━━━━━━━━━━━━━━━━

3　◇発想◇　(1)　条件式の各辺の対数をとる。

(2)　方程式の分母を払い，(　　)(　　) =（定数）の形に変形する。

(3)　(1), (2)を利用する。

解答　(1)　$1<a<b$ より，$a^x = b^y = (ab)^z$ の各辺は正であるので，各辺の底を 2 とする対数をとると

28 2022年度 数学〈解答〉　　　　　　　　　　　神戸大-文系前期

$$\log_2 a^x = \log_2 b^y = \log_2 (ab)^z$$

$$x\log_2 a = y\log_2 b = z(\log_2 a + \log_2 b)$$

x, y, z は 0 でなく，$\log_2 a > 0$，$\log_2 b > 0$ より $\log_2 a + \log_2 b \neq 0$ なので

$$\frac{1}{x} = \frac{\log_2 a}{z(\log_2 a + \log_2 b)}, \quad \frac{1}{y} = \frac{\log_2 b}{z(\log_2 a + \log_2 b)}$$

$$\frac{1}{x} + \frac{1}{y} = \frac{\log_2 a}{z(\log_2 a + \log_2 b)} + \frac{\log_2 b}{z(\log_2 a + \log_2 b)} = \frac{1}{z}$$

ゆえに　　$\dfrac{1}{x} + \dfrac{1}{y} = \dfrac{1}{z}$　　　　　　　　　　　　（証明終）

(2)　$\dfrac{1}{m} + \dfrac{1}{n} = \dfrac{1}{5}$ の両辺に $5mn$ をかけて

$$5n + 5m = mn \qquad mn - 5m - 5n = 0 \qquad (m-5)(n-5) = 25 \quad \cdots\cdots ①$$

ここで，$\dfrac{1}{m} = \dfrac{1}{5} - \dfrac{1}{n} = \dfrac{n-5}{5n} > 0$ より　　　$n - 5 > 0$

したがって，$m > n$ より　　　$m - 5 > n - 5 > 0$

よって，①をみたす整数は

$$m - 5 = 25, \quad n - 5 = 1$$

ゆえに　　$m = 30, \ n = 6$　　$\cdots\cdots$（答）

(3)　$a^m = b^n = (ab)^5$ なので，(1)より　　　$\dfrac{1}{m} + \dfrac{1}{n} = \dfrac{1}{5}$

また，$1 < a < b$ より　　　$b^n > a^n$

$b^n = a^m$ であるので　　　$a^m > a^n$

$a > 1$ より　　　$m > n$

m, n は自然数であり，$m > n$ かつ $\dfrac{1}{m} + \dfrac{1}{n} = \dfrac{1}{5}$ をみたすので，(2)より

$$m = 30, \quad n = 6$$

よって　　　$a^{30} = b^6 = (ab)^5$　　$\cdots\cdots$②

$a^{30} = b^6$ より　　　$(a^5)^6 = b^6$

$a^5 > 0$，$b > 0$ であるので　　　$b = a^5$

このとき，$(ab)^5 = (a \cdot a^5)^5 = (a^6)^5 = a^{30}$ となり，②をみたす。

ゆえに　　　$b = a^5$　　$\cdots\cdots$（答）

神戸大-文系前期   2022 年度　数学〈解答〉　*29*

━━━━━━━ ◀解　説▶ ━━━━━━━

≪指数・対数関数と等式の証明，不定方程式の解≫

▶(1)　〔解答〕からわかるように，各辺の対数をとるとき，底は 1 でない正の数であれば何でもよい。

▶(2)　$m > n \geqq 1$ より $m - 5 > n - 5 \geqq -4$ であることから，
$(m-5)(n-5) = 25$ をみたすのは $m - 5 = 25$，$n - 5 = 1$ としてもよい。

▶(3)　(1)から $\dfrac{1}{m} + \dfrac{1}{n} = \dfrac{1}{5}$ が成り立つが，(2)は $m > n$ が仮定されているので，(2)を利用するには $m > n$ を示さなければならないことに注意。

❖講　評

　2022 年度は，2 次関数，積分法，図形と方程式，指数・対数関数，整数の性質からの出題で，確率，ベクトル，数列からの出題はなかった。また，理系との共通問題は出題されなかったが，類似問題が出題された（**2**，**3**）。

　1．2 次関数のグラフと直線の共有点の個数，囲まれた部分の面積についての標準的な問題。内容としては基本的だが，区間により 2 次関数が異なること，積分区間の下端が無理数であることなどに注意しなければならない。

　2．内容としては，円と直線の 2 つの交点の中点の軌跡を扱う問題。小問がなければやや難しい問題といえるが，丁寧に誘導されているので，それに従って解いていけばよい。

　3．(1)，(2)はそれぞれ指数・対数関数，不定方程式についての典型的な問題である。(3)で(1)，(2)を利用する際，(2)の仮定「$m > n$」を示せたかどうかがポイントとなるだろう。

　全体として，標準的な問題中心の出題である。小問を確実に解いていくと同時に，誘導となっていることを理解しなければならない。

かめるが、「本文全体の論旨」をふまえて解答する問四だけではなく、問三などでも、解答要素が傍線部から離れたところにあったりするので注意が必要である。全体としてみると、例年どおりの神戸大学の現代文である。時間を無駄にしないよう、すばやく設問の意図を見抜いて、答えの作成にかかっていくことが大切である。問一から問三の内容が問四につながるということも念頭に、問三までで読み取った内容を問四に生かしていくという形を作れるようにしていきたい。

二　古文（歌物語）　平安時代の歌物語『伊勢物語』の一話で、男が身分違いの女に恋をした顛末を描いた文章で、和歌が五首含まれるものが出題された。設問は、口語訳、内容説明、和歌の大意、文学史、文法で、内容説明の二つの問いには、五〇字と四〇字の字数制限が設けられている。問一の口語訳はおおむね標準レベルで、語句の意味や助動詞・助詞の用法などの基本知識が問われた。問二の内容説明（心情説明）は、前に書かれている女の心内文が解答の要素で、「かかる君」と「この男」がそれぞれ誰を指すかということや、「宿世」の意味などが問われた。問四の和歌の大意の説明は、かなり難解な表現がとられている部分があって難しいが、本文の内容をふまえ、全体として男の状況と心情がどのように詠まれているかを考えて対応したい。問五の文学史と問六の文法はごく基本レベルである。

三　漢文（随筆）　清代の学者方苞が著した『望溪集』の一節で、獄中で死に瀕していながらも国家を思い続けた人物の行状を著した文章から出題された。救いに訪れた弟子を叱責する言葉には鬼気迫るものがある。設問は、書き下し文、口語訳、内容説明で、内容説明の二つの問いには、各五〇字の字数制限が設けられている。問一の書き下し文は、②の「已矣」が難しい。問二の口語訳は、(b)の「此何地也」が難しい。問三の内容説明（理由説明）は、左光闘の発言②の「已矣」が難しい。　問二の口語訳は、(b)の理解とも連動するものであった。問四の内容説明（理由説明）は、比喩の内容を本文全体を理解する必要があり、問一の②と問二の(b)の理解とも連動するものであった。問四の内容説明（理由説明）は、比喩の内容を本文に即して説明するもので、史可法が左光闘の態度をどのように評したかを大きくつかむことができれば解答できる。

神戸大-文系前期　　　　　　　　　　　　　　　　　　　　　2022 年度　国語〈解答〉　*31*

▼問四

(i) 逐語訳は〝私の師の内臓は、すべて鉄や石で鋳造されているのである〟で、左光斗とのろうやでの一件の後に史可法が泣きながら人々に語った言葉。「吾師」は左光斗のこと。「肺肝、皆鉄石所鋳造」は、心胆が非常に強いということをたとえたもので、具体的には、左光斗が拷問を受けて死に瀕していながらも国家のことを考え、自分の死後は史可法に政情の腐敗を正してほしいと望む強い姿勢を示したことを言っている。書くべき内容は次の二点である。

左光斗は、拷問を受けて死に瀕していても

国家の腐敗を正そうとする強い信念を持ち続けていた

(ii) (i) 左光斗を救おうとした罪で殺されてしまう

左光斗の志を継いで国家の腐敗を正すべき史可法までもが

ある。それなのに、左光斗を救いたいという個人的な感情でろうやを訪れたということで罪に陥れられて殺されてしまうと、誰も世の中を支える人物がいなくなるということである。　書くべき内容は次の二点である。

❖**講　評**

一　現代文（評論） 二〇二〇年に出版された書籍からの出題。近年発表された文章から、五千字前後のまとまった分量の本文を出題するという、いつもどおりの神戸大学の問題文である。哲学者の文章ではあるが、哲学的な考察ではなく、哲学言語の変遷をグローバル化と関連させて述べた文章なので、比較的取り組みやすかった二〇一八年度や二〇一九年度ほどではないが、古い文章であった二〇二〇年度や、本格的な思想系の文章であった二〇二一年度に比べると読みやすい。設問は、二〇二〇年度以降の形式を踏襲していて、先に字数制限つきの内容説明を置き、最後に書き取りとなっている。書き取りは五問。字形の複雑なものや間違えそうなものもあるが、満点をねらいたい。内容説明の解答字数は例年どおりの、八〇字三問と一六〇字一問、総記述字数四〇〇字。問二が理由説明で、残りの三問はすべて「どういうことか」という傍線部の内容を問うものである。すべて、傍線部とその前後を精読することで解答の方向性はつ

「且」の意味も加えて、〝死んでしまいそうだ〟と解釈し、「やみなんとす」のように読むとよさそうである。「矣」は文末で語気を強める置き字。「老父已矣」の末尾は、連用形または連体形に接続助詞をつける形で後の「汝復軽身而昧大義」につながる形とするか、挿入と見て終止形とするかのいずれでもよいだろう。なお、「已矣」は、「やんぬるかな」と読んで〝もうどうしようもない〟という意味を表す熟語としても用いられるもので、ここでもそのように読んで、「老父已矣」を〝私はもうどうしようもない〟と解釈することもできる。

▼問二　(a)　「卒焉に感ず」と読む。「焉」が指す具体的な内容は、前書きおよび傍線部(a)の前に書かれている内容から、史可法が左光門を救うために大金を持って訪れ、面会させてほしいと涙を流してろうやの番人に持ちかけたことと読み取れる。「感」は〝感動する・感銘を受ける〟の意の動詞。「卒」は「禁卒」の〔注〕の通り、ろうやの番人のこと。

(b)　「此何の地なるか」と読み、逐語訳すると〝ここはどのようなところであるのか〟となる。前書きにあるように、獄中にいる左光門を救い出そうとする思いの深さ〟のようにまとめるとよいだろう。〝史可法が左光門を救い出そうとする思いの深さ〟のようにまとめるとよいだろう。〝愚か者よ〟と呼んで叱り、後に「而汝来前」(=〝それなのにおまえは出向いて来た〟)と続いているので、「此何地也」と問いかける形で、〝ここはほかのどこでもないろうやであり、おまえが来てよいところではないのに、それをおまえはわかっているのか〟と詰問する意味合いを込めたものと読み取れる。

▼問三　傍線部(c)自体は、〝天下のことは、誰か土台を支える者がいなくなるということ。そのように言うに至る左光門の発言は、史可法が自分を救いにろうやへ来たことをとがめ、国家が腐敗しきっている中で、自分は間もなく死ぬ身に、史可法までもが身を軽んじて大義をわかっていないと断じるもの。傍線部(c)の後には、〝すぐに去らなければ、悪人が人を無実の罪に陥れる前に、私が今すぐにおまえを殴り殺そう〟と述べ、史可法を襲おうとしたと続いている。「左公」と「史」の〔注〕の説明をふまえると、史可法は左光門に感化を受け、腐敗した政情を正そうとする左光門の志を継ぐ人物で

ないろうやで、おまえが来てよいところではない)、それなのにおまえは出向いて来た。国家の事態は、腐敗の極みに達

するのがここまできている。年老いた者(=私)は死を目前にし、おまえもまた身を軽んじて大義がわかっておらず、天

下のことは、誰か土台を支えることができる者がいるだろうか、いや、誰もいない。すぐに去らなければ、悪人が人を無

実の罪に陥れる前に、私が今すぐにおまえを殴り殺そう」と。そして地面の上の刑罰の道具を手探りで取って、投げつけ

ようとする姿勢をとった。史可法は口を閉ざして声を出そうとせず、走って出た。後でいつも涙を流してそのことを述べ

て人に語って言うことは、「私の師の肺や肝臓は、すべて鉄や石で鋳造されているのである」と。

読み

左公の炮烙せられ、旦夕且に死せんとするを聞けば、五十金を持し、涕泣して禁卒に謀るに、卒焉に感ず。一日史

敞衣を屩にし更へ、草履にて筐を背に、長鑱を手にせしめ、除不潔者と為す。微かに左公の処を指せば、一日史

則ち地に席り牆に倚りて坐し、面額焦爛して弁ずべからず。左の膝以下、筋骨尽く脱せり。史は前み跪き公の膝を抱き

て鳴咽す。公其の声を弁ずるも目は開くべからず、乃ち臂を奮ひて指を以て眥を撥くに、目の光は炬のごとく、怒りて曰

はく、「庸奴、此何の地なるか、而るに汝来り前めり。国家の事、糜爛此に至る。老父已みなんとし、汝も復た身を軽ん

じて大義に昧く、天下の事、誰か支拄すべき者あらんや。速かに去らざれば、姦人の構陥するを俟つ無く、吾れ今即ち

汝を撲殺せん」と。因りて地上の刑械を摸りて、投撃の勢を作す。史噤みて敢へて声を発せず、趨りて出づ。後常に流涕

して其の事を述べ以て人に語りて曰はく、「吾が師の肺肝は、皆な鉄石の鋳造する所なり」と。

▲解　説▼

▼問一 ①「且」は、「まさに~んとす」と読む再読文字で、"~しそうになる"の意。「死」は、漢文では「死す」を基

本形とするサ行変格活用動詞として訓読する。「左公被炮烙、旦夕且死」は「聞」の目的語になっているので、「~ん

とす」の「す」を連体形「する」として、格助詞「を」をつける。

②「已」はここでは"終わる"の意で「やむ」を基本形とする動詞。直前の「老父」は左光闘が自分のことを称した

もので、「已」は傍線部①「且死」の「死」にあたる意味で用いられている。ここでは、死んでしまうという意味に

d、助動詞「べし」が接続しているので、終止形の「ぬ」とする。

三

出典 方苞『望渓集』〈巻四 左忠毅公逸事〉

解答

問一 ①まさにしせんとするを

②やみなんとし〔やみなんとするに・やみなんとす・やみなん・やみなんに・やんぬるかな〕

問二 (a)ろうやの番人は史可法が左光門を救い出そうとする思いの深さに感動した

(b)ろうやがどのようなところであるかをわかっているのか

問三 左光門の志を継いで国家の腐敗を正すべき史可法までもが、左光門を救おうとした罪で殺されてしまうから。（五〇字以内）

問四 左光門は、拷問を受けて死に瀕していても、国家の腐敗を正そうとする強い信念を持ち続けていたということ。（五〇字以内）

◆**全 訳**◆

左公（＝左光門）が火で拷問され、すぐにでも死にそうだと（左光門の弟子の史可法が）聞いたので、五十金を持ち、涙を流して泣いてろうやの番人に相談したところ、番人はそのことに感動した。ある日史可法をだぶだぶの粗末な衣服に着替えさせ、ぞうり履きで竹製のかごを背負わせ、土を掘る道具を手に持たせ、掃除人夫のようにした。引き入れて、そっと左光門のところを指差すと、（左光門は）地面に倒れ塀にもたれて座り、顔面は焦げただれて見分けることができない。左光門の膝から下は、筋肉と骨がすっかりはがれ落ちている。史可法は進み出てひざまずき、左光門の膝を抱きかかえてむせび泣いた。左光門はその声を（史可法だと）認識したけれども目は開けることができず、腕を上げて指で目尻を開くと、目の光はかがり火のようで、怒って言うことは、「愚か者よ、ここはどういうところなのか（＝ここはほかでも

神戸大-文系前期　　　　　　　　　　　　　　　　　　　　　2022 年度　国語〈解答〉　35

問四　「いたづらに」は、〝無駄だ・むなしい〟という意味の形容動詞「いたづらなり」の連用形。「いたづらに行きて
は来ぬる」の逐語訳は〝無駄に行っては来た〟で、男が女のもとに何度行っても女に逢えず、むなしく帰って来てし
まうということを詠んだものである。「見まくほしさ」は、〝逢う〟という意味の動詞「見る」に願望の助動詞「まく
ほし」（「まほし」にあたる）が接続したものに、名詞を作る接尾辞の「さ」がついたもので、〝逢いたいこと・逢い
たい気持ち〟の意。「いざなは」は〝誘う・促す〟という意味の動詞「誘ふ（いざな）」、「れ」は助動詞「る」の受身の用法、
「つつ」は和歌の末尾に用いられて詠嘆を表すもので、「見まくほしさにいざなはれつつ」は〝（女に）逢いたい気持
ちに促されることだなあ〟ということ。「いたづらに行きては来ぬる」と「見まくほしさにいざなはれ」の解釈をふ
まえると、「ものゆゑに」はここでは逆接を表していると考えられる。大意を述べるように求められているので、男
の行状や気持ちをわかりやすく表現してまとめるとよい。書くべき内容は次の二点である。

(i) 女のもとに行っても逢えないままで帰って来てしまうのに

(ii) 逢いたい気持ちに促されて何度も行ってしまうことだ

問五　『伊勢物語』の主人公とされている人物は在原業平（ありはらのなりひら）。

問六　b、助動詞「ん」（「む」）が接続しているので、未然形の「な」とする。

　　　c、助動詞「けり」が接続しているので、連用形の「に」とする。

世つたなくかなしきこと」は、自分の前世からの宿縁が劣っているのが悲しいということ。「この男にほだされて」は倒置されているの
は、自分に言い寄ってきている男の情に女が流されているということ。「この男にほだされて」は倒置されているの
で、自然な語順に沿ってまとめるとよい。書くべき内容は次の三点である。

(i) 言い寄る男の情に流されて

(ii) 立派な帝の寵愛に応えない

(iii) 自分の宿縁の拙さが悲しい

② 「仏の御名」は仏教の経典のこと。「御心にいれ」は、"深く心に留める・熱中する"という意味の「心に入る」の「心」に尊敬の接頭語「御」がついたものであるが、「御心にいれて」は後の「申し」を修飾する副詞のように用いられている。「帝」が「仏の御名を」「申したまふ」という構文で、「御心にいれて」と「御声はいとたふとくて」は、帝が仏教の経典を読む様子を表しているのである。「御心にいれて」は、"お心を込めて・ご熱心に"のように訳すのが適切である。

③ 「それ」は指示代名詞、「に」は場所を表す格助詞、「ぞ」は強調を表す係助詞、「あ」はラ行変格活用動詞「あり」の連体形「ある」の語尾が撥音便化し表記されていない形、「なる」は伝聞・推定の助動詞「なり」の連体形（係助詞「ぞ」の結び）で、「それにぞあなる」の逐語訳は"そこにいるようだ"となる。「それにぞあなる」は女の心内文で、男が毎晩やって来て笛を吹いたり歌を歌ったりするのを聞いて、"男がそこにいるようだ"と思ったということである。

▼問二　和歌全体を訳すと"恋をしないようにしようと御手洗川でした禊を、神は聞き入れてくださらないままになってしまったなあ"となる。男がこの和歌を詠むに至った事情は、女への恋心が募ってどうしようもなくつらかったので、陰陽師や神巫を呼び、恋心を断つための祓をしたにもかかわらず、以前よりもいっそう女のことが恋しく思われたというもの。傍線部(A)「神はうけずもなりにけるかな」には、恋心を断ちたいという自分の願いを神が聞き入れてくれなかったとして嘆く心情が込められていると読み取れる。書くべき内容は次の二点である。

(i)　女への恋心を断つために禊をした甲斐もなく恋心が募るので
(ii)　神が願いを聞き入れてくれなかったと嘆く

▼問三　女が泣いた理由は、直後の心内文「かかる君に仕うまつらで」である。「かかる君に仕うまつらで」は、傍線部②を含む部分に書かれているように、宿世つたなくかなしきこと、この男にほだされて」である。「かかる君に仕うまつらで」で、宿世つたなくかなしきこと、この男にほだされて」で、女を愛して召し使っている帝は容貌もすばらしく仏道にも熱心な立派な人物であるのに、女は帝からの寵愛に応えていないということ。「宿

し上げなさるのを聞いて、女はひどく泣いた。「このような主君にお仕え申し上げずに、前世からの宿縁が劣っていて悲

しいことだ、この男に心をとらわれて」と言って泣いた。このようなうちに、帝が（二人の仲を）お聞きつけになって、

この男を流罪になさってしまったので、この女のいとこの御息所は、女を（宮中から）退出申し上げさせて、蔵に閉じ込

めて折檻しなさったので、（女は）蔵に籠もって泣く。

　海人の刈る藻にすむ虫の「われから」ではないが、自分から（招いたことだ）と声を上げて泣きはするだろうけれど

　も、男との仲は恨むつもりはない。

と泣いていると、この男が、（流罪となった先の）よその国から毎晩来ては、笛をたいそう趣深く吹いて、声は風情があ

る様子でしみじみ心打たれるように歌った。こんなふうだから、この女は蔵に籠もったままで、（男が）そこにいるよう

だとは聞くけれども、顔を見ることができるわけでもない状態でいた。

　いくら何でも（そのうち逢えるだろう）と（男が）思っているだろう様子が悲しい。生きていても生きているともい

　えない（私の）身を知らずに。

と思っている。男は、女が逢わないので、このようにいつも出向いて来ては、よその国に戻って行ってこのように歌う。

　無駄に行っては（また戻って）来てしまうものだからといっても、逢いたい気持ちに誘われては（行き来を繰り返し

　てしまうことだ）。

水尾の帝（＝清和天皇）の御治世であるにちがいない。大御息所も染殿の后である。五条の后とも（考えられる）。

▼　解　説　▼

問一　①「かく」は"このように"の意の指示副詞、「な」は終助詞「そ」と呼応して禁止を表す副詞、「せ」はサ行変

格活用動詞「す」で、逐語訳は"このようにしてはならない"となる。「かく」「す」は具体的には、男が女の控える

所に来て女と向かい合って座っていたことについて言っている。女の発言なので、女自身の呼称は"私"とすること

に注意しよう。

◆全　訳◆

昔、帝がいとしくお思いになって召し使いなさる女で、特別な色の衣装の着用を許されている身分の高い女がいた。大御息所としていらっしゃったお方のいとこであった。殿上にお仕え申し上げていた在原であった男で、まだたいそう若かった男を、この女が互いに親しい間柄としていた。男は、女官の控える所に出入りを許されていたので、女がいる所に来て向かい合って座っていたので、女が、「たいそう見苦しい。身も破滅してしまうだろう。このようにしてはならない」

と言ったところ、

いとしく思う気持ちには、我慢することが負けてしまったなあ。逢うことと引き換えにするならどうなってもかまわない。

と言って、（女が）部屋にお下がりになったところ、いつものようにこのお部屋には、人が見るのをも知らないで（男が）上がり込んでいたので、この女は、つらく思って実家へ行く。すると、（男は）何とも好都合なことと思って、（女の実家へ）通って行ったので、人は皆聞いて笑った。昨夜からそこにいたように装って（殿上に）上った。このように見苦しい様子で振る舞いながらずっと過ごしているので、身も無用のものになってしまいそうなので、とうとう滅んでしまうにちがいないと思って、この男は、「どうしようか、いや、どうしようもないだろう。私のこのような心を止めてください」と仏神にも申し上げたけれども、よりいっそう気持ちが募るように思われては、やはりどうしようもなくひたすら恋しく思われたので、陰陽師や、神巫を呼んで、恋をしないようにしようという祓（はらえ）の道具を持って行った。祓をしたとたんに、ますますいとしいことがいっそう募って、以前よりもことさら恋しく思われたので、恋をしないようにしようと御手洗川でした禊（みそぎ）を、神は聞き入れてくださらないままになってしまったなあ。

と言って去った。

この帝は顔立ちが美しくていらっしゃって、仏の御名（＝仏教の経典）をお心を込めて、御声はたいそう尊くて唱え申

問五

⑥ 日本の哲学の文章／言語も、生き残らないということになる（Ⅳ第九段落）

(a) 「貌」の字体、特に偏の部分を正確に書くこと。

(d) 「完璧」の「璧」の字の脚の部分は「玉」であって「土」ではない。「璧」は〝宝玉〟の意味で、「完璧」は〝キズのない宝玉〟という意味なので、「壁」では意味をなさない。

(e) 「膨」の字は画数が多いので、一点一画正確に書くこと。〝数量がきわめて多い〟という意味の言葉はもともとは「厖大・尨大」と書いたが、代用表記である「膨大」が今では一般的になっている。「厖大・尨大」と書いても当然正解である。

二

出典

『伊勢物語』〈六五〉

解答

問一　①このように私のそばに来てはならない

　　　②仏教の経典をお心を込めて

　　　③男がそこにいるようだとは思って笛の音や歌う声を女は聞くけれども

問二　女への恋心を断つために祓をした甲斐もなく恋心が募るので、神が願いを聞き入れてくれなかったと嘆く心情。（五〇字以内）

問三　言い寄る男の情に流されて、立派な帝の寵愛に応えない自分の宿縁の拙さが悲しいから。（四〇字以内）

問四　女のもとに行っても逢えないままで帰って来てしまうのに、逢いたい気持ちに促されて何度も行ってしまうことだ。

問五　在原

問六　b、な　c、に　d、ぬ

（Ⅱ・Ⅲ・Ⅳと哲学言語の変遷を説明した後に）最後の部分で発展的に繰り返される〉という流れを再確認すること
にもなっているので、題意を満たしているといえる。以上の内容を用いて答案を作成していけばよいが、「そうする
と」が指している内容の後半部分はＣの内容と重複しているので、「そうすると」の記述は前半だけにしておくとま
とめやすい。　解答要素は以下の通りになる。

[そうすると]

① 「水村の憂い」

「グローバル化」して行く世界のなかで、日本語に生き残る余地はあるか（Ⅰ第一段落）

世界の文学全体のなかで意義をもちうるだろうか（Ⅰ第一段落）

日本語で書かれた文学作品は、｜どれだけの将来性があるか（Ⅰ第五段落）

② ①が正しければ、

[またしても皮肉なことに]

③ （哲学も文学と）同じように

Ｂ [日本の哲学言語の成熟]

④ 明瞭な表現のための哲学の言語を所有（Ⅳ第一段落）

日常の言葉からかけ離れていない言葉（Ⅲ第三段落）

具体的な例を通じて（Ⅲ第四段落）

日本語の抽象名詞を使わない／動詞や形容詞に注目する（Ⅲ第四段落）

Ｃ [この言語に未来はない]

⑤ （日本の哲学言語が成熟したときと、）哲学の国際化と国際共通語としての英語の独占的優位の確立の時期が同

じ（Ⅳ第二段落）

なっているので、読点の箇所で傍線部を、A「またしても皮肉なことに」、C「この言語に未来はないということになる」の生み出せるほどに日本の哲学言語が成熟したまさにそのときに」、B「一般の読者のための優れた哲学書をように三つに区切ってそれぞれの内容を考えていく。傍線部の直前にある「そうすると」は、「日本の文学の将来についての水村の憂いが……同じ運命をたどることになろう」という直前の文の内容を指しているが、「水村の憂い」の詳細な内容はIに述べられている。Bにある「一般の読者のための優れた哲学書を生み出せるほどに日本の哲学言語が成熟した」という内容は、同じ段落のはじめにある「現在の日本には……かれらの書くものは……それは……占めている」とほぼ同じであり、傍線部直前の文で「こうした哲学の文章」という指示語を用いて言い換えられている。問三で考えたⅢの内容は、これをさらにわかりやすく述べた内容である。Cの内容は直前の文にある「日本語で書かれた文学一般と同じ運命をたどることになろう」と同じである。つまり、傍線部を含む文は直前の文の内容の繰り返しになっているということである。Aについても検討しておく必要がある。「皮肉」という語はⅣ第二段落にもあるが、その内容は〈一般に、哲学にかかわる人々のあいだで……認められている。そして……所有している」（Ⅳ第一段落）のに、「哲学の国際化と国際共通語としての英語の独占的優位の確立」（Ⅳ第二段落）によって、意味をなさなくなってしまった〉ということなので、傍線部にある「またしても」というにはやや弱い。「皮肉」という語は、ほかにもⅠ第三段落でも使われており、そこには〈日本の近代文学が近代文学にふさわしい新しい主題とその主題に適した日本語を獲得したときに」（Ⅰ第三・四段落）、グローバリゼーションの進行によって将来性が危惧される状況になった（Ⅰ第五段落）〉という、「そうすると」が指している「水村の憂い」のことが述べられている。A「またしても皮肉なことに」は、Ⅳ第二段落の内容ではなくⅠ第三段落を受けていて、〈日本文学において皮肉なことが起こっているが、それと同じような「皮肉」な現象が哲学の分野でも起こりうる〉という趣旨の表現であると考えるのが適切であろう。設問の指示に「本文全体の論旨をふまえたうえで」とあるが、この考察は〈Ⅰでなされた問いかけが、

具体的な例を通じてそうした（＝抽象的な概念を表す）表現に説明を与えようとした
日本語の抽象名詞を使わずに、自分が何を言いたいのかを表現する／動詞や形容詞に注目する

〕（Ⅲ第四段落）

とまとめることができる。ただ、これは「文体の変化」や「哲学用語に対する態度の変化」の説明にすぎず、「哲学観の変化」の説明としては不十分である。Ⅳ第七段落にある「哲学はいつも専門家だけのものであったわけではない。……すべての人のためのものでもあったし、日常の言葉からそれほどかけ離れていない言葉で哲学の議論を行おうともした」を手がかりにして、〈哲学はすべての人のためのものである〉を導いてくる必要がある。「変化」の説明をする際には、〈変化後〉のみではなく〈変化前〉も必要である（そうでなければ「変化」を示したことにはならない）。あまり字数を費やすことはできないが、〈専門家だけのものと考えられていた〉ということは入れておきたい。解答要素は次のようになる。

[その底に……ある]

① 「その」＝哲学用語に対する態度の変化　文体の変化
　→日常の言葉からかけ離れていない言葉
　具体的な例を通じて
　日本語の抽象名詞を使わない／動詞や形容詞に注目する

② 「底に……がある」の言い換え
　①の根底／背景には③・④がある　①は③・④に基づいている／によっている　など

[哲学観変化前]
③ 哲学は専門家だけのもの

[哲学観変化後]
④ 哲学はすべての人のもの

▼問四　「本文全体の論旨をふまえたうえで」とあるが、設問自体は「どういうことか」と傍線部の説明を求めたものに

C

② 哲学用語は日本語（の一部）になっている
③ 正確な意味に思いわずらうことなく使っている／意味を了解していない
④ 理解の錯覚に陥る／理解したように錯覚する

▼問三 「どういうことか」が問われているので、傍線部を別の言葉に言い換えていくことを考える。傍線部にある「そ
の」とは直前にある「哲学用語に対する態度の変化」を指しており、それは「こうした文体の変化の背景」にあるも
のである。「こうした文体の変化」とは、傍線部と同じⅢ第五段落にある〈それほど漢字で埋め尽くされていなかった
めに白っぽく見えるもの〉が「一九六〇年代に書かれた日本語の哲学の文章」の中にあらわれたこと〉であり、その
具体的な内容はⅢ第三・四段落に書かれている。この状況は「こうした状況に対抗して」発生しているので、「こう
した状況」に書かれている〈大多数の哲学者〉と、それに「対抗」しようとする「若い世代の哲学者」とを対比させ
て、

「こうした状況」＝それまでの状況　大多数の哲学者
もとの言葉が何を意味するのかは、ごくぼんやりとしかわかっていない
日本語の哲学用語の意味についても、ぼんやりとした把握しかもたない
自分が何について語り書いているのかわかっていない
（Ⅲ第二段落）

↔　対比

「若い世代の哲学者」
自分の責任で哲学用語を使おうとする
日常の言葉からそれほどかけ離れていない言葉で哲学の議論を行おうともした
（Ⅲ第三段落）

B　「（作り出すことの）むずかしさ」

⑤

「むずかしい」の言い換え→困難である　たいへんである　など

▼問二

〈AがBである〉ことの理由が問われた場合には、〈AがCであるから（Bである）〉のCにあたる内容を本文から探して、この形にあてはめて解答を作成していくと解きやすくなることが多い。この設問の場合もそうである。Aにあたるものは「こうした文を生み出したひと」で、「こうした」という指示語が指しているのは直前の「ドイツ語のいくつかの語を、日本語の『てにをは』で結び付けた」という部分なので、Aは、その前に書かれていることを加えて、〈カントのテキストを翻訳するにあたって、ドイツ語の言葉を日本語の言葉に置き換えて「てにをは」で結び付けただけの文章を生み出したひと〉となる。この内容をB「その（＝カントが言っていることの）意味を説明できない」につなげていくのだが、その際、傍線部を含むⅡ第六段落が「この錯覚は、たとえば次のような仕方で生じる」で始まっていて、段落全体が「この錯覚」の具体例になっていることに注目する。「この錯覚」が指している内容は、Ⅱ第五段落にある「それゆえ、ひとは、……バクゼンとした意味の了解も伴わずに、哲学用語を使うようになる。その結果は、理解の錯覚の蔓延である」である。Ⅱ第六段落にも「理解したような錯覚」という形で書かれている。Ⅱ第五段落の前半部分に書かれている事柄を加え、〈哲学用語が「日本語の一部」となったために、「正確な意味に思いわずらわなくとも使うことができる」ようになり、「バクゼンとした意味の了解も伴わずに」使って、その結果「理解したような錯覚」に陥る〉とまとめることができ、B「その意味を説明できない」につながる内容になっている。これをCとしてAの後につなげば解答になるが、カントは具体例として挙げられている事柄なのでそのまま使わず「西洋哲学」に、ドイツ語も〈原文の言葉・原語〉と言い換えておくことが必要である。解答要素は次のようになる。

A「こうした文を生み出したひと」

①
原文の言葉を日本語の言葉に置き換えただけの翻訳を生み出したひと

神戸大-文系前期　　　　　　　　　　　　2022 年度　国語〈解答〉　45

▼問一　「どういうことか」が問われた場合は、傍線部を別の言葉に言い換えていくことを考える。その際に、傍線部を自分でいくつかの部分に区切り、それを別の言葉に改めた後に、傍線部の構文を生かしてつなぎ合わせていくと解答を作りやすい。この設問の場合は、A「哲学のための十分な言語を作り出す」とB「(作り出すことの) むずかしさ」に分ける。Aについては、〈哲学の言語〉について説明しているⅡ第三段落に注目する。段落のはじめに「哲学は、ある程度一般的で抽象的な概念を必要とする」とあるので、ここを手がかりとする。Bの「哲学のための十分な言語」を「作り出すことのむずかしさ」については明確な言及がない。Ⅱ第三段落に〈西洋哲学が入ってきた際に、「儒教や仏教に由来する語」を「転用」したりもしながら、哲学の「特殊な語彙」を「ごく短期間のあいだ」に作ったということ〉が書かれている。ここに〈短期間で作ることが求められていた〉ということがあれば「むずかしさ」の説明になりうるが、そこまでは書かれていない (Ⅰ第三段落の「日本の近代文学の開拓者たち」や「科学に携わった日本人」の場合も同様で、期限は設定されていない)。したがって、「短期間」という内容には触れないで、〈作ること自体がたいへんであった〉という形でまとめるとよいだろう。その際、傍線部は「西洋の哲学が近代日本で経験したこうした困難 (=「日本の近代社会に足場をもつようになる」ための困難)」の理由にあたる内容なので、〈西洋の哲学を日本に定着させる際に〉だということを前提として加えておく (「足場」という表現は比喩になっているので、言い換えて用いることを忘れないようにしたい)。解答要素は次のようになる。

［前提］

①　西洋の哲学を日本に定着させるため／定着させるにあたって

A　「哲学のための十分な言語 (を作り出す)」

②　一般的で抽象的な概念

③　儒教や仏教の伝統に属する語彙とは別

④　日常の言葉とは区別される特殊な語彙

哲学にかかわる人々
表現が明瞭であることは、すぐれた哲学の文章であるために必要
自分たちの用途に十分であるような哲学の言語を所有している
⇦

哲学の国際化と国際共通語としての英語の独占的優位の確立と、ほぼ時期が同じ 皮肉

3～8
哲学の国際化＝哲学が高度に専門化した
←　しかしながら
哲学は専門家だけのものではない　すべての人のためのもの
現在の日本

広い読者をもつ哲学者の書くもの
↓現在の日本の文学のなかで、無視できない部分を占めている

9
日本の文学の将来についての水村の憂いが、もしも正しければ、日本語で書かれた文学一般と同じ運命をたどること
になろう
＝

10
一般の読者のための優れた哲学書を生み出せるほどに日本の哲学言語が成熟したまさにそのときに、この言語に未来
はないということになる 皮肉 （問四）
本当だろうか？
＊

神戸大-文系前期　　　　　　2022 年度　国語〈解答〉

3〜6

哲学　一般的で抽象的な概念を必要とする
↓儒教や仏教の伝統に属する語彙とは別の、日常の言葉とは区別される特殊な語彙が作られた

自身の言語で、西洋に由来する哲学的問題や主張を議論できるようになった
←
しかしながら
←
漠然とした意味の了解も伴わずに、哲学用語を使う→理解の錯覚の蔓延　（問二）

Ⅲ
1〜5
【一九六〇年代】
日本の哲学者の大多数
以前通りの仕方
↔
若い世代の哲学者
これまでとは異なるやり方で、哲学用語に向き合おうとし出す
自分の責任で哲学用語を使おうとする
←
文体の変化
哲学用語に対する態度の変化　哲学観の変化　（問三）

Ⅳ
1・2
【半世紀後（＝現在）】

を作り、自身の言語で西洋に由来する哲学的問題や主張を議論できるようにした。一九六〇年代には若い世代の哲学者が日常の言葉からかけ離れていない言葉で哲学の議論を行おうとした。現在は、表現が明瞭であることがすぐれた哲学の文章であるために必要だとされ、そのための哲学の言語も所有するようになったが、哲学の国際化と国際共通語としての英語の独占的優位の確立と同じ時期になってしまった。日本の文学の将来に対する水村の憂いが正しければ、哲学の文章も同じ運命をたどり、日本の哲学言語が成熟したそのときに、この言語に未来はないということになってしまう。

▲　解　説　▼

一行空きのところで、大きくⅠ・Ⅱ・Ⅲ・Ⅳと分けていくこととする。1・2…は段落番号である。

Ⅰ

『日本語が亡びるとき』

1　「グローバル化」して行く世界のなかで、日本語に生き残る余地はあるかという問いを提起

2　「英語の支配」

3〜5　日本語で書かれた文学作品→世界の文学全体のなかで意義をもちうるだろうかという心配

日本語でこれから書かれる作品にどれだけの将来性があるかという危惧　皮肉

←　グローバリゼーションの進行＋日本国内での読者の減少

Ⅱ

【明治のはじまりの頃】

1　西洋の哲学に触れる機会のあった日本人　西洋の近代文学の開拓者たち　新しい主題に取り組む＋主題に適した日本語を作り出す→国民文学

儒教や仏教のとはまったく異なる新しい観念の世界が広がっていることに気付く

2　西洋の哲学が日本の近代社会に足場をもつようになるまでの困難　哲学のための十分な言語を作り出すことのむずかしさ　（問一）

国語

神戸大-文系前期　2022 年度　国語〈解答〉　49

一

出典

飯田隆『分析哲学 これからとこれまで』〈Ⅳ　日本における分析哲学　17　哲学言語を作る――近代日本の経験から　1～4〉（勁草書房）

問一　西洋哲学を日本に定着させるにあたり、日常の言葉と区別され、儒教や仏教の伝統とも異なる、一般的で抽象的な概念を表す語彙を作ることは、困難な作業であったということ。（八〇字以内）

問二　哲学用語が日本語の一部となって正確な意味に思い悩まず使えるため、西洋哲学の言葉を日本語に置き換えただけで、その意味を理解したような錯覚に陥りがちだから。（八〇字以内）

問三　若い哲学者たちが抽象名詞を避けて日常の言葉で具体例を通して哲学を語るのは、哲学は専門家だけのものではなく、すべての人のものだという考えに基づいているということ。（八〇字以内）

問四　グローバル化して行く世界のなかで、日本語や日本語で書かれた文学作品が独自の文学言語を所有しながらも意義を失っていくという水村の憂いが正しければ、哲学の国際化と国際共通語としての英語の独占的優位の確立と同じ時期に日常の言葉で明瞭に表現するための言語を獲得した哲学言語も、同じように不要とされていくかもしれないということ。（一六〇字以内）

問五　(a)変貌　(b)芝居　(c)漠然　(d)完璧　(e)膨大〔厖大・尨大〕

◆要　旨◆

水村美苗は「グローバル化」して行く世界のなかで、日本語や、日本語で書かれた文学作品が世界の文学全体のなかで意義をもちうるだろうかという問いを提起した。　明治のはじまりの頃に、日本人は日常の言葉とは区別される特殊な語彙

2021年度

解答編

神戸大-文系前期　　　　　　　　　　　　　　　　2021 年度　英語〈解答〉　*3*

解答編

英語

Ⅰ　**解答**　問 1．(A)—(イ)　(B)—(エ)　(C)—(ウ)　(D)—(イ)
問 2．ミツバチをダニから守るため，遺伝子操作したバクテリアの菌株を作る研究。（35 字以内）
問 3．方策がどの程度効果的かを静観すべきだという態度。（25 字以内）
問 4．全訳下線部参照。

◆全　訳◆

≪ミツバチの減少を食い止める方策≫

　国連食糧農業機関（FAO）は，世界中の食料の 90％を供給する作物種が 100 種あって，このうちの 71 種はミツバチから受粉していると述べている。ヨーロッパだけでも，264 の作物種の 84％と 4,000 の植物種はミツバチによる受粉のおかげで生存しているのだ。

　ヨーロッパでは，ミツバチの個体数と蜂蜜の貯蔵量が 2015 年以来，激減している——1 年あたり 30％減という地域もある。しかもアメリカ合衆国の養蜂家から得られた最新の統計では，安心できない状況に変わりはなく，養蜂情報組合の調査によると，昨年の冬はミツバチの蜂群の 37％が死に，それは例年の冬季死の平均値を 9％上回っている。しかし，なぜこれらの昆虫は姿を消しているのだろうか？

　オレゴンでは，5 万匹のミツバチが，殺虫剤が引き起こした影響のせいで死んだが，これはさまざまな物質がどのような影響を与える可能性があるかを示す例である。欧州食品安全機関（EFSA）は，ヨーロッパにおけるミツバチの大量死の背後にある原因は特に，ネオニコチノイドと呼ばれる特定の種類の肥料の使用であることを正式に認めた。さまざまな物質が混じり合うと，昆虫の脳内の学習回路が阻害される。それらの物質のせいでミツバチは物覚えが悪くなったり，例えば花の香りと食べ物とを結びつけるといった，生存のための基本的な連想を完全に忘れたりする。ミツバ

チは餌を採ることができないので死んでしまうのだ。

2018年に，欧州連合は，トウモロコシ，綿花，ヒマワリなどの作物に世界中で使用される頻度の高い，3種類のネオニコチノイド系殺虫剤の屋外での使用を完全に禁止する決定をした。さらに，欧州議会は，これらの殺虫剤の使用を削減することが，今後，共通農業政策（CAP）の重要な目標となるよう，すでに提言をおこなっている。

ミツバチヘギイタダニはミツバチの最も手ごわい敵の一つで，ミツバチが姿を消した最大要因の一つである。そのダニは昆虫の体内に侵入して，その血液を餌にし，また，巣にいる他のミツバチたちに，羽変形病ウイルスなどの致死性のウイルスを伝染させる外部寄生虫である。このダニは今までのところ，オーストラリアを除く，世界のほとんどの地域に広がっている。

米国のテキサス大学オースティン校の科学者のグループは，他に先駆けて遺伝子工学を利用し，ミツバチの健康を改善するためのプロジェクトを立案した。そのプロジェクトは，ミツバチの消化器官に棲みついて，蜂群の崩壊を引き起こすこの破壊的なダニからミツバチを守る，遺伝子操作をしたバクテリアの菌株を作り出すことを視野に入れている。

その研究によると，遺伝子操作をしたバクテリアを持つミツバチは羽変形病ウイルスに感染しても生き延びる可能性が36.5％高くなる。こういうミツバチを餌にするダニは，何の処置も受けていないミツバチを餌にするダニよりも，死ぬ可能性が70％高くなるのである。

大気汚染も花から放出される化学信号の強度を低下させ，これによってミツバチや他の昆虫も花のありかを探し出すのが一層難しくなる。気候変動によって状況はさらに悪化しているのだが，それは気候変動が雨季によって開花期や植物の量を変化させるためである。そのせいで花蜜の量と質に影響が出ている。

上記の点を踏まえると，ミツバチが姿を消せばまさしく食料危機を招くことになるだろう。商品作物の約84％がミツバチの授粉に頼っている。例えば，アンダルシア（スペイン）では，1987年に，ヒマワリの豊作が期待されていたが，ミツバチの群れがいなくて，豊作とはならなかった。これはミツバチヘギイタダニによるミツバチの減少に起因するものだった。

ミツバチヘギイタダニの駆除と殺虫剤の禁止に関しては，私たちもその

方策がミツバチの減少を抑えるのにどの程度有効か，じっくり様子を見る必要があるだろう。気候変動や汚染と戦う対策を講じることで，日々の生活においてこの問題に立ち向かうことは可能だ。たとえそうしたとしても，私たちは次のような疑問に直面している。私たちは手遅れにならないうちにその問題を解決できるのだろうか，また，この現象を未然に防ぐことにも取り組むべきなのだろうか。<u>最初はなくてはならないものとは思えないものの，その活動がなければ私たちが生活を思い描くことができないようなその他の動物たちも，姿を消しつつあるのだろうか。</u>

■■■■■■■■◀解　説▶■■■■■■■■

▶問1．(A)直前の第2段第1文（In Europe, bee …）ではヨーロッパにおけるミツバチの減少について述べられており，空所を含む第2文では米国でも状況は同様だと述べていると判断できる。空所直前の not much more ～「あまり大差なく～でない」に注目すると，(イ)の reassuring であれば「安心させる，安心感を与える」という意味になり，文脈上適切。(ア)の depressing「気の滅入るような」，(ウ)の suggestive「示唆に富む」，(エ)の trustworthy「信頼できる」はいずれも文脈上不適。

(B)ミツバチの減少の原因について述べている部分であり，ミツバチの学習回路がどうなると生存できないかを考える。空所直後の with に注目すると，(エ)の interferes であれば interfere with ～ で「～を妨げる」という意味になり，文脈上適切。(ア)の accords「一致する」，(イ)の cooperates「協力する」，(ウ)の copes「対処する」はいずれも文脈上不適。

(C)空所から insecticides までは that 節の主語となる動名詞句であり，殺虫剤の使用をどうすることが共通農業政策の目標となるかを考えると，(ウ)の reducing「～を減らすこと」が文脈上適切。(ア)の assuring「～を保証すること」，(イ)の developing「～を開発すること」，(エ)の supporting「～を支援すること」はいずれも文脈上不適。

(D)空所前後の In と of に注目すると，(イ)の light であれば in light of ～ で「～の観点から，～を踏まえると」という意味になり，文脈上適切。the above は「上述のこと」という意味。(ア)の advance だと in advance of ～ で「～に先立って」，(ウ)の order だと in order of ～ で「～の順で」，(エ)の spite だと in spite of ～ で「～にもかかわらず」という意味になり，文脈上不適。

6 2021 年度　英語〈解答〉　　　　　　　　　　　　神戸大-文系前期

▶問 2．the study「その研究」の具体的な内容については，第 6 段第 2 文（The project involves …）の creating 以下の動名詞句に述べられている。かなり長い部分であり，目的と方法を 35 字という字数制限内に収めるには，どの部分を取りあげるべきかの判断が難しい。目的としては，ミツバチの蜂群を崩壊させるダニからミツバチを守ること，方法としては遺伝子を操作したバクテリアの菌株を作るという点を中心に，最後は「～研究」で終わる形で，可能な限りの内容を取り入れる工夫をすること。

▶問 3．「さまざまな方策」とは最終段第 1 文（As for the elimination …）の中の the measures を指すと考えられるので，筆者の態度については，同文の we will have to 以下に述べられている内容をまとめるとよい。wait and see は「～を静観する，～の成り行きを見守る」という意味で，その目的語が how effective 以下の疑問詞節である。25 字という制限上，in 以下は入れずに how effective the measures are の部分のみの説明でよい。

▶問 4．**Are other animals disappearing**

　文全体の構造としては，この部分が中心であるが，主語の other animals が that 以下と without whose activity 以下の 2 つの関係代名詞節を伴って長いため，主語と関係代名詞節の間に述語動詞の disappearing が置かれた形となっている。この進行形は「姿を消しつつある」や「姿を消そうとしている」という訳が考えられる。

that at first do not seem to be essential

　この部分は 1 つ目の関係代名詞節。at first「最初は」 seem to be ～「～のように思われる」 essential「不可欠な，なくてはならない」

yet without whose activity we could not conceive life?

　この部分が 2 つ目の関係代名詞節。yet はその前の部分と逆接的に後続部分をつないでおり，「けれども，それにもかかわらず」という意味。without whose activity の whose は other animals' のことであり，この部分が条件節のはたらきをしているため，we could 以下が仮定法の帰結節の形となっている。activity は「活動，営み」という意味。conceive life は「生活を思い描く，生活（すること）を考える」という意味だが，主語と併せて「私たちの生活を思い描く」というような訳も可能。

神戸大-文系前期　　　　　　　　　　　　　　　2021 年度　英語〈解答〉　7

━━◆━━◆━━◆━━◆━ ●語句・構文● ━◆━━◆━━◆━━◆━━◆━

（第1段）plant variety「植物種」　thanks to 〜「〜のおかげで」

（第2段）reserve「（複数形で）保存物，（石油などの）埋蔵量」　latest
「最新の」　beekeeper「養蜂家」　poll「世論調査」

（第3段）due to 〜「〜が原因で」　pesticide「殺虫剤」　have an impact
「影響を与える」　specifically「特に，具体的には」　neonicotinoid「ネオ
ニコチノイド」　association「連想」　floral「花の」

（第4段）the European Parliament「欧州議会」　key objective「重要な
目標，主要な目的」　common agricultural policy「共通農業政策」

（第5段）disappearance「消滅，姿を消すこと」　external parasite「外
部寄生虫」　feed on 〜「〜を餌にする」　lethal「致死性の」　hive「ミツ
バチの巣」　so far「今までのところ」

（第6段）pioneer「〜の先駆けとなる」　involve はここでは「〜を視野に
入れている」という意味。genetically modified「遺伝子を操作した，遺
伝子組み換えの」　destructive「破壊的な，極めて有害な」　collapse「崩
壊する」

（第7段）survive「〜を切り抜けて生き残る」

（第8段）causing 以下は and causes … と考えて訳すとよい。locate「〜
のある所を探し出す」　flowering「開花（期）」

（第9段）a good harvest「豊作」

（最終段）as for 〜「〜に関しては，〜はどうかというと」　elimination
「駆除，除去」　ban「禁止」　take steps「対策を講じる」　work on 〜
「〜に取り組む」

Ⅱ 　解答　問1．(a)—(あ)　(b)—(い)　(c)—(い)
　　　　　　問2．イ．女性は数学では男性より能力が劣る
ロ．女性が数学の試験を受けると，成績を正当に評価されないのではない
かとか，成績が悪いとそのステレオタイプが裏付けられてしまう
問3．(え)
問4．全訳下線部参照。
問5．(あ)・(え)

8 2021 年度 英語〈解答〉 神戸大-文系前期

◆全 訳◆

≪理数系分野で女性が活躍するには≫

　女性や女の子は，科学，技術，工学，数学（STEM）の教育や職業では少数派である。STEM 分野で女性の数が少なすぎることに対するよくある説明の一つが，数学の成績における男女間の格差であり，特に空間能力では男性が優位に立つというものだ。研究では，数学の成績における男女間の格差は中学校や高校で表面化することを示唆している。しかし，メタ分析は，この格差がなくなったことを示している。

　メタ分析から得られる証拠を考え合わせると，STEM 分野における女性の数が少ないことに対して，能力で説明づけるのはあまり妥当ではない。広範囲に及ぶ状況的要因（社会からの期待，親や仲間の影響，STEM 分野の専攻学科や STEM 分野の団体における風潮）や，女性の意欲，数学の能力の自己評価，さらには様々な選択を含む，他の多くの説明は，十分に根拠のあるものだ。社会文化的視点から，研究によって，男性が多数派を占める環境が，いかに女性や女の子たちに対する脅威となりかねないか，さらには，ステレオタイプによる脅威を生じさせかねないかが立証されており，その脅威によって女性たちのその分野への帰属意識が下がり，疎外感や孤立感を高め，結果的にその分野から身を引いてしまうことにつながりかねないのだ。

　ステレオタイプによる脅威とは，ステレオタイプの枠にはめられた集団の構成員が，評価が行われる課題に対する自分たちの成績が，その分野における劣性を示す，負の集団ステレオタイプによって判断されるのではないかと心配する現象のことである。STEM 教育に関連するステレオタイプとは，女性や女の子は数学では男性や男の子ほど能力がないというものである。したがって，女性や女の子が数学の試験を受けると，自分たちの成績がこのステレオタイプによって評価されるのではないかと心配するかもしれないし，もし成績が悪いとそのステレオタイプを裏付けることになるのではないかと懸念するかもしれない。この脅威は，テスト成績の不振やその分野から離れるといったマイナスの結果につながりかねない。

　ほぼ間違いないことだが，ステレオタイプによる脅威に関する文献において最も幅広い研究がなされた女性の学業成績結果は，数学のテスト成績である。それほどの頻度ではないが，他にも，その分野に対してさらに消

極的な姿勢になっているとか，その分野の教育や専門職をそのまま続けようという思いがもっと低くなっているというような結果を研究したものもある。例えば，数学のテストを受けている女性は，そのテストが数学の能力の診断に役立つものだと言われた場合，そのテストは能力を診断するものではないと言われた場合より成績が悪くなることがわかった。能力を診断するテストという状況では，「女性は男性ほど数学ができない」というステレオタイプを裏付けることになるのではないかと懸念したために，成績が悪かったのだ。女性は，ある数学のテストで性別による差は出ていないと言われた場合，そのような情報が与えられなかった場合より，成績が良くなった。このようにして，ステレオタイプによる脅威は，数学で女性が実力を十分に発揮できない一因となっている。もし女性が，女性の数学の能力に関する性差によるステレオタイプを実証することになるのを心配しているなら，この余分の認知的負荷がかかることで，成績が下がり，数学分野では場違いに感じ，その領域から離れるという結果になるかもしれない。

　これらの結果に見られるように，ステレオタイプによる脅威の研究で検証されている重要な変数が，性同一性，つまり，より大きな自己概念の一部として人が性に置いている中心性，重要性である。成人間の性同一性に関する研究によって，自分の性に対して強い一体感を持っている女性の方が，ステレオタイプによる脅威の悪影響を受けやすいことがわかっているが，それはおそらく，そういう人たちは女性全体のイメージを悪くするようなステレオタイプを裏付けることになるのを，一体感を持っていない人よりも心配するからだろう。成績へのプレッシャーや，女性の集団が面目を失うようなことをしたくない思いとか，集団レベルでのステレオタイプによる脅威が，性に対して高い同一感を持つ女性の成績不振につながるのである。

　しかしながら，最近の研究では，ステレオタイプによる脅威は，教育という状況の中で生じるので，数学や科学の教育を推進する目的で介入することによって軽減することができるし，そうすることで教育の場でのパイプラインを改善し，STEM分野における良い仕事につながる。教育者，親，専門家，政策立案者たちは，多くの公的にアクセス可能な情報源を通してステレオタイプによる脅威についてもっと多くのことを学び，社会科

10 2021 年度　英語〈解答〉　　　　　　　　　　　　　神戸大-文系前期

学者と手を組んでこういう介入を大規模に行うことができるのである。

━━━━━ ◀解　説▶ ━━━━━

▶問 1．⒜ prevalent は「広く行き渡った，よく見られる」という意味であり，㋐の common「一般的な，誰でも知っている」が意味的に近い。㋑ exclusive「排他的な」　㋒ immediate「即時の」　㋓ possible「可能な」

⒝ elicit は「～を引き起こす，～を生じさせる」という意味であり，㋑の give rise to「～を引き起こす」が意味的に近い。㋐ get rid of「～を取り除く」　㋒ put up with「～を我慢する」　㋓ be concerned about「～を心配している」

⒞ vulnerable to は「～の影響を受けやすい，～に弱い」という意味であり，㋑の easily influenced by「～に簡単に影響される」が意味的に近い。㋐ highly resistant to「～に対して高耐性の」　㋒ relatively indifferent to「～に比較的無関心な」　㋓ strongly encouraged by「～に強く勇気づけられる」

▶問 2．This threat とは stereotype threat「ステレオタイプ（固定観念）による脅威」のこと。

［イ］はステレオタイプの内容であり，第 3 段第 2 文（The stereotype relevant …）の that 節で説明されているので，この部分をまとめる。be competent in ～「～に能力がある」

［ロ］は同段第 3 文（Thus, when women …）中の，they may worry に続く that 節と they may fear に続く動名詞句で述べられている 2 つの不安の内容をまとめる。1 つ目の不安は自分の数学の成績の評価についてであるが，according to this stereotype「このステレオタイプに沿って（評価される）」というのは，ステレオタイプの影響がある状態で評価される，つまり不当に評価されるということである。「ステレオタイプの影響によって」と問題文に書いてあるので，この箇所は入れずに「成績が不当に評価される」などとすればよいだろう。2 つ目については，もし成績が悪いと，そのステレオタイプが裏付けられてしまうのではないかと懸念するということである。confirm「～を裏付ける」

▶問 3．女性の数学の能力に関するステレオタイプ（女性は数学では男性より能力が低いという固定観念）を実証することになるのではないか，という懸念が負担となって，どういう結果につながるかを考える。第 2 段第

神戸大-文系前期　　　　　　　　　　　　　　　　　2021 年度　英語〈解答〉　*11*

2 文（From a sociocultural …）の which can lower 以下の内容も参考に
なる。

A．performance はここでは数学の「成績」のこと。女性がステレオタイ
プに関する懸念を抱けば成績は下がるはずであり，lower が適切。

B．belonging「帰属意識」とは，ここでは自分が数学に合っているとい
う意識のことであり，女性が懸念を抱けばそういう意識はなくなっていく
はずなので，lack が適切。前述の第 2 段第 2 文の which can lower 以下
の内容 1 つ目が参考になる。

C．domain「分野，領域」とは，ここでは数学分野のこと。成績が悪か
ったり自分に合わないと思うとそこから離れるはずであり，leaving が適
切。前述の第 2 段第 2 文の which can lower 以下の内容 3 つ目が参考に
なる。

したがって，正しい組み合わせは(え)となる。

　なお，(う)も A．「劣った」，B．「失敗」までは当てはまるように見える
かもしれないが，C が「拒絶する」では，第 2 段第 2 文にある disengage-
ment from「～から離れる，撤退する」の言い換えとしてふさわしくない。

▶問 4．**because stereotype threat is triggered within educational
contexts,**

　stereotype「固定観念」や threat「脅威」については問 2 の問題文でそ
れぞれ「ステレオタイプ」や「脅威」と表記されており，そのまま使って
よい。stereotype threat は「ステレオタイプによる脅威，ステレオタイ
プの脅威」などの訳が考えられる。trigger「～を引き起こす，～をもた
らす」 educational contexts「教育という状況，教育環境」

**it can be reduced through interventions to promote mathematics
and science education**

　it は stereotype threat を指すが，主語が同じなので訳さなくてもよい。
reduce「～を軽減する，～を弱める」 through「～によって，～を通し
て」 intervention「介入」 to promote 以下は目的を表すと考えられるが，
「～するための介入（措置）」というように interventions を修飾する形で
訳してもよいだろう。promote「～を促進する」

▶問 5．(あ)「教育への介入によって，女性が STEM 分野でやりがいのあ
る仕事に就こうとする道を開くことができる」 最終段第 1 文（However,

a recent …）に，数学や科学の教育を推進するよう介入することによって，パイプラインを改善し，STEM 分野における良い仕事につながると述べられており，一致。

(い)「STEM 分野における女性の数の少なさを説明する，ありうる要因は，比較的予想可能である」 第1段第2文（One prevalent explanation …）や第2段第1文（Given the evidence …）に女性が STEM 分野で少数派である説明として，複数の説が挙がっているが，それらが予想可能だとは述べられておらず，不一致。

(う)「幼児教育で表面化する数学の成績における男女間の格差は，時間と共に広がる傾向がある」 第1段最終文（Research suggests that …）に，男女間の格差は中学校や高校で表面化するが，この差はなくなったと述べられており，不一致。

(え)「男性優位の環境はステレオタイプによる脅威につながる可能性があり，女性の数学の成績が下がる結果となる」 第2段第2文（From a sociocultural …）の how 以下より，男性優位の環境が女性に対してステレオタイプによる脅威を引き起こすとわかる。また，第3段第3・4文（Thus, when women … from the domain.）に，女性は男性ほど数学ができないというステレオタイプによる脅威が要因となって，女性の数学の成績が悪くなるという内容が述べられており，一致。

(お)「疎外感を減らすことは，STEM 分野の専攻や仕事に対して女性が消極的な姿勢を身につけるのに極めて重要である」 第2段第2文（From a sociocultural …）には，ステレオタイプによる脅威が STEM 分野における疎外感を増すと述べられており，第4段第1文（Arguably, the most …）に，この脅威の結果として女性の消極的な姿勢が挙げられている。疎外感が増した結果，消極的になるということが読み取れる。この文脈であれば，疎外感を減らすことは積極的な姿勢を身につけるのに重要，となるはずなので，消極的とあるのはおかしい。不一致。

(か)「女性は自分の数学の能力が評価されていると知らされている場合，数学のテストで良い成績をとる可能性が高くなる」 第4段第2文（For example, it …）に，数学のテストが能力を評価するものだと言われると，成績が悪くなると述べられており，不一致。

神戸大-文系前期 2021 年度　英語〈解答〉 13

●語句・構文●

（第1段）underrepresented「不当に数が少ない，比率が少ない，少数の」　career「（専門的）職業」　favoring「〜に都合がよい，〜に有利に働く」　spatial skill「空間能力」

（第2段）Given「〜を考えると」　plausible「説得力がある，妥当な」　contextual factor「状況的要因」　climate「風潮」　major「専攻学科，専攻学生」　self-assessment「自己評価」　well-supported「十分に根拠がある，信頼できる」　From a sociocultural perspective「社会文化的視点から（見れば）」　document「〜を立証する」　dominated by 〜「〜が多数派を占める，〜に偏っている」　threatening「脅迫的な」　disengagement「離脱，撤退」　domain「分野，領域」

（第3段）evaluative「評価が行われる」　competent「能力がある」　confirm「〜を裏付ける」

（第4段）arguably「ほぼ間違いなく」　literature「文献，論文」　diagnostic「診断に役立つ」　underperformance「十分に実力を発揮しないこと，伸び悩み」　cognitive「認知の」

（第5段）As shown by 〜「〜に見られるように」　variable「変数」　gender identity「ジェンダー・アイデンティティ，性同一性（本人が自分の性別をどう認識しているかという概念のこと）」　centrality「中心性，重要性」　self-concept「自己概念」　identify with 〜「〜に対して一体感を持つ」　reflect poorly on 〜「〜のイメージを悪くする」

（最終段）practitioner「実行者，専門家」　partner with 〜「〜と手を結ぶ，〜と組む」　on a large scale「大規模に」

III 解答

問1．全訳下線部参照。
問2．かつての環境への配慮と同様に，AI 技術の使用に企業が責任を持ち始めるという変化。（40字以内）
問3．(a)─(い)　(b)─(え)　(c)─(え)
問4．(う)・(か)

◆全　訳◆

≪大学院のデジタル・トランスフォーメーションの授業にて≫

学生Ａ：人工知能，つまり AI は強力な技術です。もし人類が AI を倫理

14 2021 年度　英語〈解答〉　　　　　　　　　　　　　　　　　　神戸大-文系前期

　　　的に規制して利用する方法を見つけることができれば，この技術は私
　　　たちの生活様式に比類なき進歩と恩恵をもたらすことになると，私は
　　　本心から信じています。

教授：一つ問題があって，それはそのたった一語の使用に付随している。
　　　それが，倫理的に，だよ。AI には驚くべき可能性があるかもしれな
　　　いが，進歩の速い技術は，注意深く，よく考えて使う必要があるんだ。

学生A：AI を規制しなければ，多くの害が出る可能性がありますからね。

教授：約 30 年の間，デジタル技術は歩みを止めることなく進歩し続け，
　　　多岐にわたる産業を作りかえ，潰しもしてきた。今日，デジタル方向
　　　に変身を遂げるための，さまざまな組織の努力を目の当たりにして，
　　　ここでは AI の倫理を調査したいくつかの事例を検証しようとしてい
　　　るんだ。

助教授：それは時宜にかなったテーマですよ。一般市民はアルゴリズムや
　　　AI の影響をますます自覚するようになっていると思います。デジタ
　　　ル・トランスフォーメーションは顧客の要望だけでなく，それが社会
　　　にもたらす結果に対しても敏感に対応すべきなんです。

学生B：AI はごく近い将来，事業経営の仕方を劇的に変えることになる
　　　と思います。大企業，それに世界の人たちも，それ（＝AI）を広め
　　　るなら必ず責任を持ってやってほしいものです。

助教授：私たちはよく考えるべき段階にあるのです。動きはあります。企
　　　業は自分たちがこの技術をどう利用するかという点に責任を持つ必要
　　　があることに気づき始めています。この動きを持続可能性になぞらえ
　　　てみましょう。約 20 年前に，企業は顧客の関心が高まってきたこと
　　　で，自分たちが環境に与える影響について考えるようになりました。
　　　企業は持続可能性に目を向けなければなりませんでした。それは，企
　　　業が自社を売り込む方法の一部になったのです。私たちは技術面でも
　　　同様の変化を目にしようとしているわけです。

教授：それでも，いろいろ懸念はあるよ。一例として，さまざまな偏った
　　　見方がアルゴリズムに紛れ込むことがある。自動運転の車を支えてい
　　　る技術では，白人の歩行者を，白人以外の歩行者より簡単に識別する
　　　ことができるけど，それだと，白人以外の歩行者が衝突される危険性
　　　が高くなる。人種差別が銀行のアルゴリズムに織り込まれていて，有

色の人たちの方が融資を受けるのが難しくなる可能性もある。

助教授：これらのシステムに組み込まれた自律性がその危険を増大させている。そういう自律性は，ある種の倫理的枠組みで構築されなければなりません。

教授：技術は非常に急速に進歩しているので，そこに影響力を及ぼすのは難しいかもしれない。

学生B：自分の中の楽観的な部分では，ほとんどの企業が，責任を持って技術を利用することで，消費者に対して大きな価値があるという点を理解していると思っていますが，法律がついていけそうにありません。

助教授：今回の議論はとてもうまく進みましたね。私は，うちの学生諸君は，社会的な責任やビジネスモデル設計を熟知しているから，今後表面化するこれらの問題について考えられるところまで，独自に来ていると信じていますよ。

学生A：私はほんとうにワクワクしていますし，私たちがAIを善いことのために使うことができると楽観しています。でも，どんな技術もただの道具にすぎません。それは人類を隷属化させることも，あるいは人類に力を与えることもできる能力を持つ，諸刃の剣ですからね。

━━━━━━━◀解　説▶━━━━━━━

▶問1．**For some three decades, digital technology has continued its never-ending march of progress,**

For some three decades の some は「約，およそ」という意味。continue its never-ending march of progress は，直訳すると「終わることのない進歩という行進を続ける」だが，「歩みを止めることなく進歩し続ける」というような訳が考えられる。

remaking and disrupting a wide range of industries.

この部分は分詞構文であり，付帯状況を表す用法ととらえて，「〜しながら」というように述語動詞より先に訳すことも可能だが，〜, remade and disrupted … と考えて，述語動詞の後に続ける形で訳しても自然な訳になる。remake「〜を作りかえる」 disrupt「〜を破壊する，〜を混乱させる」 a wide range of 〜「広範囲に及ぶ〜，多岐にわたる〜」

▶問2．「技術における同様の変化」で，「同様の」と述べられているのは，助教授の同発言の第4文（Let me liken …）にある「持続可能性（のと

き）」と比較してのことと考えられる。変化の具体的な内容は，第3文
（Companies are starting …）にあるように，この技術，つまり AI 技術
の使い方に責任を持たなければならないと気づき始めたことである。「同
様の変化」なので，「環境への影響〔持続可能性〕に配慮し始めたときと
同様の変化」というまとめ方にしてもよいだろう。

▶問3．(a) unparalleled は「比類のない，前例のない」という意味であ
り，(い)の exceptional「並外れた」が意味的に近い。(あ) comparable「比較
可能な」 (う) expected「予想された」 (え) explanatory「説明的な」

(b) stakes は raise the stakes で「危険を増大させる」という意味になり，
(え)の risks「危険」が意味的に近い。(あ) charges「義務，料金」 (い)
interests「利益」 (う) profits「収益，利益」

(c) legislation は「法律，立法行為」という意味であり，(え)の law「法律」
が意味的に近い。(あ) court「法廷，宮廷，裁判」 (い) government「政府」
(う) justice「正義，司法」

▶問4．(あ)「人は AI 技術の未来については楽観的になる必要がある」
教授の第1発言第2文（AI may have …）で，AI の可能性について言及
しているが，その技術は注意深く，よく考えて使う必要があると述べてお
り，楽観的な発言はしていないので，不一致。

(い)「政府は AI 技術を規制する規則を制定する際は，もっと慎重になるべ
きだ」 学生Aの第2発言（If AI is not …）で，AI を規制しないと，害
が出る可能性があると述べているが，規則の制定に関して慎重になるべき
という発言はなされておらず，不一致。

(う)「人は AI 技術を適切に利用する際に，必ず倫理を自覚しているべき
だ」
学生Aの第1発言第2文（If humankind can …）で AI を倫理的に規制
して利用する必要性にふれており，教授の第1発言第1文（There is a
…）でも「倫理的に」をキーワードにしているので，一致。

(え)「AI 技術は人種差別のさまざまな問題の解決に貢献することになって
いる」 教授の第3発言第3・4文（The technology behind … to obtain
loans.）で，AI 技術の導入で，人種差別が生じる可能性について具体例を
挙げて言及している。AI 技術は人種差別問題を解決するというよりはむ
しろ助長する可能性があることがわかるので，不一致。

神戸大-文系前期 　　　　　　　　　　　　　2021 年度　英語〈解答〉　*17*

㊗「AI 技術を利用しようとする企業の努力は，結果的に環境への配慮を促すことになる」　助教授の第 2 発言第 3 〜 6 文（Companies are starting … look at sustainability.）で，約 20 年前に，企業は顧客の関心が高まったために環境への影響を考えるようになったと述べられているが，これは sustainability「持続可能性」のことである。liken からわかるように，たとえ話で持ち出されているもので，AI 技術を利用しようとする企業の努力が環境へ配慮する結果になるわけではないので，不一致。

㊗「AI 技術には人間社会への影響という面では，マイナス面と同様にプラス面もある」　学生 A の第 3 発言最終文（It's a double-edged …）で，AI 技術には人を隷属させる能力も，人に力を与える能力もあると述べられており，一致。

◆◆◆◆◆◆◆◆◆◆　●語句・構文●　◆◆◆◆◆◆◆◆◆◆◆◆◆◆◆◆◆◆◆◆

（名称の後の数字は各人物の何回目の発言かを表す）

（学生 A 1）artificial intelligence（＝ AI）「人工知能」　regulate「〜を規制する」　ethically「倫理的に」

（教授 1 ）come with 〜「〜に付随している」　potential「可能性，潜在能力」　fast-moving「進歩の速い，移り変わりの激しい」

（教授 2 ）transform *oneself*「変身する」　case「事例」

（助教授 1 ）responsive「敏感に反応する」

（学生 B 1）drastically「劇的に」　roll out 〜「（新製品）を製造〔公開・発売〕する」　responsibly「責任を持って」

（助教授 2 ）reflection「熟考」　phase「段階，局面」　liken *A* to *B*「*A* を *B* にたとえる，*A* を *B* になぞらえる」　sustainability「持続可能性」　concern「懸念，関心」　present *oneself*「自分を売り込む」

（教授 3 ）bias「偏見，先入観」　for one「ひとつには，一例として」　creep into 〜「〜に紛れ込む，〜に忍び込む」　pedestrian「歩行者」　be baked into 〜「〜に織り込まれている」

（助教授 3 ）autonomy「自律性」　framework「枠組み」

（教授 4 ）reign in 〜「〜に影響を及ぼす」本文では in と it の位置が入れ替わっている。

（学生 B 2）there is no way 〜「〜する可能性はない，〜するわけがない」　keep up「同じ速度で進む，ついて行く」

18 2021 年度 英語〈解答〉　　　　　　　　　　　　　　　　神戸大-文系前期

（助教授 4 ）be versed in ～「～を熟知している」　uniquely「独自に，他に類を見ないほどに」　be positioned to *do*「～するところまで来ている」
（学生 A 3 ）use *A* for good「*A* を善いことのために使う」　double-edged sword「諸刃の剣」　enslave「～を隷属させる」

IV 解答

(1)〈解答例 1 〉"Inward-oriented tendency" among Japanese youth refers to their unwillingness to go into an unfamiliar situation. Nowadays, many students tend to go on to a local university because they are familiar with the area where the campus is located, thus clearly exhibiting this tendency.（40 語程度）

〈解答例 2 〉The term "inward-oriented tendency" is used here to mean that Japanese young people are reluctant to take the risk of doing something new. For example, they prefer to talk only with a small group of friends than to make new friends.（40 語程度）

(2)〈解答例 1 〉I agree with the experts' idea. Japanese young people are less willing to go into unfamiliar situations especially when they have linguistic anxiety. However, I think it is recommended for them to go abroad and acquire the ability to make their ideas known to the international community in a foreign language because they will face and have to survive greater globalization in future.（60 語程度）

〈解答例 2 〉I disagree with the idea expressed by the experts. I think the decline in the number of young Japanese studying abroad is due to the fact that they have lost interest in studying abroad. Today, they can learn almost everything, including foreign languages, online, and they no longer find it necessary to pay a lot of money to study abroad.（60 語程度）

◀解　説▶

記事の抜粋の全訳：中国や韓国といった隣国の学生に比べて，日本の学生は留学にあまり興味を示さない。ユネスコのデータベースによると，日本は，2012 年に 33,494 人の高校卒業後の学生が留学していて，23 位だった。これと同年に，中国と韓国から留学した学生はそれぞれ，698,395 人と121,437 人だった。多くの専門家は，留学する日本の若者の数が減ってい

るのは，彼らに深く根差した「inward-oriented tendency」（日本語で「内向き志向」）に原因があるとしてきた。一部の学者はこの特徴は日本の若者だけに限ったことではないと主張するが，日本の学者や政治家の間で，日本の若者の間のこの傾向を理解することに強い関心が集まっている。

▶(1) 日本の若者の間の「内向き志向」の説明を留学以外の例を挙げて，40語程度で説明する問題。「内向き志向」の説明としては，自分に馴染みのない状況や新しい環境を避けようとする，というような説明がよいだろう。具体例として，〈解答例1〉では，学生が，よく知った地域にある地元の大学への進学を目指すという例を挙げた。〈解答例2〉では，新しい友だちをつくるより，少数の友人とだけ話したがる例を挙げている。refer to～「～のことをいう」 be reluctant to *do*「～したがらない」

▶(2) 記事の下線部で述べられた考え方について，自分の意見を60語程度で述べる問題。〈解答例1〉は専門家の意見に賛成の立場である。内向き志向を脱して海外に行き，自分の意見を外国語で述べる能力を身につける必要があるという意見を述べている。〈解答例2〉は専門家の意見に反対の立場で，内向き志向が原因ではないとするもの。留学する日本の若者が減っている理由として，今では，留学しなくても何でもオンラインで学べる点を挙げている。

❖講 評

2020年度は英作文が読解問題の中で出題され大問3題であったが，2021年度は2019年度までと同じ構成に戻り，読解問題3題，英作文1題の計4題の出題であった。読解問題のうちの1題は，例年だと会話文主体の英文であったが，2021年度は完全な会話文形式となった。ただし，会話文形式とはいっても，大学院での授業における議論の一部を取り上げたものであった。英作文は，2016～2020年度と同様，条件付きの自由英作文の出題となっており，語数が合計約100語で，2020年度より30語減少し，配点も例年より少なめであった。読解問題の英文量は，例年とほぼ同程度の約1,700語であった。設問は，記述式では英文和訳と内容説明がほぼ同数出題されている。内容説明に字数制限があるなど難度の高いものもある。空所補充，同意表現，内容真偽など，さまざまなタイプの選択問題も多い。

Ⅰ．読解問題。ミツバチの数の減少がテーマで，神戸大学では頻出の環境問題を取り上げた英文となっている。設問は内容説明（2問）と英文和訳が記述式，選択式は空所補充という構成だが，内容説明は字数制限があり，どの部分まで解答に組み込むべきかの判断が難しい問題となっている。英文和訳は 2020 年度より長めで，文法力も必要であった。空所補充は標準的。

Ⅱ．読解問題。理数系の分野で女性の数が少ないという現状をステレオタイプの影響という観点から論じた英文。設問は空所補充形式の内容説明1問と英文和訳が記述式，選択式の同意表現，空所補充，内容真偽が1問ずつという構成であった。内容説明は文脈の理解がカギとなる設問である。英文和訳では，日本語になりにくい箇所がある部分が出題されている。

Ⅲ．会話文問題。大学院での授業で，教授，助教授，学生2人の議論という形式となり，ややとまどった受験生もいただろう。話題はデジタル・トランスフォーメーションや AI に関するもので，よく取り上げられるテーマである。設問は英文和訳と内容説明が記述式で，内容説明では字数制限があるうえ，記述に盛り込むべき内容を特定しづらかった。同意表現と内容真偽が選択式となっている。

Ⅳ．英作文。記事を抜粋した英文を読んで，その内容に関する条件付きの自由英作文が2問出題された。「内向き志向」がテーマで，具体例や自分の意見が浮かびにくく，苦戦した受験生も多かったかもしれない。

全体的に見て，この英文の量と設問の難度に対して 80 分という試験時間は短く，2020 年度に続きやや難度の高い出題が続いている。

神戸大-文系前期   2021 年度　数学〈解答〉 21

数学

1

◇発想◇　(1)　$(3+i)^n = (3+i)^{n-1}(3+i)$ を用いて順に計算する。

(2)　(1)から実部，虚部をそれぞれ 10 で割った余りが推測できるので，数学的帰納法を用いて，そのことを証明する。

解答

(1)　$(3+i)^2 = 9 + 6i + i^2 = 8 + 6i$　……(答)

$(3+i)^3 = (3+i)^2(3+i) = (8+6i)(3+i)$
$= 24 + 26i + 6i^2 = 18 + 26i$　……(答)

$(3+i)^4 = (3+i)^3(3+i) = (18+26i)(3+i)$
$= 54 + 96i + 26i^2 = 28 + 96i$　……(答)

$(3+i)^5 = (3+i)^4(3+i) = (28+96i)(3+i)$
$= 84 + 316i + 96i^2 = -12 + 316i$　……(答)

また，これらの虚部の整数を 10 で割った余りは，いずれも

6　……(答)

(2)　2 以上の整数 n について

「$(3+i)^n$ の実部，虚部はいずれも整数であり，実部，虚部を 10 で割った余りはそれぞれ 8，6 である」　……①

が成り立つことを数学的帰納法で証明する。

［Ⅰ］$n=2$ のとき

$(3+i)^2 = 8 + 6i$ の実部は 8，虚部は 6 であるので，①は成り立つ。

［Ⅱ］$n=k$ $(k=2, 3, 4, \cdots)$ のとき，①が成り立つと仮定する。

このとき，a, b を整数として，$(3+i)^k = (10a+8) + (10b+6)i$ とすると

$(3+i)^{k+1} = (3+i)^k(3+i) = \{(10a+8) + (10b+6)i\}(3+i)$
$= (30a+24) + (10a+30b+26)i + (10b+6)i^2$
$= (30a-10b+18) + (10a+30b+26)i$
$= \{10(3a-b+1)+8\} + \{10(a+3b+2)+6\}i$

よって，$(3+i)^{k+1}$ の実部，虚部はいずれも整数であり，実部，虚部を 10 で割った余りはそれぞれ 8, 6 であるので，$n=k+1$ のときも①は成

り立つ。

[Ⅰ], [Ⅱ]より, 2以上の整数 n について①が成り立つ。

したがって, n が 2 以上の整数のとき, $(3+i)^n$ の虚部は 0 ではないので, $(3+i)^n$ は虚数である。

また, $n=1$ のとき, $3+i$ は虚数であるので, n を正の整数とするとき, $(3+i)^n$ は虚数である。　　　　　　　　　　　　　　　　　（証明終）

━━━━━◀解　説▶━━━━━

≪複素数の虚部の整数を 10 で割った余り, $(3+i)^n$ が虚数であることの証明≫

▶(1)　順に求めていけばよい。

▶(2)　(1)の結果から, $n \geq 2$ のとき虚部を 10 で割った余りはつねに 6 と予想されるが, 数学的帰納法を用いて証明するので, 実部を 10 で割った余りが 8 であることもあわせて証明する。なお, $n=5$ のとき, 実部 $-12 = 10 \times (-2) + 8$ であるので, 10 で割った余りは 8 である。$n=1$ のときは別であるので注意すること。

◇発想◇　(1)　完全平方式に変形する。

(2)　全体を $\frac{1}{2}$ でくくって変形する。あるいは, 1 つの文字に着目し, 平方完成する。

(3)　左辺を k の関数とみて(1)・(2)を利用する。x, y, z について平方完成をして示すこともできる。

──────────────────────

解答

(1)　$k=2$ のとき
$$x^2+y^2+z^2+2(xy+yz+zx) = (x+y+z)^2 \geq 0$$

（証明終）

等号成立は, $x+y+z=0$ のとき。　……（答）

(2)　$k=-1$ のとき
$$x^2+y^2+z^2-(xy+yz+zx) = \frac{1}{2}(2x^2+2y^2+2z^2-2xy-2yz-2zx)$$
$$= \frac{1}{2}\{(x^2-2xy+y^2) + (y^2-2yz+z^2)$$
$$+ (z^2-2zx+x^2)\}$$

神戸大-文系前期　　　　　　　　　　　　　　　2021 年度　数学〈解答〉　23

$$= \frac{1}{2}\{(x-y)^2+(y-z)^2+(z-x)^2\} \geqq 0$$

よって　　$x^2+y^2+z^2-(xy+yz+zx) \geqq 0$　　　　　　　　（証明終）

等号成立は，$x-y=0$ かつ $y-z=0$ かつ $z-x=0$,

すなわち，$x=y=z$ のとき。　……（答）

(3)　$x^2+y^2+z^2+k(xy+yz+zx)$ を k の関数と

みて

$$f(k)=(xy+yz+zx)k+x^2+y^2+z^2$$

とおくと，$f(k)$ のグラフは直線であり

(1), (2)より，$f(2) \geqq 0$, $f(-1) \geqq 0$ であるので

$-1<k<2$ のとき　　$f(k) \geqq 0$

よって　　$x^2+y^2+z^2+k(xy+yz+zx) \geqq 0$　　　（証明終）

等号成立は，$f(2)=0$ かつ $f(-1)=0$ のとき。

したがって，$x+y+z=0$ かつ $x=y=z$,

すなわち，$x=y=z=0$ のとき。　……（答）

別解　(1)　$x^2+y^2+z^2+2(xy+yz+zx)=x^2+2(y+z)x+(y+z)^2$
$$=(x+y+z)^2 \geqq 0$$

等号成立は，$x+y+z=0$ のとき。

(2)　$x^2+y^2+z^2-(xy+yz+zx)$

$$=x^2-(y+z)x+y^2-yz+z^2$$

$$=\left(x-\frac{y+z}{2}\right)^2-\frac{(y+z)^2}{4}+y^2-yz+z^2$$

$$=\left(x-\frac{y+z}{2}\right)^2+\frac{3(y-z)^2}{4} \geqq 0$$

等号成立は，$x-\frac{y+z}{2}=0$ かつ $y-z=0$ のとき，すなわち $x=y=z$ のとき。

(3)　$x^2+y^2+z^2+k(xy+yz+zx)$

$$=x^2+k(y+z)x+y^2+kyz+z^2$$

$$=\left\{x+\frac{k(y+z)}{2}\right\}^2-\frac{k^2(y+z)^2}{4}+y^2+kyz+z^2$$

$$=\left\{x+\frac{k(y+z)}{2}\right\}^2+\frac{1}{4}\{(4-k^2)y^2+2k(2-k)zy\}+\frac{4-k^2}{4}z^2$$

$$= \left\{ x + \frac{k(y+z)}{2} \right\}^2 + \frac{4-k^2}{4} \left(y + \frac{k}{2+k} z \right)^2 - \frac{(4-k^2)k^2}{4(2+k)^2} z^2 + \frac{4-k^2}{4} z^2$$

$$= \left\{ x + \frac{k(y+z)}{2} \right\}^2 + \frac{4-k^2}{4} \left(y + \frac{k}{2+k} z \right)^2 + \frac{(2-k)(1+k)}{2+k} z^2$$

$-1 < k < 2$ のとき，$\dfrac{4-k^2}{4} > 0$，$\dfrac{(2-k)(1+k)}{2+k} > 0$ より

$$\left\{ x + \frac{k(y+z)}{2} \right\}^2 + \frac{4-k^2}{4} \left(y + \frac{k}{2+k} z \right)^2 + \frac{(2-k)(1+k)}{2+k} z^2 \geqq 0$$

すなわち　　$x^2 + y^2 + z^2 + k(xy + yz + zx) \geqq 0$

等号成立は，$x + \dfrac{k(y+z)}{2} = 0$ かつ $y + \dfrac{k}{2+k} z = 0$ かつ $z = 0$ のとき，

すなわち，$x = y = z = 0$ のとき。

━━━━━◀解　説▶━━━━━

≪4つの文字を含む2次不等式の証明≫

▶(1)　$a^2 + b^2 + c^2 + 2ab + 2bc + 2ca = (a+b+c)^2$ は公式に準ずる等式である。

▶(2)　〔別解〕のように1つの文字に着目して平方完成してもよいが，重要な因数分解 $x^3 + y^3 + z^3 - 3xyz = (x+y+z)(x^2+y^2+z^2-xy-yz-zx)$ にも登場する2次式であるので，〔解答〕のような変形も知っておくべきだろう。

▶(3)　x, y, z についての2次式であるので，〔別解〕のように平方完成を用いて示すこともできるが，k については1次式であるので，k の関数とみて(1)・(2)を利用するとよい。

3　◆発想◆　(1)　$\angle ABH = \theta$ とおき，$\triangle ABH$，$\triangle CBH$ について余弦定理を用いる。

(2)　AH，BH，CH を PH で表し，(1)の等式を用いる。

(3)　(2)から，AH，BH，AB がわかるので，$\cos\theta$ を求めることができる。

解答　(1)　$\angle ABH = \theta$ とおく。

$\triangle ABH$ において余弦定理より

$$AH^2 = AB^2 + BH^2 - 2AB \cdot BH \cos\theta \quad \cdots\cdots①$$

$\triangle CBH$ において余弦定理より

$$CH^2 = BC^2 + BH^2 - 2BC \cdot BH \cos(180° - \theta)$$

神戸大-文系前期 　　　　　　　　　　　　　　2021 年度　数学〈解答〉 *25*

$BC = 2AB$, $\cos(180° - \theta) = -\cos\theta$ より

$$CH^2 = 4AB^2 + BH^2 + 4AB \cdot BH \cos\theta$$

$$\cdots\cdots②$$

①×2+② より

$$2AH^2 + CH^2 = 6AB^2 + 3BH^2$$

よって　　$2AH^2 - 3BH^2 + CH^2 = 6AB^2$

（証明終）

(2)　$AH \tan 45° = PH$ より　　$AH = PH$

$BH \tan 60° = PH$ より　　$\sqrt{3}\,BH = PH$　　$BH = \dfrac{1}{\sqrt{3}} PH$

$CH \tan 30° = PH$ より　　$\dfrac{1}{\sqrt{3}} CH = PH$　　$CH = \sqrt{3}\,PH$

これらと $AB = 100$ を(1)の等式に代入すると

$$2PH^2 - 3 \cdot \frac{1}{3} PH^2 + 3PH^2 = 60000$$

$$PH^2 = 15000$$

$$PH = \sqrt{15000} = 50\sqrt{6}$$

ここで，$122^2 = 14884$，$123^2 = 15129$ より

$$122 < \sqrt{15000} < 123$$

すなわち　　$122 < PH < 123$

よって，PH の整数部分は　　**122**　$\cdots\cdots$（答）

(3)　(2)より　　$AH = PH = 50\sqrt{6}$，$BH = \dfrac{1}{\sqrt{3}} PH = 50\sqrt{2}$

$AB = 100$ であるので，①に代入すると

$$(50\sqrt{6})^2 = 100^2 + (50\sqrt{2})^2 - 2 \cdot 100 \cdot 50\sqrt{2} \cos\theta$$

$$15000 = 15000 - 10000\sqrt{2} \cos\theta$$

$$\cos\theta = 0$$

よって　　$\theta = 90°$

したがって，H と道の距離は　　$BH = 50\sqrt{2}$

$50\sqrt{2} = \sqrt{5000}$ であり，$70^2 = 4900$，$71^2 = 5041$ より

$$70 < 50\sqrt{2} < 71$$

ゆえに，H と道との距離の整数部分は　　**70**　$\cdots\cdots$（答）

≪塔の高さ，塔と道との距離の測量≫

▶(1) ∠ABH $=\theta$ とおき，△ABH，△CBH において余弦定理を用い，θ を消去すればよい。

▶(2) $50\sqrt{6}$ の整数部分については，$\sqrt{15000}$ を平方して，15000 に近い数を計算する。

▶(3) ①を用いて $\cos\theta$ を求める。本問では $\cos\theta = 0$ となり $\theta = 90°$ であったが，$\cos\theta = 0$ でなくても，H と道との距離は $BH\sin\theta$ である。

❖講 評

2021 年度は，整数，数列，不等式の証明，図形と計量からの出題で，微・積分法，ベクトルからの出題はなかった。また，理系との共通問題は出題されなかったが，類似問題が出題された（**1**）。

1．複素数の n 乗が虚数であることの証明。(1)で虚部の整数を 10 で割った余りに着目するよう誘導されており，数学的帰納法により証明する。標準的ではあるが，実部を 10 で割った余りも同時に考える必要がある。

2．不等式の証明。(1)・(2)は基本的である。(3)で k の関数とみて，(1)・(2)を利用することに気付くかどうかがポイントとなる。(3)の出来・不出来で差がついたと思われる。

3．塔の高さや距離を三角比を用いて求める図形と計量についての標準的な問題である。整数部分を求める計算も特に問題ないだろう。

全体として，標準的な問題中心の出題である。小問を確実に解いていくと同時に，誘導となっていることを理解しなければならない。

明（理由説明）は、第一段落で重盛が見た夢の内容と、それに対する重盛の予想をまとめる。問三の箇所指摘と内容説明（「引出物」に込められた意図の説明）は、「引出物」が「無文の太刀」であることの理解は必須で、その太刀に込められた重盛の意図は、第三段落後半の重盛の言葉に沿ってまとめる。問四の文法と問五の文学史はごく基本レベルである。

三　漢文（随筆）　北宋時代の官僚沈括（しんかつ）による随筆『夢渓筆談』の一節で、絵を描く際の心得について述べた文章からの出題。設問は、口語訳、内容説明、書き下し文（読み）で、内容説明の二つの問いには、二〇字と七〇字の字数制限が設けられている。問一の口語訳は、返り点が付されていないが、「不可」「当」はともに頻出の基本句法である。問二の内容説明は、「大」「小」の意味を示して簡潔にまとめる。問三の内容説明は、波線部の前の「当画毛、蓋見小馬無毛」の意味を正しく理解することがポイント。問四の書き下し文（読み）は、「惟」「須」「而已」「若」のいずれも基本句法にあたるものである。

④ 「若」は、副詞として用いられる場合は「若し」と読んで仮定を表す。

③ 「而已」は「のみ」と読み、限定を表す助詞。

❖ 講 評

一 現代文 (評論)

責任概念の見直しに関する「非難から修正へ」という提言について、科学的認識や倫理と関係させつつ批判的に論じた、二〇一九年に出版された書籍からの出題。やや古い文章であった二〇二〇年度とは異なり、従来の神戸大学の出題傾向に戻った。本文の長さは二〇二〇年度よりも短く、二〇一九年度とほぼ同じである。ただ、本格的な思想系の文章であり、比較的読みやすいものが多かったこの数年とはちがい、難解に感じる文章である。設問は、二〇二〇年度と同じく、先に字数制限つきの内容説明を置き、最後に書き取りという形式である。書き取りは入試に頻出のものを中心とした五問。 間違えそうなものも含まれているが、確実に点を取っておきたい。内容説明の解答字数は例年どおりの、八〇字三問と一六〇字一問、総記述字数四〇〇字。問一を除いて残りの三問はすべて「どういうことか」という傍線部の内容を問うものであった。傍線部とその前後を見ていくことで解答の方向性はつかめるが、「本文全体の論旨」をふまえて解答する問四以外でも、解答要素が傍線部から遠いところにあったりするので注意が必要である。また、解答要素の中には、本文中に手がかりの少ないものもあった。語彙力を用いてどう解答をまとめあげるかを試していると思われる。全体としてみると、本文がやや短めというだけで、いつもどおりの神戸大学の現代文である。時間を無駄にしないよう、すばやく設問の意図を見抜いて、答えの作成にかかっていくことが大切である。

二 古文 (軍記物語)

鎌倉時代の軍記物語『平家物語』の一節で、平重盛が霊夢を見て平家の滅亡や自らの死を予期し、父の葬儀に帯刀するための太刀を息子の維盛に託す場面を描いた文章からの出題。設問は、口語訳、内容説明、内容説明の二つの問いには、五〇字と六〇字の字数制限が設けられている。問一の口語訳は箇所指摘、文法、文学史で、語句の意味や助動詞・助詞・敬語の意味用法などの基本知識が問われている。問二の内容説はおおむね標準レベルで、

神戸大-文系前期　　　　　　　　　　　　　　　　　　　　　　　　2021 年度　国語〈解答〉　*29*

す」は〝描く〟ということ。傍線部(A)の前の「画馬、其大不過盈尺」（＝〝馬を描く際に、その大きさは一尺（＝約三

〇・七二センチメートル）に満たないので〟）を踏まえると、傍線部(A)の「大」は実物の馬の大きさ、「小」は絵では

小さく描くことを意味していると判断できる。書くべき内容は次の二点である。

　①　実物は大きな馬を

　②　絵では小さく描く

▼問三　波線部を逐語訳すると　〝そのまままた実物通りに描かないのは、これは凡人が跡をそのまま真似ていて〟となる。

前の「若画馬如牛・虎之大者、理当画毛」（＝「もし馬を描く際に牛・虎の大きさと同じ（ように描く）ならば、道理

としては毛を描かなければならないが」）、「見小馬無毛」（＝〝（絵に描いた）小さな馬の毛がないのを見て〟）を踏ま

えると、「不摸」は馬の毛を描かないということ、「襲跡」は小さな絵には馬の毛が描かれていないのを真似るという

ことを言ったものであると判断できる。設問文に、「庸人が馬を牛や虎の大きさで描く時に」と書かれているが、そ

れは、小さな絵なら馬の薄い毛はあえて描かないのに対して、毛も描くことができるほどの大きさで描く場合を意味

しているのである。書くべき内容は次の四点である。

　①　毛が描ける大きさで馬を描くときには

　②　毛を描かなければならないのに

　③　馬の薄い毛があえて描かれていない小さな絵をそのまま真似て

　④　毛を描かない

▼問四　①　「惟」は「惟だ」と読み、限定を表す副詞。

　　②　「須」は「須く〜べし」と読む再読文字で、〝〜必要がある、〜なければならない〟の意。「有」は動詞「有り」

　　　で、後の「別」がその主語にあたる。「須有別」で〝区別がある必要がある、区別しなければならない〟と解釈す

　　　る。

30　2021年度　国語〈解答〉　　　　　　　　　神戸大-文系前期

く)ので、道理としてはまた毛を描き表すはずがないけれども、しかし牛・虎は深い毛で、馬は浅い毛であるので、道理として区別しなければならない。だから優れた画家は小さな牛や小さな虎を描く際に毛を描くけれども、ただだいたい筆や刷毛によって墨や絵具を軽く施すだけで、もし細かいところまで詳しく描こうとすると、かえって煩わしくなる。だいたい墨や絵具を軽く施すと、自然と絵画が真に迫って極めて優れた画家になって、輝くように生気にあふれる。(このようなことは)俗人と論じ得ることは難しいのである。もし馬を描く際に牛・虎の大きさと同じ(ように描く)ならば、道理としては毛を描かなければならないが、(絵に描いた)小さな馬の毛がないのを見て、そのまま(毛を)実物通りに描かないのは、これは凡人が(優れた画家の)描き方をそのまま真似ているもので、同列に道理を論じることができるものではないと思われるのである。

読み

牛・虎を画くに皆毛を画くも、惟だ馬のみには画かず。余嘗て以て画工に問ふに、工言はく「馬の毛は細くして、画くべからず」と。予之を難じて曰く「鼠の毛は更に細きに、何の故に却て画くか」と。工対ふる能はず。大凡馬を画くに、其の大きさ尺を盈すに過ぎざれば、此れ乃ち大を以て小と為す、毛細くして画くべからざる所以なり。鼠乃ち其の大ききのごとくならば、自ら当に毛を画くべし。然るに牛・虎も亦れ是れ大を以て小と為し、毛細くして画くべからざるも、但し牛・虎は深き毛にして、馬は浅き毛なれば、理、須く別く有るべし。故に名輩は小牛・小虎を為るに毛を画くと雖も、但だ略払拭するのみ、若し詳密に務めれば、翻つて冗長と成る。約略払拭すれば、自ら神観有りて、迥然として生動たり。俗人と与に論ずべきこと難きなり。若し馬を画くに牛・虎の大のごとくならば、理は当に毛を画くべくも、蓋し小馬の毛無きを見て、遂に亦た摸さざるは、此れ庸人の跡を襲ひて、与に理を論ずべきに非ざるなり。

▲　解　　説　▼

▼問一
(ア)「馬の毛は細くして、画くべからず」と読む。「不可〜」は "〜ことができない" の意。
(イ)「当に毛を画くべし」と読む。「当〜」は "〜なければならない、〜にちがいない" の意。

▼問二
「此乃ち大を以て小と為す」と読む。「以〜為…」は "〜を…とする、〜を…と見なす" の意で、ここでの「為

神戸大-文系前期　　　　　　　　　　　　　　　　　　　　　2021 年度　国語〈解答〉 *31*

▼

c、係助詞「こそ」の結びなので、已然形「けれ」とする。

問五　イの『平家物語』は鎌倉時代に成立した軍記物語。同じ軍記物語は、室町時代に成立したとされるニの『太平記』である。ロの『海道記』は鎌倉時代に成立した作者未詳の紀行文。ロの『源氏物語』は平安時代に紫式部が著した作り物語。ハの『国性爺合戦』は江戸時代に近松門左衛門が著した浄瑠璃。ホの『徒然草』は鎌倉時代に兼好が著した随筆。

三

出典　沈括『夢渓筆談』〈巻十七　書画〉

解答

問一　㋐馬の毛は細いので、描くことができない
　　　㋑毛を描かなければならない

問二　実物は大きな馬を、絵では小さく描くのか

問三　毛が描ける大きさで馬を描く時には毛を描かなければならないのに、馬の薄い毛があえて描かれていない小さな絵をそのまま真似て、毛を描かないこと。（七〇字以内）

問四　①ただ　②すべからくべつあるべし　③のみ　④もし

◆全　訳◆

牛・虎を描く際に皆毛を描くけれども、ただ馬だけには描かない。私は以前画家に尋ねたところ、画家が言うには「馬の毛は細いので、描くことができない」と。私がそのことを問いつめて言うには「鼠の毛はもっと細いのに、どうして逆に（細い鼠の毛は）描くのか」と。画家は答えることができなかった。総じて馬を描く際に、その（絵の）大きさは一尺（＝約三〇・七二センチメートル）に満たず、そこで大きいものを小さく描く（＝実物は大きな馬を画面では小さく描く）のが、（馬の）毛が細くて描くことができない理由である。鼠の場合はその大きさの通り（に描く）ならば、自然と（馬の）毛を描かなければならない。けれども牛・虎もまたそれは大きいものを小さくする（＝実物の大きさを画面では小さく描

32　2021 年度　国語〈解答〉　　　　　　　　　　　　　　　神戸大-文系前期

者がいるので、事情を尋ねたところ、清盛の悪行が度を超しているため神が召し捕りなさったと答えたというもの。夢から覚めた重盛は、平家は長い間栄華を極めているのに、清盛の悪行のせいで滅びようとしているのだろうと考えて、涙にくれたというのである。五〇字以内に収まるように内容を整理して解答することがポイント。書くべき内容は次の四点である。

① 清盛が過度の悪行のせいで

② 神に首を捕られた夢を見て

③ 栄華を極めてきた平家一門が

④ 滅びると悟った

▼問三　(1)傍線部(B)の後を見ると、貞能が袋から太刀を取り出し、維盛はそれを初めは「家に伝はれる小烏といふ太刀」であろうかと思って見るが、そうではなくて、「大臣葬のとき用ゐる無文の太刀」であったとされている。「五字程度」とのことなので、「無文の太刀」と解答する。

(2)重盛が維盛に無文の太刀を与える理由は、重盛の発言の「そのゆゑはいかにといふに」以降に述べられている。「この太刀は……持ちたりつれども」は、無文の太刀は大臣の葬儀に用いるもので、父清盛が亡くなったときに自分が身に着けようと思って持っていたということ。「今は重盛、入道殿に先立ち奉らんずれば、御辺に奉るなり」は、自分は父清盛よりも先に死ぬだろうから、息子である維盛に与えるということ。書くべき内容は次の三点である。

① 父清盛の葬儀で自分が身に着けるつもりで持っていたが

② 清盛よりも先に自分が死ぬだろうから

③ 自分の葬儀で息子の維盛に着用してもらいたい

▼問四　a、格助詞「が」が接続しているので、連体形「ける」とする。

b、係助詞「ぞ」の結びなので、連体形「ける」とする。

形。「じ」は打消推量の助動詞「じ」の連体形。「なれ」は断定の助動詞「なり」の已然形。「ば」は順接の接続助詞

で、已然形に接続しているので確定条件の用法。「〜じなれば」を厳密に訳すと〝〜ないだろうから〟と

なるが、自然な表現として、〔解答〕のように〝〜ないだろう。助動詞「じ」に接続助詞が

付くことはないため、ここでは「〜じ」の後に断定の助動詞「なり」を置いた上で接続助詞の「ば」を用いたものと

思われる。

③「いかにも」は、形容動詞「いかなり」の連用形「いかに」に、強調などを表す係助詞の「も」が接続した連語で、〝どのようにも、どのようでも〟の意。「おはせ」はサ行変格活用動詞「おはす」の未然形で、〝いらっしゃる〟と訳す尊敬語。「いかにもおはす」は、〝どのようにでもある、どのようにでもなる〟という状況を突き詰めてとらえ、〝死ぬ〟ことを婉曲に表す「いかにもあり」や「いかにもなる」の尊敬表現にあたる。「ん」は助動詞「ん」（む）の婉曲・仮定の用法。

④「引きかづき」は、衣などを頭からかぶるという意味のカ行四段活用の動詞「引きかづく」の連用形で、悲嘆や羞恥などのためにうつ伏せになったり顔を隠したりする動作を表す。「ぞ」は強調を表す係助詞で、訳出は不要。「ふし」はサ行四段活用の動詞「ふす」の連用形。傍線部④の前に、「少将これを聞きたまひて、とかくの返事にも及ばず、涙にむせびうつぶして、その日は出仕もしたまはず」とあり、「涙にむせびうつぶして」の「うつぶす」は〝顔を下に向ける、（その場に）倒れ込む〟ということで、その後の「その日は出仕もしたまはず、引きかづきてぞふしたまふ」は、維盛が父重盛のもとから辞去して自宅へ戻ってからの様子を述べたものと考えられる。したがって、「ふす」は、〝顔を下に向ける、うつ伏す〟というよりも、〝床に臥す、寝込む〟といった意味でとらえるのがよいだろう。「たまふ」は尊敬語補助動詞。

▼問二　傍線部(A)は重盛が涙にむせぶということで、その理由は、不思議な夢を見たことと、目覚めてからその夢について考えたことにある。夢の内容は、春日大社の鳥居のもとに大勢集まっている人の中に法師の首をかかげ持っている

34 2021 年度 国語〈解答〉　　　　　　　　　　　　　　　　　　　　　　　　　　　　　　神戸大-文系前期

いか。少将に酒を勧めよ」とおっしゃるので、貞能が御酌に参上した。(大臣は)「この杯を、まず少将に取らせたいけれ
ども、親より先にはまさかお飲みにならないだろうから、(私)重盛がまず取り上げてから、少将に注ごう」と思って、
三度(自分が先に杯を)受けてから、少将にお注ぎになった。少将がまた三度(杯を)お受けになるとき、(大臣は)「お
い貞能、贈り物を出せ」とおっしゃるので、(貞能は)謹んで聞き申し上げ、錦の袋に入れてある御太刀を取り出す。(少
将が)「ああ、これは家に伝わっている小烏という無文の太刀であろうか」などと、実にうれしそうに思って御覧になるけれど
も、そうではなくて、大臣の葬儀のときに用いる無文の太刀であった。そのとき少将は表情が変わって、実に不吉そうに
御覧になったので、大臣は涙をはらはらと流して、「おい少将、それは貞能の過ちでもない。その理由はどのようかとい
うと、この太刀は大臣の葬儀のときに用いる無文の太刀である。入道がお亡くなりになるようなとき、(私)重盛が身に
着けて(葬送の)お供をしようと思って持っていたけれども、もはや(私)重盛は、入道殿に先立ち申し上げるだろうか
ら、そなたに差し上げるのである」とおっしゃった。少将はこれをお聞きになって、あれこれの返事もできず、涙にむせ
んで倒れ込んで、その日は出仕もなさらず、衣を頭からかぶって床につきなさる。その後大臣は熊野神社へ参詣し、戻っ
てから病気になり、それほどの間もなくて、とうとうお亡くなりになったことによって、(少将は)なるほどと思い知ら
されたのだ。

▼　解　　説　▼

▼問一　①「御前」は、貴人の前やそばを指したり、貴人本人を敬って呼んだりする言葉で、ここでは、話し手の兼康が
聞き手の重盛に対して、"(あなたの)おそば"と言っているものである。「のけ」はカ行下二段活用動詞「のく」
(退く)の未然形で、"立ちのかせる、退かせる、下がらせる"の意。「られ」は助動詞「らる」の連用形で尊敬の
用法。「候へ」は丁寧語補助動詞「候ふ」の命令形。

②「より」は格助詞で、ここでは比較の基準を表す用法としてそのまま"より"、または"よりも"とする。「よも」
は打消推量を強調する副詞で、"まさか、とうてい、決して"と訳す。「たまは」は尊敬語補助動詞「たまふ」の未然

◆◆全　訳◆◆

生まれつきこの大臣（＝平重盛）は不思議な人で、未来のことをも、前もって悟りなさったのであろうか、先の四月七日の夢に見なさったことは不思議だ。具体的に言うなら、どことも知らない浜辺をはるばると歩いてお行きになるときに、道のそばに大きな鳥居があったのを、「あれはどのような鳥居であろうか」とお尋ねになると、「春日大明神の御鳥居である」と申し上げる。人が多く群れ集まっている。その中に法師の首を一つかかげ持っている。「それであの首はどういうことか」とお尋ねになると、「これは平家太政入道（＝重盛の父である平清盛）殿が、悪行が度を超しなさっていることによって、当社大明神が召し捕りなさっています」と申し上げると思われて、夢がふと覚め、「我が平家は保元・平治から今まで、何度もの朝敵を平定して、褒美は身に余るほどで、恐れ多くも天皇の御外戚として、一族の昇進は六十数人、二十数年来は、富み栄え、何とも申しようがないほどだったのに、入道の悪行が度を超していることによって、一門の運命がもはや尽きようとしているのである」と、過去や将来のさまざまなことを次から次へとお思いになって、御涙にむせびなさる。

ちょうどそのとき、妻戸をとんとんと打ち叩く。「誰か。あの（戸を叩いている）者（の名）を聞け」とおっしゃると、「瀬尾太郎兼康が参上しております」と申し上げる。「どうして、何事か」とおっしゃると、「たった今不思議なことがございまして、夜が明けますようなことが遅く思われますので、申し上げるようなことのために参上しております。おそばの人を立ちのかせてくださいませ」と申し上げたので、大臣は、人を遠くに立ちのかせて、御対面がある。そうして兼康が見ていた夢の内容を、始めから終わりまで詳しく語り申し上げたのだが、大臣が御覧になっていた御夢と少しも異ならない。そこで、瀬尾太郎兼康を、神霊にも通じている者であったなあと、大臣も感動なさった。

その翌朝、（重盛の）嫡子権亮少将維盛が、院の御所へ参上しようとしてお出かけになっていたのを、大臣が呼び申し上げて、「人の親の身として、このようなことを申し上げると、この上なく愚かしいけれども、そなたは、人の子たちの中では優れてお見えになるのである。しかしこの世の中の有様は、どうであるだろうかと、不安に思われる。貞能はいな

す"という意味もある。

(c)第三段落の「彼の脳には……腫瘍が見つかる」と関連づけて、"病気"という意味になることをつかむ。

(d)本来は"やぶりすてる"ということだが、この部分は"取り消す→ないことにする・無視する"くらいの意味で用いられている。

(e)前後関係から"含む"に通ずる意味の語であろうと予測していく。

二

解答

出典 『平家物語』〈巻第三 無文(むもん)〉

問一 ①おそばの人を立ちのかせてくださいませ
②親より先にはまさかお飲みにならないだろうから
③お亡くなりになるようなとき
④衣を頭からかぶって床に臥しなさる

問二 父清盛が過度の悪行のせいで神に首を捕られた夢を見て、栄華を極めてきた平家一門が滅びると悟ったから。(五〇字以内)

問三 (1)無文の太刀
(2)父清盛の葬儀で自分が着用するつもりでいたが、清盛よりも先に死ぬだろう自分の葬儀で、息子の維盛に着用してほしいという意図。(六〇字以内)

問四 a、ける b、ける c、けれ

問五 ニ

した部分である。ここにある「未来志向的な効果」については、第十一段落に「もし、この問いへの答えが『イエス』なら、未来志向的に考えた場合にも、非難は効果的であることになる」という部分にありはするが、これは犯罪に関する「見せしめの効果」（第十一段落）について述べた部分なので使うことはできない。イーグルマンが「十分に考慮してはいない」内容に触れた第十九段落の、「社会制度」や「倫理」といった言葉に注目して、「人間集団の存続・拡大」さらには「未来志向的な効果」という部分を辞書的に言い換える。以上の内容は、イーグルマンの提言を批判してさらに先に議論を進めていこうという「本文全体の論旨」をふまえていくことにもなる。解答要素は以下のとおりである。

① 「現状の倫理を支えている過去志向的な認識は」

a、非難を基盤にした倫理

b、行為の責任を行為者その人に負わせて非難や処罰をする

② 「たとえそれ自体としては虚偽を含んでいたとしても」

a、たとえ……としても

b、人間社会を未来に向けて持続・発展させていくことができる

c、[科学的認識の中身] 人間の行為は遺伝と環境の結果であり、ほかの行動をとることができなかったものとして扱われるべき

③ 「人間集団の存続・拡大にとって未来志向的な効果をもちうる」

a、社会制度全般や倫理などにおいて

b、人間社会を未来に向けて持続・発展させていくことができる

▼問五　(a)　" たびたび繰り返される様子" を表す。

(b)　直前の「犯罪者を」との関連で考える。" 拘束を解いて自由にする" という意味で、「免」という文字には " ゆる

38　2021 年度　国語〈解答〉　　　　　　　　　　　　　　　神戸大-文系前期

① 「イーグルマンの提言」
a、科学的根拠　＝　遺伝と環境　　遺伝的・環境的要因
b、非難に値するか否かは科学的には不確定

② 「非難の領域を残す」
非難の可能性を残す　　　非難していく

③ 「欺瞞や恣意性の入り込みやすい困難な作業である」
自分勝手な〔主観的な・正当性を欠く〕判断になりやすい

▼問四　この設問も傍線部が「どういうことか」ということが問われているので、まず傍線部を、①「現状の倫理を支え
ている過去志向的な認識は」、②「たとえそれ自体としては虚偽を含んでいたとしても」、③「人間集団の存続・拡大
にとって未来志向的な効果をもちうる」と分ける。①にある「過去志向的」は第七段落で筆者が「後ろ向き」を言い
換えたことばであり、第五段落に「非難に値するかどうかは後ろ向きの概念」とあるので、①「現状の倫理を支えて
いる過去志向的な認識」は、傍線部(エ)の直前にある「非難を基盤にした倫理」と言い換えられる。第一段落にある
「行為の責任を行為者その人に負わせて非難や処罰をする」なども利用できる。②にある「虚偽（＝ "真実でないこ
と"）を含んでいる」については、「非難から修正へ」変えていこうとしたイーグルマンの考えを手がかりに、「非難」
＝「過去志向的な認識」の〈欠陥〉にあたる部分を探していく。これを一般化する。第六段落の「ほかの行動をとることができなかった
ものとして扱われるべき」などが利用できるので、傍線部(エ)の直前の文に「非難を基盤にした倫
理がもし科学的認識と相容れなくても」とあるが、今あげた内容は第六段落の「遺伝と環境、その結果としての脳の
状態」つまり〈イーグルマンの提言の背景にある科学的根拠〉から導かれる部分なので、このことも解答に含める。
そして「たとえ……としても」とあるので、〈②のような欠陥があったとしても③になる〉という形でつなげる。③
は「非難を基盤にした倫理」を否定したイーグルマンの提言に「疑念をもっている」（第十八段落）筆者の考えを示

② 「イーグルマンのあの提言」
③ 「明確な矛盾を見出すことは難しい」

過去の殺人を「仕方がなかった」と考える

「それをすべきではなかった」と言うのは意味がよくわからない

犯罪者はほかの行動をとることができなかったものとして扱われるべきである

大きな違いはない

▼問三　「どういうことか」が問われているので、問二と同じく傍線部を別の言葉に言い換えていくことを考える。傍線部(ウ)は、「彼の提言」つまり「イーグルマンの提言」について述べている。また、傍線部(ウ)は「彼（＝イーグルマンの提言」つまり「イーグルマンの提言」について述べている。また、傍線部(ウ)は「彼（＝イーグルマン）の提言」の提言の背景にある科学的根拠を直視したとき」のことである。イーグルマンの「科学的根拠」は、第五段落の「遺伝と環境のがんじがらめ」や第六段落の「遺伝と環境……」を指していると考えられる。ただ、第八段落に「過去のある犯罪について……扱われるべき」な「遺伝と環境」を指していると考えられる。ただ、第八段落に「過去のある犯罪について……線引き困難であり、「遺伝と環境」を指していると考えられる。ただ、第八段落に「過去のある犯罪について……線引き困難であり、科学がこのまま発展すれば、線引きの基準はどんどん変化する……これはつまり、ある犯罪者が非難に値するか否かは不確定だということ……」とあるように、〈イーグルマンの提言の背景にある「遺伝と環境」という科学的根拠で「非難に値するか否か」を決めることはできない〉。このように科学的根拠によって〈決められない〉のに「非難の領域を残す」つまり〈非難しうる可能性を残す〉ということは、たとえ「適度なバランス調整のもと」であったとしても、〈非難という判断そのものが科学的なものとはいえない〉ことになる。言い換えれば、客観性を欠いた主観的なものとなる。そのことを傍線部(ウ)では「欺瞞（＝“人をあざむきだますこと”）や恣意性（＝“自分勝手な、思いつくままである様子”）の入り込みやすい困難な作業」といっているのである。解答は、「イーグルマンの提言」に触れたうえで、「非難の領域を残す」と「欺瞞や恣意性の入り込みやすい困難な作業である」とをそれぞれ言い換えてまとめていく。

てしまうのではないか?」と、〈「非難」がなくなると抑止力もなくなってしまう〉ともいっている。これが筆者の提
示する「議論」にあたるので、「それ」の指す内容を明らかにしたうえで、その〈良くない結果〉を第十一段落の内
容を用いてまとめていく。解答要素は、以下のとおりである。

① 「それ」＝「非難から修正へ」
a、過去を非難する（から）
b、修正可能である　　未来を考慮する（へ）

② ①による良くない結果の可能性
a、犯罪傾向のある人々の自制心が損なわれる
b、他の人々による未来の犯罪を抑止する効果が失われる

▼問二　「どういうことか」が問われた場合は、傍線部を別の言葉に言い換えていく。この設問の場合は、①「その態度」、
②「イーグルマンのあの提言」、③「明確な矛盾を見出すことは難しい」と分けて、それぞれを言い換えたうえで、
傍線部の構文を生かして組み合わせていけばよい。①は傍線部(イ)の前に書かれている「殺人犯のこのような態度」の
ことであり、さらにその前にある「過去のその殺人犯のトークン（＝個別の事象としての過去の殺人）」を「仕方がなか
った」と考える」や「トークン（＝個別の事象）として『それをすべきではなかった』と言うのは……意味がよくわ
からない」などを利用する。②は、①と〈明確な矛盾を見出すこと〉が「難しい」〉（＝③）というのであるが、こ
の③には言い換えとなる表現が本文中には見あたらない。辞書的な意味を利用して言い換えると、〈大きく食い違う
ところが見つけられない→大きな違いはない〉となる。〈①と違わない②〉を「イーグルマンの提言」について書か
れたところから探していくと、第六段落にある「どんな場合も犯罪者は、ほかの行動をとることができなかったもの
として扱われるべきである」が内容的に最も近い。以上の内容を整理すると次のようになる。

① 「その態度」

神戸大-文系前期　　　　2021 年度　国語〈解答〉　*41*

21　20　　　　　　　19

←　だが

非難の領域を残すのは、欺瞞（ぎまん）や恣意性の入り込みやすい困難な作業（問三）

＋

人間の行為は環境と遺伝の産物である

すべての行為について言える

過去の行為のすべてがそのようでしかありえなかったもの

社会制度の全般に影響

倫理に与える全面的な影響

⇦　イーグルマンは考慮していない

現状の倫理を支えている過去志向的な認識は、人間集団の存続・拡大にとって未来志向的な効果をもちうる（問四）

認識における未来志向性を、効果における未来志向性と混同しないことが重要

▼　問一　傍線部㈠にある「それ」は直前の〈「非難から修正へと私たちの関心を移」す〉ことを指している。これは第五段落の『「非難に値する』の代わりに用いるべきなのが『修正可能である』という概念である」というイーグルマンの言葉に対応している。また、「本当に未来を良くするのかどうかは、議論の余地がある」ということは、〈良くならない〉可能性がありうるということである。これを筆者は、傍線部㈠に続けて「とりわけ、ある特定の犯罪者がより良い人物になるかどうかではなく……どのようなふるまいをするかに関して」と、「周囲で見ていた人々」に関することだと述べている。そして第十一段落で「犯罪者を非難し……抑止する効果があるのではないか?」と、〈「非難」が抑止効果を生んでいる〉といっている。さらに「言い換えるなら、非難から修正への移行が……自制心は損なわれ

（1）① 未来志向的な観点から内在的に批判する

（2）② 過去志向的な観点から外在的に批判する

10　非難から修正へと私たちの関心を移す　↓　本当に未来を良くするのかどうかは、議論の余地がある（問一）

犯罪者の扱われ方を周囲で見ていた人々が、どのようなふるまいをするか

11　見せしめの効果　＝

未来志向的に考えた場合にも、非難は効果的である　＋

（2）

12　私たちの倫理　過去志向的　←

13　イーグルマンの提言　未来志向的　←

14　身勝手な殺人をなした人物　↓　過去の殺人のトークンを「仕方がなかった」と考える（問二）

　　⇄

15
〜
17　（幼児の倫理的教育）　多くの反発を招く（＝私たちの倫理の実践と調和できない）

18　イーグルマンの提言に必ずしも反対ではない

て、犯罪者を非難し処罰することは他の人々による未来の犯罪を抑止する効果があり、修正へ移行すると犯罪傾向のある人の自制心が損なわれるという批判がある。また、人間の行為が環境と遺伝の産物だとすれば、それはすべての行為について言えるため、社会制度や倫理に全面的な影響が及ぶ。現状の倫理を支えている過去志向的な認識は、人間集団の存続・拡大にとって未来志向的な効果をもちうる。認識における未来志向性を、効果における未来志向性と混同しないことが重要である。

▲ 解　　説 ▼

本文全体の構造を示す。1・2…は段落番号である。なお、「　」に入った部分も一つの段落とする。

1　脳研究の進歩　↓　責任概念の見直し
＝人間のあらゆる行為が脳によってひき起こされているなら、行為の責任を行為者その人に負わせて非難や処罰をすることには疑問がある

2～7

8　イーグルマン
　　悪事をなした人物が「非難に値する」かどうかは重要な問題ではない
　　「非難に値する」の代わりに用いるべきなのが「修正可能である」という概念
　　「どんな場合も犯罪者は、ほかの行動をとることができなかったものとして扱われるべきである」

8　イーグルマンの提言
　　未来志向的　↓　これからの社会をどうするかに目を向ける
　　ある犯罪者が非難に値するか否かは不確定
　　過去ではなく未来を考慮しよう

9　8の提言への批判

国語

一

出典 青山拓央『心にとって時間とは何か』〈第六章　〈責任〉…それは、だれかのせいなのか　第3節　非難から修正へ〉（講談社現代新書）

解答

問一　犯罪者に対し過去を非難しないで未来を考慮していこうとすると、犯罪傾向のある周囲の人々の自制心が失われて、未来の犯罪を抑止できなくなるのではないかという議論。（八〇字以内）

問二　殺人者が自分の行為を仕方がなかったことと考えることと、犯罪者はほかの行動をとれなかったのだとするイーグルマンの提言とのあいだに、大きな違いはない、ということ。（八〇字以内）

問三　遺伝と環境という科学的根拠によっては非難に値するかを決められないのに非難の可能性を残していくと、正当性を欠いた、自分勝手で主観的な判断になりかねないということ。（八〇字以内）

問四　行為の責任を行為者自身に負わせて非難や処罰をする、非難を基盤にした倫理は、どんな場合も人間はほかの行動をとることができなかったものと扱われるべきだとする環境と遺伝に基づく科学的認識とは相容れないが、たとえそうだとしても社会制度全般や倫理の面で人間社会を未来に向けて持続させ発展させていくことのできるものであるということ。（一六〇字以内）

問五　(a)頻繁　(b)放免　(c)疾患　(d)破棄　(e)包摂

◆**要　旨**◆

イーグルマンは、悪事をなした人物はほかの行動をとることができなかったものとして扱われるべきであり、代わりに「修正可能である」という概念を用いるべきであると主張する。これに対し「非難に値する」かは重要な問題ではなく、

2020年度

解答編

解答編

■ 英語 ■

I **解答** 問1. 自然界には多様な生物がいるが，その中のわずか数種類の種が総個体数の大半を占めているということ。（50字以内）

問2. a seemingly contradictory conclusion

問3. 全訳下線部(3)・(4)参照。

問4. A—(い)　B—(う)　C—(お)　D—(あ)

問5. 〈解答例1〉 When considering the conservation of living creatures, we must not forget the fact that common species are disappearing at a much faster pace than we can imagine. So we must pay enough attention not only to rare species but also to common ones. We must also bear in mind that both national and international governmental efforts are required to protect the environment.（60語程度）

〈解答例2〉 Major threats to wildlife include habitat destruction, over exploitation, pollution or climate change, all of which lead to the extinction of rare species and common ones as well. Actually, as recent studies show, common species are disappearing in incredibly large numbers. So, when it comes to the conservation of living creatures on earth, we must pay much more attention to common species.（60語程度）

◆全 訳◆

≪一般的な種の保護の重要性≫

　自然界はグラノーラのようなものだ。素材のリストは長々としたものだが，ボウルを一杯にしているのは，大部分がそのうちのわずか数種類の素材だ。例えば，イギリスは，野生動物を1匹ずつ数えるほどに動物や鳥た

4 2020 年度　英語〈解答〉　　　　　　　　　　　　　　　　　　神戸大-文系前期

ちのことで頭がいっぱいなのだが，同国内 58 種の陸生哺乳動物の個体数
の概算は，見慣れたものから全く馴染みのないものに至るまで，合計で約
1 億 7300 万匹となっている。しかし，わずか 3 種，つまり，どこにでも
いるトガリネズミとウサギとモグラが，その個体数の半数を占めていた。
結局のところ，イギリスに生息する哺乳動物種のうち，最も一般的な 25
パーセントの種で，総個体数の 97 パーセントに達するのだ。陸上でも海
でも同じようなパターンとなっており，それは，地元の公園だろうが大陸
全体だろうが，また，カブト虫，甲殻類，熱帯の木のいずれを数えていよ
うが同じなのだ。米国やカナダで最もよく目にする陸鳥は，春告げ鳥とも
呼ばれるコマツグミである。コマツグミだけでも，両国に生息する 277 種
の最も珍しい鳥類を合わせた数と同じだけいるのである。

　その信じられないほど個体数の多い種が，ベンガルハゲワシと同じくら
いの速さで数を減らしうるという事実は，(3)一般的な種も希少種と全く同
じくらい保護する必要があるかもしれないという，保護という面では経験
則に合わない考えを示唆している。

　一般的な種の保護を最初に提唱した科学者は，ほぼ完璧にそうだといえ
るのだが，『希少性』という名の本の著者である。英国にあるエクセター
大学の生態学者であるケビン゠ガストンは，一部の種が希少種となった原
因を 20 年にわたって研究したことで，なぜ他の種は広く分布し，数も多
いのかを疑問に思うようになった。彼はほどなく，一見矛盾するように思
われる結論に至った。それは，「どこにでもいるという状態が珍しい」と
いうものである。一般的な種ならどれも多くの個体数からなるのだが，一
般的だといえるのはごく少数の種だけなのだ。

　ガストンの研究は，2011 年に『バイオサイエンス』誌上に掲載された
「一般生態学」という論文へと結実したが，そこでは，一般的であるとい
うことは十分な研究がなされた現象ではなく，「多くの一般的な種は，多
くの希少種と同様にほとんど研究されていない」ということが明らかにさ
れた。その論文は，研究が静かな広がりをみせるきっかけとなった。2014
年の研究は，これまで見落とされてきたのがどれくらいの規模かを示唆す
るものとなっている。その著者たちが明らかにしたのは，ヨーロッパで巣
作りをする鳥の数は，1980 年以来，4 億 2100 万羽減少したが，それは大
陸にいる鳥の個体数のまるまる 5 分の 1 に相当するという点と，こうした

神戸大-文系前期　　　　　　　　　　　　　　　2020 年度　英語〈解答〉　5

鳥類単体にみられる減少は，一般的な種にほぼすべてを占められており，そこにはヒバリのように誰でもよく知っている名前の種が含まれているという点である。

　(4)ヨーロッパで鳥が姿を消しつつある責任の多くは工業型農業にある。「生け垣を取り除き，木を引き抜き，農地を拡大して，ますます多くの農薬を投入してきたのですからね。それは本質的に，野生生物がそういう環境で生きるチャンスをなくしていく行為なのです」とガストンは私に語った。「私たちはまさに莫大な喪失の話をしているのですよ」

　しかし，ムクドリやイエスズメのように最も人間社会に適応し都会に住む鳥たちでさえ，急速に数を減らしている。実際，その 2 種類のまさに一般的といえる鳥が，個体数が減少している上位 5 種の鳥の中に入っているのだ。ヨーロッパで最も希少な鳥の大半は，まだ人目にはつかないものの，今のところ，保護努力がうまくいっているおかげで，実は数が増えている。その一方で，一般的な鳥の大半が希少となる方向に向かって数を減らしつつある。「最終的に行きつく先は，すべてが希少であるということなのです」とガストンは語った。

━━━━━━━━━━ ◀解　説▶ ━━━━━━━━━━

▶問 1．Nature is like granola「自然界はグラノーラのようなものだ」の具体的な内容については，直後のグラノーラがどういうものかを説明する文（The list of …）に続いて，第 1 段第 2 ～ 5 文（Take England, for … or tropical trees.）で，生物に関してさらに具体的な内容の説明がなされている。そこから，「少数の種が，実に多くの個体数を占めている」という趣旨をとらえることがポイント。50 字という字数制限があることから，グラノーラには多くの素材が入っているが，中身の大部分はそのうちのわずか数種類の素材だというシンプルな表現を利用する形で，自然界の仕組みに置き換えて説明するとよい。グラノーラの説明にある多くの種類の ingredients「原材料，素材」は，自然界では多くの種の wildlife「野生生物」に相当し，the bowl is mostly filled with just a few of them「（グラノーラの入った）ボウルを一杯にしているのは，大部分がそのうちのわずか数種類の素材だ」という部分が，第 4 文（All told, the …）の内容に相当しているという点を押さえて説明すること。all told「結局のところ，全体で」　add up to ～「合計～になる，結局～になる」

6 2020 年度　英語〈解答〉　　　　　　　　　　　　　　　　　　神戸大-文系前期

▶問 2．a counter-intuitive idea「直観と相容れない考え，経験則にそぐわない考え」に近い意味を持つ語句を本文中から抜き出す問題。in conservation の後の that 節が a counter-intuitive idea の具体的な内容（普通種を保護することの必要性）であることがわかる。第 3 段第 3 文（He soon came …）には，このことに最初に気づいた生態学者のケビン＝ガストンがたどりついた結論として a seemingly contradictory conclusion「一見相反するように思える結論」という語句があり，これが正解。

▶問 3．(3) **common species may need protection**

この文の主語である common species は「一般的な種，普通種，普通にいる種」などの訳が考えられる。need protection「保護を必要としている，保護が必要である」

just as much as rare ones do

rare ones の ones は species を指すので，「希少種」という訳が適切。do は代動詞で，直前の need protection の繰り返しを避けるために用いられており，「希少種と全く同じくらい（十分に）」というような訳が適切。

(4) **Industrial agriculture carries much of the blame for Europe's disappearing birds.**

まず，この文全体が，主語が原因を表し，for 以下に結果が述べられているという点を押さえておく必要がある。industrial agriculture は「工業型農業，産業農業」などの訳が考えられ，農作物を工業的に生産する近代的農業を指す。blame には「責任，責め，非難」などの意味があるので，carry much of the blame for ～ で「～に対する責め〔責任〕の多くを負っている」という意味になるが，本文では鳥の数が減っているという点を問題にしているので，「～に対する責任の多くは工業型農業にある」という訳がわかりやすい。Europe's disappearing birds は直訳すると「ヨーロッパの姿を消しつつある鳥」となるが，この部分は結果を述べていることから，「ヨーロッパで鳥が姿を消しつつある」という訳が考えられる。

▶問 4．選択肢の訳は以下の通り。

(あ)「すべてが希少である」

(い)「多くの一般的な種は，多くの希少種と同様にほとんど研究されていない」

神戸大-文系前期
2020 年度　英語〈解答〉　7

(う)「ヨーロッパで巣作りをする鳥の数は，1980 年以来，4 億 2100 万羽減少したが，それは大陸にいる鳥の個体数のまるまる 5 分の 1 に相当する」

(え)「種は正常な状態に戻っている」

(お)「こうした鳥類単体にみられる減少は，一般的な種にほぼすべてを占められており，そこにはヒバリのように誰でもよく知っている名前の種が含まれている」

A．まず，空所を含む文の found の目的語が 2 つの that 節である点を押さえておくこと。1 つ目の that 節は found 直後の commonness was not a well-studied phenomenon「一般的であるということは十分な研究がなされた現象ではない」。この節と，続く that 節は等位接続詞の and でつながれているので，同様の内容が入ると予測できる。一般的な種の研究がなされていない点に触れている(い)が正解。

B．直前の第 4 段第 3 文（A study from …）では，一般的な種において大規模な減少が生じていることを示唆する 2014 年の研究に触れている。この文脈から，ヨーロッパで巣作りをする鳥の数の減少数を述べている(う)が正解。

C．この部分は空所 B に続く 2 つ目の that 節。B と同じく，鳥の数の減少について触れた 2014 年の研究内容に言及した(お)が正解。(お)の冒頭の this decline もヒントになる。

D．この部分は，空所を含む文の The inevitable place you end up という主語に対する補語となる that 節の内容。主語は直訳すると「あなたがそれで終わる必然的な場所」だが，ここでは「最終的に行きつく先は，どうしても行きつくところは」というような訳が考えられる。本文の主旨に相当する内容であることから，希少種はもちろん一般的な種を含めて everything「すべて」が主語となっている(あ)が正解。

▶問 5．種の保護についてどう行うべきかについて自分の意見を述べる形の自由英作文だが，「本文の内容をふまえ」という条件がついていることから，希少種だけでなく一般的な種の保護の必要性について述べなければならない。〈解答例 1〉では，普通種の数が急速に減少している点について触れ，種の保護のためには，各国の政府が国の枠組みを越えて取り組む必要があると述べている。〈解答例 2〉では，種の数が減っている要因を挙げ，それが希少種だけでなく普通種の減少にもつながる点を述べている。

8 2020 年度　英語〈解答〉　　　　　　　　　　　　　　　　　神戸大-文系前期

60 語程度という条件なので，55 語以上，65 語以下が望ましい。threats to wildlife「野生生物にとっての脅威，野生生物を脅かすもの」 habitat destruction「生息地の破壊」 over exploitation「過剰な開発」 pollution「汚染」

◆━━━━━━●語句・構文●━━━━━━◆

（第 1 段）ingredient「原材料，素材」 be obsessed with ～「～を絶えず心配する，～で頭がいっぱいである」 to count 以下は直前の is obsessed enough with … の enough からつながるので，「…を心配するあまり～を数える」という訳が考えられる。population「個体数」 estimate for ～「～の見積もりをする，～の概算をする」 mole「モグラ」 account for ～「～を占める」 shellfish「甲殻類」 American robin「コマツグミ」

（第 2 段）point to ～「～の証拠となる」

（第 3 段）ecologist「生態学者」 come to a conclusion「結論に至る」 any given ～「任意の～，どの～」

（第 4 段）culminate in ～「～に至る，～となる」

（第 5 段）hedgerow「生け垣」 squeeze out ～「～を締め出す」

（最終段）human-adapted「人間（社会）に適合した」 meanwhile「その一方で」

Ⅱ 解答　問 1．ミュリエルがアリス役をするには髪は金髪でないといけないという問題。（30 字程度）

問 2．A 一(あ)　B 一(え)　C 一(か)　D 一(う)

問 3．Mrs. Spear：ミュリエルの母親は他の母親と違い，協力的で助かると考えた。（30 字程度）
Muriel：金髪にして変に目立つのは嫌だからアリス以外の役でいいと考えた。（30 字程度）

問 4．全訳下線部参照。

問 5．(お)・(か)

━━━◆全　訳◆━━━

≪役柄に合う髪色に染める話にとまどう少女≫

　私は一度に 2 段ずつ，玄関ポーチをトントンと駆け上がり，網戸をバタンと開けて，中へ転がり込んだ。

神戸大-文系前期　　　　　　　　　　　　　　2020 年度　英語〈解答〉　9

「ママ！　ママ！　ちょっと聞いて！」

「何なの，ミュリエル？　ドアをバタンバタンやらないでほしいわ」

「私，学校のオペレッタでアリスの役に選ばれたの！」

「まあすごいわ！」　ママは計算途中だった帳簿から顔を上げ，メガネを人差し指で押し上げた。ママはぎこちなく私の肩をポンとたたいた。「ほんとによくやったわね。あなたはとっても素敵な声をしてるから，これでみんなにあなたの歌声を聴いてもらえるわ。お父さんにも電話しなくちゃね」

「明日，放課後に母親向けの集まりがあるの。大丈夫？」　私は一房の髪の毛を軽くかんだ。

「もちろんよ，あなた」とママは言った。「時間きっかりに行くわ」

ママは，よそ行きのハンドバッグにパンプスといういでたちで，時間きっかりにやって来た。髪をカーラーで巻いていたから，大きく膨らんだカールのせいで，髪の毛が実際より 2 倍はかさばって見えた。眉毛はあらたに引っこ抜いて，ペンシルでもとの色よりも濃く描いていた。

「お越しくださって本当にありがとうございます，トン=カス夫人。私たちはミュリエルちゃんを本当に誇りに思っていますの。とっても素晴らしい歌声ですわ。本当に思いもよりませんでした」　スピア先生はママに輝くばかりの笑顔を見せた。彼女はママの肘を引っ張って，脇に引き寄せた。それから白目をくるくる動かしてあちこち横目で見回し，声をひそめてささやいた。私は少しずつにじり寄った。

「お母様にお話ししたい，ちょっと扱いの難しい問題がありますの」

「よろしいですよ」と，ママは微笑みながら答えた。

「ええとですね，それはお嬢様の髪の毛の問題なんです。ほら，彼女が演じようとしている役ですが，お母様は『不思議の国のアリス』というお話はご存知ですよね？」

ママは申し訳なさそうに首を横に振った。

「それがその，アリスはイギリス人の女の子のお話でしてね。きれいな金髪のイギリス人の女の子なわけで。それで，劇に忠実にやろうとしますと，ご理解いただけますよね，ミュリエルは金髪でなければならないでしょうし，でないと，誰も彼女がどの役を演じてるかわからないでしょう。ともかくアリスが黒髪というわけにはいきませんものね」

10 2020 年度 英語〈解答〉 神戸大-文系前期

「当然ですわ」と，ママはうなずき，私はだんだん怖くなってきた。「それは，劇場とか衣装からすると当然そうなる，ってことですよね？」

「おっしゃる通り！」と，スピア先生は顔を輝かせた。「私は，お母様ならご理解いただけるものとわかっていましたわ。私，素敵な金髪のカツラはどうかなと思っていましたの。最近のカツラはとってもよくできていて，誰もカツラだと気づかないでしょう。もちろん，みんな，スターになれる逸材の新入生が学校にいると思うでしょうね！ お母様も本当に自慢に思うに違いありません」

「うちであの子の髪を染めることもできますわ。たしか，数カ月かそこらで洗い落とせる毛染めがいろいろあると思いますし。そうすれば，ミュリエルは本当の意味でアリスの役になりきることができます。上演初日の夜を迎えるまでには，実生活でもアリスになれていますわ！」

「トン＝カス夫人！ あなたは本当に協力的でいらっしゃる。他のお母様方も，もっとあなたのようだといいのですけれど。なんとまあ，ロゴスキー夫人なんて，おたくのお嬢さんは劇が始まるまでに少なくとも 10 ポンドはやせるべきですよと申し上げていただけですのに，怒って席を立って出て行かれました。お嬢さんを引きずるようにして。かわいそうに，あの子は劇に出るのを本当に楽しみにしていたところでしたのに」

私はぞっとした。ママとスピア先生はぺちゃくちゃおしゃべりしながら，私のきれいな黒髪を金髪に染めようとしてるわけ？ 金髪の私がアリスの役で生活する？ この町で？ ママはいったい何を考えてるの？ 私は滑稽に見えて，奇人変人のように人目につくだろう。

「ママ！」と私はささやいた。「ママ，私，気が変わったの。もうアリスはやりたくない。マッド・ハッターになるわ，そうすれば帽子をかぶるだけでいいもの。そうじゃなきゃ，チェシャー・キャット！ ネコって斜視よね。それならうまくいくわ。ねえママ？」

彼女は私を全く無視して，スピア先生と，衣装や毛染めや俳優向きの食事の話をしていた。学校からの帰り道，ママはドラッグストアに立ち寄り，私を店内に引っ張り込んで，その店のオーナーのポッツ夫人と，ヘナよりもヘアーリンスの方がいろいろ利点があるのではないかと話し合った。

━━━━━━◀解　説▶━━━━━━

▶問 1．a delicate matter は直訳すると「微妙な問題，扱いの難しい問

題」という意味。第4段（"I've been chosen …"）で，ミュリエルがアリス役に選ばれていることを確認しておく。下線部以下を読み進めると，第12段第1文（"Well, it's the …"）で，問題なのはミュリエルの髪の毛だとわかる。さらに第14段（"Well, Alice is …"）で，スピア先生は「アリスは金髪なので，黒髪のミュリエルがアリス役をするには金髪である必要がある」という旨を述べている。以上の点を30字程度に要領よくまとめること。

▶問2．選択肢の訳は以下の通り。

㋐「ちょっと聞いて！」

㋑「見つけた！」

㋒「あなたならご理解いただけるものとわかっていました」

㋓「ほんとによくやったわね」

㋔「それは残念です」

㋕「いったい誰がそんなことを考えたでしょう」

A．ミュリエルは急いで帰宅しており，このあと，自分がアリス役に選ばれたことを母親に伝えていることから判断して，㋐が正解。

B．自分の娘が学校のオペレッタの主役に選ばれたとわかった母親の発言であることから，㋓が正解。I'm so proud of you. は直訳すると「私はあなたのことをとても誇りに思う」だが，子どもをほめるときによく使われる表現で，「よくやったわね，えらかったわね」という意味。

C．スピア先生はミュリエルの歌声をほめた直後に空所の発言をしていることに着目。㋕の Who would have thought? は仮定法を用いた反語の修辞疑問文で，「いったい誰がそんなことを考えたでしょう（いや，誰も考えなかった）」という驚きを伝える表現。ミュリエルの歌声の素晴らしさは誰も想像していなかった，となるのでこれが適切。

D．第15段（"Of course," Mom …）でミュリエルの母親は，スピア先生の発言を全面的に支持していることから判断して，スピア先生が理解してもらえたことを喜んでいる発言となる㋒が正解。

▶問3．Mrs. Spear：ミュリエルの母親は，自分から娘の髪を染めるという提案をしている。スピア先生は，第18段第2～4文（You are so … left in anger.）で，ミュリエルの母親が協力的であること，他の母親もそうあってほしいと述べたあと，怒って帰った母親の話もしていることなど

から判断して，その心情をまとめるとよい。

Muriel：第19段（I was horrified, …）にはミュリエルの心の動きが述べられており，金髪にして目立つのを嫌がっていることがわかる。第20段（"Mom!" I hissed. …）では，母親に自分はアリス以外の役でいいと伝えている点も加味しながらまとめること。

▶問4．**Muriel can really grow into her role as Alice**
問題文では個人名は英語表記のままだが，和訳する際はカタカナ表記にした方が無難であろう。grow into ～ は「～に成長する，成長して～になる」という意味だが，あとに続く語が her role as Alice「アリスとしての役，アリスの役」なので，「～になりきる，～の役ができるようになる」というような訳が考えられる。grow は時の経過とともに何らかの状態になる場合に用いるので，「だんだん～になりきる」という訳も可能。

▶問5．(あ)「ポッツ夫人は，ミュリエルがイギリス人の女の子に見えるよう，髪の毛を金髪に染めることを勧めている」 第17段（"We could dye …）から，金髪に染めることを提案したのはミュリエルの母親なので，不一致。最終段第2文（On the way …）では，ミュリエルの母親とポッツ夫人が2種類の毛染め剤について話をしていることは述べられているが，ポッツ夫人が金髪にするよう勧めている記述はない。

(い)「ロゴスキー夫人は自分の娘が劇に出る前に減量する必要があるという点に同意している」 第18段第4文（Why, I was …）から，ロゴスキー夫人はスピア先生から娘が減量する必要があると告げられて怒って出て行ったことがわかるので，不一致。

(う)「スピア先生は学校のオペレッタに出演する予定の生徒たちの母親と楽に意思の疎通をはかっている」 第18段第2・3文（You are so … more like you.）で，スピア先生は，ミュリエルの母親が協力的だと言いつつ，他の母親たちもそうあってくれればとも語っているので，他の母親たちはそれほど協力的ではないと判断でき，不一致。

(え)「ミュリエルはチェシャー・キャットという役柄が好きなので，アリスを演じることについては考え直す」 第19段（I was horrified, …）から，アリス役をするためには自分の黒髪を金髪に染めなければならないという状況にぞっとしており，第20段（"Mom!" I hissed. "Mom, …）では，そういう事態を避けようと，マッド・ハッターやチェシャー・キャットの役

神戸大−文系前期　　　　　　　　　　　　　　　2020年度　英語〈解答〉　*13*

へ変わりたいと述べていることがわかるので，不一致。

㈠「ミュリエルは美声の持ち主で，学校のオペレッタで歌うことを楽しみにしていた」　第1段～第4段にかけて，ミュリエルは自分が学校のオペレッタでアリス役に選ばれたことを喜び勇んで母親に伝えている。彼女は第5段第5文（You have such …）では母親から，第9段第3文（Such a lovely …）ではスピア先生からも美しい歌声をほめられていることから，一致。

㈡「ミュリエルの母親は，ワクワクしつつ不安でもあるので，着飾って学校の会合に時間きっかりにやってくる」　第5段（"Oh how wonderful !"）以降のミュリエルの母親の反応から，娘が学校のオペレッタの主役に選ばれたことに有頂天になっている様子がうかがえる。第8段第1文（Mom came right …）には，母親がよそ行きのハンドバッグとパンプスで時間通りに学校に来たことが述べられている。また，第13段（Mom shook her …）から，母親は実は，劇の原作である『不思議の国のアリス』を知らないことがわかり，不安も感じているものと判断できるので，一致。

◆━◆━◆━◆　●語句・構文●　◆━◆━◆━◆

（第1段）thump は「ドシンドシンと歩く」という意味だが，ここでは階段を1段とばしに駆け上がっている様子を述べている。at a time「一度に」　slam「～をバタンと開ける，バタンと閉める」　screen door「網戸」　tumble inside「転がり込む」

（第5段）account「会計（の計算）」　awkwardly「ぎこちなく」

（第6段）nibble「～をかじる，口に運ぶ」

（第7段）on time「時間通りに」

（第8段）going-out「外出用の」　pluck「～の毛をむしりとる」

（第9段）beam at ～「～に輝くような笑顔を見せる」　tug「～を強く引く」　look sideways「横目で見る」　edge in「少しずつ詰め寄る」

（第13段）apologetically「申し訳なさそうに，弁解がましく」

（第19段）ridiculous「おかしい，滑稽な」　stand out「目立つ」　freak「変人，奇人，薬物中毒者」

（第20段）hiss「ささやく」

14 2020 年度　英語〈解答〉　　　　　　　　　　　　　　　　神戸大-文系前期

Ⅲ 解答

問1. 禅宗の高僧自身が禅画や書の制作をしたということ。(25 字程度)

問2. (2)—(え)　(3)—(う)　(5)—(あ)　(7)—(あ)　(8)—(え)

問3. 全訳下線部参照。

問4. A—(え)　B—(あ)　C—(う)　D—(お)

問5. 〈解答例1〉 I would interpret this expression as a message implying that there are things in our life we cannot achieve, however hard we may try. Since a human being is a small and helpless creature in this world, we should not have a misleading sense of confidence that we can achieve anything if only we do our very best. It is important to know our own limitations and try to avoid reckless actions. (70 語程度)

〈解答例2〉 In my opinion, "The Mosquito" symbolizes a human being and "The Iron Bull" a tough condition that seems impossible to overcome. Literally, this expression seems to tell us that we sometimes try to achieve what is beyond our ability. But I think this calligraphy can be interpreted as a message that we should not give up tackling a difficult problem in life regardless of however hard solving it may seem. (70 語程度)

◆全　訳◆

≪日本の禅の歴史と書画との関係≫

　禅画や書は，千年以上前となると作品は残っていないものの，禅の歴史のごく初期に始まった。それ以前の文書による記録が，中国の禅の高僧が実際に画と書の両方を描いていたことを裏付けている。それは，ときには紙に筆で，ときには地面に棒切れで，ときには空中に身振りでということさえあった。禅が日本にもたらされるにともない，中国王朝の宋と元から中国の禅の作品が輸入されたことが，今日にいたるまで力強く綿々と受け継がれている，日本における禅の画法の伝統へとつながった。15 世紀と 16 世紀の間に，禅画の人気が日本の社会で非常に高まったので，主要な僧院では工房を構えるようになり，一部の僧が絵のスペシャリストとなったことで，禅の美術はやや専門化した。

　しかしながら，1600 年以降，禅に対する幕府の支援が弱まるにつれ，

僧院の工房がもはや必要とされなくなったので，主だった禅の高僧自身が，通常は信者への贈り物として，禅画や書を制作するようになった。西洋美術にはこれに類似するものはない。もし，教皇ユリウス2世が，システィーナ礼拝堂の天井に絵を描いてくれるようミケランジェロに依頼せずに，自分でそれを描いたとしたらどうか思い浮かべてみなさい。大きな違いは，禅の高僧は子どもの頃に読み書きを学んだとき，筆の使い方も教わっていたので，絵を描く手段を握っていたのに対し，教皇ユリウスはフレスコ画法の手ほどきなど受けていなかったという点である。

　禅の高僧が独自の美術を創り出した結果として，その作品は，禅の教えに触発された画家たちが描いた初期の優雅な水墨山水画に比べて，一般的にはより簡素で，個人的，かつ力強いものとなった。もう一つの結果は，日本の禅における主要な歴史的な流れが禅の美術にますます繰り返し反映されるようになったことである。例えば，幕府からの支援がなくなったことに対する僧侶側の反応は基本的に3つあった。1つ目は，日本社会の位の高い人たちと，多くの場合，茶道を通してつながりを持ち続けることだった。京都の大徳寺の禅の高僧たちの手による作品は，宮中と強いつながりがあったことから，玉舟の手による一幅の書の「蚊子咬鐵牛（ぶんすてつぎゅうをかむ）」のように，茶会で飾るものとして特に人気があった。それは人の想像をかき立てる禅書であるだけでなく，その力強い筆使いは，泡立てられた緑茶を儀式的にすする間に交わされる話題ともなっていたのだろう。

　17世紀の間の禅における2つ目の流れは，社会に対する政府の制約を無視して，自らが為すことに集中することだった。この実例となっているのが，自分の寺を出て山中の洞穴に住んだ風外慧薫である。彼が描いた，放浪する僧である布袋の肖像画は，その極めて簡素な構図と布袋本人への劇的な焦点化を通して，風外の並外れた精神統一ぶりを伝えている。

　しかしながら，3つ目の流れは，後の日本の禅において最も重要なものとなった。それは，それ以前にはなかったほど日本社会のあらゆる側面に及んだということである。白隠慧鶴は，一般にはここ500年間で最も重要な禅の高僧とみなされており，あらゆる階層の人々と心を通わせる非凡な才能があった。例えば，彼は多くの弟子たちを指導しただけでなく，世人にも教えを授け，その人たちに自作の「片手ではどんな音がするか」とい

16 2020 年度 英語〈解答〉　　　　　　　　　　　　　神戸大-文系前期

う禅問答を投げかけた。

　白隠はまた，日本のいたる所で大衆向けの禅の集会において説話をし，そして彼が記した幾多の書物の中には，自伝的な物語や，禅書の注釈，尼僧から商人にいたるまで誰彼なしに送った手紙，漢詩や日本語の詩，禅歌などがあった。彼はまた，驚くべき量の禅画や書を残した。白隠は，禅の創始者の菩提達磨のように昔からよく知られた禅の題目を描いただけでなく，禅を伝えるための全く新しい視覚的な表現手段を編み出した。この中には，人間の状態を様々に表現したもの，民話，鳥や昆虫や動物の絵，自らが考案した様々なユーモラスな主題などがある。白隠は自らの教えの中で，禅の修行を日常生活のあらゆる面に取り入れる重要さを強調した。

　白隠の教えは臨済禅や黄檗禅の伝統のどちらにも広範囲に影響を及ぼし，画家としての彼の手本も同様に，後の僧侶たちに大きな影響を及ぼした。仙厓のような禅の高僧はその後もずっと，新たな，往々にしてユーモラスな画題を編み出した。一方，白隠や蘇山の直弟子や又弟子は白隠が自らの画法において磨きあげた，洗練された方向性に倣った。南天棒のような20世紀の僧侶の画家も，引き続き白隠の影響を受けたが，それは南天棒が手を墨の中に浸して，紙に手形を押し，その上に「さあ聞け」と記した作品に見て取ることができる。

━━━━━━━ ◀解　説▶ ━━━━━━━

▶問1．this は直前の第2段第1文（After 1600, however, …）後半の it becameから calligraphy までを指す。下線部を含む文（There is no …）では，ヨーロッパではカトリック最高位の教皇が礼拝堂を飾る絵を自ら描くことなどあり得ない，という内容が述べられている。ここから，西洋美術には類するものがないという日本の禅画の特殊性は，絵画や書の制作を画家や書家に依頼したのではなく，禅宗の高僧自身が描いたという点であることを押さえる。it became ～ who created … は強調構文の一種と考えるとよい。Zen master は「禅の指導者，禅宗の高僧」などの訳が考えられる。Zen painting「禅の絵画，禅画」 calligraphy「書，書跡」

▶問2．⑵medium には「媒体，伝達手段」などの意味があるが，ここでは，禅僧が禅画や書を描くときの手段のことであり，㈥の「美術作品用の道具や素材」が正解。

⑶echoed はここでは受動態なので，「～を反響させる，～をそのまま繰

り返す」という意味の他動詞の echo だとわかる。禅美術の中に日本の禅の精神が反映されているという内容なので，(う)の「双方で同様の効果が生じるように繰り返されて」が正解。both は Japanese Zen と Zen art を指す。

(5) sipping の sip は「～を少しずつ飲む，～をすする」という意味で，(あ)の「一度にほんの少しずつ口に入れるようにして飲むこと」が正解。

(7) language は「言語」という意味だが，ここでは白隠が伝統的な禅画とは異なる独自の禅画の手法を編み出したという文脈なので，(あ)の「特有の形式，あるいは表現の型」が正解。whole new「全く新しい」 visual「視覚的な，視覚に訴える」

(8) pervasive は「(いたる所に) 広がる」という意味の形容詞であり，(え)の「ある分野や人々の集団に広く広がっている」が正解。

▶問 3. **to reach out as never before to every aspect of Japanese society**

　この to 不定詞は，直前の the most significant in later Japanese Zen の内容を具体的に述べた部分。reach out は「(ある人や集団に) 接触する，訴える，手を伸べる」という意味で，to every aspect of Japanese society につながっているが，ここではこの部分全体が，直後の文中の connect with people of all ranks of life とほぼ同意であることがわかるので，その点を反映させた「日本社会の全階層の人々と接すること」という訳も可能。as never before「それ以前にはないほど，かつてないほど」

▶問 4. (あ)「例えば，彼は多くの弟子たちを指導しただけでなく，世人にも教えを授け，その人たちに自作の『片手ではどんな音がするか』という禅問答を投げかけた」

(い)「さらに，筆跡は技術的な熟練ぶりを示すより，むしろそれを隠している場合が多いが，高僧一人一人の個性を通して，経典の神髄を非常に明確に表現している」

(う)「この中には，人間の状態を様々に表現したもの，民話，鳥や昆虫や動物の絵，自らが考案した様々なユーモラスな主題などがある」

(え)「この実例となっているのが，自分の寺を出て山中の洞穴に住んだ風外慧薫である。彼が描いた，放浪する僧である布袋の肖像画は，その極めて簡素な構図と布袋本人への劇的な焦点化を通して，風外の並外れた精神統

18 2020 年度 英語〈解答〉 神戸大-文系前期

一ぶりを伝えている」

㈱「南天棒のような 20 世紀の僧侶の画家も，引き続き白隠の影響を受けたが，それは南天棒が手を墨の中につけて，紙に手形を押し，その上に『さあ聞け』と記した作品に見て取ることができる」

A．この段落では 17 世紀の禅の 2 つ目の傾向を述べている。空所の直前の concentrate on one's own practice「自分が為すことに集中する」に注目すると，集中力の高さを有する人物の例が挙げられている㈱が正解。

B．空所の直前の his abilities to connect with people of all ranks of life「あらゆる階層の人々と心を通わせる彼の能力」に注目すると，弟子だけでなく，世人も教え導いた人物像を述べている㈱が正解。

C．空所の直前の a whole new visual language「全く新しい視覚的な表現手段」に注目すると，その表現手段の様々な実例が挙げられている㈱が正解。

D．最終段第 1 文末尾の a great influence on later monks「後の僧侶たちに与えた大きな影響」に注目すると，白隠の影響を受けた 20 世紀の僧侶の画家である南天棒について述べている㈱が正解。

▶問 5．玉舟の書「蚊子咬鐵牛（ぶんすてつぎゅうをかむ）」の解釈を 70 語程度で書くという形の自由英作文。この書は，自分の実力を考えずに無謀な行動をすることのたとえであるが，解釈としては，常識や分別に縛られず，不可能に思えることにもあきらめずに挑戦すべきだ，という教えととることも可能。〈解答例 1〉では，文字通り，無謀な行動は避けるべきだ，と解釈している。〈解答例 2〉では，文字通りの解釈を示しつつも，ときには無謀と思えることにも挑戦すべきだというメッセージとも受け取れると述べている。have a misleading sense of confidence「過信する」literally「文字通りに（言うと）」

◆━◆━◆━◆━◆ ●語句・構文● ◆━◆━◆━◆━◆━◆━◆

（第 1 段）Zen painting「禅の絵画，禅画」 calligraphy「書，書道，書跡」 confirm「～を裏付ける」 Zen Master「禅の高僧，禅師」 brushwork「画法，筆遣い」

（第 2 段）decline「衰退，減少」 pope「教皇，法王」

（第 3 段）ink landscape「水墨山水画」 imperial court「宮中，皇室」 whisk「～を泡立てる」

神戸大-文系前期　　　　　　　　　　　　　　　　2020 年度　英語〈解答〉　*19*

（第 4 段）exemplify「～の実例を挙げる」

（第 5 段）lay people「俗人，一般人」 riddle「なぞなぞ」は，ここでは
「禅問答（公案）」のこと。

（第 6 段）voluminous「大 量 の」 autobiographical「自 伝 的 な」
narration「物語」 array「大量」

（最終段）direct pupil「直弟子」 as can be seen in ～「～からわかるように」 dip「～を浸す」

❖講　評

　例年は独立した大問であった英作文が，2020 年度は意見論述の形で
2 問が読解問題 2 題の中にそれぞれ組み込まれ，全体としては読解問題
3 題という構成となった。意見論述は，過年度と同様，条件付きの自由
英作文であり，語数が合計 130 語であった。配点としては，読解問題全
体の配点から考えて，例年並みであったと考えられる。読解問題の英文
量は 2019 年度より 300 語近く増加して約 1,680 語となり，英文の内容
もやや難解なものが多かった。設問は記述式の部分は英文和訳と内容説
明がほぼ同数出題されているが，2020 年度は内容説明に字数制限があ
ったり，難度の高いものがある一方で，和文英訳は非常に短い箇所の和
訳ばかりとなった。空所補充，同意表現，内容真偽など，様々なタイプ
の選択問題も多くみられた。

　Ⅰ．読解問題。一般的な種の保護の重要性がテーマで，あまりよく知
られていない視点から環境問題を取り上げた英文となっている。設問は
内容説明と同意表現，英文和訳（2 箇所），意見論述が記述式，空所補
充が選択式という構成だが，内容説明はどの部分まで解答に組み込むべ
きか迷う設問となっている。英文和訳は構文的にもシンプルで訳しやす
く，空所補充も標準的だが，意見論述は，「本文の内容をふまえ」「あな
たの意見」を述べる，という 2 つの条件を 60 語程度で満たすのはかな
り難しく，いずれもシンプルに答えるしかないだろう。

　Ⅱ．読解問題。例年であれば，第 3 問になる会話文の多い英文である。
せっかくオペレッタの主役に選ばれたのに，母親と教師の間で自分の髪
を役に合う色に染める話が進んでいく事態にとまどう少女の物語。設問
は内容説明 2 問と英文和訳 1 問が記述式，選択式の空所補充と内容真偽

が1問ずつという構成であった。空所補充はその場の状況の読み取りが
カギとなる設問である。英文和訳は短いながら日本語になりにくい箇所
が出題されている。

Ⅲ．読解問題。禅の美術史という非常に高度な内容の英文で，抽象的
な表現や難解な固有名詞が多いこともあって，面食らった受験生も多か
ったかもしれない。設問は内容説明と英文和訳および意見論述を求める
自由英作文が記述式，同意表現と空所補充が選択式となっている。空所
補充がかなり長い英文の補充であり，空所の前のキーワードを素早くと
らえる必要があった。意見論述は，難解な禅の解釈を英語で書くという
もので，様々な解答が考えられ，どう書こうか迷っているうちに時間切
れになる恐れもある。

全体的にみて，この英文の量と設問の難度に対して80分という試験
時間はあまりに短く，近年では最も難度の高い出題となった。

神戸大-文系前期   2020 年度　数学〈解答〉 21

数学

1　◆発想◆　(1)　$x^3 + ax^2 + bx + c$ を $(x-p)^2$ で実際に割り算し，商と余りを求める。

(2)　(1)より，$f(x)$ を a, p で表し，$f'(x)$ を求める。

(3)　$y = f'(x)$ は 2 次関数であるので，公式 $\int_\alpha^\beta (x-\alpha)(x-\beta)\,dx$
$= -\dfrac{1}{6}(\beta-\alpha)^3$ を用いることができる。x^2 の係数に注意。

解答　(1)　$f(x) = x^3 + ax^2 + bx + c$ を $(x-p)^2 = x^2 - 2px + p^2$ で割ると
商は $x + a + 2p$，余りは $(b + 2ap + 3p^2)x + c - ap^2 - 2p^3$ となる。
$(x-p)^2$ で割り切れることより

$$b + 2ap + 3p^2 = 0 \quad かつ \quad c - ap^2 - 2p^3 = 0$$

よって

$$b = -2ap - 3p^2, \quad c = ap^2 + 2p^3 \quad \cdots\cdots(答)$$

(2)　(1)より

$$f(x) = x^3 + ax^2 - (2ap + 3p^2)x + ap^2 + 2p^3$$
$$f'(x) = 3x^2 + 2ax - 2ap - 3p^2$$

よって

$$f'\left(p + \frac{4}{3}\right) = 3\left(p + \frac{4}{3}\right)^2 + 2a\left(p + \frac{4}{3}\right) - 2ap - 3p^2$$
$$= \frac{8}{3}a + 8p + \frac{16}{3}$$

$f'\left(p + \dfrac{4}{3}\right) = 0$ より

$$\frac{8}{3}a + 8p + \frac{16}{3} = 0 \quad \therefore \quad a = -3p - 2 \quad \cdots\cdots(答)$$

(3)　$p = 0$ とすると，(1)，(2)より

$$a = -2, \quad b = 0, \quad c = 0$$
$$f(x) = x^3 - 2x^2, \quad f'(x) = 3x^2 - 4x$$

$f(x) = f'(x)$ とおくと

$x^3 - 2x^2 = 3x^2 - 4x$ $x^3 - 5x^2 + 4x = 0$

$x(x-1)(x-4) = 0$ ∴ $x = 0,\ 1,\ 4$

よって　A(0, 0), B(1, -1), C(4, 32)

直線 AB の方程式は　　$y = -x$

直線 BC の方程式は　　$y = 11x - 12$

$y = 3x^2 - 4x$ の概形は下図のようになるので

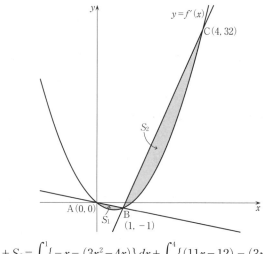

$$S_1 + S_2 = \int_0^1 \{-x - (3x^2 - 4x)\} dx + \int_1^4 \{(11x - 12) - (3x^2 - 4x)\} dx$$

$$= -3\int_0^1 x(x-1)\, dx - 3\int_1^4 (x-1)(x-4)\, dx$$

$$= -3\left\{-\frac{1}{6}(1-0)^3\right\} - 3\left\{-\frac{1}{6}(4-1)^3\right\}$$

$$= 14 \quad \cdots\cdots(答)$$

━━━━━━━━━◀ 解　説 ▶━━━━━━━━━

≪整式の除法，微分の計算，放物線と直線で囲まれた部分の面積≫

▶(1)　割り算を実行すると余りが x の1次式

$(b + 2ap + 3p^2)x + c - ap^2 - 2p^3$

となる。割り切れるということは

$(b + 2ap + 3p^2)x + c - ap^2 - 2p^3 = 0$

が x の恒等式となることであるので，2つの等式

神戸大-文系前期　　　　　　　　　　　　　　　　　　2020 年度　数学〈解答〉 *23*

$$b + 2ap + 3p^2 = 0, \quad c - ap^2 - 2p^3 = 0$$

をみたす。

▶(2)　(1)より，$f(x)$ は a と p で表すことができるので，それを微分して，$f'\!\left(p + \dfrac{4}{3}\right)$ を計算すればよい。

▶(3)　$f(x) = f'(x)$ を解き，交点 A，B，C の座標，直線 AB，BC の方程式を求める。

$$S_1 = \int_0^1 \{-x - (3x^2 - 4x)\}\,dx = \int_0^1 (-3x^2 + 3x)\,dx$$

$$= -3\int_0^1 x\,(x-1)\,dx$$

となるので，$\displaystyle\int_\alpha^\beta (x-\alpha)(x-\beta)\,dx = -\dfrac{1}{6}(\beta-\alpha)^3$ を用いるとき，x^2 の係数が -3 であることに注意しなければならない。S_2 についても同様である。

2　◇発想◇　(1)　数学的帰納法を用いる。

(2)　(1)の計算から，数列 $\{b_n\}$ についての漸化式が得られる。

(3)　(1), (2)から，数列 $\{a_n\}$ についての漸化式が得られる。

解答　(1)　すべての自然数 n について

$$a_n > 0 \quad \text{かつ} \quad b_n > 0 \quad \cdots\cdots①$$

であることを，数学的帰納法により証明する。

〔Ⅰ〕　$n = 1$ のとき

条件(ⅰ)より，$a_1 = b_1 = 1 > 0$ であるので，①は成り立つ。

〔Ⅱ〕　$n = k$ のとき，①が成り立つと仮定する。

すなわち，$a_k > 0$ かつ $b_k > 0$ であると仮定すると

条件(ⅱ)より

$$f_k(x) = a_k(x+1)^2 + 2b_k$$

であるので，$a_k > 0$ であることから，$y = f_k(x)$ は下に凸な放物線で，軸は $x = -1$ である。

よって，$-2 \leqq x \leqq 1$ における $f_k(x)$ は

最大値が　　$f_k(1) = 4a_k + 2b_k$

最小値が　　$f_k(-1) = 2b_k$

ゆえに $a_{k+1}=4a_k+2b_k,\ b_{k+1}=2b_k$

$a_k>0$ かつ $b_k>0$ であるので $a_{k+1}>0$ かつ $b_{k+1}>0$

したがって，$n=k+1$ のときも①は成り立つ。

〔Ⅰ〕，〔Ⅱ〕より，すべての自然数 n について，$a_n>0$ かつ $b_n>0$ である。

(証明終)

(2) (1)より，数列 $\{b_n\}$ は

$$b_1=1,\ b_{n+1}=2b_n$$

をみたすので，初項 1，公比 2 の等比数列である。

よって，一般項は $b_n=2^{n-1}$ ……(答)

(3) (1)より，数列 $\{a_n\}$ は

$$a_1=1,\ a_{n+1}=4a_n+2b_n$$

をみたし，$b_n=2^{n-1}$ であることから

$$a_{n+1}=4a_n+2^n \quad \text{……②}$$

②の両辺を 2^{n+1} で割ると

$$\frac{a_{n+1}}{2^{n+1}}=2\cdot\frac{a_n}{2^n}+\frac{1}{2}$$

よって $c_{n+1}=2c_n+\dfrac{1}{2}$

変形すると $c_{n+1}+\dfrac{1}{2}=2\left(c_n+\dfrac{1}{2}\right)$

ゆえに，数列 $\left\{c_n+\dfrac{1}{2}\right\}$ は公比 2 の等比数列であり，初項は

$$c_1+\frac{1}{2}=\frac{a_1}{2^1}+\frac{1}{2}=1$$

したがって

$$c_n+\frac{1}{2}=2^{n-1} \quad \therefore\quad c_n=2^{n-1}-\frac{1}{2} \quad \text{……(答)}$$

■◀解　説▶■

≪2次関数の最大値・最小値，漸化式と数列の一般項≫

▶(1) 数学的帰納法により証明する。帰納法の仮定 $a_k>0$ かつ $b_k>0$ にお

いて，$a_k>0$ より $y=f_k(x)$ は下に凸な放物線であるので，軸が $x=-1$ で

あることから，$x=1$ で最大，$x=-1$ で最小であるといえる。また，$b_k>0$

であることから，いずれの値も正であるといえる。

神戸大-文系前期　　　　　　　　　　　　　　　　　　2020 年度　数学〈解答〉　25

▶(2)　(1)の〔Ⅱ〕により，漸化式 $b_{n+1}=2b_n$ が成り立つことがわかる。

▶(3)　(1)の〔Ⅱ〕により，$a_{n+1}=4a_n+2b_n$ が成り立ち，$b_n=2^{n-1}$ を代入して，$\{a_n\}$ についての漸化式 $a_{n+1}=4a_n+2^n$ が得られる。両辺を 2^{n+1} で割ることにより，$\{c_n\}$ の漸化式 $c_{n+1}=2c_n+\dfrac{1}{2}$ が得られる。

一般に，$a_{n+1}=pa_n+q$ $(p \neq 1)$ の形の漸化式は，$\alpha=p\alpha+q$ をみたす α を用いて，$a_{n+1}-\alpha=p(a_n-\alpha)$ と変形できるので，等比数列に帰着させることができる。

3

◆発想◆　(1)　$x+y=30$ をみたす自然数の組 (x, y) を具体的に数える。

(2)　$x+y+z=30$ をみたす自然数の組 (x, y, z) について，$x=k$ を固定すれば，(1)と同様に，組 (y, z) の個数を k で表すことができる。

(3)　(2)のうち，同じ数を含むものの個数を求め，並べ替えによる重複を考える。

解答　(1)　2つの自然数を x, y とすると　　　$x+y=30$
これをみたす組 (x, y) は

$$(x, y)=(1, 29), (2, 28), (3, 27), \cdots, (29, 1)$$

の 29 個。

よって，求める順列の総数は　　　29　……(答)

(2)　3つの自然数を x, y, z とすると　　　$x+y+z=30$

$x=k$ $(k=1, 2, 3, \cdots, 28)$ のとき　　　$y+z=30-k$

これをみたす組 (y, z) は

$$(y, z)=(1, 29-k), (2, 28-k), \cdots, (29-k, 1)$$

の $29-k$ 個。

よって，$x+y+z=30$ をみたす組 (x, y, z) の個数は

$$\sum_{k=1}^{28}(29-k)=\frac{1}{2}\cdot 28 \cdot (28+1)=406$$

したがって，求める順列の総数は　　　406　……(答)

(3)　(2)で求めた順列において

3つの数が等しい組合せは，$\{10, 10, 10\}$ の 1 個。

3つの数のうち，2つの数だけが等しい組合せは

$$\{1, 1, 28\}, \{2, 2, 26\}, \{3, 3, 24\}, \cdots, \{14, 14, 2\}$$

の 14 個から $\{10, 10, 10\}$ を除いた 13 個あり，順列としては

$$13 \times 3 = 39 \text{ 個}$$

よって，(2)で求めた順列のうち，3つの数が異なるものの個数は

$$406 - 1 - 39 = 366$$

したがって，3つの数が異なる組合せは $\dfrac{366}{3!} = 61$ 個

以上より，求める組合せの総数は

$$1 + 13 + 61 = 75 \quad \cdots\cdots (\text{答})$$

別解 (1) 30 個の○を 1 列に並べ，○と○の間 29 箇所のうちの 1 箇所に｜を入れると，和が 30 となる 2 つの自然数からなる順列が 1 つ得られ，｜を入れる箇所が異なれば異なる順列となる。

例えば，右のように｜を入れるとき，順列 $(3, 27)$ を表していると考える。

$$\overbrace{\bigcirc\bigcirc\bigcirc}^{3\text{個}}|\overbrace{\bigcirc\bigcirc\cdots\bigcirc}^{27\text{個}}$$

よって，求める順列の総数は $\quad {}_{29}\mathrm{C}_1 = 29$

(2) (1)と同様に，30 個の○の間 29 箇所のうちの異なる 2 箇所に｜を入れると考えればよいので，求める順列の総数は $\quad {}_{29}\mathrm{C}_2 = 406$

(3) x, y, z を自然数とするとき，$x + y + z = 30$，$x \leqq y \leqq z$ をみたす組 (x, y, z) の総数が，求めるものである。

$x + x + x \leqq x + y + z = 30$ より $\quad 3x \leqq 30$

したがって $\quad 1 \leqq x \leqq 10$

(i) $x = 2k$ $(k = 1, 2, 3, 4, 5)$ のとき

$$y + z = 30 - 2k$$

であるので

$y + y \leqq y + z = 30 - 2k$ より $\quad y \leqq 15 - k$

よって $\quad 2k \leqq y \leqq 15 - k$

この範囲の y に対して条件をみたす z が決まるので，組 (y, z) の個数は

$$(15 - k) - 2k + 1 = 16 - 3k$$

(ii) $x = 2k - 1$ $(k = 1, 2, 3, 4, 5)$ のとき

神戸大-文系前期　　　　　　　　　　　　　　　　　　2020 年度　数学〈解答〉 *27*

$$y + z = 30 - (2k - 1) = 31 - 2k$$

であるので

$$2y \leq 31 - 2k \text{ より } \quad y \leq \frac{31}{2} - k$$

y は自然数であるので　　$2k - 1 \leq y \leq 15 - k$

よって，組 (y, z) の個数は

$$(15 - k) - (2k - 1) + 1 = 17 - 3k$$

(i), (ii)より，求める総数は

$$\sum_{k=1}^{5} (16 - 3k) + \sum_{k=1}^{5} (17 - 3k) = \sum_{k=1}^{5} (33 - 6k)$$

$$= \frac{1}{2} \cdot 5 \cdot (27 + 3) = 75$$

■━━━━◀解　説▶━━━━■

≪和が 30 になる 3 つの自然数の順列と組合せの総数≫

▶(1)　具体的に数えればよい。〔別解〕のように○と｜の並べ方として考えることもできる。

▶(2)　$x = k$ を固定して，$y + z = 30 - k$ をみたす組 (y, z) の個数を k で表し，$k = 1, 2, \cdots, 28$ についての和を Σ の計算で求めればよい。なお，$\sum_{k=1}^{28} (29 - k)$ については，$29 - k$ が k の 1 次式であることから等差数列の和であるので，公式 $\frac{1}{2} \times (項数) \times \{(初項) + (末項)\}$ を用いるとよい。〔別解〕のように○と｜の並べ方として考える方法もある。

▶(3)　(2)で求めた順列において，3 数のうち同じ数がいくつあるかにより，並べ替えによる重複を考えて求める。〔別解〕は $x + y + z = 30$, $x \leq y \leq z$ をみたすものを，〔解答〕(2)と同様に x を固定して求めているが，x の偶奇により場合分けが必要となる。

❖講　評

　2020 年度は，微・積分法，2 次関数と数列，場合の数からの出題で，ベクトルからの出題はなかった。また，理系との共通問題は **3** のみであった。

　1．整式の割り算と微分法，放物線と直線で囲まれた部分の面積を求める標準的な問題である。割り算の計算，積分の計算でミスのないようにしたい。

　2．2 次関数の最大値・最小値により，数列が定められる問題である。(1)で数学的帰納法による証明がきちんとできたかどうかがポイントとなる。(1)ができれば，(2)，(3)の漸化式は典型的であるから難しくないだろう。

　3．和が 30 になる自然数の順列，組合せについては，(1)，(2)は標準的である。(3)は，順列と組合せの違いをきちんと理解した上で，(2)を同じ数の個数により場合分けすることができたかどうかがポイントとなる。

　全体として，標準的な問題が中心であり，基本的な小問をミスなく確実に解いていくことが大切である。

「不能」「令」「須」などの基本句法の知識が問われているが、訓点が付されていないものもあるので、やや難しい。問三の内容説明は、傍線部の前に書かれている内容を素直にまとめればよい。問四の内容説明は、設問で「本文全体をふまえ」と指示されているので、傍線部の直前の内容だけを書いて済ませないように注意しなければならない。

に戻っている。設問は、書き取りが問一から最後の問五に移動したが、例年どおりの書き取りと字数制限つきの内容説明という構成。

解答字数も例年どおりの、八〇字三問と一六〇字一問、総記述字数四〇〇字。内容説明の設問は、問二が「なぜか」という理由説明になっているほかは、「どういうことか」という傍線部の内容理解をたずねる。問三で三つ目のまとまりの内容を踏まえつつ全体を見ていく、という設問構成になっていて、八〇字の三問について問い、問二で二つ目のまとまりの内容をたずね、問三で三つ目のまとまりの内容を問うものである。そして、問一で一つ目のまとまり、問二で二つ目のまとまりの内容を踏まえつつ全体を見ていく、という設問構成になっていて、八〇字の三問について問い、問四で三つ目のまとまりの内容を問う、これも例年どおりのかたちである。記述量が時間で部分をたずね、最後の一六〇字の一間で全体を問う、いつもどおりの神戸大学の現代文である。すばやく本文の内容と設問の意てられる時間は五〇分前後）に比べて多く、いつもどおりの神戸大学の現代文である。すばやく本文の内容と設問の意図を見抜いて、解答作成にかかっていくことが大切である。

二 古文（日記）　平安時代に讃岐典侍（藤原長子）が著した『讃岐典侍日記』の一節で、故堀河天皇を追慕する様子を綴った文章が出題された。設問は、文学史、文法、主語を明示しての口語訳、内容説明の二つの問いには、五〇字と七〇字の字数制限が設けられている。問一の文学史は、選択肢に挙げられた各日記のおおまかな内容を知らないと答えられない。問二の文法はごく標準レベルといえる。問三の主語を明示しての口語訳もおおむね標準レベルで、語句の意味や助動詞・助詞・敬語の意味用法の知識に基づくものであるが、作者が鳥羽天皇に仕え始めた頃のことを綴る中に、故堀河天皇の回想が交えられているので、注意深く主語を見極める必要がある。問四の内容説明は、どのような状態からどのような理由でどのような状態になったかということがわかるように、要素を漏らさずにまとめなければならない。問五の内容（理由）説明は、傍線部の前までに書かれている鳥羽天皇の言動と作者の心情を丁寧に読み取ることが求められている。

三 漢文（思想）　唐の太宗が、主君として国を保っていくためには臣下からの諫言が必要だと考えていたことを述べた文章が出題された。設問は、読み、書き下し文、口語訳、内容説明で、内容説明の問いの一つには、五〇字の字数制限が設けられていた。問一は、「若」「嘗」「豈」「可」「乎」などの頻出の語で確実に得点したい。問二の口語訳も、

② 臣下は何も言わず、煬帝に過ちを指摘することもなかったため

③ 結局隋は滅び

④ 煬帝の寵臣たちも処刑された

▼問四 波線部の逐語訳は "人が何かを奏上するのを見るたびに、必ず表情を和らげ" で、まず、その理由として、波線部の前に、太宗は容姿が立派で威厳に満ちていたために、臣下の官僚たちが太宗の前ではうろたえて普通の立ち居振る舞いができなくなることに気付いたということが書かれている。したがって、波線部の行為は、臣下が自分に萎縮しないようにするためだと考えられる。本文全体をみると、波線部の後に、太宗は臣下からの諫言を聞いて政治を行いたいと願っていたとあり、臣下の官僚に対して、主君は自分の過ちを知らなければならず、そのためには臣下からの諫言が必要で、諫言がなければ国家は滅亡してしまうという見解を述べ、必ず諫言してほしいと求めたことが書かれている。以上をふまえ、書くべき内容は次の四点である。

① 自分の過ちを知って

② 政治を正し国を保っていくために

③ 臣下が萎縮せず

④ 諫言できるようにする

❖講　評

一　現代文（評論）　日本古代文学史について論じた本の序文にあたる部分からの出題。神戸大学は今現在活躍している著者の文章を取り上げることが多いが、二〇二〇年度は初版が一九五一年に出た著作（本文は一九九六年に改訂された もの）からの出題で、やや古めである。本文自体は大きく分かれた三つのまとまりごとに読み進めていくことができるので、内容はつかみやすい。本文の長さは二〇一九年度に比べて一〇〇〇字以上増えて約五〇〇〇字で、例年程度

のもとでは国も滅びるという内容に続き、臣下の者もそれぞれの家を保っていくことができないということを述べた部分である。

(イ)「卒に其の過ちを聞かざらしめ」と読む。「卒」は〝最後まで・結局〟の意の副詞。「令」は使役の助動詞。「不」は打消の助動詞。「其」は煬帝を指す。「過」はここでは〝過ち・過失〟の意の名詞。逐語訳すると〝最後まで煬帝の過ちを聞かないようにさせ〟となるが、本文に即して言えば、臣下の者が、暴虐な主君である煬帝に対して何も言わず、徹頭徹尾、煬帝の過ちを煬帝自身が聞くことがないようにさせた（＝煬帝に過ちを指摘するような進言などをしなかった）ということ。現代語訳の問いなので、使役の構文は崩してはならないが、わかりやすい表現で解答したい。

(ウ)「人に利ならざる有らば、必ず須く極言規諫すべし（と）」と読む。「於」は対象を表す置き字。「人」は〝人民〟のこと。「有不利於人」は、〝有益ではないこと・不利益なこと〟の意。「不利」は〝有益ではないこと・不利益なこと〟でよい。「須」は必然性や義務を表す再読文字で、〝なければならない〟と訳す。「極言」は注にある通り、〝思う存分に言う・言葉を尽くして言う〟。「規諫」は〝正し戒める・諫める〟の意。傍線部(ウ)を含む一文は、太宗が、煬帝に臣下が諫言しなかった前例を挙げた後で、自分の臣下の者に対しては諫言を強く求めている言葉で、「極言規諫」の対象は太宗と考えられるので、〝私を〟。また「私に」を添える。

▼問三 傍線部(A)は「前事遠からず」と読み、〝以前の出来事は遠い昔のことではない〟の意。「前事」とは、その前に書かれている隋の煬帝の出来事を指している。「隋煬帝暴虐」は、隋の煬帝が暴虐であったということ。「臣下鉗口、卒令不聞其過」は、注の説明と傍線部(イ)で考察した内容から、臣下が何も言わず、煬帝に過ちを指摘しなかったということ。「遂至滅亡」は、結局隋が滅んだということ。「虞世基等、尋亦誅死」は煬帝の寵臣たちも処刑されたということ。

① 書くべき内容は次の四点である。
煬帝が暴虐なので

はない。あなたがたは何かを見るたびに、人民に有益ではないことがあったならば、必ずや言葉を尽くして（私を）正し
戒めなければならない」と。

読み

太宗威容厳粛なれば、百僚の進み見ゆる者、皆其の挙措を失ふ。太宗其の此のごとくなるを知り、人の事を奏す
るを見る毎に、必ず顔色を仮借し、諫諍を聞き、政教の得失を知らんことを冀ふ。貞観の初め、嘗て公卿に謂ひて曰く
「人自ら照らさんと欲すれば、必ず明鏡を須ふ。君過ちを知らんと欲すれば、必ず忠臣に藉る。若し君自ら賢聖を恃め
ば、臣匡正せず。危敗せざらんと欲するも、豈に得べけんや。故に君其の国を失ひ、臣も亦た独り其の家を全くする能
はず。隋の煬帝の暴虐なるがごときに至りては、臣下鉗口し、卒に其の過ちを聞かざらしめ、遂に滅亡に至る。虞世基等、
尋いで亦た誅せられて死す。公等事を看る毎に、人に利ならざる有らば、必ず須く極言規諫すべし」と。

▼解説▼

▼問一 ①「若」はここでは「（〜の）ごとくなり・（〜の）ごとし」を基本形とする助動詞で、比況を表す。「此」は指
示代名詞で、状態を指す場合は「かく」と読む。返り点を付けると「若ㇾ此」となり、送り仮名の「ヲ」につながる
ので、「若」は連体形「ごとくなる・ごとき」とする。

②「嘗」は"かつて・以前に"の意の副詞で「かつて」と読む。

③「豈〜乎」は反語を表し、「豈に〜んや」と読む。「可」は「べし」
を基本形とする助動詞で、可能や当然を表す。「得」は「得」を基本形とする動詞で、"できる・可能である"の意。返り点を付けると「豈可ㇾ得乎」となり、送り仮名の「ヲ」につながるので、「得」は助動詞「べし」（=「べし」）に接続するので終止形「得」とする。「可」「乎」は「べけんや」と読む。全体で、
"どうしてできるはずがあろうか、いや、できるはずがない"の意。

▼問二 (ア)「臣」は「君」の対義語で、"臣下・臣下の者"の意。「亦」は並立や累加を表す副詞。「不能」は不可能を表す。「独」は他の助けなしに自分だけで行う様子を表す副詞。「全」は完全な状態に保つことを表す動詞で、「全其家」は、"自分の家を無事に保つ"ということ。愚かな主君

34　2020年度　国語〈解答〉　　　　　神戸大-文系前期

三

解答

出典　呉兢『貞観政要』〈巻第二　求諫第四〉

問一　①かくのごとくなるを〔かくのごときを〕　②かつて　③あにうべけんや

問二　(ア)臣下もまた自分だけで自分の家を無事に保っていくことができない

　(イ)最後まで煬帝の過ちを煬帝自身の耳に入らないようにさせ

　(ウ)人民に有益ではないことがあったならば、必ずや言葉を尽くして私を正し戒めなければならない

問三　暴虐な煬帝に対して、臣下は何も言わず、煬帝に過ちを指摘することもなかったため、結局隋は滅び、煬帝の寵臣たちも処刑されたこと。

問四　自分の過ちを知って政治を正し国を保っていくために、臣下が自分に萎縮せずに諫言できるようにする意図。（五〇字以内）

◆全　訳◆

太宗は容姿が立派で威圧感があったので、多くの官僚で進み出て謁見する者は、皆普通の立ち居振る舞いができなくなった。太宗は彼らがそのような様子であることに気付き、人が何かを奏上するのを見るたびに、必ず表情を和らげ、強く目上の人をいさめること（＝皇帝である自分への諫言）を聞き、政治教化の利益と損失を知りたいと望んだ。貞観の初め、その当時公卿に言うには「人が自分で自分を映し見たいなら、必ず澄んだ鏡を必要とする。主君が過ちを知りたいなら、必ず忠義の臣下に頼る。もし主君が自分で自分を知徳の優れた人物だと思い上がったならば、臣下は正さない。危機や滅亡を免れたいと思っても、どうしてそうすることができるはずがあろうか、いや、できるはずがない。だから主君は自分の国を失い、臣下もまた自分の家を無事に保っていくことができない。隋の煬帝のように暴虐な主君の類に至っては、臣下は口を閉じてものを言わず、最後まで（主君である）煬帝の過ちを（本人が）聞かないようにさせ、とうとう滅亡に至った。（煬帝の寵臣である）虞世基たちが、すぐにやはり処刑されて死んだ。以前の出来事は遠い昔のことで

様に鳥羽天皇を指す。「御前に」の「に」は、〝～におかれては〟と貴人を遠回しに主語とする用法で、要するに、鳥羽天皇が作者のもとにやって来たということ。まだ幼い鳥羽天皇が抱っこをせがんできたため、追慕の情に浸っていた作者は現実に戻され、鳥羽天皇を抱き上げて部屋の絵を見せて回るという展開になっている。書くべき内容は次の三点である。

① 故堀河天皇を追慕していた作者が
② 鳥羽天皇に話しかけられたことによって
③ 一気に現実に引き戻された

▼問五 「うつくしう」は〝かわいらしい・いじらしい〟の意の形容詞「うつくし」で、鳥羽天皇の様子を言っている。具体的に鳥羽天皇の言動を確かめると、故堀河天皇を思い出して涙ぐんでいた作者を、鳥羽天皇が不思議そうに見たため、作者は泣いていることを気付かれないようにごまかそうとしたが、鳥羽天皇は「みな知りてさぶらふ」（＝〝すべて知っています〟）と言い、作者がどうして知っているのかと尋ねると、「ほ文字のり文字のこと思ひでたるなめり」（＝〝ほ文字、り文字のことを思い出しているのであるようだ〟）と答えている。「ほ文字」「り文字」は注に「笛の楽譜の音を表す文字」とあり、作者が見ていた笛の楽譜を指すが、それは生前の堀河天皇が書いて貼っていたものなので、鳥羽天皇は、作者が泣いているのは堀河天皇を思い出したからだということを遠回しに伝えていることになる。傍線部⑵の前の作者の心内文「堀河院の御事とよく心得させ給へると思ふも」は、〝（私が泣いているのは）堀河院（＝堀河天皇）の御事だと（鳥羽天皇は）よくおわかりになっている〟と感心し、鳥羽天皇の気遣いや機転を恐れ多くも感じながらいじらしく思っているものと読み取れる。

よう。「させ給は」は、助動詞「さす」の尊敬の用法と尊敬の補助動詞「給ふ」による二重尊敬で、"〜なさる・お〜になる"と訳す。傍線部②は作者の心内文で、非現実的なことを表す反実仮想の文であることや、後の「萩の戸に…」の和歌で「昔をしのぶ」と詠み、今は亡き堀河天皇を偲んでいることから、「御覧ぜ」「めで」の主語は堀河天皇である。

③「局」は宮中や貴人の邸宅に仕える女房の私室。「おり」はラ行上二段活用動詞「おる」(「下る」)の連用形で、ここでは主人のもとから私室に行くということで、"下がる"と訳すのがよい。「し」は過去の助動詞「き」の連体形。「に」は時や場所を表す格助詞として"〜ときに・〜ところに"、または単純接続を表す接続助詞として"〜ところ"と訳す。主語は作者自身なので、"私が"とする。

④「心得」は、理解したり認識したりすることを表すア行下二段活用動詞「心得」、「させ」は助動詞「さす」の使役の用法、「まゐらせじ」の「じ」は助動詞「じ」の打消意志の用法で、「心得させまゐらせじ」の逐語訳は"理解させ申し上げないようにしよう"となる。これは作者の心内文で、主語は作者自身。涙を流して泣いている自分を鳥羽天皇が不審に思って見ていた際の気持ちなので、「心得させ」は、"鳥羽天皇に堀河天皇のことを思い出させ"等の表現でわかりやすく訳すのがよい。「さりげなく」は"何気ない・平然としている"という意味の形容詞「さりげなし」の連用形。「もてなし」は状況に応じた行動をすることを表す動詞「もてなす」で、"振る舞う"と訳す。主語は「心得させまゐらせじ」と同じく作者自身である。

▼問四 「よろづさむる心地」は、"すっかり現実に戻る気持ち"の意で、前書きに「故堀河天皇のことが思い出されて仕方がない作者の様子」とあり、この段落でも、自分に非常に親しく接してくださった生前の堀河天皇のことを思い出していた作者が、その追慕の情から一気に現実に引き戻された状態のことを言っている。そうなった原因は、傍線部(1)の前に「御前におはしまして、『われ抱きて障子の絵見せよ』と仰せらるれば」(="鳥羽天皇におかれては〈私の〉もとに)いらっしゃって、「私を抱いて障子の絵を見せろ」とおっしゃるので")である。「御前」は、傍線部①と同

神戸大-文系前期　　　　　　　　　　　　　　　　　　　2020 年度　国語〈解答〉 *37*

▶ **解　　説** ◀

▼ 問一　選択肢に挙げられているのはすべて女性の手による日記作品。イ、『蜻蛉日記』は、平安時代に藤原道綱母が著したもので、夫である藤原兼家との結婚生活や上流貴族との交流のさまなどが書かれている。ロ、『紫式部日記』は、平安時代に紫式部が著したもので、中宮彰子の女房として宮中に出仕していた日々のことなどが書かれている。ハ、『十六夜日記』は、鎌倉時代に阿仏尼が著したもので、所領地の訴訟のために京都から鎌倉へ出向く道中の記事を中心とし、紀行文的な性格をもつ。宮廷貴族の生活を主題にしているとは言えないので、これを正解として選ぶ。ニ、『弁内侍日記』は、鎌倉時代に弁内侍が著したもので、後深草天皇の内侍として宮中に出仕していた日々のことが書かれている。ホ、『和泉式部日記』は、平安時代に和泉式部が著したもので、敦道親王との恋愛の様子が書かれている。

▼ 問二　(a)直後の助動詞「ぬ」は「べけれ」に接続することから終止形であり、完了・強意の助動詞「ぬ」である（ここでは強意）。よって連用形の「られ」とする。

(b)文末にあり、係り結びなどもないので、終止形の「らる」とする。

(c)後の接続助詞「ば」は順接確定条件を表していると考えられるので、已然形の「らるれ」とする。

(d)文末にあり、係助詞「ぞ」による係り結びが成立するので、連体形の「らるる」とする。

▼ 問三　①「御前」は鳥羽天皇を指す。「の」は格助詞「の」の主格の用法。「おはしまし」は尊敬語で、ここでは動詞「来」の尊敬表現として〝お越しになる・いらっしゃる〟と訳す。

②「御覧ぜ」は「見る」の尊敬語で、〝御覧になる〟と訳す。「〜ましかば、〜まし」の推量の部分に副詞「いかに」による強調の意味が加えられているので、〝(もし)〜たならば、どんなに〜だろうか・(もし)〜なら、どんなにか〜だろうに〟と訳す。「めで」は、〝賞美する・愛好する〟の意の動詞「めづ（愛づ）」の未然形。庭先の花の風情ある様子を「めづ」という文脈に合う表現で訳すことに注意し

思ってみると、そうして（以前と）同じ様子で（内裏を）歩き回っていらっしゃるあなたさえ、そのようにお思いになるのである。まして、しみじみと気が紛れることがなくあれこれと思っているような私は、容易に推察できる様子で、と書いてある。このようである（＝宮中に出仕している）私は、（その人よりも）もう少し思い出さずにいられない。

こうして九月になった。九日、御節句のお食事を差し上げたりして、十日過ぎにもなった。何をするでもない昼頃、暗い部屋の方に目を向けると、（堀河天皇が生前）御座を教えてくださるということで、「（私が）読んだ経を、きちんと清書して与えよう」とおっしゃって、出向いていらっしゃって、ご用意なさって、（私が）私室に下がっていたときに、御経を清書して持って行って笑われようとお思いになって、身に余るほどまで大切にしてくださった御事は、（どうしても）思い出される、鳥羽天皇におかれては（私のもとに）いらっしゃって、「私を抱いて障子の絵を見せろ」とおっしゃるので、すっかり現実に戻る気持ちがするけれども、朝餉（あさがれいの）間の御障子の絵を、御覧に入れながら歩き回るときに、夜御殿（よるのおとど）の壁に、（生前の堀河天皇が）いつも見るのを習慣にして覚えようとお思いになっていた楽譜を書いて、貼り付けていらっしゃった笛の楽譜が、壁にあるのを見つけたのはしみじみ悲しい。

笛の楽譜が貼られた壁の跡を見ると、過ぎてしまったことは夢と思われる

悲しくて袖を顔に押し当てるのを、（鳥羽天皇が）不思議そうに御覧になるので、（私は）気付かせ申し上げないようにしようと思って、何気なく振る舞いながら、「ふとあくびをして、このように目に涙が浮かんでいる」と申し上げると、（鳥羽天皇は）「すべて知っています」とおっしゃるので、しみじみかわいらしくも（大人から見て）思われなさるので、「どのようにおわかりになっておられるのか」と（私が）申し上げると、（鳥羽天皇が）「ほ文字、り文字のこと（＝笛の楽譜を書いて貼っていた堀河天皇）を思い出しているのであるようだ」とおっしゃるのは、堀河院の御事とよくおわかりになっていると思うのも、いじらしくて、しみじみした思いも現実に戻る気持ちがしてにっこり笑わずにいられない。こうして九月もあっけなく過ぎた。

を恐れ多くもいじらしく思ったから。(七〇字以内)

◆全訳◆

夜が明けたので、早々と起きて、女房たちが「目新しいあちこちの場所を見よう」と言うけれども、ただぼんやりして座っていると、

鳥羽天皇がお越しになって、どれほどかあれこれひたすらきっと思い出さずにいられないにちがいないので、連れて歩き回った

ならば、参上して見ると、清涼殿や、仁寿殿(じじゅうでん)は昔と変わらない。「さあさあ、黒戸(くろど)への道を私が知らないので、教えろ」とおっしゃって、引っ張って立たせ

なさる。弘徽殿に皇后宮がいらっしゃったのが、台盤所や、昆明池(こんめいち)の御障子を、今見ると、(かつて)一

緒に過ごした人に会っている気持ちがする。黒戸の小半蔀(こはじとみ)の前に以前お植えになった前栽が、存分にすくすくと生い茂って、殿の御宿直所(とのいどころ)になってしまってい

る。御春の有輔(ありすけ)(=歌人の名)が、

あの方が植えたひとむらの薄(すすき)が、虫の鳴き声がしきりにする野辺ともなってしまったなあ

と詠んだとかいうのも思い出さずにいられない。

御溝水(みかわみず)の流れに並んで立っているさまざまな色の多くの花が、たいそうすばらしい中でも、萩の色濃い花が咲き乱れて、

朝の露が宝玉のように端から端まで並び、夕暮れの風になびく様子は、格別に見える。これを見るにつけても、(亡き堀

河天皇が)御覧になったならば、どれほど賞美なさっただろうかと思うと、

萩の戸に(以前と)様子が変わらない花を見ても、昔を懐かしく思い出す袖が露でひどく濡れる (=私は亡き堀河天

皇を思ってひどく涙が流れる)

とずっと思っているのを、人に言うようなことも、同じ気持ちである人もいないのに、加えて、事の初め(=鳥羽天皇が

内裏にお住まいになる初め)に漏れて人の耳に届くのも、都合が悪いので、承香殿(しょうきょうでん)に目を向けるにつけても、(ある人

のことを)思い出さずにはいられないので、自宅でしみじみとあれこれお思いになっていらっしゃるだろうと推察して、

これ(=「萩の戸に…」の歌)を差し上げたところ、(その人からの返事に)

想像してくれ。(私も)心が乱れる。(あなたと)一緒に見た萩の戸の花のことを聞くにつけても

40　2020 年度　国語〈解答〉　　　　　神戸大-文系前期

▼問五
↓　動的展開をとらえる

(a)「次第に」の形をとる副詞で〝少しずつ〟という意味を表す。直後の「どしどし」と対比関係にある。

(b)〝世の中のなりゆき・いきおい〟という意味で「時勢」。〝世の中の状態〟という意味の「時世」と迷うが、「おくれ」が後に続いているので、「時勢」が適切である。

(c)〝あこがれ〟という意味で「憧憬」。「どうけい」という読み方もある。

(d)「便乗」で、〝他人といっしょの乗り物に乗る〟という意味から転じて〝機会をとらえてうまく利用する〟という意味を表す。

(e)〝人や物事のその時々の様子〟という意味で「消息」。

二

出典　藤原長子『讃岐典侍日記』〈下〉

問一　ハ

問二　(a)られ　(b)らる　(c)らるれ　(d)らるる

問三
①鳥羽天皇がお越しになって
②堀河天皇が御覧になったならば、どれほど賞美なさっただろうか
③私が私室に下がっていたときに
④私は鳥羽天皇に気付かせ申し上げないようにしようと思って、何気なく振る舞いながら

問四
故堀河天皇を追慕していた作者が、鳥羽天皇に話しかけられたことによって、一気に現実に引き戻された状態。

問五
（五〇字以内）
作者が故堀河天皇を思い出して泣いていることを幼いながらも察し、それを遠回しに言う鳥羽天皇の機知や気遣い

問四 ② 似ているという理由で同じように考えて、ジャンルを考えずによんでいく

③ ジャンルのもっている固有の機能を考えないことになってしまう／機能の違いを混同することになってしまう

この設問も「どういうことか」が問われているので、傍線部の直前に「いいかえれば」とあるので、さらにその前にある「諸ジャンルがそれぞれ異なる時期に発生するその過程と意味、また相互のつながりやその拮抗関係、これらを一貫的に見てとる」が傍線部の言い換えになっている。ただこのままでは傍線部にある「個々の作品のよせ集めとしてではなく」の部分が含まれないが、本文には適当な言い換え箇所がない。自分の言葉で言い換えていく必要がある。「全体として理解する」の部分については、同じ段落の「……この方（＝筆者による古代文学史の分け方）が……動的展開をとらえるのに役だつ……」より、筆者が古代文学史の〈動的展開をとらえようとしている〉ことが読み取れるので、そのことも加えておきたい。そのうえで、設問にある「古典と文学史に関する著者の考え方を踏まえた上で」という条件に注目して、そのことが述べられている傍線部(ア)の前後を加えるかたちで全体をまとめていく。

〈古典と文学史に関する著者の考え方〉

① 古典 …作られた時代とともに滅びず、現代人に対話をよびかけてくるもの （問一）
↓
「全体として理解する」の言い換え ↓ 作品を並べただけのものではなく、等

② 文学史…古典を複雑に入りくんだ歴史的人間活動としてとらえようとする

〈傍線部〉

③ 「個々の作品のよせ集めとしてではなく」の言い換え
↓
諸ジャンルがそれぞれ異なる時期に発生する過程と意味、相互のつながりや拮抗関係を一貫的に見てとる

④ 「諸ジャンル…固有の機能をもっている （問三）
↓
諸ジャンル…固有の機能をもっている

までおこなっていない〉ということでもあり、〈古代文学史とよべるものが西欧にあまりないような状況の中、日本が古代文学史の記述をおこなう〉という流れと合致する。書くべき内容は以下のようになる。

① A↓　日本の古代文学史をどのように記述するかは／日本の古代文学史の記述は

② C↓　「連続性」という基準での日本と西欧との対比

③ B「実験的」の意味↓　今までおこなわれていない／前例のない試み

問三　「どういうことか」が問われているので、問一と同様、傍線部を言い換えていけばよい。傍線部のようになるのは「抒情詩をよむように小説を、……小説をよむように神話をよむ」ときである。さらに傍線部を含む文が「だから」という接続詞で始まっているので、その前に書かれている「それぞれのジャンルが固有な機能をもっている」ことが、傍線部を含む文の理由になっている。しかし傍線部の直前は〈ジャンルを違えている〉ことのみで「機能」のことに言及していない。傍線部が「機能」のことをいっていると考えられる。そしてその傍線部には「将棋盤の上で碁をうつ」という比喩表現が使われている。比喩を考えていく際には、〈何にたとえられているか〉ということに注意しなければならない。この場合は「将棋」と「碁」である。将棋をうつ「将棋盤」と碁をうつ「碁盤」とはマス目の数のちがいはあるが、見た目はよく似ている。しかし「将棋」と「碁」なので、〈よく似ていても盤としての「機能」はちがう〉。端的にいってしまうと、傍線部は〈機能の違いを考えていない〉ということをいっているのである。以上の内容を、同じ段落に「諸ジャンルのあいだが線でしきられているわけではなく、混淆する例も少なく」という表現もあるので、〈類似性〉〈近似性〉ということにもふれたうえでまとめていく。傍線部の最後にある「仕儀」という語は〝事のなりゆき〟という意味で、〈結果の思わしくない場合〉によく使われる。解答にいかすのは難しいので、「こと」と言い換えておけばよいだろうが、自分の解答が「否定的＝よくないこと」になっているかどうかの確認だけはしておきたい。

① それぞれのジャンルには固有の機能がある

神戸大-文系前期　　　　　　　　　　　　　　　　2020 年度　国語〈解答〉　43

ことにはならない。Iの第三段落の「魅力を与える」やIの第四段落にある「享受」などで言い換えていく。Cの

「のみ」は辞書的にとらえて〈だけ〉のように、A・Bの部分を強調する言葉として解答に添えていく。以上の内容

をまとめていくと次のようになる。

① A↓　現代に至るまで読まれつづけている

② B↓　手持ちでないが持ちたいと欲する何かが潜在していて、われわれに魅力を与える／われわれが享受する

③ C↓　だけ

▼問二　「なぜか」と理由がたずねられている。

AはBである、なぜか　↓　AはCだから（Bである）。

という形を想定して、Cにあたる要素を本文から探していけばよい。この設問の場合、

A　日本の古代文学史をどのように記述するか

B　一つの実験的な意味をもつ

となるが、傍線部の冒頭に「その点」とあり、この指示語は直前文の「古典的古代文明を有する……古代文明とよ

べるものがまともに成りたったところはあまりない」という部分を指している。この内容はその二文前にも「西欧人が

古典というのは……『平家物語』に相当するものあたりから」と書かれている。一方、日本については同段落前半に

「自国の古代の古典と……因縁あさからぬ国民」、「異民族の武力的な侵入によって……独特な展開をしてきた」とあ

って、「日本にみられるような連続」と短くまとめられている。この対比を図式化すると

ギリシャ・ラテンの周辺に棲む西欧の諸民族　…　古典との連続性がない　↓　古代文学史が成り立たない

古典的古代文明（※）の周辺に棲む日本　…　同質性・連続性がある　↓　自国の古代文学史が成り立つ

（※は本文に明記されてはいないが、「中国」のことを想定していると考えてよい）

となる。Bにある「実験的」という語は〝どうなるか試しにおこなってみるさま〟という意味であるが、これは〈今

44　2020 年度　国語〈解答〉　　　　　　　　　　　　　　　　　　神戸大-文系前期

「あはれ、あはれ、…」（賀茂真淵『歌意考』）

ああ、ああ、上代（＝奈良朝以前）においては、人の心も一途でまっすぐであった

「設けず、作らず、…」（賀茂真淵『歌意考』）

前もって準備をしたり、手を加えて作ったり、事実を曲げたり、人に注意を与えて導いたりすることはせず、この世

のあり方にあわせて

▼問一　「どういうことか」とたずねられているので、傍線部を言い換えていくことを考えていく。「…が古典である」と、

傍線部は「古典」の定義を述べた内容になっているので、「古典」という語は残して〈〜が古典である、というこ

と。〉あるいは〈古典とは〜である。〉という形の解答を組み立てていく。傍線部の「古典」の定義にあたる部分は、

A　その作られた時代とともに滅びず

B　現代人に対話をよびかけてくる潜勢力をもったもの

C　のみ

に分けられる。Aについては傍線部の二つ前の文にある「古典と呼ばれるものは……過去と現代のあいだ、つまり過

去にぞくするとともに現代にもぞくする」が手がかりとなるが、ややわかりにくい。Ⅰの第四段落にある「かりにあ

る作品がずっと読まれつづけてきたにせよ」などを用いて〈今に至るまで読まれつづけている〉のようにしていく。B

にある「潜勢力」という語は〝内にひそんでいて表面に表れない力〟という意味。Ⅰの第三段落の「古い作品がわれ

われに魅力を与えるのも……新しい何かが、時としてそこに潜在している」にある「潜在」という言葉が言い換え表

現になる。「対話をよびかけてくる」の部分は傍線部の直前の文にある「文学として訴えて」が手がかりとなるが、

〈文学として訴える〉がどういうことなのかわかりにくい。先にも挙げたⅠの第三段落の「われわれの手持ちでない、

だが持ちたいと欲する新しい何かが……潜在している」がヒントになるが、「潜在している」では「よびかけてくる」

神戸大-文系前期　　　　　　　　　　　　　　　　　　　2020 年度　国語〈解答〉　45

6　「だが、…連続性がつよいからといって、古代人の世界がたんなる心情や肉眼で見えるはずがない」

Ⅲ

1　「文学ジャンル」

（原文の見出し「文学ジャンル」）

「古代人とは何かという問題に、文学史もそれなりにこたえるところがなくてはなるまい」

2　「現象は複雑で多様」
　　↓
　　「全円的に一斉に成長し開花するというかたちをとら」ない

3　「大事なのは、また困難なのは」
　　↓
　　「諸ジャンルがそれぞれ異なる時期に発生するその過程と意味、また相互のつながりやその拮抗関係、これらを一貫的に見てとること」
　　＝「いいかえれば」
　　「古代文学史を個々の作品のよせ集めとしてではなく全体として理解すること」（問四）

「文学史という学問が成り立つかどうか、成り立つとすればどのように成り立つか、という難問とも…かさなる」

【引用文の全訳】

Ⅰの第二段落
　「遠くて近きもの。…」（清少納言『枕草子』〈遠くて近きもの〉）
　遠くて近いもの。（それは）極楽、船の道中、男女の間柄

Ⅱの第一段落

2 「古代の文学」
　「特殊性をもっている」
　「民族の歴史で二度と経験できぬ一回きりの段階」
　「詩的生産にかんするかぎり、時のめぐみがまるでちがっていた」

3 　「万葉を規範として意識し、それにもどることが自己更新であるようなつきあいかた」
　「日本的現象にすぎぬと片づけるのは浅はか」（例：「文芸復興（ルネッサンス）」）が生まれる
　「なぜ近代のある時期におけるある種の文学運動が古代を想起せざるをえなかったか」←

4 　「自国の古代の古典とわれわれほど因縁あさからぬ国民も少ない」←
　「民族としての同質性をほぼ保ちながら、農耕を中心に…近代まで独特な展開をしてきた…民族の歴史」←
　「歴史上の事実の問題として…稀有（けう）の例」

5 〈西欧〉　古典…「おもにギリシャ・ラテンのもの」
　　　　　　　　　「日本にみられるような連続はな」い
　　　　　　　⇄　「古代文学史とよべるものがまともに成りたつところはあまりない」←

　「日本の古代文学史をどのように記述するかは、一つの実験的な意味をもつ」（問二）

に入りくんだ歴史的人間活動としてとらえようとするのが文学史の役目である。

古代の文学は特殊性をもっていて、近代のある時期のある種の文学運動は古代を想起する。しかし西欧の古典に日本に

みられるような連続はない。日本の古代文学史をどのように記述するかは一つの実験的な意味をもつ。諸ジャンルが異なる時期に発生する過程と意味、相互のつながりやその

文学ジャンルにはそれぞれ固有の機能がある。

拮抗関係を一貫的に見てとることは、文学史という学問が成り立つかという難問ともかさなるであろう。

▲解　説▼

本文の一行空きのところで、大きくⅠ・Ⅱ・Ⅲと分けていくこととする。1・2…は段落番号である。

Ⅰ
（原文の見出し「遠くて近きもの」）
1「文学がかわっていかない」
2「何が新しく何が古いかは、文学上、かなり厄介な問題」
3「ある時代の文学」
「あるものを失うことによってあるものが得られる」→「古い作品がわれわれに魅力を与える」
4「古典」
5「何をどのように古典として設定するか、…その選択と解釈は、…時代によって変容をうける」
「作られた時代とともに滅びず、現代人に対話をよびかけてくる潜勢力をもったもの」（問一）
「文学史」…(古典を)「複雑に入りくんだ歴史的人間活動としてとらえようとする」

Ⅱ
（原文の見出し「古代と近代と」）
1「斎藤茂吉」「(賀茂)真淵」
「一筋縄ではいかぬ厄介さがつきまとう」

一

出典

西郷信綱『日本古代文学史』〈序　古典とは何か　「遠くて近きもの」　古代と近代と　文学ジャンル〉
（岩波現代文庫）

解答

問一　今に至るまで読まれつづけ、時の流れの中で失われてしまっているが現代人が持ちたいと願う新しいものを潜在させて、人々を魅了するものだけが、古典であるということ。（八〇字以内）

問二　古典的古代文明を持つ大国の周辺にありつつ同質性を保ってきた日本での古代文学史の記述は、西欧に同じような古代文学史が存在しないため、今までにない試みといえるから。（八〇字以内）

問三　文学のそれぞれのジャンルには固有の機能があるが、似ているという理由で同一視してジャンルを無視すると、ジャンルのもつ機能をも無視することになってしまうということ。（八〇字以内）

問四　古代文学史を、現代人の持ちたいと願うものを潜在させて対話を呼びかけてくる古典を時代順に並べたものとするのではなく、複雑に入りくんだ歴史的人間活動としてとらえながら、固有の機能をもつ文学の諸ジャンルが異なる時期に発生する過程と意味、ジャンル相互のつながりや拮抗関係など、その動的展開を一貫的に見てとるということ。（一六〇字以内）

問五　(a) 次第　(b) 時勢　(c) 憧憬　(d) 便乗　(e) 消息

◆要　旨◆

文学において何が新しく何が古いかは厄介な問題である。何をどのように古典として設定するかは時代によって変容をうける。古典とは作られた時代とともに滅びず、現代人に対話をよびかけてくる潜勢力をもったものであり、これを複雑

2019年度

解答編

神戸大-文系前期　　　　　　　　　　　　　2019 年度　英語〈解答〉　*3*

解答編

英語

I　**解答**　問１．A—(カ)　B—(エ)　C—(ウ)　D—(イ)

問２．火星と太陽の間に電磁シールドを張って，火星を太陽風から保護する方法。(35 字以内)

問３．全訳下線部参照。

問４．(イ)・(オ)

◆全　訳◆

≪火星を人類が住める惑星に改造する計画≫

　火星に植民地を作るのは何十年にもわたる夢であった。当然の成り行きで，イデオロギー面と現実面の両方の見地から火星に植民地を作るという考えに反対してきた人がいる。その惑星にひょっとして存在するかもしれない，いかなる細菌状の生命体に対しても危害を及ぼすだろうという理由で，人間が火星で暮らすことに反対する人もいる。火星を万が一にも地球が破壊された場合の「バックアップ」として使うという考えに異議を唱える立場から，火星への移住に反対の人もいる。しかしながら，火星に植民地を作ることに賛成の人たちは，私たちがいる唯一の惑星のはるか彼方に人類を送り出すことを目指している。呼吸のできる大気がなく，表面には水が存在せず，放射線にさらされ，極端な高温や低温となる世界で，長期にわたって生き延びるということ，そういうことをすべて現実的に考慮することについてまず取り組む必要がある。火星への移住者はドーム型の都市で，火星の環境から資源を採取し，それを再利用しながら生存することは可能かもしれない。しかしながら，その赤い惑星へ移住するための計画でさらに興味深いものに，テラフォーミング（惑星改造）と呼ばれるプロセスで，火星の危険な環境をなにか地球に似たような環境に変えるというものがある。

　何十億年も前には，火星はもっと地球に似ており，海や川の形で地表に

水があっただけでなく，分厚い大気も存在していた。その惑星には複雑な構造の生命体がいた可能性は十分にある。しかしながら，はるか遠い昔のどこかの時点で，火星はその磁場を失った。火星がその磁場で保護されなくなると，太陽風が火星から容赦なく大気をはぎ取ってしまい，急速に火星を現在のような凍りついた不毛の地に変えてしまったのだ。火星の大気を取り戻して，火星の気温を上昇させる温室効果がどんどん進行するプロセスを生み出す構想は数多く存在するが，NASA（米航空宇宙局）と一部の学術研究者たちは最近になって，そのプロセスが自然に得られる単純な方法を思いついた。その着想の中身は，火星と太陽の間に電磁シールドを張って，火星を太陽風から保護するというものである。太陽風が大気をはぎ取ってしまうことがなければ，火星の大気は徐々に分厚くなるだろう。やがて，火星の表面温度は極地方に閉じ込められた二酸化炭素を放出させるほど高まり，温室効果を加速させることになるだろう。極地方に存在する水氷が解けて，火星にある程度の水量の海と川が戻るだろう。人類がなすべきことは，遺伝子を作り替えた植物や動物を移して，新たな火星の生態系を作り上げることだけだ。火星を新たな地球に変えるというそのプロセスは，一人の人間の一生という期間で出来上がることもありうる。それは，数百年から数千年の間のいずれかの期間がかかるであろうそれ以前の火星改造計画とは対照的である。

　宇宙空間に電磁シールドを建造するという計画はまだ概念的な段階である。そのようなものを建造して，基本的には永遠に維持し続けるという技術上の問題はけた外れに大きなものとなるだろう。しかしながら，火星を生き物が繁栄しうる温暖で水がある世界としての，かつての状態に戻すという将来像は魅力的なものだ。火星はごく一部の人だけでなく，何百万人もの人が，新たな生活を始めるために移住できるような場所に変わる可能性はある。人類の文明に対する影響は，評価しきれないほどのものとなるだろう。

■■■■■■■ ◀解　説▶ ■■■■■■■

▶問1．選択肢の訳は以下の通り。

(ア)「スペースコロニー，宇宙植民地」　(イ)「生態系」　(ウ)「温室効果」

(エ)「二酸化炭素」　(オ)「天然資源」　(カ)「磁場」　(キ)「原子熱」

A．後続文の When 以下の節中の without the protection of that field と

いう部分に注目する。その field がなくなれば，太陽風によって火星の大
気が失われるというのだから，(カ)の magnetic field が正解となる。同段第
6文（The idea involves …）に，火星と太陽の間に an electromagnetic
shield を張って，火星を太陽風から保護するとあるのもヒントになる。

B．第2段第7・8文（Without the solar …）に注目すると，火星に大
気が戻り，温室効果のプロセスが継続すれば火星の気温が上昇するという
内容が述べられている点に注目する。空所を含む文は火星の気温を上昇さ
せるにはどうすればよいかを論じている部分であり，極地方に閉じ込めら
れている何かが外に出れば温室効果が生まれて気温が上昇するかを考えると，
(エ)の carbon dioxide が正解となる。

C．前問と同じ箇所を参考にして，何を加速させれば気温が上昇するかを
考えると，(ウ)の greenhouse effect が正解となる。

D．空所の直前の部分の内容から，その地の環境に適応できるように遺伝
子操作をした植物や動物を火星に移せば，火星に新たな何が生まれるかを
考えれば，(イ)の ecosystem が正解となる。

▶問2．a simple way「簡単な方法」の具体的な内容については，後続
文（The idea involves …）の the creation 以下に，名詞の形で述べられ
ているので，この部分を35字以内にまとめる。the creation of … は
creating an electromagnetic shield と置き換えて訳すと日本語らしくな
る。create は「〜を創造する，〜を作る」という意味だが，electro-
magnetic shield「電磁シールド」は宇宙空間に作るものであることから
「〜を張る」という訳も適切。to 不定詞は「目的」か「結果」を表す用
法のどちらの訳も可能であろう。protect *A* from *B*「*B* から *A* を守る，*B*
から *A* を保護する」 solar wind「太陽風」

▶問3．**However, the prospect of returning Mars to its former
state**

the prospect はこの文の主語であり，「見通し，ビジョン，展望，可能
性，期待，将来性」など，さまざまな訳が考えられるが，火星を以前の状
態に戻すという構想を言い換えた語の訳としては「将来像，展望，可能
性」などの訳が適切であろう。former state「以前の状態」

as a warm, wet world where life could flourish

この部分は former state を修飾する前置詞句だが，as は「〜としての」

6 2019 年度 英語〈解答〉 神戸大-文系前期

という意味と考えられる。wet はここでは「水のある」という訳が適切。
where 以下は world を修飾する関係副詞節で，could は過去形ではあるが，
未来に対する推量を表す用法と考えられる。flourish「繁栄する」

is an appealing one.

　is 以下は補語であり，one は prospect を言い換えた代名詞。appealing
「魅力的な，興味がわく」

▶問 4．(ア)「NASA は，火星改造計画は工学面と維持面の難しい課題を
伴うものなので高く評価されるだろうと確信している」 最終段第 2 文
（The engineering problems …）に，電磁シールドを作る計画は技術面，
維持面で，問題はけた違いに大きいと述べられてはいるが，NASA がそ
のために火星改造計画が高く評価されると確信しているという記述はなく，
不一致。

(イ)「NASA と他の研究者たちは，新たな火星改造計画は，それ以前の計
画で大まかに描かれていた計画より短い期間で仕上がるだろうと推定して
いる」 第 2 段第 11・最終文（The process of …）に，NASA や他の研
究者たちが考えた火星を新たな地球に変えるプロセスは人ひとりの一生と
いう期間でできる可能性があり，それ以前の計画だと数百年から数千年か
かるのと対照的だと述べられており，一致。

(ウ)「ほとんどの科学者は，私たちがいる唯一の惑星以外の所に人類を送り
出すことを目指しているが，火星を植民地化するという考えには反対して
いる」 第 1 段第 5 文（Those in favor …）から，人類を地球以外の惑星
へ送り出すことを目指している人たちは，火星を植民地化することに賛成
の立場の人だとわかるので，不一致。

(エ)「たとえ私たちが火星を住むことのできる惑星にうまく改造するとして
も，たいていの人は，新たな生活を始めるためにそこに移住しようという
気にはならないだろう」 最終段第 4 文（Mars could be …）に，火星が
地球のような惑星になると，何百万人もの人たちが新たな生活を始めるた
めにそこに移住できるだろうと述べられており，不一致。

(オ)「科学者たちは，火星には以前は地球とほぼ同じような大気があったと
考えており，そこにかつて生命体がいた可能性を示唆している」 第 2 段
第 1・2 文（Billions of years …）に，火星は何十億年も前は，地球に似
た惑星で，複雑な構造の生命体がいた可能性は十分あると述べられており，

神戸大-文系前期　　　　　　　　　　　　　2019 年度　英語〈解答〉　7

一致。

◆━◆━◆━◆━◆　●語句・構文●　◆━◆━◆━◆━◆

（第1段）colony「移住地，居留地，植民地」　inevitably「必然的に，必ず」　ground「立場，見地，根拠」　humans living on Mars は，humans が後に続く動名詞 living の意味上の主語となっている。life form「生命体」　atmosphere「大気」　radiation「放射線」　extract「～を採取する」terraforming「惑星改造，惑星地球化計画」

（第2段）relentlessly「情け容赦なく，どんどん」　a number of ～「多くの～」　scheme「計画」　runaway「どんどん進行する」　come up with ～「～を思いつく，～を考え出す」　All humans would have to do is *do*「人類がすべきことは～することだけだろう，人類は～しさえすればよいだろう」　span「期間，時間」　contrast with ～「～とは対照的である」

（最終段）conceptual「概念上の」　astronomical「天文学的な，けた外れの」　beyond ～「～を超える，～できない」

Ⅱ　解答

問1．たいていの人は，自転車や徒歩で通勤するのは時間がかかりすぎると答えるということ。

問2．A─(エ)　B─(イ)　C─(ウ)　D─(ア)

問3．全訳下線部参照。

問4．(ウ)・(オ)

◆━◆━◆　◆全　訳◆　◆━◆━◆

≪身体運動を伴う通勤の効用≫

　アメリカの労働者のかろうじて3パーセントしか，いかなる頻度であれ，自転車や徒歩で通勤してはいない。生活習慣病のリスクが低下し，環境保全上の利点があり，交通費を削減できるという，明らかな利点があるにもかかわらず，である。多くの調査でやってきたことだが，人々になぜアクティブ・コミューティングとして知られている行為をしないのかと尋ねると，最初に挙げられる理由は時間である。そういうことは時間がかかりすぎる，とたいていの人が答えるのだ。

　その人たちはたぶん間違っている。先月公表された新たな研究によると，人々は，身体を動かして通勤するのに必要な時間を多く見積もりすぎるこ

8 2019 年度　英語〈解答〉　　　　　　　　　　　　　　　　神戸大-文系前期

とがよくあり，計算ミスは，職場近くに駐車する許可を得ている人の場合，特によくあるということが明らかになっている。

　その研究のために，ペンシルバニア州立大学の研究者たちは，大学の教員，職員，学生たちに，体調，健康状態，通勤し駐車する習慣，自転車に乗ったり歩いたりしている時の快適さとそれができるかどうか，家から大学構内の主たる仕事場までの距離，その距離を自転車に乗るか徒歩だとどれくらい時間がかかると思うか，というような点に関する広範囲に及ぶ一連のオンライン式の質問票に記入してくれるよう依頼した。505 人の回答者のうち，徒歩か自転車で通っていたのはわずか数人で，その大半が学生だった。その後，通勤時間の推定結果を，同様のルートでグーグルマップを使って計算した時間と比較した。研究者たちはそれとは別に，そのルートのいくつかは，徒歩か自転車に乗ってかかる時間を計測した。

　その調査に参加した人たち――とりわけ教員と職員たちはおおむね，アクティブ・コミューティングにかかる時間を推定するのが下手だということがわかった。その人たちの推定の約 90 パーセントは，少なくとも 10 分は長すぎた。グーグルを使ったものに近かった少数の推定は，ほぼ必ずといっていいほど自転車に乗る人か徒歩の人がしたものだった。駐車場を利用できるかどうかや，距離も推定に影響した。大学で極めて人気の高い特典である駐車許可を得ている人たちは，アクティブ・コミューティングにかかる時間を多く見積もる傾向がかなり高かったし，職場により近い所に住んでいる人ほど，正しい推測をしていた。自信があることも非常に大きな影響があった。調査した人たちで，ほとんど自転車に乗った経験がなかったり，体の調子が良くないと感じていた人たち，特に女性は，アクティブ・コミューティングにはグーグルの計算よりかなり多くの時間が必要だろうと思っていた。

　もちろん，この研究が限定的なものであるのは，それが自分自身のことという，人が驚くほど頼りにならない話題に関する情報を提供する，狭い範囲の自分たちで選んだ回答者集団をよりどころとしているからだ。また，公表された結果は，衛生状態やシャワー，着替えを持つという複雑な流れといった，急を要するアクティブ・コミューティングの懸案事項を調査したものでもなかった。しかし，この研究結果は，多くの人が予想するほど，かかる時間が自転車や徒歩による通勤通学に対する障害にはならないかも

神戸大-文系前期　　　　　　　　　　　　　　　　　2019 年度　英語〈解答〉　9

しれないということは，確実に示している，とその研究の上席著者である
メリッサ=ボップは言う。

■■■■■■■■ ◀解　説▶ ■■■■■■■■

▶問1．Those things「そのようなこと」の具体的な内容については，直
前の第1段第1・2文（Barely 3 percent …）の内容をまとめて説明する
必要がある。第1文の主語から，この話がアメリカ人に関する話だとわか
り，cycles or walks to work「職場へ自転車か徒歩で行く」という部分
が，第2文中の active commuting「アクティブ・コミューティング（身
体運動を伴う通勤・通学）」の具体的な内容であり，Those things の説明
ともなっていることがわかる。take too long は「あまりにも時間がかか
る，時間がかかりすぎる」という意味。most は most people「たいてい
の人，ほとんどの人」のことだが，ここでは対象がアメリカ人なので「た
いていのアメリカ人，アメリカ人の大半」というような訳も考えられる。

▶問2．A．第2段第2文（A new study …）から，この研究が，人々
がアクティブ・コミューティングにかかる時間を多く見積もりすぎる傾向
がある点を明らかにしていることがわかるので，質問に答えた人の約 90
パーセントは時間を長めに推測したはずであり，(エ)の long が正解。

B．The few assessments「少数の推測」という主語から，こちらは，大
半の人がした実際より長めの時間の推測とは異なるはず。実際に自転車や
徒歩で通っている人たちはグーグルマップを利用して測定した時間に近か
ったものと判断できるので，(イ)の close が正解。

C・D．この2つの空所は the 比較級 ～, the 比較級 …「～すればするほ
ど…」という形の構文となっている。自転車や徒歩で通勤通学したらどれ
くらい時間がかかるかを推測するのだから，住んでいる所から職場まで近
ければ近いほど，全体としてかかる時間は当然少なく，誤差も少なくなる
はずで，Cは(ウ)の closer，Dは(ア)の better が正解。

▶問3．**But the study's results do indicate**

　the study's results は，本文で述べられている研究の結果のことなので
「この研究の結果」という訳が適切。do は動詞の意味を強調する助動詞
としての do の用法で，「確かに，実際に」というように訳すとよい。

that time may be less of a barrier to active commuting

　この that 節は indicate の目的語となる名詞節。主語である time はアク

ティブ・コミューティングにかかる時間のことなので,「かかる時間,所要時間」のように,内容を踏まえた訳がよいだろう。be less of 〜 は「それほど〜ではない」という意味になる。a barrier to 〜「〜に対する障害」 active commuting の訳については,問1の those things と同様,第1段第1・2文の内容から判断した「自転車や徒歩による通勤(や通学)」という訳が適切。研究の調査対象に学生も含まれていたことから,ここでは commuting は「通勤通学」と訳すとよい。

than many might anticipate,

　than 〜「〜より」以下の部分は,この直前の less of a barrier とのつながりで述べられている。many は many people のこと。might は may「〜かもしれない」よりも可能性が低い場合に用いられる。anticipate「〜を予測する」

▶問4. (ア)「多くの調査では,アクティブ・コミューティングに関して質問するのを避けてきた」 第1段第2文(Ask people why …)の as many surveys have という部分から,人々にアクティブ・コミューティングとして知られている行為を避ける理由を尋ねるのは,多くの研究がしてきたことだとわかるので,不一致。

(イ)「自転車に乗ったり歩いたりしていた回答者のほとんどが学生ではなかった」 第3段第2文(Only a few …)に,505人の回答者のうちのわずか数人しか徒歩や自転車で通っておらず,その大半が学生だったと述べられており,不一致。

(ウ)「学生は教授や職員たちより,通学にかかる時間を推察するのが上手だった」 第4段第1文(The survey participants …)には,教授や職員たちはアクティブ・コミューティングにかかる時間の推測はおおむね下手だったと述べられている。また,第3文(The few assessments …)に,グーグルを利用した推測に近かったのは,自転車に乗る人か徒歩の人によるものだったと述べられており,第3段第2文(Only a few …)後半から,その人たちは学生だと判断できるので,一致。

(エ)「研究者たちは,それぞれの通勤に実際にかかった時間を調べるためにグーグルマップを利用することがあった」 第3段第3文(Estimates of commuting …)に,回答者がアクティブ・コミューティングでかかると予想した時間を,グーグルマップを使って計算した時間と比較したと述べ

られてはいるが，実際にかかった時間を調べる目的ではないので，不一致。最終文（The researchers independently …）に，研究者たちは，一部のルートでは実際に徒歩や自転車でかかる時間を計測したと述べられていることからも判断できる。

㋔「体調の良い人たちの方が，自分たちが自転車か徒歩で通勤するのにかかるであろう時間をうまく推測することができた」 第4段第7文（The people surveyed, …）から，体調が良くないと感じている人たちは，アクティブ・コミューティングにかかる時間をかなり多めに推測していたことがわかる。そこで逆に，体調の良い人たちは良くないと感じている人たちより正しい推測ができると考えられるので，一致。

◆━◆━◆━◆━●語句・構文●━◆━◆━◆━◆━◆━◆

（第1段）barely「かろうじて，わずかに」 lifestyle-related disease「生活習慣病」 transportation cost「交通費」 as many surveys have のあとには asked が省略されている。cite「～を引き合いに出す，引用する」
（第2段）overestimate「～を多く見積もりすぎる」 miscalculation「計算間違い」 secure「～を確保する」 parking permit「駐車許可」
（第3段）faculty「（大学の）教師陣」 extensive「広範囲の」 fitness「体調の良さ」 pedestrian「歩行者」 corresponding「それに対応する，同様の」 time「～の時間を測定する」
（第4段）above all「とりわけ」 fiercely「激しく」 sought-after「人気の，好評の」 amenity「得点，恩恵，魅力，（生活を便利にする）設備」
（最終段）hygiene「衛生状態」 logistics「業務，物流（管理）」

Ⅲ 解答

問1．㋑
問2．夫人が自分では運べないピアノを運んでもらいたいのであれば，男性側が要求する1人当たり15ドルを支払うのが，需要と供給で価格が決まる資本主義のシステムでは当然だということ。
問3．(A)—㋔ (B)—㋓ (C)—㋑ (D)—㋕
問4．㋐ 問5．㋔

━━◆全 訳◆━━━━━━━━━━━━━━━━━━━

≪ピアノを運んでもらうための交渉≫

彼らは背の高い，がっしりした体格の男たちで，ラグビー用のジャージ

を着ていたが，袖がすりきれて筋肉がむき出しになっていた。そしてもう少しで通り過ぎてしまうところで，そのうちの一人が振り向いた。そのグループの全員が立ち止まって目をやったので，彼が何か言ったのに違いなかった。彼らは小柄な西洋人の女性をじろじろ見た。彼女は淡い青色の日傘を持ち，貨物船から彼女のそばに荷降ろしされたばかりのピンク色の小型グランドピアノのそばに立っていた。

　突然妙案が浮かんだので，パターソン夫人は大声を出さざるを得なくなった。彼女は彼らの方に足を引きずるようにして歩み寄った。「ちょっと，ごめんなさい，ちょっと！」

　男たちが集まってくると，マグロの匂いがした。

　「みなさん方なら，ご親切に手伝っていただけるのではないかしらと思ったものですから。御覧の通り，手に余ることをしようとしていますの。あれを移動させなければならなくて…」　彼女の小さな血の気のない手を追って彼らが見つめた先には，波止場に鎮座するピアノがあった。「…あそこまで」　彼女の指を追って振り向いた先には，丘の中腹の高い位置に大きな木造の家があった。

　そのグループの中では一番小柄な男だったマラカイ=サウロが前に出た。「俺たちは家に帰るところなんですよ，どなたさんでしたかね」

　「パターソンよ」

　「そうだ，あなたがどういうお方か，みんなわかってますよ。これまでずっとここに住んでますからね」

　「ええ，もちろん，そうでしょうとも…」と彼女は言った。その時には，ちょっとだけ嘆願口調になっていた。「あなた方のようなご親切な方々なら手伝っていただけるかしらと思いましたの」

　彼らは互いに顔を見合わせた。だれかが指をポキポキ鳴らした。

　「いいですか，パターソンさん」とマラカイは言った。「俺たちは午前5時起きでね。月曜から金曜まで。午前6時には仕事を始めて，一日中魚のはらわたを抜いて，切って，缶詰にして，必死に働いてるんです。今日はマグロを1200匹以上仕上げて，俺たちに支払われるのはなんとか家族を食わせて，子どもたちを学校にやれるだけのお金でね。今はみんな，家に帰って冷えたビールを一杯ひっかけて，ガキどもと泳ぎに行きたいだけなんですよ」　男たちは，マラカイの話に賛同してうなるような声を出した。

神戸大-文系前期　　　　　　　　　　　　　　2019 年度　英語〈解答〉　*13*

「わかったわ，じゃおいくら？」と，パターソン夫人は言った。

「何に対していくらですって？」とマラカイが言った。

「みなさん方があのピアノを移動させるのにおいくら必要なのかしら？」

「これはお金の問題じゃないんですよ，パターソンさん。一日真面目に働いてきて，家族のもとに帰りたがっている疲れた男たちのことなんですよ」

「わかったわ，じゃ 10 ドル」と彼女は言った。

「一人につき 10 ドル？」

「全部で 10 ドルよ」

「15 ドルならやりますよ」

「15 ドルですって？」

「一人当たりね」

「まさか！　それじゃ法外じゃないの！」とパターソン夫人は言った。

「いいや，パターソンさん，それが資本主義ってものでしてね」

パターソン夫人の胸が大きく膨らんだ。「ねえ，ちょっとみなさん…」

マラカイが肩をすくめて，背を向けて立ち去ろうとすると，男たちも彼に従った。パターソン夫人の頬は震え，ぎゅっと眉を寄せると，胸の内で，ある音が大きく膨らんだ。その音はどうにか彼女ののどもとまで進んで唇から飛び出したが，缶詰工場のサイレンよりもけたたましい音だった。

「だめー！」彼女は卒倒しそうになった。暑さのせいでもあり，波止場の匂いのせいでもあり，缶詰工場の男たちの抜け目なさのせいでもあった。そしてあのいまいましいピアノめ！　でかくて，自分では何もできない赤ん坊のように波止場に鎮座しているあのいまいましいピンクのピアノのせいだ。

「わかったわ！」と彼女は叫んだ。

男たちは足を止めた。くるっと向きを変えると，白い歯を見せ，彼女の前をさっと横切ると波止場に向かい，ピアノの周りに集まった。サイズが 46 の靴を履き，木の根っこのようにがっしりした脚を持つ，10 人の大柄で筋骨隆々の男たちだ。マラカイが数えて，「さん」と同時にピアノは一回の大きな動きで宙に浮いた。

◀解　説▶

▶問 1．I've bitten off rather more than I can chew. は直訳すると「私

は嚙みきれないほどの大きさのものを食いちぎった」だが, bite off more than A can chew で「(A が) 自分の能力以上のことをしようとする, 無理をする, 手に余ることをしようとする」という意味になる。本文ではパターソン夫人が, 荷降ろしされたピアノを丘の中腹にある自宅に運べず困っているという状況なので, (イ) She had something she couldn't carry alone.「彼女は一人では運べないものを持っていた」が正解。

▶問2. that's capitalism「それが資本主義ってものだ」という発言の that は, パターソン夫人は 10 人の男たちにピアノを運んでもらおうとしたが, 対価を求められていることに気づき, 10 人全員まとめて 10 ドル支払うと提案したが, 男たちからは一人当たり 15 ドルを請求されたという経緯全体を指す。それが嫌なら交渉は不成立, というのが, 需要と供給で対価が決まる資本主義の仕組みだということを伝える発言となっている。経緯の要点をわかりやすくまとめられるかがポイントとなる。

▶問3. (A)「あなた方のようなご親切な方々なら手伝っていただけるかしらと思いましたの」 この発言は第4段第1文 ("I was wondering …) にも類似表現があるように, 相手に対して丁重に援助を求める表現となっており, (オ)の requesting「依頼」が正解。

(B)「何に対していくらですって?」 この発言を境に, ピアノを丘の中腹にある家まで運ぶのにいくら支払うかという具体的な交渉に入っていることから, (エ)の clarifying「明確化」が正解。

(C)「15 ドルならやりますよ」 パターソン夫人が全員まとめて 10 ドルという提案をしたのに対し, 15 ドルという別の金額を出していることから, (イ)の counter-offering「逆提示 (片方から提示された金額に対して, もう一方が修正を加えて逆に提示すること)」が正解。

(D)「まさか! それじゃ法外じゃないの!」 No way! は「まさか! 冗談じゃない」などの意味で, 相手の発言に対する拒否を表す表現。しかもこのあと, outrageous「(金額が) 法外な, べらぼうに高い, 常軌を逸した」という語が用いられていることからも(カ)の rejecting「拒否」が正解。

▶問4. パターソン夫人は, 男性側が逆提示した一人 15 ドルという謝礼金額に対して, 一度は拒否したものの, 男性側から強気の発言を返されたことで, 改めてその金額を拒否する発言を言いよどんだものと考えられ, (ア)の「そんな大金を払うつもりはないわ」が正解。

神戸大-文系前期　　　　　　　　　　　　　　　　　　　　2019 年度　英語〈解答〉　*15*

▶問 5．マラカイの一人につき 15 ドルという提示に対し，パターソン夫人はさらなる提示をしないまま "Alright!" と返事していることから交渉は成立している。最終段第 2 文（They turned around …）後半の ten big muscled men から男たちは 10 人なので，㈡の 150 dollars が正解。

◆～◆～◆～◆　●語句・構文●　◆～◆～◆～◆～◆～◆

（第 1 段）burly「がっしりした」　torn-off「ぼろぼろの，擦り切れた」powder blue「淡青色」　unload「（荷物など）を降ろす」

（第 2 段）brainwave「突然ひらめいた妙案」　shuffle「足を引きずって歩く」

（第 10 段）gut「はらわたを抜く」　can「～を缶詰にする」　All we want to do now is *do*「私たちは今は～したいだけだ」　grunt「低いうなり声をあげる」　in approval「承認して，賛同して」

（第 24 段）shrug「肩をすくめる」　clench「硬く閉じる，ぎゅっと締まる」　work *one's* way「苦労して進む」　shrill「けたたましい」　cannery「缶詰工場」

（最終段）flash「ぴかっと光る」　count and on "three" というのは，掛け声で「いち，にの，さん」と数えていって，「さん」の声でピアノを持ち上げたということ。momentous「重要な」

IV　解答例

(1) 〈解答例 1〉　I would choose Apartment 2 because its monthly rent is much more reasonable compared to that for the other one; moreover, I need not pay key money. Even though it is small and rather old, I am quite satisfied with this apartment because it has a unit bathroom. I do not mind the 10-minute walk to the nearest station. (60 語程度)

〈解答例 2〉　I would choose Apartment 1 because it is in a newly built building and is much larger in size than the other one. In addition, since the balcony faces south, I will be able to enjoy plenty of sunlight every day. Even though I have to pay key money and a high monthly rent, I think this apartment with two rooms is worth it. (60 語程度)

(2) 〈解答例 1〉　I think that the custom of paying key money is old-

fashioned and should be abolished. First, many tenants today do not meet the owner when agreeing to a rental contract; thus, they need not pay any money to show their gratitude toward the owner. In fact, I think the owner should show their gratitude, since they get to benefit from the residents. (60 語程度)

〈解答例2〉 I do not think that there is any need to pay key money. My guess is that, when the custom was introduced, many people must have had difficulty finding apartments because of a housing shortage. Today, however, there are so many apartment buildings that owners have difficulty finding new tenants. Therefore, owners should be grateful to their tenants. (60 語程度)

━━━━━━━ ◀解　説▶ ━━━━━━━

▶(1)　Apartment 1 と Apartment 2 の2つの広告を見て，どちらを選ぶかを理由を含めて60語程度の英文で書く問題。〈解答例1〉は，ワンルームではあるものの賃料が半額で，礼金もいらない Apartment 2 を選ぶという立場。受験生としてはこちらの方が理由を書きやすいと思われる。賃料や部屋の様子についてもある程度の情報が与えられているので，理由も含め，それらの情報をうまく利用しながらシンプルな英語でまとめるとよい。〈解答例2〉は，Apartment 1 を選ぶ立場。理由としては，部屋が2つある点や，バルコニーが南向きである点などを挙げるとよいだろう。

▶(2)　アパート入居時に礼金（key money）を支払う習慣について，時代遅れだから廃止すべきだという意見に対し，どう思うかについて理由をいくつか添えて60語程度の英文で書く問題。解答例は2つ挙げたが，いずれも廃止すべきだという立場のものであり，今の時代では，残すべきだという立場で理由を見つけることは難しいだろう。old-fashioned「時代遅れで」　abolish「廃止する」　tenant「貸借人，居住者」

▌❖講　評

　2019年度も読解問題3題，英作文1題という出題で，問題構成は例年通り。英作文は，条件付きの自由英作文の出題で，語数が合計120語と多いだけでなく，配点も30点と高めである。読解問題の英文量は2018年度よりさらに150語以上減って約1,400語となり，減少傾向が

続いている。設問は記述問題では英文和訳と内容説明，選択問題では空所補充，同意表現，内容真偽などが出題されている。

Ⅰ．読解問題。火星の地球化計画について述べたもので，SF の世界のような話題をわかりやすく科学的に説明している。設問は記述問題が内容説明と英文和訳，選択問題が空所補充と内容真偽という構成だが，内容説明では専門用語の訳が必要であり，とまどった受験生もいたかもしれない。英文和訳は構文的にもシンプルで訳しやすい。空所補充と内容真偽はごく標準的。

Ⅱ．読解問題。自転車や徒歩による通勤・通学がテーマで，英文自体は読みやすいのだが，内容説明や英文和訳ではアクティブ・コミューティングに適訳が浮かばないと苦戦する。設問は記述問題が内容説明と英文和訳，選択問題が空所補充と内容真偽というⅠとほぼ同様の構成であった。空所補充は文脈の読み取りがカギとなる設問である。

Ⅲ．読解問題。例年通り，会話文の多い英文で，ピアノを運んでほしい老夫人と，通りかかった 10 人の屈強な男たちとのやりとりであった。これも神戸大学の特徴で，一読しただけでは状況が読み取りにくい英文なので，落ち着いて解答する必要がある。設問は記述問題は内容説明のみだが，どの程度説明すべきかが判断しづらく難問。あとはすべて選択問題であり，同意表現，会話が示す行為を一語で答える問題，発言の続きを考える問題，内容から計算させる問題など，多様な設問であった。

Ⅳ．英作文。2014・2016～2018 年度に続き，条件付きの自由英作文問題となった。2 つのアパートの図面を見て，どちらを選ぶかを説明する問題と，礼金制度についての意見を求める問題で，理由を含めてそれぞれ 60 語程度という語数制限もついていることから，かなりの難問と言える。

全体的に見て，この設問数に対して 80 分という試験時間は決して余裕のあるものではなく，2018 年度と同様，やや難度の高い出題となった。

数学

1 ◇発想◇ (1) 2つの条件を式で表し，b, cについて解く。

(2) $(1, f(1))$ における接線の方程式は，$y = f'(1)(x-1) + f(1)$ である。

(3) $0 < a < \dfrac{1}{2}$ に注意してグラフの概形を描き，積分により S を求める。最大値については平方完成すればよい。

解答 (1) 曲線 $y = f(x)$ は点 $\left(2, \ 2 - \dfrac{c}{2}\right)$ を通るので

$$f(2) = 2 - \frac{c}{2}$$

よって　$4a + 2b + c = 2 - \dfrac{c}{2}$

$$8a + 4b + 3c = 4 \quad \cdots\cdots ①$$

また

$$\int_0^3 f(x)\,dx = \int_0^3 (ax^2 + bx + c)\,dx = \left[\frac{a}{3}x^3 + \frac{b}{2}x^2 + cx\right]_0^3$$

$$= 9a + \frac{9}{2}b + 3c$$

であるので，$\displaystyle\int_0^3 f(x)\,dx = \dfrac{9}{2}$ より

$$9a + \frac{9}{2}b + 3c = \frac{9}{2} \quad \cdots\cdots ②$$

②$-$① より　$a + \dfrac{1}{2}b = \dfrac{1}{2}$　　$b = -2a + 1$

①へ代入して　$8a - 8a + 4 + 3c = 4$　　$c = 0$

ゆえに　$f(x) = ax^2 + (-2a+1)x$　　$\cdots\cdots$(答)

(2) (1)より　$f(1) = a - 2a + 1 = -a + 1$

また，$f'(x) = 2ax - 2a + 1$ より　$f'(1) = 2a - 2a + 1 = 1$

よって，点 $(1, -a+1)$ における接線 l の方程式は

$$y = 1 \cdot (x-1) - a + 1 \quad y = x - a \quad \cdots\cdots (答)$$

(3) $f(x) = 0$ とおくと

$$ax\left(x - 2 + \frac{1}{a}\right) = 0 \quad (a \neq 0)$$

$$\therefore \quad x = 0, \ 2 - \frac{1}{a}$$

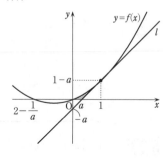

$0 < a < \dfrac{1}{2}$ より，$\dfrac{1}{a} > 2$ であるので

$$2 - \frac{1}{a} < 0$$

よって，曲線 $y = f(x)$ と直線 l の概形は上のようになり，S は網かけ部分の面積であるので

$$S = \int_0^1 \{ax^2 + (-2a+1)x\} dx - \frac{1}{2}(1-a)(1-a)$$

$$= \left[\frac{a}{3}x^3 + \frac{-2a+1}{2}x^2\right]_0^1 - \left(\frac{1}{2}a^2 - a + \frac{1}{2}\right)$$

$$= \frac{a}{3} - a + \frac{1}{2} - \frac{1}{2}a^2 + a - \frac{1}{2}$$

$$= -\frac{1}{2}a^2 + \frac{a}{3}$$

$$= -\frac{1}{2}\left(a - \frac{1}{3}\right)^2 + \frac{1}{18}$$

$0 < a < \dfrac{1}{2}$ より，S の最大値は $\dfrac{1}{18}$，そのときの a の値は $a = \dfrac{1}{3}$ ……(答)

━━━━━━━━━━ ◀ 解　説 ▶ ━━━━━━━━━━

≪放物線の接線，囲まれた図形の面積の最大値≫

▶(1)　2つの条件を a, b, c の式で表し，b, c の連立方程式として解けばよい。

▶(2)　(1)から，$f(1)$, $f'(1)$ を a で表し，接線の方程式を求める。

▶(3)　まず，グラフの概形を描く。積分区間を分け，

$$S = \int_0^a \{ax^2 + (-2a+1)x\} dx + \int_a^1 \{ax^2 + (-2a+1)x - (x-a)\} dx$$ を計算してもよいが，〔解答〕のように，曲線 $y = f(x)$ と x 軸で挟まれる部分の面積

20 2019 年度 数学〈解答〉 神戸大-文系前期

から三角形の面積を引くとよい。

2

◇**発想**◇ (1) 1，3，4 の繰り返しであるので，n を 3 で割った余りで分類し，S_n を求める。

(2) (1)の結果から，S_n を 8 で割った余りに着目する。

(3) k^2 を 8 で割った余りについて調べるので，k を 4 で割った余りで分類する。

解答 (1) $n=3m$ $(m=1,\ 2,\ 3,\ \cdots)$ のとき

$$S_n = S_{3m} = \underbrace{(1+3+4)+(1+3+4)+\cdots+(1+3+4)}_{m\text{個}}$$

$$= 8m = \frac{8n}{3}$$

$n=3m+1$ $(m=0,\ 1,\ 2,\ \cdots)$ のとき

$$S_n = S_{3m+1} = \underbrace{(1+3+4)+(1+3+4)+\cdots+(1+3+4)}_{m\text{個}}+1$$

$$= 8m+1 = 8\cdot\frac{n-1}{3}+1 = \frac{8n-5}{3}$$

$n=3m+2$ $(m=0,\ 1,\ 2,\ \cdots)$ のとき

$$S_n = S_{3m+2} = \underbrace{(1+3+4)+(1+3+4)+\cdots+(1+3+4)}_{m\text{個}}+1+3$$

$$= 8m+4 = 8\cdot\frac{n-2}{3}+4 = \frac{8n-4}{3}$$

以上より

$$S_n = \begin{cases} \dfrac{8n}{3} & (n \text{ が 3 で割り切れるとき}) \\[2mm] \dfrac{8n-5}{3} & (n \text{ を 3 で割った余りが 1 のとき}) \quad \cdots\cdots(\text{答}) \\[2mm] \dfrac{8n-4}{3} & (n \text{ を 3 で割った余りが 2 のとき}) \end{cases}$$

(2) (1)より，S_n を 8 で割った余りは 0 または 1 または 4 であるが，

$2019 = 8 \times 252 + 3$ より 2019 を 8 で割った余りは 3 であるので，

$S_n = 2019$ となる自然数 n は存在しない。 (証明終)

神戸大-文系前期 2019 年度 数学〈解答〉 21

(3) $k = 4l$ $(l = 1, 2, 3, \cdots)$ のとき

$\qquad k^2 = (4l)^2 = 8(2l^2)$

であるので，$n = 3(2l^2)$ とすれば，n は自然数で，(1)より

$\qquad S_n = S_{3(2l^2)} = 8(2l^2) = k^2$

$k = 4l + 1$ $(l = 0, 1, 2, \cdots)$ のとき

$\qquad k^2 = (4l+1)^2 = 16l^2 + 8l + 1 = 8(2l^2 + l) + 1$

であるので，$n = 3(2l^2 + l) + 1$ とすれば，n は自然数で，(1)より

$\qquad S_n = S_{3(2l^2+l)+1} = 8(2l^2 + l) + 1 = k^2$

$k = 4l + 2$ $(l = 0, 1, 2, \cdots)$ のとき

$\qquad k^2 = (4l+2)^2 = 16l^2 + 16l + 4 = 8(2l^2 + 2l) + 4$

であるので，$n = 3(2l^2 + 2l) + 2$ とすれば，n は自然数で，(1)より

$\qquad S_n = S_{3(2l^2+2l)+2} = 8(2l^2 + 2l) + 4 = k^2$

$k = 4l + 3$ $(l = 0, 1, 2, \cdots)$ のとき

$\qquad k^2 = (4l+3)^2 = 16l^2 + 24l + 9 = 8(2l^2 + 3l + 1) + 1$

であるので，$n = 3(2l^2 + 3l + 1) + 1$ とすれば，n は自然数で，(1)より

$\qquad S_n = S_{3(2l^2+3l+1)+1} = 8(2l^2 + 3l + 1) + 1 = k^2$

以上より，どのような自然数 k に対しても，$S_n = k^2$ となる自然数 n が存在する。 (証明終)

━━━━━ ◀解 説▶ ━━━━━

≪3個の自然数が繰り返される数列の和≫

▶(1) n を 3 で割った余りで分類する際，m を自然数として，$n = 3m$，$n = 3m - 1$，$n = 3m - 2$ としてもよいが，〔解答〕のようにした方がわかりやすいだろう。$n = 3m + 1$，$n = 3m + 2$ のとき，$m = 0, 1, 2, \cdots$ となることに注意。

▶(2) (1)より，S_n を 8 で割ったときの余りは 0 または 1 または 4 に限られるので，2019 を 8 で割った余りが 3 であることから示せばよい。

▶(3) $(4l + r)^2 = 16l^2 + 8lr + r^2 = 8(2l^2 + lr) + r^2$ であるので，k を 4 で割った余りで分類すれば，(1)の結果から，$S_n = k^2$ となる n を具体的に表すことができる。

3 ◇発想◇ (1) $\vec{AB} = \vec{PB} - \vec{PA}$ として,条件 $|\vec{AB}| = 2$ を用いる。

(2) $\angle AGB = \dfrac{\pi}{2}$ より,G は AB を直径とする円周上にある。

(3) $|\vec{GM}| = \dfrac{1}{3}|\vec{PM}|$ であるので,(1)を用いて,G の軌跡を求める。

解答 (1) $|\vec{PM}|^2 = \left|\dfrac{\vec{PA}+\vec{PB}}{2}\right|^2$

$= \dfrac{1}{4}(|\vec{PA}|^2 + 2\vec{PA}\cdot\vec{PB} + |\vec{PB}|^2)$

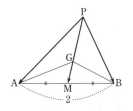

ここで,$|\vec{AB}| = 2$ より

$|\vec{PB} - \vec{PA}|^2 = 4$

$|\vec{PA}|^2 - 2\vec{PA}\cdot\vec{PB} + |\vec{PB}|^2 = 4$

両辺に $4\vec{PA}\cdot\vec{PB}$ を加えると

$|\vec{PA}|^2 + 2\vec{PA}\cdot\vec{PB} + |\vec{PB}|^2 = 4 + 4\vec{PA}\cdot\vec{PB}$

よって

$|\vec{PM}|^2 = \dfrac{1}{4}(4 + 4\vec{PA}\cdot\vec{PB}) = \vec{PA}\cdot\vec{PB} + 1$ ……(答)

(2) $\angle AGB = \dfrac{\pi}{2}$ より,G は AB を直径とする円周上にあるので

$|\vec{GM}| = 1$

$\vec{PM} = 3\vec{GM}$ より $|\vec{PM}|^2 = 9|\vec{GM}|^2 = 9$

(1)より $\vec{PA}\cdot\vec{PB} + 1 = 9$

ゆえに $\vec{PA}\cdot\vec{PB} = 8$ ……(答)

(3) $\vec{PA}\cdot\vec{PB} = \dfrac{5}{4}$ のとき

$|\vec{PM}|^2 = \vec{PA}\cdot\vec{PB} + 1 = \dfrac{5}{4} + 1 = \dfrac{9}{4}$

よって $|\vec{PM}| = \dfrac{3}{2}$

したがって $|\vec{GM}| = \dfrac{1}{3}|\vec{PM}| = \dfrac{1}{2}$

ゆえに,点 P が,$\vec{PA}\cdot\vec{PB} = \dfrac{5}{4}$ をみたすように動くとき,G は M を中心と

し，半径 $\dfrac{1}{2}$ の円周上の，線分 AB 上の 2 点を除く部分を動く。

よって，∠ABG が最大となるのは，B から，中心 M，半径 $\dfrac{1}{2}$ の円に引いた 2 本の接線の接点に G が一致するときである。

このとき

$$\angle \mathrm{MGB} = \dfrac{\pi}{2}$$

$$\mathrm{MG} : \mathrm{MB} = \dfrac{1}{2} : 1 = 1 : 2$$

であるので　　$\angle \mathrm{MBG} = \dfrac{\pi}{6}$

ゆえに，∠ABG の最大値は　　$\dfrac{\pi}{6}$　……(答)

◀解　説▶

≪ベクトルの内積，三角形の重心の軌跡≫

▶(1)　$|\overrightarrow{\mathrm{PM}}|^2$ と条件 $|\overrightarrow{\mathrm{AB}}|=2$ を $\overrightarrow{\mathrm{PA}}$, $\overrightarrow{\mathrm{PB}}$ を用いて表せばよい。文字式の計算のように

$$|\overrightarrow{\mathrm{PM}}|^2 = \left|\dfrac{\overrightarrow{\mathrm{PA}}+\overrightarrow{\mathrm{PB}}}{2}\right|^2 = \dfrac{1}{4}|\overrightarrow{\mathrm{PA}}+\overrightarrow{\mathrm{PB}}|^2$$

$$= \dfrac{1}{4}(|\overrightarrow{\mathrm{PB}}-\overrightarrow{\mathrm{PA}}|^2 + 4\overrightarrow{\mathrm{PA}}\cdot\overrightarrow{\mathrm{PB}}) = \dfrac{1}{4}(|\overrightarrow{\mathrm{AB}}|^2 + 4\overrightarrow{\mathrm{PA}}\cdot\overrightarrow{\mathrm{PB}})$$

$$= \overrightarrow{\mathrm{PA}}\cdot\overrightarrow{\mathrm{PB}} + 1$$

としてもよい。

▶(2)　G は AB を直径とする円周上にあるので GM=1, また, G は PM を 2:1 に内分する点であるので PM=3GM，これより $|\overrightarrow{\mathrm{PM}}|^2$ が得られ，(1)より $\overrightarrow{\mathrm{PA}}\cdot\overrightarrow{\mathrm{PB}}$ の値がわかる。

▶(3)　(2)と逆に，$\overrightarrow{\mathrm{PA}}\cdot\overrightarrow{\mathrm{PB}}$ の値から $|\overrightarrow{\mathrm{PM}}|$ が得られ，したがって，$|\overrightarrow{\mathrm{GM}}|$ の値が定まるので，G の軌跡が円であることがわかる。

❖講　評

2019 年度は，微・積分法，数列と整数，ベクトルからの出題で，場合の数，確率からの出題はなかった。また，**2・3**が理系との共通問題であった。

1. 微・積分法からの出題で，接線，囲まれる部分の面積についての標準的な問題である。(3)で a の範囲に注意して，グラフの概形がつかめたかどうかがポイントである。

2. 数列の和と整数の性質についての融合問題である。(1)は 3 で割った余りで分類することに気づくだろう。(2)は 8 で割った余りに着目するが，(1)の結果から n を求めても示すことができる。(3)では k を 4 で割った余りに着目しなければならず，その点でやや難しい問題といえるだろう。

3. ベクトルの内積についての問題。(1)・(2)は特に問題ないだろう。(3)については，図形的に考えることができたかどうかで差がついたと思われる。

全体として，標準的な問題が中心であり，基本的な小問を確実に解いていくことが大切である。

まえて答えるものだが、傍線部の内容説明が求められていることが意識できていれば、先にも述べたように解答要素の多くは傍線部の前後にあり、足りない部分だけを全体から集めてくれば解答を作成することができる。本文が短くなった分、全体を見返すのも楽になっている。ただ一六〇字という字数は十分なようでいて短い。制限字数内に上手に必要事項を収める表現力の有無が最後に勝敗を分けたといえるだろう。

二　古文（説話）　臨終にも仏道心を持たず現世に執着していた人物の話を批判的にとらえる文章が出題された。設問は、文学史、文法、口語訳、内容説明で、内容説明の二つの問いには、六〇字と五〇字の字数制限が設けられている。問一の文学史、問二の文法はごく標準レベルといえる。問二の口語訳もおおむね標準レベルで、語句の意味や助動詞の意味用法に基づいた忠実な訳が求められている。問四の内容（理由）説明は、傍線部の前に書かれている惟規の発言と僧の気持ちに添って素直にまとめることができる。問五の内容説明は、実質的には惟規が臨終に詠んだ和歌の内容が問われていることに気づけるかどうかが決め手となる。掛詞の理解も必要とされる高度なものであった。

三　漢文（史伝）　故事成語の「呉下の阿蒙」と「刮目」のもととなった話で、皇帝に諭されて学問に励んだ武将の逸話を紹介する文章が出題された。設問は、読み、口語訳、内容説明で、内容説明には六〇字の字数制限が設けられていた。問一の読みは、頻出の副詞や再読文字で、確実に得点したい。問二の口語訳は、反語・願望・比較といった基本句法の知識と文脈に応じた読み取りが必要。問三の現代語訳は、「独」の限定の意味が明確になるように前の内容を踏まえて解答する。問四の内容説明は、本文全体にわたる理解が求められている。

武帝は軍務の際にも書物を手放さず、曹操は老齢になっても学問を好んでいると言ったことが列挙されているので、それに比べて学問をしていないのは呂蒙だけだということを強調する意図が「独」に込められていると読み取れる。

▼問四　波線部は「大兄何ぞ事を見るの晩きか」と読み、逐語訳は〝あなた様はなんとまあ事態に気づくのが遅いことか〟となる。「大兄」は〔注〕にあるように、年長の男性に対する呼称で、呂蒙が魯粛に呼び掛けているもの。「何〜乎」は、〝なんとまあ〜か〟という詠嘆を表す。「晩」は〝遅い〟という意味の形容詞。呂蒙のこの言葉は、魯粛から「吾謂大弟但有武略耳、今者才略、非復呉下阿蒙」と言われたのを受け、あなたはそのことにもっと早く気づくべきであったと返したもので、「事」は魯粛の言葉を指している。「吾謂ふに大弟は但だ武略有るのみ」とは、魯粛は呂蒙のことをただ武略に長けただけの人物だと思っていたということ。「今者の才略、復た呉下阿蒙に非ず」は、今回会って議論してみると、現在の呂蒙の才略はもはや呉にいたときの蒙君ではないと気づき、以前とは別人のように才略を身につけていることに驚いているということである。呂蒙が才略にも長けた人物になったのは、第一段落に書かれているように、孫権に諭されて学問をするようになったからであるということも加えてまとめる。

◆講評

一　現代文（評論）　アンパンマンから臓器移植…iPS細胞へと展開していく評論から出題された。一見意表を突く内容に思えるが、論の流れは明快で、大阪大学の教授でもある筆者が、医学部でおこなわれていることなどに触れながらわかりやすい言葉で述べた、きわめて刺激的な文章である。本文の長さは二〇一八年度に比べて大幅に減っており、余裕をもって設問に取り組めたものと思われる。設問は、例年通りの書き取りと字数制限つきの内容説明という構成で、解答字数は二〇一八年度と同じ、八〇字三問と一六〇字一問、総記述字数四〇〇字であった。設問内容は、問二から問五まですべて傍線部の内容を「どういうことか」と問うもので、傍線部の前後の流れをおさえていけば、解答要素を見つけていくことができる。問二と問四では指示語がポイントとなっていた。問五は例年どおり「本文全体の論旨」を踏

好むと謂ふ。卿何ぞ独り自ら勉勵せざるか」と。蒙乃ち始めて学に就く。

後、魯肅尋陽を過ぎり、蒙と論議し、大いに驚きて曰く「吾謂ふに大弟は但だ武略有るのみと、今者の才略、復た呉下阿蒙に非ず」と。蒙曰く「士別れて三日なれば、即ち更に刮目して相待つべし。大兄何ぞ事を見るの晩きか」と。

▲解　説▼

▼問一
① 「宜」は「よろしく〜べし」と読み、"〜がよい"という意味を表す再読文字。
② 「以為」は「おもへらく（おもえらく）」と読み、"〜と思っている"という意味を表す連語。
③ 「乃」は「すなはち（すなわち）」と読み、"そこで、やっと"という意味を表す接続詞。
④ 「復」は「また」と読む副詞。

▼問二
(ア) 「孤豈に卿経を治め博士と為らんを欲せんや」と読む。「孤」「治経」「博士」の意味は〔注〕の通り。「豈〜邪」は反語を表し、"どうして〜か、いや、〜ない"と訳す。「欲」は願望を表す。「卿」は第二人称。「為」はここでは「為る」と読む動詞で、「為博士」は"博士となる"ということ。孫権が呂蒙に対して、自分はあなたが経典を学んで身につけて博士（＝儒教を教授する官職）になることを望んでいるわけではないということを言ったものである。

(イ) 「卿多務を言ふも、孰か孤のごとくならんや」と読む。「卿言多務」は、孫権から学問をするように言われた呂蒙が、軍務が多忙だということを理由に拒んだこと（＝「蒙辞以軍中多務」）を指している。「孰」は反語、「若」は比較を表し、「孰若孤」の逐語訳は〝だれが私のようか、いや、だれも私のようではない〟であるが、「若孤」の具体的な内容として、自分はだれよりも多忙であるということを示しておくのがよい。

▼問三 「卿何ぞ独り自ら勉勵せざるか」と読む。「卿」は第二人称で、呂蒙を指している。「何不〜邪」は、"どうして〜ないのか"と問いかける形で、そうすればよいのにと促す表現となっている。そこに挿入されている「独」は限定を表す副詞で、ここでは主語である「卿」に関して、"あなただけが"と言っている。傍線部(A)の前には、学問につとめ励んでいた人の例として、孫権本人は常に書物を読んで修養しており、孔子は学問が最も有益であると言い、光

28　2019 年度　国語〈解答〉　　　　　　　　　　　　　　　　　　　　　　　　　　神戸大-文系前期

問三　私も孔子も光武帝も曹操も学問に励んでいるのに、あなただけがどうして自分から学問につとめ励まないのか

問四　呂蒙の、学問に励んだことによって、武略に長けていただけのかつての呂蒙ではなくなり、才略を備えた人物に成長している状況。（六〇字以内）

◆全　訳◆

　その昔、孫権が呂蒙に教えて言うには「あなたは今重要な地位にいて権力を握っているので、学問をすることによって自ら啓発されるのがよい」と。呂蒙は軍務が多忙だということを理由にして拒んだ。孫権が言うには「私はどうしてあなたが経典を学んで身につけ儒教を教授する官職につくことを望んだりしようか、ただ書物を広く読みあさり、過去のことを知るというだけだ。あなたは多忙だと言うが、だれが私ほど多忙であろうか（＝私以上に多忙な者はいない）。私はいつも書を読み、自分で大いにためになることがあると考えている。孔子が言ったことには『一日中食事をせず、一晩中寝ずに、考えてもためにならない、学問をする以上のことはないのである』と。光武帝は軍務を行う際に、手は書物を離さなかった。孟徳（＝曹操）もまた自ら年老いても学問を好むと言った。あなたはどうして自分だけ自らつとめ励まないのか」と。呂蒙はそこでやっと学問を始めた。

　後に、魯粛が尋陽を通りかかり、呂蒙と論議し、非常に驚いて言うには「私はあなたはただ武略に長けているだけだと思っていたが、現在の才略は、もはやかつて呉にいたときの蒙君ではない」と。呂蒙が言うには「立派な人物というものは別れて三日すれば（見違えるほど成長するものであるから）、さらに目をこすってよく見て遇するがよい。あなた様はなんとまあ事態に気づくのが遅いことか」と。

【読み】　初め、孫権呂蒙に謂ひて曰く「卿は今塗に当り事を掌るに、宜しく学問し以て自ら開益すべし」と。蒙辞するに軍中多務を以てす。権曰く「孤豈に卿経を治め博士と為らんや、但だ当に渉猟し、往事を見るのみ。卿多務を言ふも、孰か孤のごとくならんや。孤常に書を読み、自ら以為く大いに益する所有りと。孔子言へらく『終日食らはず、終夜寝ず、以て思ふも益無し、学ぶに如かざるなり』と。光武兵戈の務に当り、手は巻を釈かず。孟徳も亦た自ら老ひて学を

▼問五 「これを思ふに」の「これ」は、前の段落に書かれている内容で、惟規が亡くなる間際に「都にも……」の和歌を詠んだことを指す。この和歌は、「たび」が「度」と「旅」、「いか」が「生か」と「行か」の掛詞で、〝都にも心配な人が大勢いるので、やはり今回は生きてこの旅は行こう（＝越中から都に戻ろう）〟と詠んだものである。それを〝どんなに罪が深いだろうか〟と評するのは、直後に「三宝のことを心にかけて……離れければ」と書かれている見解に基づいている。三宝（＝仏教で重視されている仏・法・僧）を思って死ぬ人でさえも、やはり死後の苦しみの世界を逃れることは難しいのに、惟規は三法への思いを全く持っていなかったので、罪深く悲しいことだと評しているのである。惟規が臨終に思ったのは都の人に会うために生き延びたいということのみで、仏道心は一切なかったということを、「現世への執着」といった表現を添えてまとめるとよい。なお、第二段落の内容を解答に含めるかは迷うところだが、何を「心にかけて死ぬ」かが評されているので、死ぬ間際の惟規の態度として、第三段落の内容に絞って解答するのが妥当であろう。

い捨てて逃げたというもの。「狂ほし」は〝異常だ、正気ではない〟の意で、ここでは、来世での往生を祈るように家族も勧め、僧もそう促すために招かれて死後の苦しみを説いたのに、惟規は死後の旅でさえも風物を楽しもうとばかりしているため、正常ではないと思ったということである。

解答 三

出典 司馬光『資治通鑑』をもとに虞溥『江表伝』により改変した文章

問一 ①よろしく〜べし ②おもえらく ③すなわち ④また

問二 ㈠私はどうしてあなたが経典を学んで身につけ儒教を教授する官職につくことを望んでいるだろうか、いや、望んではいない

㈡あなたは多忙だと言うが、だれが私ほど多忙であろうか、いや、私以上に多忙な者はいない

(b)「せ」は、ラ行四段活用動詞「取る」の未然形「取ら」に接続し、完了の助動詞「たり」に続いているので、使役の助動詞「す」の連用形。なお、「取らす」を一語のサ行下二段活用動詞ととらえる向きもあるが、動詞「取る」＋助動詞「す」がもともとの成分なので、この問いの選択肢からは「せ」を使役の助動詞とするものを選ぶ。

(c)「せ」は、サ行変格活用動詞「す」で、助動詞「む」に続いているので、未然形。

▼問三　①「限り」はここでは〝臨終・死に際〟の意。「に」は完了の助動詞「ぬ」の連用形、「けり」は過去の助動詞「けり」の終止形である。「様」は〝様子・状態〟などとすればよい。

②「さとりあり」は、仏道で煩悩を去って真理に達する境地にあることを言う。「やんごとなかり」は、この上なくすばらしい様子を言う形容詞「やんごとなし」の連用形。ここでは、僧として非常にすばらしいということがわかる表現にするのがよい。〝身分が高い〟という解釈はここでは当てはまらない。「ける」は過去の助動詞「けり」の連体形。

③「なほ」は、ここでは、あらためて認識したり継続を確かめたりする様子を表す副詞。「働く」は〝動く〟という意味の動詞「働く」の未然形。労働というわけではないので注意しよう。「む」は婉曲の助動詞「む」の連体形。「限り」は限度や範囲を表す名詞。傍線部の訳のみで十分かもしれないが、念のため、後に、「望みを捨てないでいよう」「見守っていよう」などの述語を補っておくのが無難だろう。

④「然」は指示副詞。「な」は断定の助動詞「なり」の連体形「なる」の語尾が撥音便化して表記されない形。「めり」は推定の助動詞で〝～ようだ、～ように見える〟と訳す。惟規が死ぬ間際に「都にも……」の和歌を書いたが、最後の「ふ」という文字を書き終えることができずに息絶えてしまったので、父がその「ふ」という文字を書き加えたという文脈から、「然」は、惟規が最後に書こうとした文字が「ふ」であるということを指している。

▼問四　僧の言動は、臨終の惟規に地獄や中有の旅の恐ろしさを考えるように言い聞かせたにもかかわらず、惟規は中有の旅の道中にも紅葉やすすきや松虫などの風流な物があればそれらで心を慰めようと言うので、「いと狂ほし」と言

父は、「まだ（体が）動くような限りは」と思って、付き添って見守ったところ、惟規は、両手を挙げて近づけるしぐ

さをしたのを、意味もわからないでじっと見ていた時に、そばにいる人が、「もしかして何かを書こうなどとお思いにな

るのだろうか」と気づいて（惟規に）尋ねたところ、（惟規が）うなずいたので、筆に墨を含ませて、紙を添えて持たせ

たところ、このように書いていた。

都にも心配な人が大勢いるので、やはり今回は生きて、この旅は行こう（＝越中から都まで再び戻ろう）と思う。

と書いたところ、最後の「ふ」という文字を書き終えることができずに息絶えてしまったので、父が、「そうであるよう

だ（＝書こうとしたのは「ふ」という文字であるようだ）」と言って、その「ふ」という文字を書き加えて、「形見にしよ

う」と言って取り置いて、いつも見ては泣いたので、涙に濡れて最後には破れてなくなってしまった。父は、京の都に戻

って語ったところ、その頃、これを見聞く人はひどく心打たれることに思った。

これを思うと、どんなに罪が深かっただろうか。三宝（＝仏教で重視されている仏・法・僧）のことを心に掛けて死ぬ

人も、やはり悪道（＝現世で悪事を働いた者が、死後に行くことになる苦しみの世界）を逃れることは難しそうなのに、

この者（＝惟規）は、全くそのようなことなどとは遠ざかっていた（＝三宝のことなど思いもしなかった）ので、悲しいこと

である。このように語り伝えているとかいうことだ。

▲解　説▼

▼問一　『今昔物語集』は平安時代末期に成立した説話集。イの　『伊勢物語』は平安時代前期に成立した歌物語。ロの

『土佐日記』は平安時代前期に紀貫之が著した日記。ハの　『日本永代蔵』は江戸時代に井原西鶴が著した浮世草子。

ニの　『風姿花伝』は室町時代に世阿弥が著した能楽論集。ホの　『枕草子』は平安時代中期に清少納言が著した随筆。

『今昔物語集』と最も成立年代が近いのはホの　『枕草子』である。

▼問二　(a)「勧めさせ」は、マ行下二段活用動詞「勧む」の未然形「勧め」に、使役の助動詞「さす」の未然形「させ」

が接続したもの。

と思ったから。（六〇字以内）

問五　惟規が、臨終にも仏道心を一切持たず、都の人と再会するために生き延びることを望んで現世に執着したこと。（五〇字以内）

◆全　訳◆

今は昔、越中（＝現在の富山県にあたる地）の国守藤原為善といった博士の子で、惟規という者がいる。為善が越中国守となって（現地に）下った時に、惟規は現職の蔵人であったので、伴っても下ることができなくて、叙爵し（＝従五位下の官位を授けられ）てから下ったが、惟規は、道中から重病にかかっていたけれども、そうかといって道中で留まってよいことでもないので、どうにかして到着した。（越中）国に行き着いたところ、臨終である様子になってしまった。

父為善は、惟規が下ると聞いて、喜んで待ち受けたのに、このように臨終である様子であるので、驚きあきれることだと思って、嘆き騒ぐことはこの上ない。

そうして、さまざまに看病したけれども治らなくて、まさに臨終になってしまったので、「もう現世のことはしかたがない。来世のことを思え」と言って、仏道の教えを会得し、この上なく尊かった僧を枕元に座らせて、念仏などを勧めさせようとした時に、僧が、惟規の耳に（口を）当てて教えたことは、「地獄の苦しみは甚だしい様子になった。表現し尽くすこともできない。まず中有といって、次の生がまだ決まっていない間は、広大な野に鳥獣さえいない所で、たった独りでいる心細さや、現世の人への恋しさなどがこらえきれないことを、推察なさってください」などと言ったところ、惟規はこれを聞いて、現世の人への恋しさなどがこらえきれないことを、推察なさってください」などと言ったところ、惟規は、「その中有の旅先では、嵐とともに散る紅葉や、風になびくすすきなどの下に松虫などの鳴き声などは聞こえないのだろうか」と、何度も言葉を継ぎながら苦しい息づかいの中で、「何のためにそれをお尋ねになるのか」と尋ねたところ、惟規は、「もしそうならば、それらを見て心を慰めよう（と思って）」と言って逃げて去ってしまった。

神戸大-文系前期　　　　　　　　　　　　　　　　　　　　　　　　2019年度　国語〈解答〉　33

A
① 「無限複製される」の言い換え→複製可能でとり替えがきく
② 「自己犠牲性」の言い換え→自分の顔を分け与える
B
③ 「おもいつきもしなかった」の言い換え→想定していなかった／考えもしなかった
④ 「臓器移植（生体移植）」と「iPS細胞」の指摘
⑤ 個別性・人格性を消し去る
⑥ 「卓見」の言い換え→見識／意見／発想／考え、など
⑦ C＝AとBとをつなぐもの・AとBとの共通点
（自分が生きながらえるために）他人を自分の身体にとりこむ

二

解答

出典　『今昔物語集』〈巻第三十一　藤原惟規於越中国死語　第二十八〉

問一　ホ

問二　(a)―ハ　(b)―ロ　(c)―ホ

問三
①臨終である様子になってしまった
②仏道を極め、この上なく尊かった僧
③まだ動くような間は望みを捨てずに見守ろう
④息子が和歌の最後に書こうとしたのは「ふ」という文字であるようだ

問四
臨終の惟規に死後の苦しみを説いたのに、惟規は中有の旅でも風物を楽しむことを望んでいるので、正常ではない

34　2019年度　国語〈解答〉　　　　　　　　　　　　　　　神戸大-文系前期

① 「これ」の指しているもの → 生体移植がなされる
以前のあり方 → 亡くなったドナーの臓器を移植していた

② 「アンパンマン的状況」→ 生きるために生きた身体をとりこむ

③ 「ますます……広まっている」の言い換え → 増えている／普及している、など

④ 「ますます……広まっている」

▼問五　「本文全体の論旨を踏まえた上で」という条件はあるが、設問は、傍線部(エ)は「どういうことか」をたずねているので、

Ａ　「無限複製されるアンパンマンの顔の自己犠牲」
Ｂ　「やなせがおもいつきもしなかった卓見（＝ "すぐれた見識・意見"）」

をそれぞれ言い換えていくことを考える。Ａについては、「無限複製」を第八段落の「複製可能で、何度もとり替えがきき」を用いて、「自己犠牲」を「アンパンマンが、おなかがすいた者に、自分の顔を『食べさせる』」（第五段落）、「アンパンマンが……自分の顔をむしりとって食べさせる」（第六段落）などを用いて、それぞれ言い換えていく。

一方、傍線部(エ)は直前の「だが飢えの問題から出発して……アンパンマンのいれ替わる顔という知見は、いっそうひき延ばされているのだろう。それはおそらく……消し去りつつあるのかもしれない」をうけて書かれており、この直前の部分こそがＢの中身にあたると考えられる。そしてここにある「アンパンマン」「飢え」「臓器移植」「iPS細胞」「自己の身体の複製化」という流れで展開する議論こそが、本文の「論旨」を形成しているので、この内容を傍線部(エ)を解答に含めることで「本文全体の論旨をみたすことができる」という条件をみたすことができる。以上の内容を傍線部(エ)は「どういうことか」という問いに対応させる形で、〈ＡはＢを含んでいる〉と表現しているので、ＡとＢには〈つながるもの〉があるということである。以下のポイントを〈ＡはＣにより、Ｂとなる考え方／ものである〉のような形に並べて答えを構成して、ＡとＢの関係を明確にしてまとめていく。

る。

▼問四

① 「個別的な存在」の言い換え→顔が顕示する人格を備えた一個／唯一の存在

② 「個別的な存在とはいい切れない」ことの理由→人格を決定するアンパンマンの顔は複製可能でとり替えがきく

③ 「個別的な存在とはいい切れない」の言い換え→唯一のものではなくなり、人格性も唯一のものではなくなる

「臓器移植の事例に即して」とはあるが、傍線部(ウ)の前後にある「臓器移植」のことをただ書いても答えたことにはならない。「どういうことか」をたずねた設問なので、「アンパンマン的状況」とはどういうことかを言い換えていくことが主眼となる。傍線部(ウ)直前の「これ」という指示語がその前に書かれている「ある種の臓器については……生体移植がなされるようになっている（死んでいなくてもよいのである）」を指しているので、この内容を解答に入れるだけで「臓器移植の事例に即して」という条件はみたすことができる。中心となる「アンパンマン的状況」については、傍線部(ウ)の後の「それは誰かの……食している。口から食べるのではない。しかし生きるために身体にとりいれている」が手がかりとなる。まとめると、

臓器移植	生きるために	生きている臓器を	手術という方法によって	身体にとりいれる
アンパンマン	生きるために	生きているアンパンマンの顔を	口から食べて	身体にとりいれる

となるので、両者に共通するところを抽出していけば「アンパンマン的状況」の説明となる。また傍線部(ウ)にある「ますます……広まっている」については、これまでの臓器移植が第十五段落にあるように〈亡くなったばかりの『新鮮』な』臓器〉を用いていたことに注目する。〈生きている臓器〉を用いることで、〈アンパンマンの世界がさらに近づいている〉＝〈アンパンマンの世界が現実のものになりつつある〉のである。ただ傍線部(ウ)には「広まっている」ということばが用いられているので、この形をその言い換えとするのはやや無理がある。〈増えている〉や〈普及している〉のように「広まっている」に近いことばで言い換えるほうがよい。よって書くべき内容は次の四点であ

「カニバリズム」は〝人間が人肉を食べること〟という意味なので、「自分の肉を食べさせる、他人の肉を食べ（る）」という部分は〈人間の肉を食べる〉と短くすることもできる。「業」という語は〝前世の善悪の行為によって現世において受ける報い〟という意味だが、本文はそのような仏教的な思想に基づく文章ではないので、傍線部㈠の少し後にある「顔を食べろというのは……相当な抵抗感をひきおこすものである」という、傍線部㈠とほぼ同じ内容をいっている部分に注目して、「抵抗感」と置き換えておけばよいだろう。第一段落にある「忌避感」という語を用いることもできる。よって書くべき内容は次の三点である。

① 「これ」の指示内容→アンパンマンが人格性を決定する顔を相手に与える／食べさせる
② 「さらに」のうける内容→自分の肉や他人の肉を食べる／人間の肉を食べる／カニバリズムよりも
③ 「業の深さ」の言い換え→抵抗感／忌避感を引き起こす

▼問三　問二同様「どういうことか」をきかれている。傍線部㈡の「そう」は直前の「個別的な存在」を指しているので、傍線部㈡全体は〈アンパンマンが個別的な存在でありながら、個別的な存在であるとはいい切れない〉という意味になる。「個別的」とは〝他と関係なく別々に存在している様〟という意味なので、「個別的な存在」とは〈他とはちがう存在〉のことである。そして「顔」は「人格性＝パーソナリティを決定」(第七段落)し、「唯一性を示す人格を顕示する」「唯一的なもの」(第九段落)とあるので、顔が個別的であることをもたらすと考えられる。以上より「個別的な存在」を〈顔が顕示する人格を備えた一個／唯一の存在〉とまとめていく。この内容を補強する素材として、続く第十一段落の「人間のかたちをしたキャラクター」という部分を加えていくとさらにわかりやすくなる。一方で、アンパンマンの場合、「顔」は「複製可能」で、何度もとり替えがきき(第八段落)、「一回食べても再生産される」(第十段落)ものである。「複製可能」ということは同じものが複数存在するということであり、「唯一」の存在ではなくなってしまう。顔が唯一のものでなくなってしまうと、顔が決定する「人格性＝パーソナリティ」も「唯一」のものではなくなってしまい、「個別的」といえなくなってしまう。以上の内容を、次の三点に整理してまとめ

アンパンマンのいれ替わる顔という知見
われわれの個別性、パーソナリティ、個別のいのちという事情を消し去る
やなせがおもいつきもしなかった卓見を含んでいる

←

問一　(a)同音異義語がいくつか考えられるが、「食物を摂取」につながるので、"時間的な隔たり"を意味する「間隔」
が適切である。

(b)前後から"広く行き渡っている"という意味であることをつかむ。

(c)"その場の気分・ムード"という意味。同音異義語もないので確実にとっておきたい。

(d)"ある物事の起こる原因となるもの"という意味で、ここは〈餓えが原因となってカニバリズムが起こる〉という
ことである。「基因」という表記もあるので、これも正解となる。

(e)医療の話をしていることに注意する。"実際に病人を診察・治療すること"という意味の「臨床」が適切である。

「はっきりと、くずさないで書くこと」という条件がついているので、一字一字丁寧に書いていくことが大切である。

問二　「どういうことか」をきかれているので、傍線部(ア)を別の言葉に言い換えることを考えていく。まず、傍線部(ア)
の主語が、文のはじめにある「これ」という指示語であり、直前にある「その人格性＝パーソナリティを……ちぎっ
て相手に与える」アンパンマンの行為を指していることをつかむ。この内容に関しては傍線部(ア)と同じ段落の最後に
「食べてはいけないものの最たる部分が食べ物である」とあるので、この部分も加えていくと説明がわかりやすくな
る。また、傍線部(ア)にある「さらに」は、傍線部(ア)直前の「自分の肉を食べさせる、他人の肉を食べる」というカニ
バリズムよりも」という部分をうけており、「カニバリズム」と「アンパンマン」の行為とを比較する形になっている。

12
〜
14　別の視点

人間の個別性は、顔という器官をのぞけば、さしたる違いはない

顔＝人格性の中心 ↓ 再生産できない

肉であればどうであろうか

←

アンパンマンの類似物をつくることは、不可能なテクノロジーではない

15
〜
18

臓器移植

自分が生きながらえるために他人を身体にとりこむ

＝（カニバリズムの）類似的行為

初期の臓器移植

ドナーが亡くなったあと臓器を届けていった

←

生体移植……死んでいなくてもよい

＝

アンパンマン的状況＝生きるために身体に（臓器を）とりいれている

iPS細胞…自己生成する細胞

自食のカニバリズム

＝

自己犠牲と自己を救うことの回路が完結

カニバリズムは一個体のなかで完結

神戸大-文系前期　　　　　　　　　　　　　　　　　　2019 年度　国語〈解答〉39

り、唯一性を示す顔がとり替え可能であるという奇妙さもある。人間の個別性は顔をのぞけばさしたる違いはなく、現代におけるアンパンマンの類似物をつくることは不可能なことではない。医学においては臓器移植というかたちで自分が生きながらえるため他人を身体にとりこむことがおこなわれている。自己生成するiPS細胞から自己の臓器を形成することは自食のカニバリズムである。無限複製されるアンパンマンの自己犠牲は作者のおもいつきもしなかった卓見を含んでいる。

▲解　説▼

本文の構成は以下の通り。1〜18は段落番号である。

1
　人食↓心の奥底の澱のような忌避感

2・3
　われわれは食べなければ自分が死ぬ
　　　　↓
　人食をなすかなさないかは、きわめて繊細な問題をひきおこす

4〜7
　アンパンマン
　(1)おなかがすいた者に、自分の顔を「食べさせる」
　　　　↓
　「顔」（＝人格性を決定する器官）が食べ物

8〜11
　(2)顔がとり替え可能
　　　　＝
　　　唯一的なものがとり替え可能
　　　　↓
　　　アンパンマンは個別的な存在でありながら、そうであるとはいい切れない

一

出典 檜垣立哉『食べることの哲学』〈第二章 カニバリズムの忌避——法の外のタブー〉（世界思想社）

解答

問一 (a)間隔 (b)普及 (c)雰囲気 (d)起因 (e)臨床

問二 人格性を決定する最も食べてはいけない部分である顔を相手に与えるアンパンマンの所作は、自分の肉や他人の肉を食べる行為よりも強い抵抗感や忌避感を与えるということ。（八〇字以内）

問三 人間のかたちをしたアンパンマンは唯一性を示す人格を備えた存在であるが、人格を表す顔がとり替えのきく複製可能なものなので、唯一の人格をもつとはいえないということ。（八〇字以内）

問四 もともとは死者の臓器を移植していたが、生きた人間の臓器を移植するようになり、自分が生きながらえるために他者を身体にとりいれることが増えてきているということ。（八〇字以内）

問五 複製可能でとり替えのきく自分の顔を食べさせるアンパンマンの行為には、他人を自分の身体にとりこむという発想が見られる。この発想は生体移植という形で現実のものになっているが、iPS細胞によって自己の身体が複製され、人間の個別性や人格性を消し去る方向に進んでいく、作者の想定を超えた可能性をはらむものでもある、ということ。（一六〇字以内）

◆要　旨◆

われわれは食べなければ死んでしまうが、そのとき食べ物をなさかなさないかはきわめて繊細な問題をひきおこす。おなかのすいた者に自分の顔を食べさせるアンパンマンには、人食いをなさかなさないかはきわめて繊細な問題をひきおこす。おなかのすいた者に自分の顔を食べさせるアンパンマンには、人格性を決定する器官である顔が食べ物であるという矛盾があ

MEMO

MEMO

2024年版
大学入試シリーズ

神戸大学
文系-前期日程
文・国際人間科〈文科系〉・法・経済・経営・海洋政策科〈文系〉学部

別冊
問題編

矢印の方向に引くと
本体から取り外せます ➡

大学入試シリーズ

神戸大学/文系-前期日程　別冊

目　次

問 題 編

2023年度　　英　　語 ……… 6　　数　　学 ……… 18　　国　　語 ……… 32

2022年度　　英　　語 ……… 6　　数　　学 ……… 16　　国　　語 ……… 31

2021年度　　英　　語 ……… 6　　数　　学 ……… 16　　国　　語 ……… 28

2020年度　　英　　語 ……… 5　　数　　学 ……… 14　　国　　語 ……… 28

2019年度　　英　　語 ……… 5　　数　　学 ……… 13　　国　　語 ……… 26

2023年度

問題編

神戸大-文系前期　　　　　　　　　　　　　　　　2023 年度　問題　*3*

■前期日程

問題編

▶試験科目・配点

学部・学科等		教　科	科　　　　　目		配　点
文		外国語	英語，ドイツ語，フランス語，中国語から1科目選択		125 点
		数　学	数学 I・II・A・B		75 点
		国　語	国語総合・現代文 B・古典 B		150 点
国際人間科	グローバル文化	外国語	英語，ドイツ語，フランス語，中国語から1科目選択		160 点
		数　学	数学 I・II・A・B		80 点
		国　語	国語総合・現代文 B・古典 B		160 点
	発達コミュニティ，子ども教育	外国語	英語，ドイツ語，フランス語，中国語から1科目選択		175 点
		数　学	数学 I・II・A・B		75 点
		国　語	国語総合・現代文 B・古典 B	から1教科選択	150 点
		理科〈省略〉	「物理基礎・物理」，「化学基礎・化学」，「生物基礎・生物」，「地学基礎・地学」から2科目選択		
	環境共生 文科系受験	外国語	英語，ドイツ語，フランス語，中国語から1科目選択		200 点
		数　学	数学 I・II・A・B		100 点
		国　語	国語総合・現代文 B・古典 B		150 点
	環境共生 理科系受験	外国語	英語，ドイツ語，フランス語，中国語から1科目選択		200 点
		数　学〈省略〉	数学 I・II・III・A・B		150 点
		理科〈省略〉	「物理基礎・物理」，「化学基礎・化学」，「生物基礎・生物」，「地学基礎・地学」から2科目選択		200 点

4 2023 年度 問題　　　　　　　　　　　　　　　　　　　　神戸大-文系前期

法		外国語	英語，ドイツ語，フランス語，中国語から1科目選択	150 点
		数 学	数学Ⅰ・Ⅱ・A・B	75 点
		国 語	国語総合・現代文B・古典B	150 点
経済	数学選抜	数 学	数学Ⅰ・Ⅱ・A・B	400 点
	英数選抜	外国語	英語	200 点
		数 学	数学Ⅰ・Ⅱ・A・B	200 点
	総合選抜	外国語	英語	150 点
		数 学	数学Ⅰ・Ⅱ・A・B	125 点
		国 語	国語総合・現代文B・古典B	125 点
経　営		外国語	英語	150 点
		数 学	数学Ⅰ・Ⅱ・A・B	100 点
		国 語	国語総合・現代文B・古典B（漢文を除く）	100 点
海洋政策科	文系科目重視型	外国語	英語	200 点
		数 学	数学Ⅰ・Ⅱ・A・B	150 点
		国 語	国語総合・現代文B（古文，漢文を除く）	150 点
	理系科目重視型	外国語	英語	150 点
		数 学〈省略〉	数学Ⅰ・Ⅱ・Ⅲ・A・B	150 点
		理 科〈省略〉	「物理基礎・物理」必須。「化学基礎・化学」，「生物基礎・生物」，「地学基礎・地学」から1科目選択	200 点

▶備　考

• 英語以外の外国語は省略。

• 英語は，「コミュニケーション英語基礎・Ⅰ・Ⅱ・Ⅲ，英語表現Ⅰ・Ⅱ，英語会話」を出題範囲とする。

• 数学Bでは，「数列」及び「ベクトル」の2分野を出題範囲とする。

• 各教科・科目の試験の配点は，外国語 125 点，数学（文系）75 点，国語 150 点（経営学部は 120 点，海洋政策科学部文系科目重視型は 80 点）である。ただし，各学部・学科等の入学者選抜のための配点は，上の表

神戸大-文系前期   2023 年度　問題　5

に示した傾斜配点による点数を使用する。

- 経済学部は「数学選抜」「英数選抜」「総合選抜」の 3 区分から 1 つを選
  択する。

6 2023 年度　英語　　　　　　　　　　　　　　　　　神戸大-文系前期

英語

(80 分)

Ⅰ　次の文章は，"meaningful life" について書かれた記事である。この文章を読んで，
問 1 〜 5 に答えなさい。(配点 35 点)

　　When we think about lives filled with meaning, we often focus on people whose
grand contributions benefited humanity. Abraham Lincoln, Martin Luther King, Jr., and
Nelson Mandela surely felt they had a worthwhile life. However, how about us ordinary
people?

　　Many scholars agree that a subjectively meaningful existence often boils down to
(a)
three factors: the feeling that one's life is coherent and "makes sense," the possession of
clear and satisfying long-term goals, and the belief that one's life matters in the grand
scheme of things. Psychologists call these three things coherence, purpose, and
(1)
existential mattering.

　　However, we believe that there is another element to consider. Think about the first
butterfly you stop to admire after a long winter, or imagine the scenery on top of a hill
after a fresh hike. Sometimes existence delivers us small moments of beauty. When
people are open to appreciating such experiences, these moments may enhance how they
view their life. We call this element experiential appreciation. The phenomenon reflects
the feeling of a deep connection to events as they occur and the ability to extract value
from that link. It represents the detection of and admiration for life's inherent beauty.
(b)
　　We recently set out to better understand this form of appreciation in a series of
studies that involved more than 3,000 participants. Across these studies, we were
interested in whether experiential appreciation was related to a person's sense of
meaning even when we accounted for the effects of the classic trio of coherence,
(c)
purpose, and existential mattering. If so, experiential appreciation could be a unique
contributor to meaningfulness and not simply a product of these other variables.

As an initial test of our idea, during the early stages of the COVID pandemic, we had participants rate to what extent they agreed with different coping strategies to relieve their stress. We found that people who managed stress by focusing on their appreciation for life's beauty also reported experiencing life as highly meaningful. In the next study, we asked participants to rate how much they agreed with various statements, such as "I have a great appreciation for the beauty of life" and "I appreciate a wide variety of experiences," as well as other statements that related to coherence, purpose, existential mattering, and a general sense of meaning in life. Our results showed that the more people indicated that they were "appreciating life" and its many experiences, the more they felt their existence was valuable. In fact, these two elements were strongly related to each other. In subsequent studies, we further explored the connection between these concepts. For example, we found that participants asked to (A) the most meaningful event of the past week generally reported (B) experiential appreciation in those moments.

Finally, we conducted a series of experiments in which we gave people specific tasks and, once more, asked them to report how strongly they identified with statements linked to coherence, purpose, and existential mattering. In one case, we found that participants who watched an awe-inspiring video, such as the opening sequence of the BBC documentary *Planet Earth*, reported having a greater sense of experiential appreciation and meaning in life, compared with participants who watched more neutral videos, such as an instructional woodworking video. Similarly, participants who wrote about a recent experience for which they were grateful had a greater sense of meaning and experiential appreciation afterward when compared with participants who simply wrote about a common place they had visited in the past week.

The results confirmed our original theory: [C]. However, applying that insight can be difficult. Our modern, fast-paced, project-oriented lifestyles fill the day with targets and goals. We are always on the go, and we attempt to maximize output both at work and at leisure. This focus on future outcomes makes it all too easy to miss what is happening right now. Yet life happens in the present moment. We should slow down, let life surprise us, and embrace the significance in the everyday. As former Indian prime minister Jawaharlal Nehru wrote in 1950, "We live in a wonderful world . . . .

There is no end to the adventures that we can have if only we seek them with our eyes open."

問 1　下線部(a)〜(e)を，本文の内容に合致するように，別の表現で置き換えるとすれ
　　ば，どのような表現が最も適切か。それぞれの選択肢の中から一つ選び，記号で
　　答えなさい。

(a)　boils down to

　　(あ)　collects

　　(い)　complements

　　(う)　comprises

　　(え)　contradicts

(b)　inherent

　　(あ)　fundamental

　　(い)　long-term

　　(う)　multiple

　　(え)　satisfying

(c)　accounted for

　　(あ)　figured out

　　(い)　gave an explanation for

　　(う)　made up

　　(え)　took into consideration

(d)　on the go

　　(あ)　busy and active

　　(い)　living in a progressive society

　　(う)　relying on each other

　　(え)　self-indulgent and uncritical

出典追記：A New Dimension to a Meaningful Life, Scientific American on April 15, 2022 by Joshua Hicks and Frank Martela

神戸大-文系前期　　　　　　　　　　　　　　　　　　　　2023 年度　英語　9

(e)　underline{embrace}

　　(あ)　eagerly generate

　　(い)　constantly change

　　(う)　steadily accumulate

　　(え)　willingly accept

問 2　下線部(1)について，（イ）coherence，（ロ）purpose，（ハ）existential mattering
　　それぞれの例として適切なものを選択肢の中から選び，記号で答えなさい。ただ
　　し，同じ記号は一度しか使えない。

　　(あ)　George, a young teacher, feels that his actions and life have value to others
　　　　when students and parents express their appreciation to him.

　　(い)　Julia, a junior public officer, applies what she learned in sociology courses at
　　　　college to her service to the community.

　　(う)　Naomi, who would like to be a novelist, commits herself to writing 100 words
　　　　every morning to complete a 100,000-word novel.

問 3　下線部(2)を日本語に訳しなさい。

問 4　空所（　A　）と（　B　）に入る最も適切な単語の組み合わせはどれか。選択肢
　　の中から一つ選び，記号で答えなさい。

	（ A ）	（ B ）
(あ)	attend	deep
(い)	memorize	vivid
(う)	recall	high
(え)	remind	stable

問 5　空所[　C　]に入る最も適切な表現を，選択肢の中から一つ選び，記号で
　　答えなさい。

　　(あ)　appreciating small things can make life feel more meaningful

　　(い)　a meaningful life has to do with enjoyment of work and leisure

(う) your life becomes meaningful when you are meaningful to other people

(え) coherence, purpose, and existential mattering can constitute a meaningful life

Ⅱ　次の文章は，水資源について書かれた報告書の一部である。この文章を読んで，問
1〜5に答えなさい。(配点35点)

Water is getting scarce — but what does this actually mean? After all, the Earth
never loses a single drop of H_2O. Although water is a finite resource, it will not be used
up as long as we do not render it permanently unusable. However, it is important to
integrate human water usage into the natural hydrological cycle* and to use the locally
available water in an adequate, effective, sustainable, and fair way. Despite significant
progress in this area, there are still millions of people who do not have access to safe
drinking water. Everyday, millions of women and children have to walk long, and often
dangerous, distances in order to collect water and carry it home. As is the case for food
and land, access to clean drinking water and water for agricultural usage is unequally
distributed.

When it comes to freshwater most people think of water in rivers and lakes,
groundwater and glaciers, the so-called "blue water." Only part of the rainfall feeds this
freshwater supply. The majority of rainfall comes down on the Earth's surface and
either evaporates directly as "non-beneficial evaporation" or, after being used by plants,
as "productive transpiration." This second type of rainwater is termed "green water."
The green water proportion of the total available freshwater supply varies between 55%
and 80%, depending on the region of the world, as well as local wood density. The
biggest opportunity and challenge for future water management is to store more green
water in soil and plants, as well as storing it as blue water.

Agriculture is by far the largest consumer of the Earth's available freshwater: 70%
of "blue water" withdrawals from watercourses and groundwater are for agricultural
usage, three times more than 50 years ago. By 2050, the global water demand of
agriculture is estimated to increase by a further 19% due to irrigational* needs.
Approximately 40% of the world's food is currently cultivated in artificially irrigated

areas. Especially in the densely populated regions of Southeast Asia, the main factor for increasing yields were huge investments in additional irrigation systems between the 1960s and 1980s. It is disputed where it would be possible to expand irrigation further and obtain additional water from rivers and groundwater in the future, how this can take place, and whether it makes sense. Agriculture already (A   ) people's everyday use and environmental needs, particularly in the areas where irrigation is essential, thus threatening to literally dry up ecosystems. In addition, in the coming years, climate change will bring about enormous and partly unpredictable changes in the availability of water.

In some regions of the world, water scarcity has already become a very serious problem. The situation will worsen dramatically in the decades to come if we continue (4) to overuse, waste, and contaminate the resources available at local and regional levels. Agriculture could reduce water problems by avoiding the cultivation of water-intensive crops such as corn and cotton in areas which are too dry for them, as well as by improving inefficient cultivation and irrigation systems that also cause soil salinization*. Other practices that could be avoided include the clearance of water-storing forests, evaporation over temporarily unused land, and the dramatic overuse of groundwater sources in some parts of the world.

The pollution and contamination of entire watercourses is another grave problem. Water carries many substances: fertile soil that has been washed out, as well as nutrients which in high concentrations over-fertilize watercourses and deprive them of oxygen. Water can also contain pesticides*, salts, heavy metals, and sewage from households, as well as an enormous variety of chemical substances from factories. While many rivers and lakes in Europe are slowly recovering from direct pollution through industrial discharges, the problem is massively increasing in densely populated regions of Asia and other developing areas. The use of water further downstream is becoming increasingly risky and expensive, sometimes impossible. Toxic substances in the groundwater can make this treasure (B   ) for entire generations. Agriculture is polluting water bodies with pesticides and huge amounts of nitrogen*. The number and size of so-called "dead zones" near the mouths of large streams, where marine life is suffocating due to over-fertilization, are expanding.

出典追記：Agriculture at a Crossroads : IAASTD findings and recommendations for future farming. Foundation on Future Farming, 2016.

12 2023 年度 英語　　　　　　　　　　　　　　　　　　　　神戸大-文系前期

　　注　hydrological cycle 水循環；　　irrigational 灌漑(かんがい)の

　　　　salinization 塩害；　　pesticide 殺虫剤, 除草剤；　　nitrogen 窒素

問 1　下線部(1)を日本語に訳しなさい。

問 2　次の文は，下線部(2) blue water と下線部(3) green water について説明したもの
　　　である。空所［　イ　］と［　ロ　］に入る最も適切な語の組み合わせはどれか。選
　　　択肢の中から一つ選び，記号で答えなさい。

"Blue water" is found in lakes, rivers, and reservoirs behind dams. It is
recharged by either rainfall or snowmelt. Available blue water is used for
many purposes, including drinking water. It is also used as irrigation water for
［　イ　］.

"Green water" is the water available in the soil for plants and soil micro-
organisms. It is the water absorbed by roots, used by plants, and released
back to the ［　ロ　］.

Source : American Society of Agronomy

	［　イ　］	［　ロ　］
(あ)	agriculture	atmosphere
(い)	plants	river
(う)	evaporation	air
(え)	cultivation	groundwater

問 3　下線部(4)を，The situation の内容を明らかにして，日本語に訳しなさい。

問 4　空所（　A　），（　B　）に入る最も適切な表現を，それぞれの選択肢の中から
　　　一つ選び，記号で答えなさい。

　　（　A　）　(あ) competes with

神戸大-文系前期   2023 年度　英語　*13*

    ㈑ gives in to

    ㈒ makes up for

    ㈓ turns to

 （ B ） ㈎ feasible

    ㈑ massive

    ㈒ possible

    ㈓ unusable

問 5 本文の内容と合致する文を選択肢の中から二つ選び，記号で答えなさい。

 ㈎ Dead zones, or low-oxygen areas, have a destructive effect on agriculture.

 ㈑ More than half of the Earth's freshwater is used for agricultural purposes.

 ㈒ Water scarcity has become rare in some regions of the world in recent years.

 ㈓ Carbon dioxide is released into the ocean as a result of water contamination.

 ㈔ Giving up the cultivation of water-intensive crops may help to solve water

  problems.

※問5については，二つの正答のうち一つは本文の記述から導き出せないことが判明したため，正答を導き出せない選択肢について，全員に加点する措置が取られたことが大学から公表されている。

14 2023 年度　英語　　　　　　　　　　　　　　　　　　　　神戸大-文系前期

Ⅲ　次の文章は，ある小説の一部である。Lucy，Lucy の母，Lucy の友人 Kristi（語り手）
の三人は，滝までドライブするために自動車に乗り込んだところである。この文章を
読んで，問 1 ～ 5 に答えなさい。（配点 30 点）

"You think you have me fooled, don't you, girl?"

There was a silence, then Lucy asked: "What are you saying, Mom?"

"You can't hide it. You're sick again."

"I'm not sick, Mom. I'm fine."

(a)"Why do you do this to me, Lucy? Always. Why does it have to be this way?"

"I don't know what you're saying, Mom."

"You think I don't look forward to a trip like this? My one free day with my daughter. A daughter I happen to love very dearly, who tells me she's fine when she's really feeling sick?"

"That's not true, Mom. I really am fine."

But I could hear the change in Lucy's voice. It was as if (1)the effort she'd been making until this point had been abandoned, and she was suddenly exhausted.

"Why do you pretend, Lucy? You think it doesn't hurt me?"

"Mom, I swear I'm fine. Please drive us. Kristi's never been to a waterfall and she's so looking forward to it."

"Kristi's looking forward to it?"

"Mom," Lucy said. "Please can we go? Please (b)don't do this."

"Do you think I like this? Any of this? Okay, you're sick. (2)That's not your fault. But not telling anyone. Keeping it to yourself this way, so we all get in the car, the whole day before us. That's not nice, Lucy."

"It's not nice you telling me I'm sick when I'm easily strong enough . . . ."

Mary, the housekeeper, opened the door beside Lucy from the outside. Lucy fell silent, then her face, full of sadness, looked round the edge of the car seat at me.

"I'm sorry, Kristi. We'll go another time. I promise. I'm really so sorry."

"It's all right," I said. "We must do what's best for you, Lucy."

I was about to get out also, but then Lucy's mother said: "Just a second, Kristi. Like Lucy says. You were looking forward to this. Well, (3)why don't you stay right where you

神戸大-文系前期   2023 年度　英語　15

are?"

"I'm sorry. I don't understand."

"Well, it's simple. Lucy's too sick to go. She might have told us that earlier, but she chose not to. Okay, so she stays behind. Mary too. But no reason, Kristi, why you and I can't still go."

I couldn't see her mother's face because the seat backs were high. But Lucy's face was still peering round the edge of her seat at me. Her eyes had become dull, as if they no longer cared what they saw.

"Okay, Mary," Lucy's mother said in a louder voice. "Help Lucy out. Careful with her. She's sick, remember."

"Kristi?" Lucy said. "Are you really going with her to the falls?"

"Your mother's suggestion is very kind," I said. "But perhaps it would be best if this time . . . ."

"Hold on, Kristi," her mother cut in. Then she said: "What is this, Lucy? One moment you're concerned about Kristi, how she's never seen a waterfall. Now you're trying to make her stay home?"

Lucy went on looking at me, and Mary continued to stand outside the car, a hand held out for Lucy to take. Finally Lucy said: "Okay. Maybe you should go, Kristi. You and Mom. What's the sense in the whole day getting spoiled just because . . . . I'm sorry. Sorry I'm sick all the time. I don't know why . . . ."

I thought tears would come then, but she held them back and went on quietly: "Sorry, Mom. I really am. I must be such a downer. Kristi, you go on. You'll love the waterfall."

Then her face disappeared from the edge of the seat.

問 1　下線部(a)〜(c)が意味する内容として最も適切なものを，それぞれ選択肢の中から一つ選び，記号で答えなさい。ただし，同じ記号は一度しか使えない。

　(あ)　Don't argue.

　(い)　Don't blame me.

　(う)　Don't pretend to be fine.

出典追記：Klara and the Sun by Kazuo Ishiguro. Published by Faber & Faber Ltd., 2021. Copyright © Kazuo Ishiguro. Reproduced by permission of the author c/o Rogers, Coleridge & White Ltd.

16 2023 年度　英語　　　　　　　　　　　　　　　　　　神戸大-文系前期

 (え) Why are you trying to stay home?

 (お) Why are you changing your mind?

 (か) Why do you want to go for a drive?

問 2 下線部(1)の内容を最もよく表す文を選択肢の中から一つ選び，記号で答えなさい。

 (あ) She had tried to calm her mother down but was not successful.

 (い) She had tried to keep looking like she was okay but wasn't able to do so.

 (う) She had suggested going out for a drive, but it was rejected by her mother.

 (え) She had put her time and energy into planning a road trip, but it didn't pay off.

問 3 下線部(2)を，That が指している内容を明らかにして，日本語に訳しなさい。

問 4 下線部(3)の表現によって母親が Kristi に言いたいことは何か。日本語で説明しなさい。

問 5 本文の内容と合致する文を選択肢の中から一つ選び，記号で答えなさい。

 (あ) Lucy was excited to let Kristi go on the trip because Kristi was looking forward to it.

 (い) Mary made Lucy come out of the car as she had to obey the order from Lucy's mother.

 (う) Lucy's mother suggested going with Kristi to the waterfall, but Kristi tried to turn down the proposal.

 (え) Lucy recovered from illness, but she pretended to make herself look sick because she did not want to go out.

神戸大-文系前期   2023 年度　英語　*17*

Ⅳ　The following is a part of a research paper.　Read the passage and answer the
questions in English.（配点 25 点）

　　Smartphones are very useful and often we cannot imagine life without them.
However, they could be harmful as well.　For example, people suffer from
smartphone addiction.　As with any other addiction, this can lead to various
problems.　Studies have demonstrated the negative impact on young people's lives
and future prospects which mirror those of addiction.　To find out in what ways
smartphones negatively affect present-day students in Japan, we asked 3,043
students to complete a questionnaire.

⑴　What is "smartphone addiction"?　Write your definition in approximately 40 words.

⑵　What do you think the researchers found out through the questionnaire?　Write
　　your answer in approximately 60 words.

数学

(80分)

1. $a,\ b$ を実数とする. 整式 $f(x)$ を $f(x) = x^2 + ax + b$ で定める. 以下の問に答えよ. (配点25点)

(1) 2次方程式 $f(x) = 0$ が異なる2つの正の解をもつための a と b がみたすべき必要十分条件を求めよ.

(2) 2次方程式 $f(x) = 0$ が異なる2つの実数解をもち, それらが共に -1 より大きく, 0 より小さくなるような点 $(a,\ b)$ の存在する範囲を ab 平面上に図示せよ.

(3) 2次方程式 $f(x) = 0$ の2つの解の実部が共に -1 より大きく, 0 より小さくなるような点 $(a,\ b)$ の存在する範囲を ab 平面上に図示せよ. ただし, 2次方程式の重解は2つと数える.

神戸大-文系前期   2023 年度　数学　*19*

2. A，B の 2 人が，はじめに，A は 2 枚の硬貨を，B は 1 枚の硬貨を
持っている．2 人は次の操作 (P) を繰り返すゲームを行う．

(P) 2 人は持っている硬貨すべてを同時に投げる．それぞれが投
　　げた硬貨のうち表が出た硬貨の枚数を数え，その枚数が少な
　　い方が相手に 1 枚の硬貨を渡す．表が出た硬貨の枚数が同じ
　　ときは硬貨のやりとりは行わない．

操作 (P) を繰り返し，2 人のどちらかが持っている硬貨の枚数が
3 枚となった時点でこのゲームは終了する．操作 (P) を n 回繰り
返し行ったとき，A が持っている硬貨の枚数が 3 枚となってゲー
ムが終了する確率を p_n とする．ただし，どの硬貨も 1 回投げたと
き，表の出る確率は $\dfrac{1}{2}$ とする．以下の問に答えよ．(配点 25 点)

(1) p_1 の値を求めよ．

(2) p_2 の値を求めよ．

(3) p_3 の値を求めよ．

3. a を正の実数とする．2つの円

$$C_1 : x^2 + y^2 = a, \qquad C_2 : x^2 + y^2 - 6x - 4y + 3 = 0$$

が異なる2点 A，B で交わっているとする．直線 AB が x 軸および y 軸と交わる点をそれぞれ $(p, \ 0)$，$(0, \ q)$ とするとき，以下の問に答えよ．(配点 25 点)

(1) a のとりうる値の範囲を求めよ．

(2) $p, \ q$ の値を a を用いて表せ．

(3) $p, \ q$ の値が共に整数となるような a の値をすべて求めよ．

神戸大-文系前期　　　　　　　　　　　　　　　　　　　　2023 年度　国語　21

〔注〕
○江淹——六朝宋・斉・梁の著名な政治家・文学者（四四四〜五〇五）。

○司馬長卿——司馬相如、字は長卿、前漢の文学者（前一七九〜前一一七）。

○梁伯鸞——梁鴻、字は伯鸞、後漢前期の隠者・文学者（生卒年不詳）。

○張景陽——張協、字は景陽、西晋の文学者（生卒年不詳）。

○一匹——「匹」は反物の長さの単位。

○丘遅——六朝斉・梁に活躍した、江淹の後輩にあたる文学者（四六四〜五〇八）。

○郭璞——西晋の文学者（二七六〜三二四）。

○卿——二人称代名詞「あなた」。

問一　傍線部①「字」、②「少クシテ」、③「都テ」の読み方をすべて平仮名で書きなさい。

問二　傍線部⑦「今可見還」、⑧「既無所用」をすべて平仮名で書き下しなさい（現代仮名遣いでよい）。

問三　傍線部(A)を、平易な現代語に訳しなさい。

問四　傍線部(B)のように評価された背景として、誰にどのようなことが起きたか、本文に即して五〇字以内で説明しなさい。

三 次の文章を読んで、問一〜四に答えなさい(本文の一部を省略したところがある。設問の都合で返り点や送り仮名、振り仮名を省略した部分がある)。(配点三〇点)

① 江淹、字文通。少孤貧。嘗慕司馬長卿・梁伯鸞之為人、不事

章句之学、留情文章。淹以文章顕、晩節才思微退云。為宣城

太守、時罷帰。夢一人自称張景陽、謂曰「前以一匹錦相寄。

③ 今可見還。」淹探懐中、得数尺与之。此人大恚曰「那得割截

都尽。」顧見丘遅、謂曰「余此数尺、既無所用。以遺君。」自

爾淹文章躓矣。又嘗夢。一丈夫自称郭璞、謂曰「吾有筆、在

卿処多年。可以見還。」淹乃探懐中、得五色筆一以授之。爾後

為詩、絶無美句。時人謂之才尽。

(李瀚『蒙求』より)

神戸大-文系前期　　　　　　　　　　　　　　　　　　　　　　2023 年度　国語　23

〇沙汰 ── 手配。

〇天魔 ── 仏道を妨げる魔物。

〇宿業 ── 前世につくった因業。

〇勝他名聞 ── 他より勝っているという良い評判。

〇憍慢 ── おごり高ぶり。

〇身灯 ── 焼身。

〇外道 ── 仏教以外の教えを卑しめていう語。異教・異端。

〇正念 ── 乱れなく正しい信仰心。

問一　傍線部①〜④を、それぞれ現代語訳しなさい。

問二　傍線部(A)のように思った理由を六〇字以内で説明しなさい。

問三　傍線部(B)のように筆者が感じた理由を五〇字以内で説明しなさい。

問四　空所a〜dには、それぞれ、助動詞「べし」の活用形が入る。それぞれ適切な活用形に直して答えなさい。

問五　この作品と同じジャンルの作品を次の中から一つ選び、記号で答えなさい。

　　イ　『山家集』　　ロ　『愚管抄』　　ハ　『閑吟集』　　ニ　『禁秘抄』　　ホ　『沙石集』

さに、何の往生のことも覚えず。すずろなる道に入りて侍るなり。このこと、我が愚かなる過なれば、人を恨み申す [b]

ならねど、最期に口惜しと思ひし一念によりて、かく詣で来たるなり」といひけり。

これこそげに宿業と覚えて侍れ。かつはまた、末の世の人の誠めとなりぬべし。

人の心、はかりがたきものなれば、必ずしも清浄質直の心よりも起こらず。あるいは、勝他名聞にも住し、あるいは、憍慢

嫉妬をもととして、愚かに、身灯、入海するは浄土に生まるるぞとばかり知りて、心のはやるままに、かやうの行を思ひ立つこ

とし侍りなん。すなはち外道の苦行に同じ。大きなる邪見といふべし。その故に、④火水に入る苦しみなのめならず。その志深か

らずは、いかが堪へ忍ばん。苦患あれば、また心安からず。仏の助けよりほかには、正念ならんこと極めてかたし。〔 中略 〕

ある人のいはく、「諸々の行ひは、みな我が心にあり。みづから勤めて、みづから知るべし。余所にははからひ難きことな

り。すべて過去の業因も、未来の果報も、仏天の加護も、うち傾きて、我が心のほどをやすくせば、自ら推し測られぬべし。

かつがつ、一ことを顕す。もし人、仏道を行はんために山林にもまじはり、ひとり曠野の中にも居らん時、なほ身を恐れ、命

を惜しむ心あらば、必ずしも仏擁護し給ふらんとは憑むべからず。垣壁をも囲ひ、遁る [c] 構へをして、みづから身を守

り、病をたすけて、やうやう進まんことを願ひつべし。もしひたすら仏に奉りつる身ぞと思ひて、虎狼来たりて犯すとも、あな

がちに恐るる心なく、食物絶えて飢ゑ死ぬとも、憂はしからず覚ゆるほどになりなば、仏も必ず擁護し給ひ、菩薩も聖衆も来

たりて、守り給ふ [d] 。法の悪鬼も毒獣も、便りを得べからず。盗人は念を起こして去り、病は仏力によりて癒えなん。

これを思ひ分かず、心は心として浅く、仏天の護持を頼むは、危ふきことなり」とぞ語り侍りし。(B)このこと、さもと聞こゆ。

（『発心集』より）

〔注〕 ○愚痴── 愚かでものの道理を理解できないこと。

二　次の文章を読んで、問一～五に答えなさい（本文の一部を省略したところがある）。（配点四〇点）

　近ごろ、蓮花城といひて、人に知られたる聖ありき。登蓮法師あひ知りて、ことにふれ、情をかけつつ過ぎけるほどに、①年ごろありて、この聖のいひけるやうは、「今は、年にそへつつ弱くなりまかれば、死期の近付くこと疑ふべからず。終はり正念にてまかりかくれんこと、極まれる望みにて侍るを、心の澄む時、入水をして、終はり取らんと侍る」といふ。登蓮聞き、驚きて、「あるべきことにもあらず。今一日なりとも、念仏の功を積まんとこそ願はる　ａ　。さやうの行は愚痴なる人のする業なり」といひて、諫めけれど、さらにゆるぎなく思ひ固めたることと見えければ、「かく、これほど思ひ取られたらんに至りては、留むるに及ばず。②さるべきにこそあらめ」とて、そのほどの用意なんど、力を分けて、もろともに沙汰しけり。

　終に、桂川の深き所に至りて、念仏高く申し、時経て、水の底に沈みぬ。その時、聞き及ぶ人、市の如く集まりて、しばらくは、貴み悲しぶこと限りなし。登蓮は年ごろ見なれたりつるものをと、あはれに覚えて、涙を押さへつつ帰りにけり。

　かくて日ごろ経るままに、登蓮物の怪めかしき病をす。あたりの人あやしく思ひて、こととしけるほどに、霊あらはれて、「ありし蓮花城」と名のりければ、(A)「このこと、げにとと覚えず。年ごろあひ知りて、終はりまでさらに恨みらるべきことなし。いはんや発心のさまなほざりならず、貴くて終はり給ひしにあらずや。かたがた何の故にや、思はぬさまにて来たるらん」といふ。いり人のためのことにもあらねば、その際にて思ひ返すべしとも覚えざりしかど、いかなる天魔のしわざにてありけん、まさしく水に入らんとせし時、たちまちにくやしくなんなりて侍りし。されども、さばかりの人中に、いかにして我が心と思ひ返さん。③あはれ、ただ今制し給へかしと思ひて、目を見合せたりしかど、知らぬ顔にて、『今はとくとく』ともよほして、沈みてん恨めし

○リースマン ── アメリカ合衆国の社会学者（一九〇九〜二〇〇二）。

問一　傍線部(ア)「商品の持つ相対化・均質化の力」とあるが、どういうことか。八〇字以内で説明しなさい。

問二　傍線部(イ)「商品の流通する空間は次第に物語空間へと変貌していく」とあるが、ここでいう「物語空間」とはどのような空間か。八〇字以内で説明しなさい。

問三　傍線部(ウ)「フォードの生産システムの要は、その徹底した機能性と合理性とにあった」とあるが、どういうことか。八〇字以内で説明しなさい。

問四　傍線部(エ)「消費社会の進展は、だから、他者志向さえをも次第に困難にしていくような過程なのである」とあるが、どういうことか。本文全体の論旨をふまえたうえで、一六〇字以内で説明しなさい。

問五　傍線部(a)〜(e)を漢字に改めなさい。はっきりと、くずさないで書くこと。

以降の消費社会化の進展は、他者の視線に映る自己像を操作するためにモノの記号的価値を利用する人々を大量に生み出すこと

になった。アイデンティティはこうして記号や物語の消費を通して構成・再構成されるような不断のプロジェクトとなる。精神

科医大平健は、近年自分自身を語るのにブランド商品の消費を語るというやり方をとる相談者の増加を指摘し、これを「モノ語り」の

人々と呼んでいるのだが、これは消費社会的アイデンティティの(e)ギガとして見ることができる。

けれども物語の多元化がさらに進行すれば、記号的価値自体が、多元化・細分化し、相互に不透明なものとなっていくであろ

う。㈜消費社会の進展は、だから、他者志向さえをも次第に困難にしていくような過程なのである。

（浅野智彦「消費社会とはどのような社会か?」より）

〔注〕○グラント・マクラッケン ―― カナダの人類学者（一九五一〜 ）。

○ガルブレイス ―― カナダ出身、アメリカ合衆国の経済学者（一九〇八〜二〇〇六）。

○ボードリヤール ―― フランスの思想家（一九二九〜二〇〇七）。

○ラルフローレン ―― 世界的なファッション・ブランドの一つ。

○内田隆三 ―― 日本の社会学者（一九四九〜 ）。

○GM ―― アメリカ合衆国の自動車メーカーの一つ、ゼネラルモーターズの略称。

○フォード ―― アメリカ合衆国の自動車メーカーの一つ。

○T型フォード ―― フォード社が大衆向けに開発・製造した自動車のモデル。

○ウェーバー ―― ドイツの社会学者（一八六四〜一九二〇）。

○リオタール ―― フランスの哲学者（一九二四〜一九九八）。

システムの場合この目標はどこに置かれていたのか。生産過程の外部にある「自然」に、あるいは人間に内在する「自然な」欲求に、というのがその答えだ。すなわちそこでは人間的な欲求の自然性を準拠点とした上で、その欲求をどれだけよく充足し得るか、という観点から合理性や機能性は測定されていたのである。それに対してGMの勝利は、この欲求を自然性から解放し、システムによって操作可能な変数へと組み替えたことに由来するものだ。

このフォード的な機能性や合理性に対する信憑は、実は、自動車の生産という領域に限定されたものではなく、近代社会がその発生以来もちつづけてきた世界像に対する信憑でもある。すなわち近代社会を特徴づけてきたのは――ウェーバーが強調したように――世界を一貫して合理化していこうとする運動であり、またそのような徹底した合理化が可能であるという信念であった。それは、世界が全体として特定の方向に向かって進歩していくという世界観であり、世界がただ一つの論理の制御に服しているという世界観である。けれども消費社会化の進行にともない、このような一元的世界観は次第に後景に退き、かわって世界は多元的な論理によって構成されるものであるという感覚が浸透していく。リオタールは、ポストモダンと呼ばれる社会状況を「大きな物語」の解体によって特徴づけたが、消費社会は「合理化」や「進歩」という大きな物語を解体する点でポストモダン状況の一環をなしていると言えるであろう。

このような現実感覚の変容と相即しながらアイデンティティのあり方も変容していく。リースマンが「他者志向」と呼んだパーソナリティタイプは、この変容への最初の着目であろう。これは自らの行為を決定する際に、伝統に準拠する〈伝統志向〉のでもなく、自己の内部に確立された価値観や信念に準拠する〈自己志向〉のでもなく、他者の視線にそれがどう映るかということを準拠点にするような人々を指すものだ。伝統にせよ個人的信念にせよ、それらは世界と自分をある一貫した論理の下に眺めるものであるが、他者の視線は状況によって容易に変化するものであり、そこに一貫性を期待することは難しいだろう。他者志向の人々にとって、アイデンティティは状況に応じてその都度構成されるような流動的・多元的なものとなるのである。リースマン

にとって重要なのは、その「機能」ではなく「記号」としての差異の表示だ。そしてこの記号は他の記号との連鎖において存在するものであり、一定の記号システムあるいは一つの物語（例えばラルフローレン的な生活という物語）を構成することになる。

かくして自然性から解放された欲求は、記号的差異の操作——つまりは広告戦略——によって生産システムの変数として操作され得るものとなり、資本は広告への出資を通して需要を自分自身の力でつくり出すような自己準拠システムとして作動しはじめる。この需要は、記号システム＝物語の提示を通して創出されるものであるから、商品の流通する空間は次第に物語空間へと変貌していくのである。

「機能」から「記号」へというこのような商品の転態の最も劇的なケースを、内田隆三は、GMのフォードに対する勝利という歴史的エピソードのうちに見出している。フォード社が部品や組立工程を徹底的に規格化することによって、それまで高級品であった自動車を大量かつ安価に提供し、一時代を築いたのに対して、後発のGMは、デザインによる差異化（モデルチェンジ）と広告という戦略によって市場を制覇していった。そして一九二七年、ついにフォード社はGMに決定的な敗北を喫し、T型フォードは生産停止にまで追い込まれてしまうのである。このエピソードはアメリカの資本主義が、新しい段階に入ったことを明瞭に示すものであろう。すなわち、「機能」ではなく「記号」の消費を軸とする段階に、また需要が資本によって外的な（自然な）制約ではなく自己準拠的に創出しうるものとなる段階に、つまり消費社会という段階に、である。

GMの勝利というこのエピソードは、また、消費社会化が人々の現実感覚やアイデンティティにもたらす大規模な変容を予示するものでもある。そもそもフォードの生産システムの要は、その徹底した機能性と合理性とにあったと評し得る。ところで機能性にせよ合理性にせよ、それらはある目標に対するコウケンの度合いによって評価されるものであり、もし目標が明確に固定されていないならば、機能性も合理性もそれが測られうるための準拠点を失い、意味をもち得なくなるだろう。ではフォード・

それに対して第二の自由が意味しているのは、まさにこのような「自然な」欲求それ自体からの離脱である。例えばガルブレイスの消費社会論に対するボードリヤールの批判は、この点に照準したものだ。ガルブレイスは、一九五〇年代以降のアメリカ資本主義を巨大資本による人々の欲求の大規模な操作・支配であると見なした。すなわち巨大化した生産力に見合う需要を生み出すために、企業はさまざまな広告戦略によって消費者の欲望に人為的なアクセルをかけ、人々が本来ならば欲しなかったであろうモノを購入させている、と。ここでは人間の欲求の自然性がまずは前提とされた上で、それが巨大資本によって不当に操作・支配され、その結果個々の消費者の主体性が疎外されているという点が批判の要点となっている。

ボードリヤールはこのガルブレイスの議論に対して三つの観点から批判を加えた。第一に、自然な欲求と人為的に操作された欲求との間に明確な境界線を引くことはだれにもできないだろう。例えば、消費者がテレビやセカンドハウスを購入する際の喜びを、誰が「疎外されている」と批判できようか。第二に、今日の消費は、商品の機能によって自然な欲求を充足させる過程というよりは、むしろ人々が互いに差異化を競う営みであると理解すべきである。いいかえるとそれは、個人内部の欲求が充足されるかどうかという観点からではなく、人々の間の相互差異化のゲームという社会的活動の観点から見られるべきものなのだ。第三に、企業の広告戦略は、個々の商品に対する欲求を生み出すのではなく、欲求を記号の系列に即応したシステムとして組織化するものだ。例えばラルフローレンの広告は、個々の商品に対する欲求を生み出すのではなく、無数の記号から織りなされるライフスタイル――ラルフローレン的なライフスタイル――に向けて欲求をシステム化する。

要するに、消費行為を、個人の「自然な欲求」とそれを充足する商品の「機能」との対応として理解することはもはや現実的ではないということだ。かつて欲求はその「自然性」をよりどころとしてさまざまな伝統的制約から自らを解放してきたのだが、消費社会はさらにその「自然性」それ自体からさえ欲求を自由にする。その結果、広大な欲求の空間が新たに開かれるのであるが、この新しい欲求に応える商品は――欲求が自然性から解放されたのに対応して――モノとしての機能から自由な存在となる。商品

「夢のような」という表現を右で用いたが、それは、消費社会において各商品のまとう物語が外的な制約から二重の意味で自由であることを示すためだ。

第一に商品＝物語は、誰に対しても――正確には、支払いの用意のあるすべての者に対して――自由にアクセスできる場所におかれており、その意味でアクセスへの制限から自由である。誰であれこの式場で結婚式を挙げれば「ハッピーウェディング」という物語を享受できるし、誰であれこのミネラルウォーターを消費すれば「健康」の物語を享受できる、というわけだ。

第二に商品＝物語は、それが物語を通して魅力を発揮するかぎりにおいてその物質的素材のありようからは相対的に独立しており、その意味で物的な制約から自由である。「住宅」や「車」といったモノそのものではなく、それを通して提供される「やすらぎの住まい」「家族の団欒」などという物語がそれら商品の魅力の中核をなしているのである。

これら二つの自由のうち第一のそれは、(イ)商品の持つ相対化・均質化の力としてよく知られているものだ。例えばグラント・マクラッケンは伝統的身分制のシンボリズムをボウエイしようとする伝統的勢力の努力が商品化の力によってどのように敗退していったかを描き出している。そもそも伝統的社会において服装は身分制秩序を可視化するための文化的装置であり、逸脱や越境が生じないように(c)ゲンミツに管理されていた。ところが服装が商品化されると、本来の身分とは無関連な服飾の消費が行われるようになり、これはくり返し発せられた奢侈禁止令にもかかわらず身分の境界を越えて広まっていく。またもう少し後の時代になると、階級を示すステータスシンボルとして「古光沢」、すなわち長年使用した食器や家具のみが帯びる独特の風合いが戦略的に活用され、これこそが本物の上流階級に属する証であるとされたのであるが、この戦略もまた古光沢商品を取り扱う市場の成立によって腐食されてしまったのである。このことを消費する人々の側から言えば、伝統的な諸制約から自由な「個人」として「個人」「人間」としての消費者は、社会的な諸規定から相対的に無関連な「人間」としての消費者が市場に登場してきた、ということになろう。これらの消費者、社会的な諸規定から相対的に無関連な「人間」としての消費者は自分自身の「自然な」欲求にのみしたがい自由に商品を購入し享受する。

（注意）　経営学部は一・二、海洋政策科学部は一のみ解答のこと。

一　次の文章を読んで、問一～五に答えなさい。（配点八〇点）

　資本主義的諸社会の最も今日的な状況を表現するキーワードとして「消費社会」という言葉がよく用いられる。ではその言葉に込められた現代社会の特質とはどのようなものなのだろうか。

　問の角度を少し変えて、こんなふうに問うてみよう。人々が日常的に消費社会を実感するのは例えばどんな場面だろうか、と。この問に対する一つの答えとして、広告とのセッショク(a)をあげることができるだろう。現代社会は、商品の集積である以上に膨大な量の広告があふれかえる社会である。この社会の中で商品は、モノにせよサーヴィスにせよ、即物的な裸の姿で存在するのではなく、いつでも広告の紡ぎ出すさまざまな物語に包まれて人々の目の前に現れる。したがって商品が存在する場所は単なる経済的な市場ではない。それは、「幸福」「健康」「癒し」「やすらぎ」「愛」「家族団欒(だんらん)」「ワンランクアップ」「ほんとうの自分」等々無数の「物語」が織りなす独特の――夢のような――空間におかれている。商品がいつでもこの独特の空間の中で提示され、出会われ、購入されるということ、そこにこそ消費社会のあり方を理解するための手がかりがある。

MEMO

MEMO

MEMO

MEMO

MEMO

2022年度

問題編

神戸大-文系前期   2022 年度　問題　*3*

■前期日程

問題編

▶試験科目・配点

学部・学科等		教　科	科　　　　目	配　点
文		外国語	英語，ドイツ語，フランス語，中国語から 1 科目選択	125 点
		数　学	数学 I・II・A・B	75 点
		国　語	国語総合・現代文 B・古典 B	150 点
国際人間科	グローバル文化	外国語	英語，ドイツ語，フランス語，中国語から 1 科目選択	160 点
		数　学	数学 I・II・A・B	80 点
		国　語	国語総合・現代文 B・古典 B	160 点
	発達コミュニティ，子ども教育	外国語	英語，ドイツ語，フランス語，中国語から 1 科目選択	175 点
		数　学	数学 I・II・A・B	75 点
		国　語	国語総合・現代文 B・古典 B	から 1 教科選択 150 点
		理　科〈省略〉	「物理基礎・物理」，「化学基礎・化学」，「生物基礎・生物」，「地学基礎・地学」から 2 科目選択	
	環境共生 文科系受験	外国語	英語，ドイツ語，フランス語，中国語から 1 科目選択	200 点
		数　学	数学 I・II・A・B	100 点
		国　語	国語総合・現代文 B・古典 B	150 点
	環境共生 理科系受験	外国語	英語，ドイツ語，フランス語，中国語から 1 科目選択	200 点
		数　学〈省略〉	数学 I・II・III・A・B	150 点
		理　科〈省略〉	「物理基礎・物理」，「化学基礎・化学」，「生物基礎・生物」，「地学基礎・地学」から 2 科目選択	200 点

4 2022 年度　問題　　　　　　　　　　　　　　　　　　　　　　　　神戸大-文系前期

法		外国語	英語，ドイツ語，フランス語，中国語から 1 科目選択	150 点
		数　学	数学 I・II・A・B	75 点
		国　語	国語総合・現代文 B・古典 B	150 点
経済	数学選抜	数　学	数学 I・II・A・B	400 点
	英数選抜	外国語	英語	200 点
		数　学	数学 I・II・A・B	200 点
	総合選抜	外国語	英語	150 点
		数　学	数学 I・II・A・B	125 点
		国　語	国語総合・現代文 B・古典 B	125 点
経　営		外国語	英語	150 点
		数　学	数学 I・II・A・B	100 点
		国　語	国語総合・現代文 B・古典 B（漢文を除く）	100 点
海洋政策科	文系科目重視型	外国語	英語	200 点
		数　学	数学 I・II・A・B	150 点
		国　語	国語総合・現代文 B（古文，漢文を除く）	150 点
	理系科目重視型	外国語	英語	150 点
		数　学〈省略〉	数学 I・II・III・A・B	150 点
		理　科〈省略〉	「物理基礎・物理」必須。「化学基礎・化学」，「生物基礎・生物」，「地学基礎・地学」から 1 科目選択	200 点

▶備　考

- 英語以外の外国語は省略。
- 英語は，「コミュニケーション英語基礎・I・II・III，英語表現 I・II，英語会話」を出題範囲とする。
- 数学 B では，「数列」及び「ベクトル」の 2 分野を出題範囲とする。
- 各教科・科目の試験の配点は，外国語 125 点，数学（文系）75 点，国語 150 点（経営学部は 120 点，海洋政策科学部文系科目重視型は 80 点）である。ただし，各学部の入学者選抜のための配点は，上の表に示した

神戸大−文系前期 2022 年度 問題 5

傾斜配点による点数を使用する。

• 経済学部は「数学選抜」「英数選抜」「総合選抜」の３区分から１つを選択する。

6 2022 年度　英語　　　　　　　　　　　　　　　　　　　　神戸大-文系前期

■■■英語■■■

(80 分)

Ⅰ　次の文章は環境問題について書かれたものである。この文章を読んで，問 1 ～ 6 に
答えなさい。(配点 35 点)

　　Electric light is transforming our world. Around 80% of the global population now
lives in places where night skies are polluted with artificial light. A third of humanity
can no longer see the Milky Way. But light at night has deeper effects. In humans,
(1)
nocturnal* light pollution has been linked to sleep disorders, depression, obesity and
even some types of cancer. Studies have shown that nocturnal animals modify their
behavior even with slight changes in night-time light levels. Dung beetles* become
disoriented when navigating landscapes if light pollution prevents them from seeing the
stars. Light can also change how species interact with each other. Insects such as
moths are more vulnerable to being eaten by bats when light reduces how effective they
are at evading predators.

　　Relatively little is known about how marine and coastal creatures cope. Clownfish*
exposed to light pollution fail to reproduce properly, as they need darkness for their eggs
to hatch. Other fish stay active at night when there's too much light, emerging quicker
from their hiding places during the day and increasing their exposure to predators.
These effects have been observed under direct artificial light from coastal homes,
promenades, boats and harbors, which might suggest the effects of light pollution on
nocturnal ocean life are quite limited.

　　Except, when light from street lamps is emitted upwards, it's scattered in the
atmosphere and reflected back to the ground. Anyone out in the countryside at night
will notice this effect as a glow in the sky above a distant city or town. This form of light
pollution is known as artificial skyglow, and it's about 100 times dimmer than that from
(2)
direct light, but it is much more widespread. It's currently detectable above a quarter of
the world's coastline, from where it can extend hundreds of kilometres out to sea.

神戸大-文系前期   2022 年度　英語　7

Humans aren't well adapted to seeing at night, which might make the effects of skyglow seem （　A　）. But many marine and coastal organisms are highly （　B　） to low light. Skyglow could be changing the way they perceive the night sky, and ultimately affecting their lives.

We tested this idea using the tiny sand hopper*, a coastal crustacean* which is known to use the moon to guide its nightly food-seeking trips. Less than one inch long, sand hoppers are commonly found across Europe's sandy beaches and named for their ability to jump several inches in the air. They bury in the sand during the day and emerge to feed on rotting seaweed at night. They play an important role in their ecosystem by breaking down and recycling nutrients from stranded algae* on the beach.

In our study, we recreated the effects of artificial skyglow using a white LED light in a diffusing sphere that threw an even and dim layer of light over a beach across 19 nights. During clear nights with a full moon, sand hoppers would naturally migrate towards the shore where they would encounter seaweed. Under our artificial skyglow, their movement was much more random.

(3) They migrated less often, missing out on feeding opportunities which, due to their role as recyclers, could have wider effects on the ecosystem. Artificial skyglow changes the way sand hoppers use the moon to navigate. But since using the moon and stars as a compass is a common trait among a diverse range of sea and land animals, including seals, birds, reptiles, amphibians* and insects, many more organisms are likely to be vulnerable to skyglow. And there's evidence that the Earth at night is getting brighter. From 2012 to 2016, scientists found that Earth's artificially lit outdoor areas increased by 2.2% each year.

As researchers, we aim to unravel how light pollution is affecting coastal and marine ecosystems, by focusing on how it affects the development of different animals, interactions between species and even the effects at a molecular level. (4) Only by understanding if, when and how light pollution affects nocturnal life can we find ways to mitigate the impact.

　　注　nocturnal　夜間の，夜行性の；　　dung beetles　フンコロガシ
　　　　clownfish　クマノミ；　　sand hopper　ハマトビムシ

出典追記：The Moon and stars are a compass for nocturnal animals – but light pollution is leading them astray, The Conversation on August 11, 2020 by Svenja Tidau, Daniela Torres Diaz, and Stuart Jenkins

8 2022 年度　英語　　　　　　　　　　　　　　　　　　　　神戸大-文系前期

crustacean　甲殻類；　　algae　藻類

amphibians　両生類

問 1　下線部(1)について，人間以外の生物への影響として本文の内容に合致しないも
　　　のを選択肢の中から一つ選び，記号で答えなさい。

　(あ)　Bats fail to evade predators effectively when eating moths.

　(い)　Clownfish experience problems breeding at night.

　(う)　Dung beetles get confused and don't know where to go.

　(え)　Fish face a greater risk to be eaten by other fish that prey on them.

問 2　下線部(2)の内容と合致するものを選択肢の中から全て選び，記号で答えなさい。

　(あ)　It has been researched by scientists using sand hoppers and LED lights.

　(い)　It is detectable only from far out in the sea.

　(う)　It is noticeable from the city shining above the distant countryside.

　(え)　It is produced by the scattering of artificial light at night.

問 3　空所（　A　）と（　B　）に入る最も適切な語句の組み合わせを選択肢の中から
　　　一つ選び，記号で答えなさい。

　(あ)　（　A　）　attractive　　　　　　　（　B　）　insensitive

　(い)　（　A　）　insignificant　　　　　　（　B　）　resistant

　(う)　（　A　）　invisible　　　　　　　　（　B　）　attracted

　(え)　（　A　）　negligible　　　　　　　　（　B　）　sensitive

問 4　下線部(3)を，They が指している内容を明らかにしたうえで日本語に訳しなさい。

問 5　下線部(4)を日本語に訳しなさい。

問 6　本文の内容と合致する文を選択肢の中から二つ選び，記号で答えなさい。

　(あ)　A third of the people in the world can't see the Milky Way due to the
　　　　interference of artificial light.

　(い)　Over time, sea animals eventually get used to artificial light.

神戸大-文系前期 2022 年度 英語 9

(う) Researchers have shown that artificial light across the world has increased.

(え) Sand hoppers became more cautious under artificial skyglow compared to natural moonlight.

(お) Sand hoppers eat stranded fish, contributing to nutrient cycles in marine ecosystems.

(か) Skyglow can shine even brighter than direct light on beaches to the point that marine and coastal creatures are severely affected by the light.

Ⅱ 次の文章は言語と社会について書かれたものである。この文章を読んで，問 1 〜 6 に答えなさい。（配点 35 点）

Each of us has a mother tongue, which we speak within our own language community. But what happens when two communities that don't speak each other's language come into contact and need to talk? Sometimes they can learn enough of each other's language to get by, but sometimes that's not possible — for example, what if there are three communities in contact, or five or more? In many cases they resort to a lingua franca, a kind of bridge language that is distinct from the mother tongues of each group. An example from recent history is French, which was used from the seventeenth century until after World War I as the language of diplomacy in Europe. Written Classical Chinese served for an even longer period as a diplomatic lingua franca in countries bordering on China. Today's best example of a lingua franca is undoubtedly English, which supports international communication in fields ranging from aviation* to business to rock music.

So how do lingua francas come about? About ten thousand years ago, as
(1)
agriculture and stock-breeding increasingly replaced hunting and gathering, human groups became larger and more hierarchical, and had more occasion to interact with neighboring groups that had different mother tongues. In some cases, perhaps, the groups were brought into contact by some dominant power — such as a regional strong man, or an early empire. In others the contact may have arisen spontaneously, as networks of markets came into existence. Later on — since maybe five thousand years

10 2022 年度　英語　　　　　　　　　　　　　　　　　　　神戸大-文系前期

ago — another motive for intergroup contacts emerged: enthusiastic religious believers conceived it as their duty to pass on valuable knowledge of spiritual life to strangers. So imperialists, merchants, and missionaries have all been motivated to establish communication beyond their mother-tongue groups. A lingua franca is a technical fix that helps overcome language barriers across a set of groups that is too large — or too recently united — to have a common language. Performing that fix is the job of a new kind of specialist who must have begun to appear around this time: (　A　), who learned the regional lingua franca in addition to their mother tongue and used it to communicate with (　A　) in other groups.

Sometimes a lingua franca replaces the mother tongues it bridges. Latin, for example, spread far and wide through the settlement of soldiers within the Roman Empire. It gradually became a mother tongue throughout western Europe. But for Latin to remain a common language over so large an area, the groups that spoke it as a mother tongue would have had to remain in contact. This didn't happen. Germanic conquests after the fifth century broke the Roman Empire into distinct regions that had little to do with one another, and Latin eventually broke up into distinct dialects and languages, like French, Italian, Spanish, and Catalan.

A lingua franca may be a language like Latin or Sanskrit, taught according to strict rules, and capable of surviving for many centuries with little change. On the other hand, it need not be a fully developed language at all. An important subcategory of lingua francas is pidgins, which result when people who lack a common tongue make up a new one out of pieces of the languages they already know. The first language to be known specifically as "lingua franca" was a medium of this kind. It was a kind of simplified and highly mixed Italian, used by traders and others in the eastern Mediterranean around the year 1000. Such a loosely structured language may change unpredictably; communication depends more on (　B　) and (　C　) than on a clearly shared grammar and vocabulary.

　注　aviation　航空産業

問 1　下線部(1)の答えとして本文の内容に合致しないものを選択肢の中から一つ選び,

神戸大-文系前期　　　　　　　　　　　　　　　　2022 年度　英語　*11*

記号で答えなさい。

　(あ)　Communities did not share a common language.

　(い)　Empires were often conquered by other empires.

　(う)　Religious leaders insisted on using their own language.

　(え)　Trade partners needed to communicate in emerging markets.

問 2　下線部(2)を日本語に訳しなさい。

問 3　二箇所の空所（　A　）に入る最も適切なものを選択肢の中から一つ選び，記号
　　で答えなさい。両方ともに同じものが入る。

　(あ)　imperialists

　(い)　interpreters

　(う)　invaders

　(え)　inventors

問 4　下線部(3)の Latin はなぜ西ヨーロッパで使われなくなったのか。その理由とし
　　て最も適切なものを選択肢の中から一つ選び，記号で答えなさい。

　(あ)　As a result of the Germanic conquests, people came to speak German instead.

　(い)　Latin-speaking communities lost contact because they separated into their own
　　　regions.

　(う)　Roman Empire soldiers did not enforce the use of Latin, so people spoke their
　　　local dialects.

　(え)　The Roman Empire wanted to encourage more cultural diversity in the region.

問 5　下線部(4)を本文の内容に即して，70 字以内の日本語で説明しなさい。ただし，
　　句読点も 1 字に数える。

問 6　空所（　B　）と（　C　）に入る最も適切な語句の組み合わせを選択肢の中から
　　一つ選び，記号で答えなさい。

　(あ)　（　B　）cooperative imagination　　（　C　）mutual good will

　(い)　（　B　）environmental management　　（　C　）sustainable development

12 2022 年度　英語　　　　　　　　　　　　　　　　　　　神戸大-文系前期

(う)　(　B 　)　group identity　　　　　　(　C 　)　older generations

(え)　(　B 　)　hierarchical authority　　　(　C 　)　ethnic unity

Ⅲ　次の文章を読んで，問 1 〜 3 に答えなさい。(配点 30 点)

In the following passage, Marianne and Ken are longtime friends who have grown up in
the same small town in Ireland.

Marianne climbs out of the shower now and wraps herself in the blue bath towel.
The mirror is steamed over.　She opens the door and Ken looks back at her.

"Is something up?" Marianne says.
(1)

"I just got this email."

"Oh?　From who?"

Ken looks dumbly at the laptop and then back at her.　His eyes look red and sleepy.
He's sitting with his knees raised up under the blanket, the laptop glowing into his face.

"Ken, from who?" she says.

"From this university in New York.　It looks like they're offering me a place on the
Master's of Fine Arts.　You know, the creative writing program."

Marianne stands there.　Her hair is still wet, soaking slowly through the cloth of
her blouse.　"You didn't tell me you applied for that," she says.

Ken just looks at her.

"(　A 　)" Marianne says.　"I'm not surprised they would accept you.　I'm just
surprised you didn't mention it."

Ken nods, his face inexpressive, and then looks back at the laptop.　"I don't know,"
he says.　"I should have told you but I honestly thought it was such a long shot."
(2)

"Well, that's no reason not to tell me."

"It doesn't matter," Ken adds.　"It's not like I'm going to go.　I don't even know why
I applied."

Marianne lifts the towel off the wardrobe door and starts using it to massage the
ends of her hair slowly.　She sits down at the desk chair.

"(　B 　), okay?" Ken says.　"Sometimes I feel embarrassed telling you stuff like
that because it just seems stupid.　To be honest, I still look up to you a lot.　I don't want
(3)

you to think of me as, I don't know, out of my mind."
                                    (4)

Marianne squeezes her hair through the towel, feeling the coarse, grainy texture of the individual strands. "You should go," she says. "To New York, I mean. You should accept the offer. You should go."

Ken says nothing. She looks up. The wall behind him is yellow like butter. "No," he says.

"I'm sure you could get funding."

"(C). I thought you wanted to stay here next year."

"I can stay, and you can go," Marianne says. "It's just a year. I think you should do it."

Ken makes a strange, confused noise, almost like a laugh. He touches his neck. Marianne puts the towel down and starts brushing the knots out of her hair slowly.

"That's ridiculous," Ken says. "I'm not going to New York without you. I wouldn't even be here if it wasn't for you."

(D), Marianne thinks, he wouldn't be. He would be somewhere else entirely, living a different kind of life.

"I'd miss you too much," Ken says. "I'd be sick, honestly."

"At first. But it would get better."

They sit in silence now, Marianne moving the brush methodically through her hair, feeling for knots and slowly, patiently untangling them. There's no point in being impatient anymore.

"You know I love you," says Ken. "I'm never going to feel the same way for someone else."

Marianne nods, okay. He's telling the truth.

"To be honest, I don't know what to do," Ken says. "Say you want me to stay and I will."

Marianne closes her eyes. He probably won't come back, she thinks. Or he will, differently. What they have now they can never have back again. But for her the pain of loneliness will be nothing to the pain that she used to feel, of being unworthy. He
                                                        (5)
brought her goodness like a gift and now it belongs to her. Meanwhile his life opens out before him in all directions at once. They've done a lot of good for each other. Really, she thinks, really. People can really change one another.

"You should go," Marianne says. "I'll always be here. (E)."

出典追記：Normal People by Sally Rooney, Hogarth

14 2022 年度　英語　　　　　　　　　　　　　　　　　　　　神戸大-文系前期

問 1　下線部(1)〜(4)について，本文中の意味に最も近いものを選択肢の中からそれぞ
　　　れ一つ選び，記号で答えなさい。

　　⑴　Is something up?

　　　　㋐　Are you going somewhere?

　　　　㋑　Are you okay?

　　　　㋒　Are you still up?

　　　　㋓　Did something drop and hit you?

　　　　㋔　Did you hear that sound?

　　⑵　a long shot

　　　　㋐　a missed opportunity

　　　　㋑　an honest statement

　　　　㋒　an impossible task

　　　　㋓　a slow progress towards a goal

　　　　㋔　a small chance of success

　　⑶　look up to

　　　　㋐　confuse

　　　　㋑　follow

　　　　㋒　observe

　　　　㋓　respect

　　　　㋔　trust

　　⑷　out of my mind

　　　　㋐　childish

　　　　㋑　depressed

　　　　㋒　foolish

　　　　㋓　surprised

　　　　㋔　unfocused

問 2　空所（　A　）〜（　E　）のそれぞれに入る最も適切なものを，選択肢の中から

神戸大-文系前期　　　　　　　　　　　　　　　　　　2022 年度　英語　*15*

一つ選び，記号で答えなさい。ただし，同じ記号は一度しか使えない。

(あ)　He's right

(い)　I don't know why you are saying this

(う)　I mean, congratulations

(え)　I'm sorry I didn't tell you

(お)　You know that

問 3　下線部(5)を日本語に訳しなさい。

Ⅳ　Read the following passage and answer the questions in English.（配点 25 点）

　　Traditionally favored by private institutions, school uniforms are being adopted by US public schools in increasing numbers. According to a 2020 report, the percentage of public schools that required school uniforms jumped from 12% in the 1999-2000 school year to 20% in the 2017-18 school year.

　　Supporters of school uniforms say that they create a "level playing field" that reduces socioeconomic inequalities and encourages children to focus on their studies rather than their clothes.

　　Opponents say school uniforms prevent students from expressing their individuality, and have no positive effect on behavior and academic achievement.

(1)　Based on this passage, what does "level playing field" mean? Write around 40 words.

(2)　What do you think about school uniforms? Are you for or against them? Explain your opinion with reasons based on your personal experience, using around 70 words.

出典追記：History of School Uniforms, ProCon.org on May 3, 2021, Encyclopaedia Britannica Inc

数学

(80分)

1. a を正の実数とする. $x \geqq 0$ のとき $f(x) = x^2$, $x < 0$ のとき $f(x) = -x^2$ とし, 曲線 $y = f(x)$ を C, 直線 $y = 2ax - 1$ を ℓ とする. 以下の問に答えよ. (配点25点)

(1) C と ℓ の共有点の個数を求めよ.

(2) C と ℓ がちょうど 2 個の共有点をもつとする. C と ℓ で囲まれた図形の面積を求めよ.

2. a を正の実数とし, 円 $x^2 + y^2 = 1$ と直線 $y = \sqrt{a}\,x - 2\sqrt{a}$ が異なる 2 点 P, Q で交わっているとする. 線分 PQ の中点を R(s, t) とする. 以下の問に答えよ. (配点25点)

(1) a のとりうる値の範囲を求めよ.

(2) s, t の値を a を用いて表せ.

(3) a が (1) で求めた範囲を動くときに s のとりうる値の範囲を求めよ.

(4) t の値を s を用いて表せ.

神戸大-文系前期 2022 年度 数学 17

3. a, b を実数とし，$1 < a < b$ とする．以下の問に答えよ．
（配点 25 点）

(1) x, y, z を 0 でない実数とする．$a^x = b^y = (ab)^z$ ならば $\dfrac{1}{x} + \dfrac{1}{y} = \dfrac{1}{z}$ であることを示せ．

(2) m, n を $m > n$ をみたす自然数とし，$\dfrac{1}{m} + \dfrac{1}{n} = \dfrac{1}{5}$ とする．m, n の値を求めよ．

(3) m, n を自然数とし，$a^m = b^n = (ab)^5$ とする．b の値を a を用いて表せ．

18　2022 年度　国語　　　　　　　　　　　　　　　　　神戸大-文系前期

○刑械 ——　刑罰の道具。

問一　傍線部①「且死」、②「已矣」をすべて平仮名で書き下しなさい。（現代仮名遣いでよい。）

問二　傍線部(a)「卒感焉」、(b)「此何地也」を、それぞれ「焉」と「此」が指すものを明らかにして、平易な現代語に訳しなさい。

問三　傍線部(c)「天下事、誰可支拄者」とあるが、なぜそう言えるのか。左光門の発言をふまえながら五〇字以内で説明しなさい。

問四　傍線部(d)「吾師肺肝、皆鉄石所鋳造也」とは、どういうことか。本文に即して五〇字以内で説明しなさい。

事{ヲ}以{テ}語{リ}人{ニ}曰{ハク}、「吾{ガ}師肺肝、皆鉄石{ノ}所{二}鋳造{一}也{スルト}。」
(d)

（方苞{ほうほう}『望溪集{ぼうけいしゅう}』より）

〔注〕
○左公——左光門（一五七五〜一六二五）。明朝末期の腐敗した政情を批判し、逮捕され、獄死した。
○炮烙——火を用いた拷問。
○旦夕——すぐにでも。
○禁卒——ろうやの番人。
○史——史可法（一六〇一〜一六四五）。左光門の忠義の精神に感化を受け、明朝滅亡後、その再興を図るも果たさず、清軍に殺された。
○敝衣——だぶだぶの粗末な衣服。
○筐——竹製のかご。
○長鑱——土を掘る道具。
○除不潔者——清掃人夫のこと。
○庸奴——愚か者。史可法を叱ったのである。
○糜爛——腐敗の極みに達する。
○支拄——土台を支えること。
○構陥——人を無実の罪に陥れる。

三 次の文章は、獄中で死に瀕している左光斗（さこうとう）と、彼を救いに来た弟子の史可法（しかほう）との間で交わされたやり取りを描いたものである。これを読んで、問一〜四に答えなさい。なお、設問の都合で返り点や送り仮名、振り仮名を省略した部分がある。（配点三〇点）

聞ケバ左公ノ被二炮烙（はうらくせ）一、旦夕且（まさ）ニ死上、持三五十金一ヲ、涕泣シテ謀二於禁卒一、卒感焉（これ）。(a)

①

一日使下史ヲシテ更三敝衣（かへ）、草履背レ筐（きゃうヲ）、手中長鑱（さん）ヲ為二除不潔一者ト、引レ入レテ微（かすカニ）指二

左公ノ処一、則チ席ニ地ニ倚レ牆而坐、面額焦爛シテ不レ可レ弁（べんズ）。左膝以下、筋骨尽ク

脱セリ矣。史前ニ跪（ひざまづキ）抱二公膝一而鳴咽ス。公弁二其声一而目不レ可レ開、乃（ち）奮レ臂（ひヂテ）

以レ指撥（ひらクニまなじりヲ）眥、目光如レ炬（かがりびノごとク）、怒リテ曰ハク、「庸奴(b)、此何（いづれノ）地也、而汝来前(c)（きたリメリ）。国

家之事、糜爛（びらん）至レ此ニ。老父②已（やンヌ）矣、汝復軽レ身而昧二大義一（くらク）、天下ノ事、

誰可支拄一者（カキ スアランヤ）。不二速去一、無レ俟二姦人ノ構陥一（まツ）、吾今即撲殺二汝一（チ）（セントヲ）。因（りテ）摸二

地上ノ刑械一ヲ、作二投撃勢一ス。史噤ミテ（つぐミテ）不レ敢発レ声、趨リテ（はしリテ）而出ツ。後常ニ流涕シテ述二其

問一　傍線部①〜③をわかりやすく現代語訳しなさい。

問二　傍線部(A)「神はうけずもなりにけるかな」にはどのような心情が込められているか、五〇字以内で説明しなさい。

問三　傍線部(B)「泣きけり」について、その理由を四〇字以内で説明しなさい。

問四　傍線部(C)の和歌の大意を述べなさい。

問五　空欄aには、『伊勢物語』の主人公とされる人物の名字が入る。適切な漢字二文字を書きなさい。

問六　空欄b〜dには、助動詞「ぬ」が入る。それぞれ適切な活用形に直して答えなさい。二箇所ある空欄dには、それぞれ同じものが入る。

22　2022 年度　国語　　　　　　　　　　　　　　　　　神戸大-文系前期

海人の刈る藻にすむ虫の我からと音をこそなかめ世をばうらみじ

と泣きをれば、この男、人の国より夜ごとに来つつ、笛をいとおもしろく吹きて、声はをかしうてぞあはれに歌ひける。かかれ
ば、この女は蔵にこもりながら、③それにぞあなるとは聞けど、あひ見るべきにもあらでなむありける。
さりともと思ふらんこそかなしけれあるにもあらぬ身を知らずして
と思ひをり。男は、女し逢はねば、かくし歩きつつ、人の国に歩きてかく歌ふ。
(C)いたづらに行きては来ぬるものゆゑに見まくほしさにいざなはれつつ
水尾の御時なるべし。大御息所も染殿の后なり。五条の后とも。

〔注〕　○色ゆるされたる　──　身分が高く、特別な色の衣装の着用を許されていること。
　　　○大御息所　──　清和天皇の母である藤原明子。
　　　○女がた許されたりければ　──　女官の控えるところに、出入りを許されていたこと。
　　　○かたは　──　見苦しいこと。よくないこと。
　　　○曹司　──　宮中にある女官の居室。
　　　○主殿寮　──　宮中の調度の管理や整備を担当した役所。ここではそこに所属する役人のこと。
　　　○この帝　──　清和天皇のこと。後出の「水尾」も同じ。
　　　○しをる　──　折檻する。こらしめる。

（『伊勢物語』より）

二 次の文章を読んで、問一〜六に答えなさい。（配点四〇点）

昔、おほやけおぼして使うたまふ女の、色ゆるされたるありけり。大御息所とていますかりけるいとこなりけり。殿上にさ
ぶらひける ［a］ なりける男の、まだいと若かりけるを、この女あひ知りたりけり。男、女がた許されたりければ、女のあ
る所に来て向かひをりければ、女、「いとかたはなり。身もほろび ［b］ ん。かくなせそ」と言ひければ、

思ふには忍ぶることぞ負け ［c］ ける逢ふにしかへばさもあらばあれ

と言ひて、曹司に下りたまへれば、例のこの御曹司には、人の見るをも知らでのぼりゐけるに、この女、思ひわびて里へ行く。
されば、何のよきことと思ひて、いき通ひければ、皆人聞きて笑ひけり。つとめて主殿寮の見るに、沓はとりて、奥に投げ入れ
てのぼりぬ。かくかたはにしつつありわたるに、身もいたづらになり ［d］ べければ、つひにほろび ［d］ べしとて、
この男、「いかにせん。わがかかる心やめたまへ」と仏神にも申しけれど、いやまさりにのみおぼえつつ、なほわりなく恋しう
みおぼえければ、陰陽師、巫 よびて、恋せじといふ祓の具してなむ行きける。祓へけるままに、いとどかなしきこと数まさ
りて、ありしよりけに恋しくのみおぼえければ、

恋せじと御手洗河にせしみそぎ神はうけずもなりにけるかな

と言ひてなむにける。

この帝は顔かたちよくおはしまして、仏の御名を御心にいれて、御声はいとたふとくて申したまふを聞きて、女はいたう泣き
けり。「かかる君に仕うまつらで、宿世つたなくかなしきこと、この男にほだされて」とてなむ泣きける。かかるほどに、帝聞こ
しめしつけて、この男をば流しつかはしてければ、この女のいとこの御息所、女をばまかでさせて、蔵にこめてしをりたまうけ
れば、蔵にこもりて泣く。

24　2022 年度　国語　　　　　　　　　　　　　　　　　　　　　　　神戸大-文系前期

なるのだろうか。

（飯田隆『分析哲学　これからとこれまで』より、一部省略）

〔注〕　〇カント ―― ドイツの哲学者（一七二四〜一八〇四）。

　　　　〇西田幾多郎 ―― 日本の哲学者（一八七〇〜一九四五）。独自の哲学体系を築き上げ、京都学派を創始した。

　　　　〇論理実証主義 ―― 観察などにより真偽を検証できない哲学的な主張は無意味だとする哲学上の考え方。

問一　傍線部㋐「哲学のための十分な言語を作り出すことのむずかしさ」とあるが、どういうことか。八〇字以内で説明しなさい。

問二　傍線部㋑「こうした文を生み出したひとが、その意味を説明できない」とあるが、それはなぜか。八〇字以内で説明しなさい。

問三　傍線部㋒「その底には、哲学観の変化がある」とあるが、どういうことか。八〇字以内で説明しなさい。

問四　傍線部㋓「またしても皮肉なことに、一般の読者のための優れた哲学書を生み出せるほどに日本の哲学言語が成熟したまさにそのときに、この言語に未来はないということになる」とあるが、どういうことか。本文全体の論旨をふまえたうえで、一六〇字以内で説明しなさい。

問五　傍線部(a)〜(e)を漢字に改めなさい。はっきりと、くずさないで書くこと。

見出せないでいる、もっともむずかしい問題でもあるが、それは、世界のなかでの自分の位置について考えようとするひとなら
ば必ず関心をもつような問題でもある。

何かを選択したり、行うとき、われわれは自由にそうしているのか。
時間は実在するか。
すべてがそのうちになくなるのならば、人生に意味はあるのか。

こうした問いは、哲学の教育を何ら受けていない人であっても、ときには気になる問いである。論理実証主義者がかつてそう
したように、これを擬似問題として退けることはできない。こうした問いの背景に何らかの誤解や見落としがあったとしても、
そうした誤解や見落としを指摘するだけでは、問いを追い払うことはできない。こうした問いに真剣に取り組み、それがどんな
内容をもち、誰をも満足させるような答えを与えるのがむずかしいのはなぜかを、普通の人にわかるような平易な言葉で説明す
るのは、哲学者の仕事である。

現在の日本には、哲学を専門とする教師や学生といった範囲を超えた広い読者をもつ何人かの哲学者がいる。かれらの書くも
のは、哲学の何らかの分野の専門家に向けられたものではない。それは、現在の日本の文学のなかで、小さくはあるが、決して
無視できない部分を占めている。日本の文学の将来についての水村の憂いが、もしも正しければ、こうした哲学の文章もまた、
日本語で書かれた文学一般と同じ運命をたどることになろう。そうすると、(エ)またしても皮肉なことに、一般の読者のための優れ
た哲学書を生み出せるほどに日本の哲学言語が成熟したまさにそのときに、この言語に未来はないということになる。

だが、本当だろうか。将来においては、専門家のためであれ、一般の読者のためであれ、哲学はすべて英語でなされるように

こうした展開が生じたのが、哲学の国際化と国際共通語としての英語の独占的優位の確立と、ほぼ時期を同じくしたということとは、大きな皮肉である。

最近生じた哲学の国際化は、哲学がより広範囲の地域のより多くの人々にとって重要となったから生じたということでは決してない。哲学がよりポピュラーになったというのではなく、その反対に、哲学が高度に専門化したことがむしろ哲学の国際化を推進してきたのである。哲学、少なくともアカデミックな哲学は、現在、多くの専門分野に分かれ、それぞれの分野の専門家のためになされている。

こうした専門化は、その必要性が容易に予想できる分野、たとえば、物理学の哲学、生物学の哲学、数学の哲学、あるいは、哲学史の諸分野だけにとどまるものではない。存在論、認識論、倫理学といった、哲学の中核的分野までが、専門家のものになっている。こうした分野のどれについても、その分野の研究者になりたいと思う者は、専門用語に満ち、しばしばテクニカルでもある、(e)ボウダイな先行研究をマスターしなければならない。

哲学における専門化は、専門家どうしの国際的な意見交換のための共通言語として英語を採用することを伴っている。これは、自然科学の多くの分野で生じたのと同じことである。いまや哲学においてさえ、哲学の特定の主題に関して独創的な貢献をしたいと思うならば、英語で発表しなければならないという状況になっている。

現在見られるような専門化にまったく何の利点もないわけではない。哲学の問題のなかには、その解決のために、それに専念する人々からの集中的な努力を必要とするものもある。そして、それは、科学哲学や哲学的論理学といった専門的な分野だけとは限らない。

しかしながら、そうした問題が哲学のすべてではない。哲学はいつも専門家だけのものであったわけではない。ある重要な意味で、それは、すべての人のためのものである。哲学のなかのもっとも重要な問題は同時に、何世紀にもわたって満足な解決を

こうした状況に対抗して、自分の責任で哲学用語を使おうとする若い世代の哲学者が出てきた。こうした哲学者たちは、自分が哲学の言葉をどのように使うつもりかを、翻訳語のもとになった西洋の言葉に訴えることなく、意識的に特徴づけようと努めた。それと同時に、日常の言葉からそれほどかけ離れていない言葉で哲学の議論を行おうともした。こうすることで、西田幾多郎を中心とする京都学派に代表されるような秘教的な哲学のスタイルを追放しようとした。

哲学では抽象的な概念を表す表現を使うことはできないが、若い世代のこうした哲学者たちは、具体的な例を通じてそうした表現に説明を与えようとした。同様に重要なのは、仏教や儒教の用語を借りて西洋の抽象名詞の訳語として作られた日本語の抽象名詞を使わずに、自分が何を言いたいのかを表現することである。抽象名詞の使用を避ける良い方法は、議論の主題と関係する領域に関して使われる動詞や形容詞に注目することである。たとえば、日本語の「現象」は、「phenomenon」や「phenomena」に対応すると考えられるが、この名詞を扱うよりは、英語の「appear」や「occur」に対応するような日本語の動詞は何だろうかと考える方が、ずっと有益だろう。

これはちゃんとした研究が必要だが、一九六〇年代に書かれた日本語の哲学の文章を眺めるならば、相変わらず、もっぱら漢字で表された抽象名詞でページが黒くみえるようなものに混じって、それほど漢字で埋め尽くされていないために白っぽくみえるものがあることに気付く。こうした文体の変化の背景にあるのは、哲学用語に対する態度の変化であり、さらに、(ウ)その底には、哲学観の変化がある。

前の世代から受け継いだ哲学言語を、日本の哲学者が意識的に作り直そうとし始めてから、だいたい半世紀経った。哲学の一部には、難解さが深遠さのしるしだとみなされるような場所がまだ存在するとはいえ、一般に、哲学にかかわる人々のあいだで、表現が明瞭であることは、すぐれた哲学の文章であるために必要だと認められている。そして、現在われわれは、自分たちの用途に十分であるような哲学の言語を所有している。

イツ語で読むだろう。しかし、よほどドイツ語に堪能でない限り、カントの文章の理解には日本語の助けが必要になる。それはいったん日本語に「翻訳」されて理解されることになる。カントが用いているドイツ語の言葉が、その訳語とされる日本語の言葉で置き換えられることによって、カントが言っていることを理解したような錯覚が容易に生まれる。こうした置き換えによって生じた文は日本語の文のようにみえる。しかし、実際のところそれは、ドイツ語のいくつかの語を、日本語の「てにをは」で結び付けたものにすぎない。(イ)こうした文を生み出したひとが、その意味を説明できないことに何の不思議もない。

現在から振り返るならば、日本で哲学言語がいちおうの成熟をみたのは一九六〇年代のことだったと言える。それは、日本人が西洋哲学を取り入れ始めてから百年後のことである。この時期、日本の哲学者の大多数はまだ、以前通りの仕方で哲学について語ったり、書いたりしていたが、何人かの哲学者は、これまでとは異なるやり方で、哲学用語に向き合おうとし出していた。

先に述べたように、哲学用語の大部分はヨーロッパの言葉の訳語として始まった。もとの言葉を知っている者にとっては、自分がこうした訳語を、その原語と同じ意味で用いていると信じるのはたやすいことだった。こうした者は、日本語の哲学用語の意味を定義したり特徴づけたりする必要を感じなかっただろう。なぜならば、もとのヨーロッパの言葉を示すことで足りると考えたからである。しかし、もとの言葉が何を意味するのかは、ごくぼんやりとしかわかっていないということは、十分にありうる。その場合当然、日本語の哲学用語の意味についても、ぼんやりとした把握しかもたないことになる。その結果頻繁に起こることは、ひとが、哲学的主題について流暢(りゅうちょう)に語ったり書いたりするにもかかわらず、自分が何について語り書いているのかわかっていないということである。これは、個人のなかだけではなく、複数のひとのあいだでも生じうる。一見カンペキ(d)に理解しあっている人々のあいだで哲学の議論がスムースに進行しているとみえながら、実際のところ生じているのは、何の理解も伴わない言葉のやり取りだけといった事態である。

哲学は日本の社会に、結局根付かなかったと言うひとまでいるかもしれない。西洋の哲学が近代日本で経験したこうした困難には

いくつかの理由があるが、(ア)哲学のための十分な言語を作り出すことのむずかしさが、そのひとつであったことは疑いない。

哲学は、ある程度一般的で抽象的な概念を必要とする。西洋哲学がもたらされるまで日本語にそうした概念がな

かったわけではない。儒教および仏教の伝統には、そうした言葉と概念が存在した。これは主として、漢字の組み合わせによっ

て表される、中国から渡ってきた言葉と概念であり、それゆえ、普通の人々の話す日常の言葉とは区別される特殊な語彙を形

作っていた。明治維新の直前に西洋の哲学が日本に入ってきたとき、儒教や仏教の伝統に属する語彙とは別の、しかし、同様に

特殊な語彙が、ごく短期間のあいだに作られた。しかも、その際、儒教や仏教に由来する語が転用されることもしばしば生じた。

哲学のための新しい用語をもつことで、われわれは自身の言語で、西洋に由来する哲学的問題や主張を議論できるようになっ

た。たとえば、決定論と自由の問題や、カントの哲学について、ヨーロッパの言葉を通じてではなく、日本語で論じられるよう

になった。このことによる恩恵は過小評価されるべきではない。しかしながら、近代の先人たちから受け継いだ、こうした哲学

の言葉は、多くの弊害ももたらした。

最大の問題は、こうした哲学用語が、日本語の一部として確立してから出てきた。まがりなりにも日本語の一部となったとい

うことは、ひとが、その正確な意味に思いわずらわなくとも使うことができるということである。実際、ひとは自分の用いてい

る言葉の意味を正確に理解して用いているのではない。自分の言語の一部であるという理由だけで、(c)バクゼンとした意味がついて

くるとひとは考える。哲学用語についても同じである。それゆえ、ひとは、正確な意味どころか、バクゼンとした意味の了解も

伴わずに、哲学用語を使うようになる。その結果は、理解の錯覚の蔓延である。しかも、こうした錯覚にもっとも陥りがちなの

は、哲学を「専門とする」教師や学生である。

この錯覚は、たとえば次のような仕方で生じる。カントを真剣に研究したいという学生ならば、カントのテキストをもとのド

洋の影響を受けて急速にヘンボウ(a)して行く社会が生み出す新しい主題に取り組むだけでなく、そうした主題に適した日本語を作り出す必要があった。同じことは自然科学についても言える。西洋の科学が日本に根付き始めたのは、近代文学の成立とちょうど同じ時期のことであるが、科学に携わった日本人が最初にしなければならなかったのは、大量の専門用語を始めとする科学のための言語を作り出すことであった。

しかしながら、一九世紀後半において、自然科学はすでに国際的な営みとなっていたのに対して、ルネサンス以後の西洋において、文学とは、特定の国民文化の一部であり、その国民の言語と結び付いたものとみなされていた。一九世紀末にそうした文学の観念に初めて触れた日本人が、日本語で書かれた国民文学を作り出そうと考えたことに不思議はない。問題は、当時の日本人が扱おうとしていた主題を表現できるような日本語がまだ存在しなかったことである。多くの試行錯誤の末、こうした日本語が作り出され、比較的自在に使うことのできる文学言語を所有するまでになった。

ごく最近まで、日本の近代文学は、きわめて閉ざされた世界を形作っていて、作家も読者もこの状況に満足していたように思われる。だが、グローバリゼーションの進行と、日本国内での読者の減少は、日本語でこれから書かれる作品にどれだけの将来性があるかを危惧させるまでになっている。文学に関係する人々のあいだで、水村の本が大きな反響を呼んだ原因のひとつは、ここにあろう。

明治のはじまりの頃に、当時の西洋の小説や戯曲を知るようになった若者たちは、それが自分たちが親しんできた江戸時代の物語やシバイ(b)とまったく異なることを痛感したに違いない。同様に、同時代の西洋の哲学に触れる機会のあった日本人は、そこに、儒教や仏教のとはまったく異なる新しい観念の世界が広がっていることに気付いただろう。西洋の哲学が日本の近代社会に足場をもつようになるには、文学の場合とは比べものにならないほどの困難があった。西洋の

国語

（文・国際人間科・法・経済学部：一〇〇分　経営学部：八〇分　海洋政策科学部：六〇分）

（注意）　経営学部は一・二、海洋政策科学部は一のみ解答のこと。

一　次の文章を読んで、問一〜五に答えなさい。〈配点八〇点〉

　しばらく前のことになるが、『日本語が亡びるとき』という本が話題をよんだことがある。その副題に「英語の世紀の中で」とあるように、この本は「グローバル化」して行く世界のなかで、日本語に生き残る余地はあるかという問いを提起したものである。著者の水村美苗は小説家であり、それゆえ、そこでの考察の中心は、日本語で書かれた文学作品の運命ということになる。日本語で書かれている限り、そうした作品の読者は国際的には少数にとどまり、世界の文学全体のなかではたして意義をもちうるだろうかというのが、著者の心配である。

　こうした心配に根拠がないわけでないことは、自然科学における状況を見るだけでよくわかる。いまや自然科学のほぼすべての分野において、新しい研究は英語で発表されなければ、発表されなかったと同じことになってしまう。この傾向は自然科学にとどまらず、社会科学や人文科学の分野においても、同様の「英語の支配」は進みつつある。

　こうした事態は、日本の近代文学が辿った道に照らすとき、きわめて皮肉なものとなる。日本の近代文学の開拓者たちは、西

2021年度

問題編

神戸大-文系前期 2021 年度 問題 *3*

■前期日程

問題編

▶試験科目・配点

学部・学科等		教　科	科　　　目		配　点
文		外国語	英語，ドイツ語，フランス語，中国語から 1 科目選択		125 点
		数　学	数学 I・II・A・B		75 点
		国　語	国語総合・現代文 B・古典 B		150 点
国際人間科	グローバル文化	外国語	英語，ドイツ語，フランス語，中国語から 1 科目選択		160 点
		数　学	数学 I・II・A・B		80 点
		国　語	国語総合・現代文 B・古典 B		160 点
	発達コミュニティ，子ども教育	外国語	英語，ドイツ語，フランス語，中国語から 1 科目選択		175 点
		数　学	数学 I・II・A・B		75 点
		国　語	国語総合・現代文 B・古典 B	から 1 教科選択	150 点
		理　科〈省略〉	「物理基礎・物理」，「化学基礎・化学」，「生物基礎・生物」，「地学基礎・地学」から 2 科目選択		
	環境共生	文科系受験	外国語	英語，ドイツ語，フランス語，中国語から 1 科目選択	200 点
			数　学	数学 I・II・A・B	100 点
			国　語	国語総合・現代文 B・古典 B	150 点
		理科系受験	外国語	英語，ドイツ語，フランス語，中国語から 1 科目選択	200 点
			数　学〈省略〉	数学 I・II・III・A・B	150 点
			理　科〈省略〉	「物理基礎・物理」，「化学基礎・化学」，「生物基礎・生物」，「地学基礎・地学」から 2 科目選択	200 点

法		外国語	英語，ドイツ語，フランス語，中国語から1科目選択	150点
		数　学	数学Ⅰ・Ⅱ・Ａ・Ｂ	75点
		国　語	国語総合・現代文Ｂ・古典Ｂ	150点
経済	数学選抜	数　学	数学Ⅰ・Ⅱ・Ａ・Ｂ	400点
	英数選抜	外国語	英語	200点
		数　学	数学Ⅰ・Ⅱ・Ａ・Ｂ	200点
	総合選抜	外国語	英語	150点
		数　学	数学Ⅰ・Ⅱ・Ａ・Ｂ	125点
		国　語	国語総合・現代文Ｂ・古典Ｂ	125点
経　営		外国語	英語	150点
		数　学	数学Ⅰ・Ⅱ・Ａ・Ｂ	100点
		国　語	国語総合・現代文Ｂ・古典Ｂ（漢文を除く）	100点
海洋政策科	文系科目重視型	外国語	英語	200点
		数　学	数学Ⅰ・Ⅱ・Ａ・Ｂ	150点
		国　語	国語総合・現代文Ｂ（古文，漢文を除く）	150点
	理系科目重視型	外国語	英語	150点
		数　学〈省略〉	数学Ⅰ・Ⅱ・Ⅲ・Ａ・Ｂ	150点
		理　科〈省略〉	「物理基礎・物理」必須。「化学基礎・化学」，「生物基礎・生物」，「地学基礎・地学」から1科目選択	200点

▶備　考
- 英語以外の外国語は省略。
- 英語は，コミュニケーション英語基礎・Ⅰ・Ⅱ・Ⅲ，英語表現Ⅰ・Ⅱ，英語会話を出題範囲とする。
- 数学Ｂでは，「数列」及び「ベクトル」の2分野を出題範囲とする。
- 各教科・科目の試験の配点は，外国語125点，数学（文系）75点，国語150点（経営学部は120点，海洋政策科学部文系科目重視型は80点）である。ただし，各学部の入学者選抜のための配点は，上の表に示した

神戸大-文系前期   2021 年度　問題　5

　　傾斜配点による点数を使用する。

- 経済学部は「数学選抜」「英数選抜」「総合選抜」の 3 区分から 1 つを選
  択する。

(80分)

Ⅰ 次の文章は，近年のミツバチの減少について書かれたものである。この文章を読んで，問1～4に答えなさい。(配点35点)

　The Food and Agriculture Organization of the United Nations (FAO) states that there are 100 crop species that provide 90% of the food around the world and 71 of these are pollinated* by bees. In Europe alone, 84% of the 264 crop species and 4,000 plant varieties exist thanks to pollination by bees.

　In Europe, bee populations and honey reserves have declined dramatically since 2015 — by 30% per year in some areas. And the latest statistics from beekeepers in the USA are not much more (　A　) — according to the Bee Informed Partnership poll, last winter 37% of honeybee colonies* died, 9% more than the usual average for winter deaths. But why are these insects disappearing?

　In Oregon 50,000 bees died due to the effects caused by a pesticide; this is an example of how different substances can have an impact. The European Food Safety Agency (EFSA) confirmed that the cause behind the mass death of bees in Europe is specifically the use of a particular type of fertilizer* called neonicotinoids. The mixture of substances (　B　) with the learning circuits in insects' brains. They make the bees slower to learn or they completely forget basic associations for their survival, such as linking floral aroma and food. The bees die as they are not able to feed themselves.

　In 2018, the European Union decided to completely ban outdoor use of three neonicotinoid insecticides* that are frequently used worldwide in corn, cotton and sunflower crops. And the European Parliament has already proposed that (　C　) usage of these insecticides should become a key objective of the common agricultural policy (CAP) in the future.

　The Varroa mite* is one of bees' greatest enemies and one of the biggest causes of their disappearance. It is an external parasite that invades the insect and feeds on its blood and also transmits lethal viruses to the rest of the hive, including deformed wing virus*. This mite has spread across most of the world, except Australia so far.

A group of scientists from the University of Texas at Austin, USA, have developed a project that is pioneering the use of genetic engineering to improve bee health. The project involves creating genetically modified strains of bacteria* that live in the honeybees' digestive system to protect them from this destructive mite that causes colonies to collapse.

According to the study, bees with genetically modified bacteria are 36.5% more likely to survive deformed wing virus. Mites that feed on these bees are 70% more likely to die than mites that feed on bees that have not received any treatment.

(1)

Air pollution also reduces the strength of chemical signals sent out by flowers, causing bees and other insects to find it more difficult to locate them. Climate change makes the situation even worse as it alters flowering and the amount of plants due to rainy seasons, which affects the quantity and quality of nectar*.

In (D) of the above, the disappearance of bees would cause a true food crisis. Around 84% of commercial crops depend on bee pollination. For example, in Andalusia (Spain) in 1987 a good sunflower harvest was expected but this did not occur due to the lack of beehives; this was caused by the loss of bees from the Varroa mite.

As for the elimination of the Varroa mite and the ban of the pesticides, we will have to wait and see how effective the measures are in preventing the loss of bees. We can fight this problem in our everyday life by taking steps to combat climate change and pollution. Even so, we are faced with questions such as: Are we in time to fix it or should we also work on preventing this phenomenon? Are other animals disappearing that at first do not seem to be essential yet without whose activity we could not conceive life?

(2)

注　pollinate　～に受粉する；　honeybee colonies　ミツバチの蜂群

　　fertilizer　肥料；　insecticides　殺虫剤

　　mite　ダニ；　deformed wing virus　羽変形病ウイルス

　　strains of bacteria　バクテリアの菌株

　　nectar　花蜜（ミツバチが集める花の蜜）

8 2021 年度 英語　　　　　　　　　　　　　　　　　　神戸大-文系前期

問 1 空所（　A　）～（　D　）に入る最も適切な語を，それぞれの選択肢から一つ選び，記号で答えなさい。

(A) (ア) depressing (イ) reassuring (ウ) suggestive (エ) trustworthy

(B) (ア) accords (イ) cooperates (ウ) copes (エ) interferes

(C) (ア) assuring (イ) developing (ウ) reducing (エ) supporting

(D) (ア) advance (イ) light (ウ) order (エ) spite

問 2 下線部(1) the study とはどのようなものか，その目的と方法が具体的に分かるように，35 字以内の日本語で説明しなさい（ただし，句読点も 1 字に数えます）。

問 3 ミツバチの減少に対してとられているさまざまな方策について，筆者はどのような態度を示しているか，25 字以内の日本語で説明しなさい（ただし，句読点も 1 字に数えます）。

問 4 下線部(2)を日本語に訳しなさい。

II 次の文章は，「STEM 教育」について書かれたものである。この文章を読んで，問 1 ～ 5 に答えなさい。（配点 35 点）

　　Women and girls are underrepresented in science, technology, engineering, and mathematics (STEM) education and careers. One prevalent explanation for women's
(a)
underrepresentation in STEM is the gender gap in math performance favoring males, particularly spatial skills. Research suggests that gender gaps in math performance emerge in middle school or high school; however, meta-analyses* indicate this gap has disappeared.

　　Given the evidence from meta-analyses, an ability explanation for women's underrepresentation in STEM is less plausible; many other explanations, including broad contextual factors (societal expectations, parental and peer influence, and climate within STEM majors and organizations) and women's motivations, math ability self-assessment, and choices, are well-supported. From a sociocultural perspective, research has documented how environments dominated by males can be threatening to women and girls and can elicit stereotype threat, which can lower their sense of belonging, increase feelings of exclusion and isolation, and lead to disengagement from the domain.

Stereotype threat is the phenomenon in which members of a stereotyped group worry that their performance on an evaluative task will be judged according to a negative group stereotype indicating inferiority in the domain. The stereotype relevant to STEM education is that women and girls are not as competent in math as men and boys. Thus, when women and girls take math tests, they may worry that their performance will be judged according to this stereotype and they may fear confirming the stereotype if they perform poorly. This threat can lead to negative outcomes such as poor test performance and disengagement from the domain.

Arguably, the most widely studied academic performance outcome for women in the stereotype threat literature is math test performance; other less frequently studied outcomes include more negative attitudes toward the domain and lower intentions to pursue education and careers in the domain. For example, it was found that women taking a math test had poorer performance when they were told the test was diagnostic of math ability than when they were told the test was not diagnostic. In a diagnostic testing situation, women performed poorly because they feared confirming the stereotype that "women are not as good at math as men"; when women were told that no gender differences have been found on a math test, the women performed better than when no such information was given. Thus, stereotype threat is one factor in women's underperformance in math. If women are worried about validating gender stereotypes regarding women's math ability, this additional cognitive burden may lead to (A) performance, feeling a (B) of belonging in the field of mathematics, and (C) the domain.

As shown by these results, one important variable examined in stereotype threat research is gender identity, or the centrality and importance a person places on gender as part of one's larger self-concept. Research on gender identity among adults has shown that women who strongly identify with their gender are more vulnerable to the negative effects of stereotype threat, presumably because they care more about

10 2021 年度 英語   神戸大-文系前期

confirming stereotypes that reflect poorly on their gender group. Performance
pressure, not wanting to make the group look bad, or group-level stereotype threat,
leads to underperformance for women who are highly gender identified.

However, a recent study showed that <u>because stereotype threat is triggered within</u>
<u>educational contexts, it can be reduced through interventions to promote mathematics</u>
<u>and science education</u>, thus improving the educational pipeline leading to good careers
in STEM. Educators, parents, practitioners, and policy makers can learn more about
stereotype threat through many publicly accessible resources and partner with social
scientists to carry out these interventions on a large scale.

注　meta-analyses　メタ分析(複数の研究結果を統合し，より高次の見地から行
　　う分析)

問 1　下線部(a)～(c)の単語または語句について，本文中における意味に最も近いもの
　　を，それぞれの選択肢から一つ選び，記号で答えなさい。

　(a)　<u>prevalent</u>
　　　(あ)　common
　　　(い)　exclusive
　　　(う)　immediate
　　　(え)　possible

　(b)　<u>elicit</u>
　　　(あ)　get rid of
　　　(い)　give rise to
　　　(う)　put up with
　　　(え)　be concerned about

　(c)　<u>vulnerable to</u>
　　　(あ)　highly resistant to
　　　(い)　easily influenced by
　　　(う)　relatively indifferent to

出典追記：Stereotype Threat Among Girls: Differences by Gender Identity and Math Education Context, Psychology of
Women Quarterly vol.41 (4) by Bettina J. Casad, Patricia Hale, and Faye L. Wachs, Sage Publications

神戸大-文系前期　　　　　　　　　　　　　　　　　　　　2021 年度　英語　*11*

　　(え)　strongly encouraged by

問 2　次の文は，下線部(1) This threat の内容を説明したものである。本文の内容に
　　　即して，空所 [　イ　] と [　　ロ　] に入る適切な日本語の文を書きなさい。

[　　イ　　] というステレオタイプの影響によって，[　　　ロ　　　]
のではないかという脅威

問 3　下線部(2)の空所（　A　）～（　C　）に入る最も適切な単語の組み合わせはどれ
　　　か。選択肢(あ)～(え)から一つ選び，記号で答えなさい。

	（ A ）	（ B ）	（ C ）
(あ)	different	state	improving
(い)	improved	sense	entering
(う)	inferior	fail	rejecting
(え)	lower	lack	leaving

問 4　下線部(3)を日本語に訳しなさい。

問 5　本文の内容と合致する文を選択肢から二つ選び，記号で答えなさい。

　　(あ)　Educational interventions can pave the way for women to pursue rewarding
　　　　careers in STEM fields.

　　(い)　The possible factors that explain women's underrepresentation in STEM are
　　　　relatively predictable.

　　(う)　Gender gaps in math performance which emerge in early childhood education
　　　　tend to increase over time.

　　(え)　Male-dominated environments can lead to stereotype threat, resulting in lower
　　　　math performance of women.

　　(お)　Decreasing a feeling of exclusion is pivotal in building women's negative
　　　　attitudes toward STEM majors and careers.

　　(か)　Women are more likely to perform well on math tests when they are informed
　　　　that their math ability is being assessed.

12 2021 年度　英語　　　　　　　　　　　　　　　　　　　　　　　神戸大-文系前期

Ⅲ　次の文章は，アメリカのある経営学大学院での "Digital Transformation" という授業に
　　おける議論の一部である。この文章を読んで，問 1 〜 4 に答えなさい。(配点 30 点)

Student A:　Artificial intelligence, or AI is a powerful technology. If humankind can
find a way to regulate and use AI ethically, I truly believe this technology will
bring <u>unparalleled</u> advancement and benefits to our way of living.
(a)

Professor:　There is a problem, and it comes with the use of that one single word:
ethically. AI may have amazing potential, but the fast-moving technology
needs to be employed carefully and thoughtfully.

Student A:　If AI is not regulated, a lot of harm can be done.

Professor:　<u>For some three decades, digital technology has continued its never-
(1)
ending march of progress, remaking and disrupting a wide range of
industries.</u> Looking at the efforts of organizations to transform themselves
digitally today, we are going to examine some cases that investigated AI
ethics.

Assistant Professor:　It's a timely topic. I think the public is becoming more aware of
the effect of algorithms* and AI. Digital transformation should be
responsive to not only customer needs, but also to the consequences it has
for society.

Student B:　I think AI is going to drastically change the way businesses operate in the
very near future. I hope that the major corporations, and citizens of the
globe, will ensure it is rolled out responsibly.

Assistant Professor:　We are in a reflection phase. There is a movement. Companies
are starting to realize they have to be responsible in how they use this
technology. Let me liken this movement to sustainability. About 20 years
ago, companies began thinking about their environmental impacts because
of the increasing concerns of their customers. Companies had to look at
sustainability. It became a part of how they presented themselves. I think
we're seeing <u>a similar shift in technology.</u>
(2)

Professor:　Still, there are concerns. Biases, for one, can creep into algorithms. The
technology behind self-driving cars can more easily identify white

神戸大-文系前期   2021 年度 英語 *13*

pedestrians than nonwhite ones, which makes them a higher risk for being struck. Discrimination can be baked into banking algorithms, making it harder for people of color to obtain loans.

Assistant Professor: The autonomy built into these systems is raising the stakes. It has to be built with some sort of ethical framework.
_(b)

Professor: Because the technology is advancing at such a rapid pace, reigning it in may be difficult.

Student B: The optimistic part of me thinks that most companies understand there is significant value to their consumers by utilizing technology responsibly, but there is no way legislation is going to be able to keep up.
(c)

Assistant Professor: This discussion went very well. I believe that our students, who are well versed in social responsibility and business model design, are uniquely positioned to consider these issues that emerge in the future.

Student A: I am full of excitement and am optimistic that we can use AI for good. However, any technology is nothing more than a tool. It's a double-edged sword that has the ability to enslave or empower humanity.

注　algorithms　アルゴリズム(コンピューターなどで演算手続きを指示する規則)

問 1　下線部(1)を日本語に訳しなさい。

問 2　下線部(2)を 40 字以内の日本語で説明しなさい(ただし，句読点も 1 字に数えます)。

問 3　下線部(a)～(c)の意味と最も近い単語を，それぞれの選択肢から一つ選び，記号で答えなさい。

(a)　unparalleled

　　(あ)　comparable

　　(い)　exceptional

　　(う)　expected

　　(え)　explanatory

出典追記：Why AI Ethics Are So Important, Babson Thought & Action on June 12, 2020 by John Crawford

14 2021 年度　英語　　　　　　　　　　　　　　　　　　神戸大-文系前期

(b)　<u>stakes</u>

　　　(あ)　charges

　　　(い)　interests

　　　(う)　profits

　　　(え)　risks

(c)　<u>legislation</u>

　　　(あ)　court

　　　(い)　government

　　　(う)　justice

　　　(え)　law

問 4　本文の内容と合致するものを以下の選択肢の中から二つ選び，記号で答えなさい。

　　(あ)　It is necessary for humans to be optimistic about the future of AI technology.

　　(い)　Governments should be more cautious in enacting rules that regulate AI technology.

　　(う)　Humans should not fail to be aware of the ethics in using AI technology properly.

　　(え)　AI technology is supposed to contribute to solving various issues of racial discrimination.

　　(お)　Companies' efforts to utilize AI technology result in facilitating environmental consciousness.

　　(か)　AI technology has advantages as well as disadvantages in terms of its impact on human society.

神戸大-文系前期　　　　　　　　　　　　　　　　　　　　2021 年度　英語　*15*

Ⅳ　The following is an excerpt from the article posted on a website. Read the passage
and answer the following questions in English. （配点 25 点）

> In comparison to students of neighboring countries such as China and Korea,
> Japanese students show less interest in study abroad. According to the UNESCO
> database, Japan was ranked 23rd, with 33,494 post-secondary students studying
> abroad in 2012. In this same year, there were 698,395 students and 121,437
> students studying abroad from China and Korea, respectively. Many experts have
> attributed the decline in the number of young Japanese studying abroad to their
> deep-seated "inward-oriented tendency" (*uchimukishikou* in Japanese). Although
> some scholars argue that this characteristic is not solely confined to Japanese
> youth, there is great interest among Japanese scholars and politicians in
> understanding this tendency among Japanese youth.

⑴　Explain "inward-oriented tendency (*uchimukishikou*)" among Japanese youth with
some example(s) other than studying abroad, using around 40 words.

⑵　What do you think about the idea expressed in the underlined sentence?　Write
your opinion, using around 60 words.

16 2021 年度　数学 　　　　　　　　　　　　　　　　　　　　　神戸大-文系前期

数学

(80 分)

1. i を虚数単位とする. 以下の問に答えよ. (配点 25 点)

(1) $n = 2, 3, 4, 5$ のとき $(3+i)^n$ を求めよ. またそれらの虚部の整数を 10 で割った余りを求めよ.

(2) n を正の整数とするとき $(3+i)^n$ は虚数であることを示せ.

2. k, x, y, z を実数とする. k が以下の (1), (2), (3) のそれぞれの場合に, 不等式

$$x^2 + y^2 + z^2 + k(xy + yz + zx) \geqq 0$$

が成り立つことを示せ. また等号が成り立つのはどんな場合か.
(配点 25 点)

(1) $k = 2$

(2) $k = -1$

(3) $-1 < k < 2$

神戸大-文系前期   2021 年度　数学　*17*

3. 水平な地面に一本の塔が垂直に建っている (太さは無視する). 塔
の先端を P とし，足元の地点を H とする．また，H を通らない一
本の道が一直線に延びている (幅は無視する). 道の途中に 3 地点
A, B, C がこの順にあり，BC = 2AB をみたしている．以下の問
に答えよ．(配点 25 点)

(1) $2AH^2 - 3BH^2 + CH^2 = 6AB^2$ が成り立つことを示せ．

(2) A, B, C から P を見上げた角度 $\angle PAH$, $\angle PBH$, $\angle PCH$ はそれ
　　ぞれ $45°$, $60°$, $30°$ であった．AB = 100 m のとき，塔の高さ
　　PH (m) の整数部分を求めよ．

(3) (2) において，H と道との距離 (m) の整数部分を求めよ．

18　2021 年度　国語　　　　　　　　　　　　　　　　　　　　　神戸大-文系前期

〔注〕

○尺——長さの単位。北宋時代においては、約三〇・七二センチメートル。

○名輩——名手。ここでは優れた画家のこと。

○払拭——はらいぬぐうこと。ここでは、筆や刷毛によって墨や絵具を軽く施すこと。

○神観——絵画が真に迫り、極めて優れているさま。

○迥然——輝くさま。

○生動——生気にあふれたさま。

○庸人——普通の人。凡人。

○沈括——北宋時代の官僚。生没一〇三一～一〇九五。

問一　傍線部㋐「馬毛細、不可画」、㋑「当画毛」をそれぞれ現代語訳しなさい。

問二　傍線部(A)「此乃以大為小」は、どのようなことを述べているのか、「大」と「小」の意味を明らかにして二〇字以内で説明しなさい。

問三　波線部「遂亦不摸、此庸人襲跡」とあるが、これは庸人が馬を牛や虎の大きさで描く時にどのようにすることを述べているのか、本文に即して七〇字以内で具体的に説明しなさい。

問四　二重傍線部①「惟」、②「須有別」、③「而已」、④「若」をすべて平仮名で書き下しなさい（現代仮名遣いでよい）。

神戸大-文系前期　2021年度　国語　19

三　次の文章は、馬を描く際の心得について述べたものである。これを読んで、問一〜四に答えなさい（設問の都合で返り点や送り仮名、振り仮名を省略した部分がある）。（配点三〇点）

画二牛・虎一皆画レ毛、惟馬①不レ画。余嘗以問二画工一、工言「馬毛細、不

可レ画。」予難レ之曰「鼠毛更細、何故却画。」工不レ能レ対。大凡画レ馬、

其大不レ過盈レ尺、(A)此乃以大為レ小、所二以毛細而不レ可レ画。鼠乃如二

其大一(イ)自当画レ毛。然牛・虎亦是以大為レ小、理亦不レ応レ見レ毛、但牛・

虎深毛、馬浅毛、理須有レ別②。故名輩為二小牛・小虎一雖レ画レ毛、但略

払拭而已③、若務二詳密一、翻成二冗長一。約略払拭、自有二神観一、迥然

生動。難レ可下与二俗人一論上也。④若画レ馬如二牛・虎之大一者、理当画レ毛、蓋

見二小馬無レ毛一、遂亦不レ摸、此庸人襲跡、非レ可三与論レ理也。

（沈括『夢渓筆談』より）

20 2021 年度 国語　　　　　　　　　　　　　　　　神戸大-文系前期

○貞能 ── 平貞能。重盛に仕えた。

○無文 ── 蒔絵や彫刻などの装飾が施されていないこと。

問一　傍線部①〜④を現代語訳しなさい。③は、具体的な内容を明らかにすること。

問二　傍線部(A)「御涙にむせばせたまふ」について、その理由を五〇字以内で説明しなさい。

問三　傍線部(B)「引出物」について、

（1）　その中身は何であったか、本文中から五字程度で抜き出しなさい。

（2）　これに込められた重盛の意図を、六〇字以内で説明しなさい。

問四　空欄a〜cには、助動詞「けり」が入る。適切な活用形に直して答えなさい。

問五　『平家物語』と同じジャンルの文学作品を、次の中から一つ選び、記号で答えなさい。

イ　『海道記』　　ロ　『源氏物語』　　ハ　『国性爺合戦』　　ニ　『太平記』　　ホ　『徒然草』

の杯(さかづき)をば、まづ少将にこそ取らせたけれども、親より先にはよも飲みたまはじなれば、重盛まづ取り上げて、少将にささん」とて、三度受けて、少将にぞさされ ｂ 。②少将また三度受けたまふとき、「いかに貞能、(B)引出物(ひきでもの)せよ」とのたまへば、かしこまつて承り、錦の袋に入れたる御太刀を取り出だす。「あはれ、これは家に伝はれる小烏(こがらす)といふ太刀やらん」など、よにうれしげに思ひて見たまふところに、さはなくして、大臣葬のとき用ゐる無文(むもん)の太刀にてぞありける。その時少将けしき変はつて、よにいまはしげに見たまひければ、大臣涙をはらはらと流して、「いかに少将、それは貞能がとがにもあらず。そのゆゑはいかにといふに、この太刀は大臣葬のとき用ゐる無文の太刀なり。入道いかにもおはせんとき、重盛がはいて供ぜんとて持ちたりつれども、今は重盛、入道殿に先立ち奉らんずれば、③御辺に奉るなり」とぞのたまひける。少将これを聞きたまひて、とかくの返事にも及ばず、涙にむせびうつぶして、その日は出仕もしたまはず、④引きかづきてぞふしたまふ。その後大臣熊野へ参り、下向して病つき、幾ほどもなくして、つひに失せたまひけるにこそ、げにもと思ひ知られ ｃ 。

（『平家物語』より）

〔注〕　○この大臣 ―― 平重盛のこと。
　　　　○春日大明神 ―― 現在の奈良市にある春日大社。
　　　　○平家太政入道 ―― 平清盛。重盛の父。
　　　　○一天の君 ―― 天皇の尊称。
　　　　○妻戸 ―― 出入り口の両開きの戸。
　　　　○瀬尾太郎兼康 ―― 清盛に仕え、活躍した武士。
　　　　○御辺 ―― 代名詞。そなた。

二　次の文章は、平重盛について書かれたものである。これを読んで、問一〜五に答えなさい。（配点四〇点）

天性この大臣は不思議の人にて、未来のことをも、かねてさとりたまひけるにや、去んぬる四月七日の夢に見たまひけるこそ不思議なれ。たとへば、いづくとも知らぬ浜路をはるばると歩み行きたまふほどに、道の傍らに大きなる鳥居のありけるを、「あれはいかなる鳥居やらん」と問ひたまへば、「春日大明神の御鳥居なり」と申す。人多く群集したり。その中に法師の首を一つ差し上げたり。「さてあの首はいかに」と問ひたまへば、「これは平家太政入道殿、悪行超過したまへるによつて、当社大明神の召し捕らせたまひて候」と申すと覚えて、夢うちさめ、「当家は保元・平治よりこのかた、度々の朝敵を平らげて、勧賞身に余り、かたじけなく一天の君の御外戚として、一族の昇進六十余人、二十余年のこのかたは、楽しみ栄え、申すはかりもなかりつるに、入道の悪行超過せるによつて、一門の運命すでに尽きんずるにこそ」と、来し方行く末のことどもおぼしめし続けて、御涙にむせばせたまふ。

(A)をりふし、妻戸をほとほとと打ちたたく。「誰そ。あれ聞け」とのたまへば、「瀬尾太郎兼康が参つて候」と申す。①「いかに、何事ぞ」とのたまへば、「ただ今不思議のこと候ひて、夜の明け候はんが遅う覚え候ふ間、申さんがために参つて候。御前の人をのけられ候へ」と申しければ、大臣、人をはるかにのけて、御対面あり。さて兼康見たりける夢のやうを、始めより終はりまで詳しう語り申し　a　が、大臣の御覧じたりける御夢に少しもたがはず。さてこそ、瀬尾太郎兼康をば、神にも通じたるものにてありけりと、大臣も感じたまひけれ。

その朝、嫡子権亮少将維盛、院の御所へ参らんとて出でさせたまひたりけるを、大臣呼び奉りて、「人の親の身として、かやうのことを申せば、きはめてをこがましけれども、御辺は、人の子どもの中には優れて見えたまふなり。但しこの世の中の有り様、いかがあらむずらんと、心細うこそ覚ゆれ。貞能はないか。少将に酒勧めよ」とのたまへば、貞能御酌に参りたり。「こ

物であるかに、強く依存して決まることである。

（青山拓央『心にとって時間とは何か』より）

問一　傍線部㋐「それが本当に未来を良くするのかどうかは、議論の余地がある」とあるが、ここで筆者はどのような「議論」を提示しているか。八〇字以内で説明しなさい。

問二　傍線部㋑「その態度とイーグルマンのあの提言とのあいだに明確な矛盾を見出すことは難しい」とあるが、どういうことか。八〇字以内で説明しなさい。

問三　傍線部㋒「非難の領域を残すのは、欺瞞や恣意性の入り込みやすい困難な作業である」とあるが、どういうことか。八〇字以内で説明しなさい。

問四　傍線部㋓「現状の倫理を支えている過去志向的な認識は、たとえそれ自体としては虚偽を含んでいたとしても、人間集団の存続・拡大にとって未来志向的な効果をもちうる」とあるが、どういうことか。本文全体の論旨をふまえたうえで、一六〇字以内で説明しなさい。

問五　傍線部(a)～(e)を漢字に改めなさい。はっきりと、くずさないで書くこと。

そのふりができない人物は)、より強い叱責を受けるか、あるいは、「非正常」の括りに入れられてしまう。なぜ、それが「正常」でないのかは科学的に説明されないまま。

イーグルマンの提言に、私は必ずしも反対ではない。とりわけ、処罰への私たちの理解が非難の側に傾きすぎているなら、彼の提言から学んで修正の側に(ウ)バランスを取ることは有益だろう。だが、彼の提言の背景にある科学的根拠を直視したとき、適度なバランス調整のもとで非難の領域を残すのは、欺瞞や恣意性の入り込みやすい困難な作業である。そして、その一方で、非難と修正のバランスをそれなりに取ることではなく、非難から修正へと完全に移行することがイーグルマンの真意なら、その移行の効果について私は疑念をもっている。

人間の行為が結局のところ環境と遺伝の産物なのであれば、それは悪行・善行問わず、すべての行為について言えることだ。非難だけでなく賞賛についても、私たちは認識を改めねばならず、社会制度の全般にその影響は及ぶだろう。そして、過去の行為については、それがいかなるものであれ、つまり、犯罪者の悪行だけでなく、被害者の激高、裁判官の判決、あるいは科学者の提言などもすべて、そのようでしかありえなかったものと見なされるべきであり、そのことが倫理に与える全面的な影響を

イーグルマンは十分に考慮してはいない。

非難を基盤にした倫理がもし科学的認識と相容れなくても、その倫理が形作られるまでには進化論的な歴史があり、その歴史の因果関係は科学的な事実と整合しうる。(エ)現状の倫理を支えている過去志向的な認識は、たとえそれ自体としては虚偽を含んでいたとしても、人間集団の存続・拡大にとって未来志向的な効果をもちうるからだ。

認識における未来志向性を、効果における未来志向性と混同しないことが重要である。私たちが皆、認識において完全に未来志向的になることは、未来を薔薇色にするかもしれないし、しないかもしれない。このいずれであるのかは、認識の正しさだけでなく、ヒトがどのような生物であるか──、つまり、イーグルマンの言う「血に飢えた」倫理なしに集団を存続できるような生

ことは、未来のトークンはまだ不在である以上、タイプ志向的であることを促す。そして、その一方で、トークンとしてのその犯罪は、それを避けることができなかったもの、すなわち、他の可能性をもたなかったものと見なされることになる(決定論、あるいはそれをホウセツする運命論の世界において、いかなる他の可能性もそうであるように)。

いま注目したいのは、ここでとられている過去への見方が事実であるかどうかではなく、私たちの倫理の実践と調和できるかどうかだ。身勝手な殺人をなした人物が、二度と殺人を(それどころか些細な悪事をも)行なわない人物に更生したとして、同時にその人物は、まったく斜に構えるところなく、過去のその殺人のトークンを「仕方がなかった」と考えるかもしれない。後悔や反省のような心情を、「後ろ向き」として退けるかもしれない。たしかにその殺人はタイプとして凶悪なものであるが、トークンとして「それをすべきではなかった」と言うのは(その可能性がなかった以上)意味がよくわからない、という理由で──。殺人犯のこのような態度は多くの反発を招くだろうが、その態度とイーグルマンのあの提言とのあいだに明確な矛盾を見出すことは難しい。

私は以前、幼児の倫理的教育(しつけ)に関して、こんなふうに書いたことがある。

「われわれは幼児に、その行為は悪い行為であること、より良い行為がほかにあったこと、そうしたことを教え込む。だが、このときわれわれは、幼児に次のこともまた、教え込んでいるのである。その行為はしないこともできたということ。〔……〕これは客観的事実というより社会的信仰の教説である。幼児はこのことを信じなければならない。それが信仰であることを忘れてしまうほどに強く。そしてわれわれもまた、この信仰の内部にいる。」

友人を殴って怪我をさせた幼児は、これから同様のことをしないよう、大人にしつけられるだろう(動物の調教と同様)。だが、その幼児はそれだけでなく、「殴らないこともできた」のに殴ったことを反省しなくてはならない。殴らないこともできたかどうかを、だれも証明できないのだとしても──。幼児と呼ばれる年齢を過ぎてもそうした反省ができない人物は(少なくとも

た犯罪への非難ではなく、再犯等の予防に力を注ぐからだ。過去のある犯罪について、それが脳のシッカンや遺伝的・環境的要因によるものか否かは線引き困難であり、科学がこのまま発展すれば、線引きの基準はどんどん変化する（おそらくは、遺伝的・環境的要因をより重視する方向に）。これはつまり、ある犯罪者が非難に値するか否かは不確定だということであり、それならば、過去ではなく未来を考慮しようとイーグルマンは述べているわけだ。

そのため、この提言への批判は二つの観点からなされうる。未来志向的な観点から内在的に批判するか、あるいは、過去志向的な観点から外在的に批判するか、だ。とはいえ、あとで見るように、この二つの観点を完全に切り離すことはできない。とりわけ、ある特定の犯罪者がより良い人物になるかどうかではなく、その犯罪者の扱われ方を周囲で見ていた人々が、どのようなふるまいをするかに関して。

ざっくばらんに言ってしまえば、論点は、見せしめの効果にある。犯罪者を非難し、処罰して、その人物が過去に犯した罪を鎖のように当人に巻き付けておくことは、他の人々による未来の犯罪を抑止する効果があるのではないか？　言い換えるなら、非難から修正への移行が全面的になされた場合には、後者が「ぬるく」見えることで、犯罪傾向のある人々の自制心は損なわれてしまうのではないか？　もし、この問いへの答えが「イエス」なら、未来志向的に考えた場合にも、非難は効果的であることになる。

このことに加えて、私たちの倫理が、たんなる因習としてはハキしがたい深さで過去志向性をもっていることも無視できない。重要なのは、過去志向性が犯罪のトークンに関わっている点だ。ここで言う「トークン」とは、特定の時間・空間的な領域を占める個別のものを指し、「タイプ（種）」と対になる概念である。

イーグルマンの提言は、ある犯罪をなした人物が、同じタイプの犯罪をふたたびなすことの予防に繋がる。未来志向的である

た。そして、展望デッキで射殺されたあと検視解剖された彼の脳には、直径三センチほどの腫瘍が見つかる——。この検視解剖は、彼自身が遺書で要望したものだった。

イーグルマンはこのほかにも複数の知見を挙げたうえで、次のような自説を提出する。ただし、これは現在の科学から直接的に導かれたものというより、そこに彼の哲学的思考を加えて得られたものだと言ってよい。

「非難に値するかどうかは後ろ向きの概念であり、人生の軌跡となっている遺伝と環境のがんじがらめのもつれを解きほぐすという、不可能な作業を必要とする。〔……〕「非難に値する」の代わりに用いるべきなのが「修正可能である」という概念である。この前向きな言葉は問いかける。私たちはこれから何ができるのか？ するなら刑務所に送ろう。更生プログラムを利用できるのか？〔……〕できない場合、懲役刑は将来の行動を修正するだろうか？ 刑罰が役に立たない場合、報復のためではなく行為能力を制限するために、国の監督下に置こう。」

イーグルマン自身が述べているように、彼はけっして犯罪者をホウメン(b)すべきだとは考えていない。ただ、遺伝と環境、その結果としての脳の状態をふまえて、「どんな場合も犯罪者は、ほかの行動をとることができなかったものとして扱われるべきである」と主張する。

「後ろ向き（backward-looking）」、「前向き（forward-looking）」との表現について、補足しておいたほうがよいだろう。これらは、いわゆる気の持ちよう（ネガティブ／ポジティブな態度の違い）ではなく——そのように読ませる意図も見えるが——時間への志向性の違いを表現するものとして、まずは理解すべきである。つまり、思案の中心となる対象を、過去に見出すか、未来に見出すかの違いだ。そこで以下では、「後ろ向き」、「前向き」の代わりに、「過去志向的」、「未来志向的」との表現を用いることにする。

イーグルマンの提言は明らかに未来志向的である。これから社会をどうするかに目を向け、犯罪に関して言うのなら、なされ

国語

（文・国際人間科・法・経済学部：一〇〇分　経営学部：八〇分　海洋政策科学部：六〇分）

（注意）　経営学部は一・二、海洋政策科学部は一のみ解答のこと。

一　次の文章を読んで、問一〜五に答えなさい。（配点八〇点）

　責任とは何かという問題は、哲学者にとっては古くからの、そして近年は科学者にとっても重要性を増してきた問題だ。とりわけ脳研究の進歩は、人間の行為が脳活動の産物であることを次第に明らかにし、責任概念の見直しを私たちに迫りつつある。犯罪行為を含めた人間のあらゆる行為が脳によってひき起こされているなら、行為の責任を行為者その人に負わせて非難や処罰をすることには疑問があるのではないか、というかたちで。

　神経科学者のデイヴィッド・イーグルマンは、悪事をなした人物が「非難に値する(blameworthy)」かどうかは重要な問題ではない、と述べた。『あなたの知らない脳』の第六章で彼は、「神経科学と法律の境界で、脳損傷が関係する事例が<u>ヒンパン</u>に出る(a)ようになっている」と記し、印象的な複数の実例を挙げている。

　たとえば、二十五歳のある青年は、テキサス大学タワーの展望デッキから銃を乱射して、十三名の死者と三十三名の負傷者を出した。彼は理性的な人物だったが、ある時期から、不合理で異常な衝動に襲われるようになり、自分でも脳の異変を疑ってい

2020年度 問題編

神戸大-文系前期   2020 年度　問題　*3*

■前期日程

問題編

▶試験科目・配点

学部・学科等		教科	科　　目		配　点
文		外国語	英語，ドイツ語，フランス語，中国語から1科目選択		125 点
		数　学	数学Ⅰ・Ⅱ・A・B		75 点
		国　語	国語総合・現代文B・古典B		150 点
国際人間科	グローバル文化	外国語	英語，ドイツ語，フランス語，中国語から1科目選択		160 点
		数　学	数学Ⅰ・Ⅱ・A・B		80 点
		国　語	国語総合・現代文B・古典B		160 点
	発達コミュニティ，子ども教育	外国語	英語，ドイツ語，フランス語，中国語から1科目選択		175 点
		数　学	数学Ⅰ・Ⅱ・A・B		75 点
		国　語	国語総合・現代文B・古典B	から1教科選択	150 点
		理科〈省略〉	「物理基礎・物理」，「化学基礎・化学」，「生物基礎・生物」，「地学基礎・地学」から2科目選択		
	環境共生	文科系受験	外国語	英語，ドイツ語，フランス語，中国語から1科目選択	200 点
			数　学	数学Ⅰ・Ⅱ・A・B	100 点
			国　語	国語総合・現代文B・古典B	150 点
		理科系受験	外国語	英語，ドイツ語，フランス語，中国語から1科目選択	200 点
			数　学〈省略〉	数学Ⅰ・Ⅱ・Ⅲ・A・B	150 点
			理　科〈省略〉	「物理基礎・物理」，「化学基礎・化学」，「生物基礎・生物」，「地学基礎・地学」から2科目選択	200 点

		外国語	英語，ドイツ語，フランス語，中国語から1科目選択	150 点
法		数　学	数学Ⅰ・Ⅱ・A・B	75 点
		国　語	国語総合・現代文B・古典B	150 点
経済	数学選抜	数　学	数学Ⅰ・Ⅱ・A・B	400 点
	英数選抜	外国語	英語	200 点
		数　学	数学Ⅰ・Ⅱ・A・B	200 点
	総合選抜	外国語	英語	150 点
		数　学	数学Ⅰ・Ⅱ・A・B	125 点
		国　語	国語総合・現代文B・古典B	125 点
経　営		外国語	英語	150 点
		数　学	数学Ⅰ・Ⅱ・A・B	100 点
		国　語	国語総合・現代文B・古典B（漢文を除く）	100 点

▶備　考

- 英語以外の外国語は省略。
- 英語は，コミュニケーション英語基礎・Ⅰ・Ⅱ・Ⅲ，英語表現Ⅰ・Ⅱ，英語会話を出題範囲とする。
- 数学Bでは，「数列」及び「ベクトル」の2分野を出題範囲とする。
- 各教科・科目の試験の配点は，外国語 125 点，数学（文系）75 点，国語 150 点（経営学部は 120 点）である。ただし，各学部の入学者選抜のための配点は，上の表に示した傾斜配点による点数を使用する。
- 経済学部は「数学選抜」「英数選抜」「総合選抜」の3区分から1つを選択する。

神戸大-文系前期　　　　　　　　　　　　　　　　　　　　　　2020 年度　英語　5

(80 分)

Ⅰ　次の文章を読んで，問 1 〜 5 に答えなさい。(配点 45 点)

　　Nature is like granola: The list of ingredients is long, but the bowl is mostly filled
  (1)
with just a few of them. Take England, for example, which is obsessed enough with
animals and birds to count its wildlife nearly one by one, population estimates for 58
species of land mammal in that country, ranging from the familiar to the obscure, total
about 173 million animals. But just three species — the common shrew*, rabbit, and
mole — account for half of those individuals. All told, the most common 25 percent of
English mammal species add up to 97 percent of all the individual animals. Similar
patterns play out on land and at sea, in your local park or across whole continents, and
whether you are counting beetles, shellfish, or tropical trees. The most common land
bird in the United States and Canada is the American robin, harbinger of spring*.
Robins alone are as numerous as the two countries' 277 least-common bird species
combined.

　　The fact that species of such incredible abundance can decline as quickly as the
white-rumped vulture did points to a counter-intuitive idea in conservation that common
                                  (2)   (3)
species may need protection just as much as rare ones do.

　　The first scientist to propose the conservation of the common was, almost too
perfectly, the author of a book called *Rarity*. After 20 years of studying what made some
species rare, Kevin Gaston, an ecologist at the University of Exeter, in England, started
to wonder why other species are widespread and abundant. He soon came to a
seemingly contradictory conclusion: "The state of being common is rare." While any
given common species is made up of many individuals, only a small fraction of species
are common.

　　Gaston's work culminated in "Common Ecology," a paper published in the journal
BioScience in 2011 that found that commonness was not a well-studied phenomenon,

6 2020 年度 英語   神戸大-文系前期

and that "(A)." The work triggered a quiet increase in research. A study from
2014 hints at the scale of what has been overlooked. Its authors found that (B),
and that (C).

    <u>Industrial agriculture carries much of the blame for Europe's disappearing birds.</u>
(4)
"They've been taking out hedgerows, taking out trees, making fields bigger, increasing
inputs of pesticides* — just essentially squeezing out the opportunities for wild
organisms to live in those kinds of environments," Gaston told me. "We're talking just
massive losses."

    But even the most human-adapted and urban of birds, such as starlings* and house
sparrows, have steeply decreased — in fact, those two very common birds were among
the top five birds experiencing population declines. Most of the rarest birds in Europe
are actually increasing at present, due to successful conservation efforts, although they
remain uncommon; meanwhile, most of the common birds are declining toward scarcity.
"The inevitable place you end up," said Gaston, "is that (D)."

    From Tragedy Of The Common, Pacific Standard on September 5, 2018, by J. B. MacKinnon

    注　shrew　トガリネズミ

        harbinger of spring　春告げ鳥

        pesticides　農薬

        starling　ムクドリ

問 1　下線部⑴の意味を，50 字以内の日本語で，本文の内容に即して具体的に説明
    しなさい。ただし，句読点も 1 字に数えます。

問 2　下線部⑵を置き換えるのに最も適切な一続きの語句を，本文中から抜き出しな
    さい。

問 3　下線部⑶と⑷を，それぞれ日本語に訳しなさい。

問 4　空欄（ A ）～（ D ）に入る最も適切な表現を次の中からそれぞれ一つ選び，
    記号で答えなさい。ただし，同じ記号は一度しか使えません。

    ㈠　everything is rare

神戸大-文系前期
2020 年度　英語　7

(い)　many common species are as poorly studied as many rare ones

(う)　the number of birds nesting in Europe has dropped by 421 million — fully one-fifth of the continent's bird population, gone — since 1980

(え)　the species has recovered

(お)　this decline in sheer birdiness is accounted for almost entirely by common species, among them such household names as the skylark

問 5　本文の内容をふまえ，conservation をどのように行うべきか，あなたの意見を 60 語程度の英語で書きなさい。

Ⅱ　次の文章を読んで，問 1 ～ 5 に答えなさい。（配点 35 点）

I thumped up the porch, two steps at a time, and slammed the screen door open, tumbling inside.

"Mom! Mom! (　A　)"

"What, Muriel? I wish you wouldn't slam the door."

"I've been chosen to play the part of Alice in the school operetta!"

"Oh how wonderful!" Mom looked up from the accounts she had been doing and pushed her glasses up with her forefinger. She patted my shoulder awkwardly. "(　B　) You have such a lovely voice and now everyone will hear you sing. I have to call your father."

"There's a meeting for the moms tomorrow after school, okay?" I nibbled a piece of my hair.

"Of course, dear," Mom said. "I'll be right on time."

Mom came right on time, with her going-out purse and pumps. She had done her hair in rollers, and the fat curls made her hair look two times bigger than it really was. Her eyebrows were newly plucked and penciled in darker than the original colour.

"So good of you to come, Mrs. Ton Kasu. We are so proud of our little Muriel. Such a lovely singing voice. (　C　)" Mrs. Spear beamed at my Mom. She tugged my Mom's elbow and drew her to the side. She looked sideways, this way and that, with the whites of her eyes rolling, and lowered her voice into a whisper. I edged in closer.

"There is a delicate matter I want to speak to you about."
(1)
"Of course," Mom said, smiling.

"Well, it's the matter of your daughter's hair. You see, the part she is playing, you know the story of *Alice in Wonderland*, don't you?"

Mom shook her head apologetically.

"Well, Alice is a story about an English girl, you know. An English girl with lovely blonde hair. And strictly for the play, you understand, Muriel will have to have blonde hair or no one will know what part she is playing. You simply cannot have an Alice with black hair."

"Of course," Mom nodded, to my growing horror. "It's in the nature of theatre and costume, is it not?"

"Of course!" Mrs. Spear beamed. "(D) I was thinking of a nice blond wig. They make such nice wigs these days, no one will notice a thing. Why, they'll think there's a new child in school who is star material! You must be so proud."

"We could dye her hair. I believe there are dyes that wash out in a few months or
(2)
so. That way, Muriel can really grow into her role as Alice. She can live and be Alice
(3)
before opening night!"

"Mrs. Ton Kasu! You are so cooperative. I wish my other mothers were more like you. Why, I was just telling Mrs. Rogowski her daughter should lose at least ten pounds before the play, and she just got up and left in anger. Pulling her daughter after her. Poor dear, when she was so looking forward to being in the play."

I was horrified, Mom and Mrs. Spear chatting away and dying my beautiful black hair blonde? Me with blonde hair and living the role of Alice? In this town? What could my Mom be thinking? I would look ridiculous and stand out like a freak.

"Mom!" I hissed. "Mom, I changed my mind. I don't want to be Alice anymore. I'll be the Mad Hatter, that way, I can just wear a hat. Or the Cheshire Cat! Cats have slanted eyes. That would work out. Mom?"

She just ignored me and chatted with Mrs. Spear, about costume and hair dyes and suitable diets for actors. On the way home from school she stopped at the drugstore and dragged me inside to discuss the merits of hair rinse over henna with Mrs. Potts, the drugstore owner.

From Chorus of Mushrooms by Hiromi Goto, NeWest Press

神戸大-文系前期　　　　　　　　　　　　　　　　　　　　2020 年度　英語　*9*

問 1　下線部(1)の内容を，30 字程度の日本語で具体的に説明しなさい。ただし，句読点も 1 字に数えます。

問 2　空欄（　A　）〜（　D　）に入る最も適切な表現を下からそれぞれ一つ選び，記号で答えなさい。ただし，同じ記号は一度しか使えません。

　(あ)　Guess what!

　(い)　I found it!

　(う)　I knew you would understand.

　(え)　I'm so proud of you.

　(お)　It's a shame.

　(か)　Who would have thought?

問 3　下線部(2)を受けて，Mrs. Spear と Muriel はどのように考えたか。それぞれ 30 字程度の日本語で，解答欄におさまるよう答えなさい。ただし，句読点も 1 字に数えます。

問 4　下線部(3)を日本語に訳しなさい。

問 5　本文の内容と合致する最も適切な文を次の中から二つ選び，記号で答えなさい。

　(あ)　Mrs. Potts suggests that Muriel should dye her hair blonde to look like an English girl.

　(い)　Mrs. Rogowski agrees that her daughter needs to lose weight before the play.

　(う)　Mrs. Spear communicates easily with the mothers of the students who will be in the school operetta.

　(え)　Muriel changes her mind about playing Alice because she likes the character of the Cheshire Cat better.

　(お)　Muriel has a beautiful voice and was looking forward to singing in the school operetta.

　(か)　Muriel's mother comes punctually to the school meeting, dressed up, because she is excited and anxious.

Ⅲ 次の文章を読んで，問１～５に答えなさい。（配点 45 点）

Zen painting and calligraphy began very early in Zen history, although no examples exist from more than a thousand years ago. Earlier written records confirm that Chinese Zen Masters did both painting and calligraphy — sometimes with brush on paper, sometimes with a stick on the ground, and even with gestures in the air. With the introduction of Zen to Japan, Chinese Zen works from the Song and Yuan Dynasties* were imported, leading to a tradition of Zen brushwork in Japan that has been carried forth strongly to the present day. During the fifteenth and sixteenth centuries, the popularity of Zen paintings grew so great in Japanese society that major monasteries* maintained workshops, certain monks became painting specialists, and Zen art became somewhat professionalized.

After 1600, however, with the decline in the government support for Zen, monastery workshops were no longer needed, and it became the major Zen masters themselves who created Zen painting and calligraphy, usually as gifts for their followers. There is no parallel for this in Western art; imagine if Pope Julius II, instead of asking
(1)
Michelangelo to paint the Sistine Chapel ceiling, had painted it himself. The major difference is that Zen masters, having been taught the use of the brush when learning how to read and write in childhood, had control of their medium, while Pope Julius was
(2)
not trained in painting frescos*.

As a result of Zen masters creating their own art, the works became generally simpler, more personal, and more powerful than the elegant ink landscapes of earlier Zen-inspired artists. Another result was that major historical trends in Japanese Zen were increasingly echoed in Zen art. For example, there were three basic responses
(3)
from monks to the loss of support from the government. The first was to continue interactions with the higher levels of Japanese society, often through the tea ceremony. Works by Zen masters from the Kyoto temple Daitoku-ji, with its strong connections to the imperial court, were especially popular for displaying at tea gatherings, such as the single-column calligraphy by Gyokushū, *The Mosquito Bites the Iron Bull*. Not only its
(4)
inspiring Zen text but also its powerful brushwork would have been subjects for discussion during the ritual sipping of whisked green tea.
(5)
A second trend in Zen during the seventeenth century was to ignore the

神戸大-文系前期 2020 年度 英語 11

governmental restrictions on society and concentrate on one's own practice. （　A　）

A third trend, however, became the most significant in later Japanese Zen: to reach out as never before to every aspect of Japanese society.(6) Hakuin Ekaku, generally considered the most important Zen master of the last five hundred years, was extraordinary in his abilities to connect with people of all ranks of life. （　B　）

Hakuin also spoke at public Zen meetings throughout Japan, and his voluminous writings include autobiographical narrations, commentaries on Zen texts, letters to everybody from nuns to merchants, poems in Chinese and Japanese, and Zen songs; he also created an amazing array of Zen paintings and calligraphy. In addition to painting familiar Zen themes from the past such as the first patriarch Bodhidharma*, Hakuin invented a whole new visual language(7) for Zen. （　C　） In his teachings, Hakuin emphasized the importance of bringing Zen practice to every aspect of everyday life.

Hakuin's teachings came to have a pervasive(8) influence upon both the Rinzai and Obaku Zen traditions, and his example as an artist was also a great influence on later monks. Zen masters such as Sengai continued to invent new painting subjects, often humorous, while direct and indirect pupils of Hakuin and Sozan followed stylistic trends that Hakuin had developed in his brushwork. （　D　）

注　the Song and Yuan Dynasties　中国王朝の宋と元

monasteries　僧院

frescos　フレスコ（画法）

the first patriarch Bodhidharma　創始者である菩提達磨

問 1　下線部(1)の内容を，25 字程度の日本語で具体的に説明しなさい。ただし，句読点も 1 字に数えます。

問 2　下線部(2), (3), (5), (7), (8)について，本文中の意味に最も近いと思われるものを次の中からそれぞれ一つ選び，記号で答えなさい。

(2) medium

あ　essential architectural techniques

い　meditation on life and death

う　moral standard of behavior

12 2020 年度　英語　　　　　　　　　　　　　　　　　　　　　神戸大-文系前期

　　　　(え)　tools and materials for art works

　(3)　echoed

　　　　(あ)　filled with sounds that are similar to each other

　　　　(い)　repeated after the original sound has stopped

　　　　(う)　repeated so that similar effects can be seen in both

　　　　(え)　repeated to express agreement

　(5)　sipping

　　　　(あ)　drinking by taking a little bit at a time

　　　　(い)　drinking with a large sucking noise

　　　　(う)　putting food into one's mouth and chewing it

　　　　(え)　swallowing an amount of liquid

　(7)　language

　　　　(あ)　a particular style or type of expression

　　　　(い)　a system of communication used by a particular country

　　　　(う)　a system of symbols and rules for writing programs or algorithms

　　　　(え)　the method of human communication

　(8)　pervasive

　　　　(あ)　causing great surprise or wonder

　　　　(い)　remarkably or impressively great in size

　　　　(う)　showing great knowledge or understanding

　　　　(え)　spreading widely throughout a field or group of people

問 3　下線部(6)を日本語に訳しなさい。

問 4　空欄（　A　）～（　D　）に入る最も適切なものを下からそれぞれ一つ選び，記
　　　号で答えなさい。ただし，同じ記号は一度しか使えません。

　　(あ)　For example, in addition to guiding many monk pupils, he also taught lay
　　　people, giving them his own riddle, "What is the sound of one hand?"

神戸大-文系前期 2020 年度 英語 *13*

(い) In addition, the calligraphy often hides rather than displays technical skill, but expresses the spirit of text through the individuality of each master very clearly.

(う) This included scenes of the human condition; folk tales; pictures of birds, insects, and animals; and various humorous subjects of his own invention.

(え) This is exemplified by Fūgai Ekun, who left his temple to live in a mountain cave. His portrait of the wandering monk Hotei shows Fūgai's extraordinary concentration of spirit through its great simplicity of composition and dramatic focus on Hotei himself.

(お) Twentieth-century monk artists such as Nantembō continued to be influenced by Hakuin, as can be seen in the work where Nantembō dipped his hand in ink, stamped it on paper, and wrote above it "Hey Listen!"

問 5　下線部(4)を，あなたならどのように解釈しますか。70 語程度の英語で書きなさい。

数学

（80分）

1. a, b, c, p は実数とし，$f(x) = x^3 + ax^2 + bx + c$ は $(x - p)^2$ で割り切れるとする．以下の問に答えよ．(配点 25 点)

(1) b, c を a, p を用いて表せ．

(2) $f(x)$ の導関数 $f'(x)$ は，$f'\left(p + \dfrac{4}{3}\right) = 0$ をみたすとする．a を p を用いて表せ．

(3) (2) の条件のもとで $p = 0$ とする．曲線 $y = f(x)$ と $y = f'(x)$ の交点を x 座標が小さい方から順に A，B，C とし，線分 AB と曲線 $y = f'(x)$ で囲まれた部分の面積を S_1，線分 BC と曲線 $y = f'(x)$ で囲まれた部分の面積を S_2 とする．このとき，$S_1 + S_2$ の値を求めよ．

神戸大-文系前期 2020 年度　数学　15

2. n を自然数とし, 数列 $\{a_n\}$, $\{b_n\}$ を次の (i), (ii) で定める.

(i) $a_1 = b_1 = 1$ とする.

(ii) $f_n(x) = a_n(x+1)^2 + 2b_n$ とし, $-2 \leqq x \leqq 1$ における $f_n(x)$ の最大値を a_{n+1}, 最小値を b_{n+1} とする.

以下の問に答えよ. (配点 25 点)

(1) すべての自然数 n について $a_n > 0$ かつ $b_n > 0$ であることを示せ.

(2) 数列 $\{b_n\}$ の一般項を求めよ.

(3) $c_n = \dfrac{a_n}{2^n}$ とおく. 数列 $\{c_n\}$ の一般項を求めよ.

3. 以下の問に答えよ. (配点 25 点)

(1) 和が 30 になる 2 つの自然数からなる順列の総数を求めよ.

(2) 和が 30 になる 3 つの自然数からなる順列の総数を求めよ.

(3) 和が 30 になる 3 つの自然数からなる組合せの総数を求めよ.

16 2020 年度 国語　　　　　　　　　　　　　　　　　　　　　　　　　　　神戸大-文系前期

○百僚 ── 多くの官僚。

○挙措 ── 立ち居振る舞い。

○仮借 ── 許すこと。見逃すこと。ここでは和らげること。

○諫諍 ── 強く目上の人をいさめること。いさめ争うこと。

○貞観 ── 太宗の年号。六二七～六四九。

○公卿 ── 高位高官の大臣。

○隋煬帝 ── 隋朝第二代皇帝（楊広）。在位六〇四～六一八。

○鉗口 ── 口を閉じてものを言わないこと。

○虞世基 ── 煬帝の寵臣。

○極言 ── 思う存分に言う。言葉を尽くして言う。

問一　二重傍線部①「若此」、②「嘗」、③「豈可得乎」をすべて平仮名で書き下しなさい（現代仮名遣いでよい）。

問二　傍線部㋐「臣亦不能独全其家」、㋑「卒令不聞其過」、㋒「有不利於人、必須極言規諫」を本文に即して現代語訳しなさい。

問三　傍線部(A)「前事不遠」とある「前事」の内容について、本文に即して説明しなさい。

問四　波線部「毎見人奏事、必仮借顔色」とした太宗の意図を、本文全体をふまえ五〇字以内で説明しなさい。

神戸大-文系前期　　　2020年度　国語　17

三　次の文章を読んで、問一〜四に答えなさい（本文の一部を改変したところがある。設問の都合で返り点や送り仮名、振り仮名を省略した部分がある）。（配点三〇点）

太宗威容厳粛、百僚進見者、皆失二其挙措一。太宗知二其若此一、
毎レ見二人奏一レ事、必仮二借顔色一、冀下聞二諫諍一、知中政教得失上。貞観
初、嘗謂二公卿一曰「人欲レ自照一、必須二明鏡一。君欲レ知レ過、必藉二忠臣一。
若シ君自恃二賢聖一、臣不二匡正一。欲レ不二危敗一、豈可レ得乎。故君失二其
国一、臣亦不レ能三独全二其家一。至レ如二隋煬帝暴虐一、臣下鉗口、卒令不
聞二其過一、遂至二滅亡一。虞世基等、尋亦誅死。前事不遠。公等毎レ
看レ事、有下不利二於人一、必須中極言規諫上。」

（『貞観政要』より）

〔注〕　○太宗ーー唐朝第二代皇帝（李世民）。在位六二六〜六四九。

問一　次の作品群の中で、宮廷貴族の生活を主題としていないものを一つ選び、記号で答えなさい。

イ　『蜻蛉日記』　　ロ　『紫式部日記』　　ハ　『十六夜日記』　　ニ　『弁内侍日記』　　ホ　『和泉式部日記』

問二　空欄(a)～(d)には、助動詞「らる」が入る。適切な活用形に直して答えなさい。

問三　傍線部①～④を、動作の主語を明示して、現代語訳しなさい。

問四　傍線部(1)「よろづさむる心地」とはどのような状態か、五〇字以内で説明しなさい。

問五　傍線部(2)で、作者はなぜ「うつくしうて」と感じたのか、七〇字以内で説明しなさい。

〔注〕

○黒戸 ── 清涼殿の北廂（ひさし）の北側にある部屋。持仏堂として使われた。

○清涼殿 ── 天皇の日常の居所。大盤所、萩の戸、二間、朝餉間、夜御殿など多数の部屋からなっていた。

○仁寿殿 ── はじめ天皇の日常の居所。のちに内宴などの行事を行う場所となった。

○大盤所 ── 清涼殿の西側にある部屋。女房たちの詰所。

○昆明池の御障子 ── 清涼殿東側の弘廂（ひろびさし）にある衝立障子（ついたて）。

○半蔀 ── 格子の付いた板戸。内側または外側につり上げて開ける。

○弘徽殿 ── 後宮の殿舎の一つ。清涼殿の北に位置する。皇后、中宮、女御などが住んだ。

○御春の有輔 ── 生没年不詳。平安時代前期の歌人。

○御溝水 ── 清涼殿の東庭を流れる溝の水。

○萩の戸 ── 清涼殿の夜御殿の北側にある部屋。

○承香殿 ── 後宮の殿舎の一つ。仁寿殿の北に位置する。女御などが住んだ。

○二間 ── 清涼殿の夜御殿の東側にある部屋。夜間、僧が伺候して天皇を守護する修法を行った。

○朝餉 ── 朝餉間。清涼殿の西廂の一画にある、天皇が食事をする部屋。

○夜御殿 ── 清涼殿の天皇の寝所。

○ほ文字、り文字 ── 笛の楽譜の音を表す文字。

（『讃岐典侍日記』より）

20 2020 年度 国語 　　　　　　　　　　　　　　神戸大-文系前期

の風なびくけしき、ことに見ゆ。これを見るにつけても、御覧ぜましかば、いかにめでさせ給はましと思ふに、萩の戸におもがはりせぬ花みても昔をしのぶ袖ぞつゆけき

と思ひゐたるを、人にいはんも、同じ心なる人もなきに、あはせて、事のはじめに漏り聞こえん、よしなければ、やるにつけても、思ひいで、

　思ひやれ心ぞまどふもろともに見し萩の戸の花をきくにも

ば、里につくづくと思ひつづけ給はんとおしはかりて、これを奉りしかば、承香殿を見

思へば、さて同じさまにてしありかせ給ふだに、さおぼすなり。まして、つくづくとまぎるる方なく思ひつづけんは、おしはかられてぞある。かくてあるしもぞ、今すこし思ひいで(d)。

かくて長月になりぬ。九日、御節句まゐらせなどして、十余日にもなりぬ。つれづれなるひるつかた、暗部屋の方を見やれば、御経教へさせ給ふとて、「よみし経を、よくしたためてとらせん」と仰せられて、御おこなひのついでに二間にて、たてておはしまして、したためさせ給ひて、局におりたりしに、御経したためて持て参りてわらはれんとぞおぼし召して、あまりなるまでかしづかせ給ひし御事は、思ひ出でらるるに、御前におはしまして、「われ抱きて障子の絵見せよ」と仰せらるれば、よろづさむる心地すれど、朝餉の御障子の絵、御覧ぜさせありくに、夜御殿の壁に、あけくれ目なれて覚えんとおぼしたりし楽を書きて、おしつけさせ給へりし笛の譜の、おされたるあとの、壁にあるを見つけたるぞあはれなる。

　笛のねのおされし壁のあと見れば過ぎにし事は夢とおぼゆ

かなしくて袖を顔におしあつるを、あやしげに御覧ずれば、心得させまゐらせじとて、さりげなくもてなしつつ、「あくびをせられて、かく目に涙のうきたる」と申せば、「みな知りてさぶらふ」と仰せらるるに、あはれにもかたじけなくもおぼえさせ給へば、「いかに知らせ給へるぞ」と申せば、「ほ文字のり文字のこと思ひ出でたるなめり」と仰せらるるは、堀河院の御事とよく心得させ給へると思ふも、うつくしうて、あはれもさめぬる心地してぞ笑まるる。かくて九月もはかなく過ぎぬ。

問四　傍線部(エ)「古代文学史を個々の作品のよせ集めとしてではなく全体として理解する」とあるが、どういうことか。古典と文学史に関する著者の考え方を踏まえた上で、一六〇字以内で説明しなさい。

問五　傍線部(a)〜(e)を漢字に改めなさい。はっきりと、くずさないで書くこと。

二　次の文章は『讃岐典侍日記』の一節である。讃岐典侍は堀河天皇（一〇七九〜一一〇七）に仕え、天皇の死後はその皇子の鳥羽天皇（一一〇三〜一一五六）に仕えた。次の場面には、鳥羽天皇に仕え始めた頃、故堀河天皇のことが思い出されて仕方がない作者の様子が描かれている。これを読んで、問一〜五に答えなさい。（配点四〇点）

明けぬれば、いつしかと起きて、人々「めづらしき所々見ん」とあれど、具してありかば、いかが物のみ思ひいで①ぬ (a)べければ、ただほれて居たるに、御前のおはしまして、「いざいざ、黒戸のみちをおれが知らぬに、教へよ」と仰せられて、引き立てさせ給ふ。参りて見るに、清涼殿、仁寿殿いにしへに変はらず。大盤所、昆明池の御障子、今見れば、見し人にあひたるここちす。弘徽殿に皇后宮おはしまししを、殿の御とののゐどころになりにたり。黒戸の小半蔀の前に植ゑおかせ給ひし前栽、心のままにゆくゆくと生ひて、御春の有輔が、

　　君が植ゑし一むらすすき野辺ともなりにけるかな

といひけんも思ひいで (b) 。

御溝水の流れになみたてるいろいろの花ども、いとめでたき中にも、萩の色こき咲きみだれて、朝の露玉をつらぬき、夕べ

れはかさなるであろう。

〔注〕　○『新古今集』── 『新古今和歌集』に同じ。

○賀茂真淵 ── 国学者・歌人（一六九七〜一七六九）。『歌意考』、『万葉考』などの著作がある。

○斎藤茂吉 ── 歌人・精神科医（一八八二〜一九五三）。『赤光』などの歌集のほか、『柿本人麿』をはじめ評論・随筆もある。

○柿本人麿 ── 柿本人麻呂に同じ。万葉歌人（生没年不詳）。

○上つ代 ── 大昔の時代。

○ゲーテ ── ドイツの作家（一七四九〜一八三二）。

○ホメロス ── 古代ギリシャの詩人（生没年不詳）。

○シラー ── ドイツの作家（一七五九〜一八〇五）。

問一　傍線部(ア)「その作られた時代とともに滅びず、現代人に対話をよびかけてくる潜勢力をもったもののみが古典である」とあるが、どういうことか。八〇字以内で説明しなさい。

問二　傍線部(イ)「その点、日本の古代文学史をどのように記述するかは、一つの実験的な意味をもつであろう」とあるが、それはなぜか。著者の考えを八〇字以内で説明しなさい。

問三　傍線部(ウ)「将棋盤の上で碁をうつような仕儀」とあるが、どういうことか。八〇字以内で説明しなさい。

上し、あるものは下降するという進みかたになるのは、社会変化の蔵するこの矛盾と包みあっている。

これはしかしまた、それぞれのジャンルが固有な機能をもっていることをも意味する。だから抒情詩をよむように小説を、あるいは小説風によむように神話をよむと、⁽ʷ⁾将棋盤の上で碁をうつような仕儀になりかねない。『源氏物語』が抒情詩風に、『古事記』が小説風に何としばしばよまれてきたことか。このへんにも、たんなる心情や肉眼をこえた問題がよこたわっている。ジャンルは、歴史の内部ではたらき、歴史とともにうごくところの文学上の形式である。この運動にかかわらぬ静の形態分類学は役にたたない。固有の機能も固定してはいず、変化の幅が見こまれる。とくに天才はそれをしばしば拡大し更新する。だから諸ジャンルのあいだが線でしきられているわけではなく、混淆する例も少なくなく、またある時代にどれかが主導的であるからといって他のものがみな滅んだり用済みとなるとはかぎらず、むしろその間に緊張と対抗の関係があらたに課されていくのが普通で、つまり現象は複雑で多様である。

だがそういう多様性も、諸形態がめいめい異なる機能を内在させていることを前提としてのみ意味をもつ。さもなければ、文学が歴史とからみあって描く軌跡は、雑炊の海に溺れてしまう。これは、小説というものをまだ知らぬ世界に生きていた古代人たちと今からつきあおうとするわれわれにとって好ましいことではない。本書で古代文学史を、第一章神話と叙事詩の時代、第二章抒情詩の時代、第三章物語文学の時代という風にわけたのも、この独自な軌跡をたどりたかったからである。もとより異論は予想されるけれども、この方が大和時代・奈良時代・平安時代という分けかたや、上代・上古・中古といった分けかたより、動的展開をとらえるのに役だつ点で、すこしはましではないかと思う。もっとも、分けかたそのものにこだわる気はあまりない。大事なのは、また困難なのは、諸ジャンルがそれぞれ異なる時期に発生するその過程と意味、また相互のつながりやその拮抗⁽き゚っこう⁾関係、これらを一貫的に見てとること、いいかえれば、⁽ᵉ⁾古代文学史を個々の作品のよせ集めとしてではなく全体として理解することにかかっている。文学史という学問が成り立つかどうか、成り立つとすればどのように成り立つか、という難問ともこ

する大国の周辺に棲む諸民族のうち、古代文学史とよべるものがまともに成りたつところはあまりないということにもなる。そ

の点、日本の古代文学史をどのように記述するかは、一つの実験的な意味をもつであろう。

だが、いくら連続性がつよいからといって、古代人の世界がたんなる心情や肉眼で見えるはずがない。見えるように思うの

は、心情や肉眼で見える部分しか見ていないからで、茂吉の人麿像にも多分に自己投射があり、どこまで古代人をつかまえてい

るか疑わしい。国学者の考えた「上つ代」の影像も、もうすっかり色あせてきている。古代人とは何かという問題に、文学史もそ

れなりにこたえるところがなくてはなるまい。さればといって、安楽椅子の上で望遠鏡をのぞけばいいというものでもない。肝

賢なのは、古代人の世界のなかに想像的に住みこんでそこに身を置き、その世界に何が属し何が属さないかを見分けることだと

思う。

ここで本書の構成ともかかわる文学ジャンルのことを少し考えておく。さきには技術と文学における新しさの観念のちがいに

ふれたが、これは社会の発展というものが一筋縄でいかぬものを内蔵していることを暗に示すものである。歌謡を土台にした抒

情詩としての万葉のもつ歴史的一回性についても一言したが、神話をとりあげてみれば、このへんの(e)ショウソクはもっとはっ

きりする。自然を魔術的に克服しようとして生まれた神話というこの幻想の形式は、自然と人間のあいだの、まだ文明化しない

或る特定の関係を土台にしているのであり、この土台がくずれるとともにこの形式は消えて行く。少なくとも他のものに変質す

る。ところが一方、古代人は、われわれに一等縁のふかい文学である小説というものをまだ知らなかった。小説を可能にする歴

史の前提が古代人の生活には欠けていた。つまり近代人は神話を失うことによって小説を知り、古代人は小説を知らぬことにお

いて神話を知っていたわけである。文学史において叙事詩とか神話とか抒情詩とか劇とか小説とかいういくつかの形態が、全円

的に一斉に成長し開花するというかたちをとらずに、あるものは早く、あるものはおそく現われ、また時期によりあるものは向

生まれてくる。これは古代の古典の一つの代表的な享受法であったといえる。そしてもとをただせば、それは真淵ら江戸の国学

者に達する。　国学が古代復帰をめざす文学運動であったことは、すでによく知られている。

しかしこれをいわゆる日本的現象にすぎぬと片づけるのは浅はかで、この背進のなかにひそむ否定エネルギーを見ないなら

ば、話はかんたんになりすぎる。　文芸復興をはじめ、古代発見が否定エネルギーとして働いた外国の諸例におもいおよぶのも無

駄ではあるまい。　問題は、なぜ近代のある時期におけるある種の文学運動が古代を想起せざるをえなかったか、あるいは古代を

一つの規範としそこにもどろうとする形をとらざるをえなかったかにある。この逆説は、古代と近代の双方の特殊性にまたがる

理論上の難問で、わたしにはうまく答える自信がない。ゲーテの『若きヴェルテルの悩み』の主人公がホメロス古代叙事詩を愛読

しているのも興味深い。シラーの『素朴の文学と感傷の文学』なども、このへんのことを考えるのに参考となろう。

それにしても、この逆説がわが国ではかなり高価なものについたのは疑えない。周知のように日本国家主義はかつて『古事記』

とか『万葉集』とかの解釈をねじまげ、国家の神話を作りあげようと狂奔したが、それも実はこの逆説にビンジョウしていたわけ

で、その根底には大いなる自己欺瞞がかくされていた。

考えてみるに、自国の古代の古典とわれわれほど因縁あさからぬ国民も少ないのではなかろうか。それも、一概にいえるほど

単純ではむろんないのだが、とにかく異民族の武力的な侵入によって文化が中断されるような目にあわず、民族としての同質性

をほぼ保ちながら、農耕を中心にこの列島上で近代まで独特な展開をしてきた一つの典型的な民族の歴史がそこにはある。その

良し悪しではなく、歴史上の事実の問題としてそれが稀有の例にぞくしており、またそのことによって文化や心性や美意識がい

かに特徴づけられているかは、もっと考えてみる必要があろう。　西欧人が古典というのはおもにギリシャ・ラテンのものであ

り、その間に日本にみられるような連続はなく、自国の文学がはじまるのはせいぜい『平家物語』に相当するものあたりからで、

つまりわれわれのいう古代文学の領域をほとんど欠いている。そこに生ずる因縁のちがいを無視できない。　古典的古代文明を有

宣長や子規などの時代と異なる性質のものになっているためである。

誰がどのように作品をよむかということをはなれて作品そのものの永遠性を論ずると、どうしても形而上学を作りあげる仕儀になる。作品そのものというようなものはどこにも存在しないし、誰にも経験できない。では、古典と呼ばれるものはどこにあるかといえば、それは過去と現代のあいだ、つまり過去にぞくするとともに現代にもぞくするというほかない。日附がいかに古かろうと、文学として訴えてこなければそれは古記録である。その作られた時代とともに滅びず、現代人に対話をよびかけてくる潜勢力をもったもののみが古典である。そしてこの過去と現代に同時にぞくするものを、複雑に入りくんだ歴史的人間活動としてとらえようとするのが、文学史の役目ということになる。文学史の記述に、一筋縄ではいかぬ厄介さがつきまとうのもこのためである。

斎藤茂吉は『柿本人麿』のなかで、自分は何としても人麿の偉さに及びがたいという歎声（たんせい）を発し、真淵は『歌意考』でやはり万葉にかんし、「あはれ、あはれ、上（かみ）つ代（よ）には、人の心ひたぶるに直くなん有りける」とショウケイの念をのべ、人間が「設けず、作らず、誣（し）ひず、教へず、天地に適（かな）ひて」生きた一つの理想時代をそこに見てとろうとしている。

どの時代の文学にも、他の時代の文学でおきかえのきかぬ本領のようなものがあるのだが、なかでも古代の文学は特殊性をもっているといえる。それは古代が、原始共同体の母胎から出てきた最初の社会であり、文字をもつに至った最初の文明社会であり、はじめて文学が文学になった時代であることから来る。『万葉集』が日本詩歌史の上でしめてきた独特な位置も、それが共同体的な歌謡を基礎につくられた多少とも個性的な歌であるという事実を外しては説明できまい。しかもこれは、民族の歴史で二度と経験できぬ一回きりの段階であった。茂吉が人麿にはかなわぬと歎ずるゆえんである。詩的生産にかんするかぎり、時のめぐみがまるでちがっていた。万葉を規範として意識し、それにもどることが自己更新であるようなつきあいかたが、こうして

しいと感じたにしても、ジセイおくれであるわけではない。『万葉集』をその後の歌よりいいと感じたからといって必ずしも逆だちであるわけではない。『枕草子』には「遠くて近きもの。極楽、舟の道、男女のなか」とあるが、古典もその一つに加えてよかろうか。明治の話だが、正岡子規は遠い万葉の歌を一気にたぐりよせて短歌革新を成就した。文学において古典という奇妙なものの成立してくる根拠が、このへんにかくれているらしい。

ある時代の文学は、それ以前の文学のもっていたもろもろの機能や要素をすべて包みこみ綜合しながら出てくるのではなく、むしろ、あるものを失うことによってあるものが得られるという歴史的矛盾がそこにはあると見える。だから古代から近代へと失われていく何ものかがあり、同時に、失うことによって獲得される何ものかがあるというわけで、古い作品がわれわれに魅力を与えるのも、われわれの手持ちでない、だが持ちたいと欲する新しい何かが、時としてそこに潜在していると感ずるからにちがいない。

よく古典の永遠性ということがいわれる。が、それのしかける陥穽におちこんではなるまい。かりにある作がずっと読まれつづけてきたにせよ、享受の中味は時代で変ってきているし、またそれはこれからさき必ず変っていく。しかも、どう変っていくか目測できない。われわれの現にありがたがっている作がよまれなくなることだってないとはいえず、思いがけぬ作が浮かびあがってくることもありうる。戦前戦後をふりかえってみても、その間あるものが死に、あるものがよみがえってきたのを見とどけることができる。われわれじしん、この絶え間ない変化のなかにいるのであって、自己の位置を絶対化すると自己を凍結させることになりかねない。年少時の文学経験について羞恥を抱かぬ人がいるだろうか。何をどのように古典として設定するか、つまりその選択と解釈は、かくして時代によって変容をうける。われわれはもう本居宣長と同じようには『古事記』や『源氏物語』をよまぬだろうし、賀茂真淵や子規と同じように『万葉集』をよむこともしないだろう。研究がすすみ新事実を知ったためだけではない。それはむろんある。が、それのみと考えるのは学者の思いあがりで、いっそう根本的には時代の文学経験や文学概念が、

国語

（文・国際人間科・法・経済学部：一〇〇分　経営学部：八〇分）

（注意）　経営学部は一・二のみ解答のこと。

一　次の文章は、西郷信綱著『日本古代文学史』の序章である（一部に改変がある）。これを読んで、問一〜五に答えなさい。（配点　八〇点）

　石器が鉄器に、馬車が自動車にかわっていくようには文学がかわっていかない事実は、誰しもよく知っている。自動車が発達すれば馬車は滅び、鉄器がひろまれば石器は用済みになる。こうして技術や物質生産の世界では、古いものはシダイに、あるいはどしどし廃物となり、博物館に放りこまれてしまう。が、文学は必ずしもそうでない。むろん文学にも、それに似た淘汰がまるでないわけではなく、また技術の発達ということもあるのであって、たとえば『万葉集』と『新古今集』の歌をくらべてみれば、前者にない新規の表現技法が後者に発達してきているのがわかる。技法のこういう発達は、かなり厳密に確定できる、文学史におけるほとんど唯一の要素といえるかもしれない。ところが文学では技術はたんに新しい可能性を約束するのみで、それを目安に作品の位置を決めるわけにいかない。

　何が新しく何が古いかは、文学上、かなり厄介な問題ということになる。漱石の小説の方をある種の現代小説よりかえって新

2019年度

問題編

神戸大-文系前期

■前期日程

問題編

▶試験科目・配点

学部・学科等		教科	科目		配点
文		外国語	英語，ドイツ語，フランス語，中国語から1科目選択		125点
		数学	数学Ⅰ・Ⅱ・A・B		75点
		国語	国語総合・現代文B・古典B		150点
国際人間科	グローバル文化	外国語	英語，ドイツ語，フランス語，中国語から1科目選択		160点
		数学	数学Ⅰ・Ⅱ・A・B		80点
		国語	国語総合・現代文B・古典B		160点
	発達コミュニティ，子ども教育	外国語	英語，ドイツ語，フランス語，中国語から1科目選択		175点
		数学	数学Ⅰ・Ⅱ・A・B		75点
		国語	国語総合・現代文B・古典B	から1教科選択	150点
		理科〈省略〉	「物理基礎・物理」，「化学基礎・化学」，「生物基礎・生物」，「地学基礎・地学」から2科目選択		
	環境共生 文科系受験	外国語	英語，ドイツ語，フランス語，中国語から1科目選択		200点
		数学	数学Ⅰ・Ⅱ・A・B		100点
		国語	国語総合・現代文B・古典B		150点
	環境共生 理科系受験	外国語	英語，ドイツ語，フランス語，中国語から1科目選択		200点
		数学〈省略〉	数学Ⅰ・Ⅱ・Ⅲ・A・B		150点
		理科〈省略〉	「物理基礎・物理」，「化学基礎・化学」，「生物基礎・生物」，「地学基礎・地学」から2科目選択		200点

4 2019 年度　問題　　　　　　　　　　　　　　　　　　　　　　　　　神戸大-文系前期

		外国語	英語，ドイツ語，フランス語，中国語から1科目選択	150 点
法		数　学	数学Ⅰ・Ⅱ・A・B	75 点
		国　語	国語総合・現代文B・古典B	150 点
経済	数学選抜	数　学	数学Ⅰ・Ⅱ・A・B	400 点
	英数選抜	外国語	英語	200 点
		数　学	数学Ⅰ・Ⅱ・A・B	200 点
	総合選抜	外国語	英語	150 点
		数　学	数学Ⅰ・Ⅱ・A・B	125 点
		国　語	国語総合・現代文B・古典B	125 点
経　営		外国語	英語	150 点
		数　学	数学Ⅰ・Ⅱ・A・B	100 点
		国　語	国語総合・現代文B・古典B（漢文を除く）	100 点

▶備　考

- 英語以外の外国語は省略。
- 英語は，コミュニケーション英語基礎・Ⅰ・Ⅱ・Ⅲ，英語表現Ⅰ・Ⅱ，英語会話を出題範囲とする。
- 数学Bでは，「数列」及び「ベクトル」の2分野を出題範囲とする。
- 各学部の入学者選抜のための配点は，傾斜配点による点数を使用する。
- 経済学部は「数学選抜」「英数選抜」「総合選抜」の3区分から1つを選択する。

(80分)

I 次の文章を読んで，問1〜4に答えなさい。(配点 30 点)

　　The establishment of a colony on Mars has been a dream for decades. Inevitably some people have objected to the idea of colonizing Mars on both ideological and practical grounds. Some object to humans living on Mars because they would harm whatever bacterial life forms might be present on the planet. Others oppose Mars settlements because they disagree with the idea of using the Red Planet as a "backup" in case the Earth is destroyed. Those in favor of colonizing Mars, however, look to spread the human race beyond our single planet. The practical considerations of surviving long term on a world without a breathable atmosphere, no surface water, exposure to radiation, and extremes of heat and cold all have to be addressed first. Mars colonists could survive in domed cities, extracting and recycling resources from the Martian environment. However, a more interesting plan for the settlement of the Red Planet involves a process called terraforming, turning the dangerous environment of Mars into something resembling Earth.

　　Billions of years ago, Mars was more like Earth, with a thick atmosphere as well as oceans and rivers of surface water. The planet may well have had complex life forms. However, sometime in the distant past, Mars lost its (A). When Mars found itself without the protection of that field, solar wind relentlessly stripped it of its atmosphere, quickly turning the planet into the frozen desert it currently is. While a number of schemes exist to restore Mars' atmosphere, creating a runaway greenhouse process that would raise its temperature, NASA and some academic researchers recently came up with <u>a simple way</u> to achieve the process naturally. The idea involves the creation of
(1)
an electromagnetic shield between Mars and the Sun to protect the Red Planet from solar wind. Without the solar wind stripping it away, the atmosphere of Mars would

6 2019 年度　英語　　　　　　　　　　　　　　　　　　神戸大-文系前期

gradually become thicker. Soon the temperature on the Martian surface would become high enough to release the trapped (　B　) at the poles, accelerating the (　C　). Water ice at the poles would melt, giving Mars back some measure of its oceans and rivers. All humans would have to do is introduce genetically designed plants and animals to create a new Martian (　D　). The process of turning Mars into a new Earth could take place in the span of a single human lifetime. That contrasts with previous schemes to terraform Mars that would take anywhere from several hundred to several thousand years.

　　The scheme to build an electromagnetic shield in space is still at the conceptual stage. The engineering problems of building the thing and maintaining it essentially forever would be astronomical. However, the prospect of returning Mars to its former state as a warm, wet world where life could flourish is an appealing one. Mars could be transformed into a place where not just a few people, but many millions would be able to move to in order to start a new life. The effects for human civilization would be beyond evaluation.

問 1　空所(　A　)～(　D　)に入る最も適切なものを下からそれぞれ一つ選び，記号で答えなさい。ただし，同じ記号は一度しか使えません。

(ア)　space colony

(イ)　ecosystem

(ウ)　greenhouse effect

(エ)　carbon dioxide

(オ)　natural resources

(カ)　magnetic field

(キ)　atomic heat

問 2　下線部(1)の内容を具体的に 35 字以内の日本語で説明しなさい。ただし，句読点も 1 字に数えます。

問 3　下線部(2)を日本語に訳しなさい。

神戸大-文系前期　　　　　　　　　　　　　　　　　　　2019 年度　英語　7

問 4　本文の内容と合致する文を下から二つ選び，記号で答えなさい。

(ア)　NASA believes the scheme to terraform Mars will be highly appreciated because it involves a difficult task of engineering and maintenance.

(イ)　NASA and other researchers estimate the new scheme to terraform Mars would be completed in a shorter period of time than that outlined in previous plans.

(ウ)　Most scientists oppose the idea of colonizing Mars even though they look to spread the human race beyond our single planet.

(エ)　Even if we successfully transform Mars into a habitable planet, most people would be unwilling to move there to start a new life.

(オ)　Scientists assume that Mars used to have almost the same atmosphere as Earth, suggesting the possibility that it once held life.

Ⅱ　次の文章を読んで，問 1 ～ 4 に答えなさい。(配点 35 点)

　　Barely 3 percent of the American work force cycles or walks to work with any frequency, despite the obvious merits: decreased risks for lifestyle-related diseases, environmental benefits and lower transportation costs. Ask people why they avoid what's known as active commuting, as many surveys have, and the primary reason cited is time. Those things take too long, most say.
(1)
　　They're probably wrong. A new study published last month shows that people often overestimate the time required to commute actively, a miscalculation especially common when someone has secured a parking permit near the office.

　　For the study, researchers at Pennsylvania State University asked the school's faculty, staff and students to complete an extensive series of online questionnaires about their fitness, health, commuting and parking habits, comfort and ability on a bike or as pedestrians, distance from home to their main workplace on campus and how long they thought it would take them to either cycle or walk that distance. Only a few of the 505 respondents went by foot or bike; most of them were students. Estimates of commuting times were then compared with the corresponding route times calculated by Google Maps. The researchers independently timed some of the routes by walking or riding

8 2019 年度 英語 神戸大-文系前期

them.

The survey participants — faculty and staff members above all — proved to be generally poor at guessing active-commuting times. About 90 percent of their estimates were too (A) by at least 10 minutes. The few assessments (B) to Google's were almost always made by riders or walkers. Parking availability and distances affected the estimates. Those with parking permits, a fiercely sought-after campus amenity, tended to overestimate active-commuting times significantly; the (C) someone lived to the workplace, the (D) the guesses. Confidence had an outsize effect, too. The people surveyed, especially women, who had little bicycling experience or who did not feel physically fit thought that active commuting would require considerably more time than the Google calculations.

The study is limited, of course, because it relies on a narrow, self-selected group of respondents to provide information about themselves, a topic on which people can be surprisingly unreliable. The published results also did not investigate such pressing active-commuting concerns as hygiene, showers or the logistics of carrying changes of clothes. <u>But the study's results do indicate that time may be less of a barrier to active commuting than many might anticipate</u>, says Melissa Bopp, the study's senior author.
(2)

© The New York Times

問 1 下線部(1)について，Those things の指す内容を明らかにしたうえで，日本語で 説明しなさい。

問 2 空所(A)〜(D)に入る最も適切なものを下からそれぞれ一つ選び，記 号で答えなさい。ただし，同じ記号は一度しか使えません。

　(ア) better 　　　(イ) close 　　　(ウ) closer

　(エ) long 　　　(オ) good 　　　(カ) poorer

問 3 下線部(2)を，「アクティブ(ヴ)」，「コミューティング」ということばを使わずに 日本語に訳しなさい。

問 4 本文の内容と合致する文を下から二つ選び，記号で答えなさい。

　(ア) Many surveys have avoided asking about active commuting.

(イ) Few of the respondents who cycled and walked were students.

(ウ) Students were better than professors and staff at estimating their commute time.

(エ) The researchers sometimes used Google Maps to check the actual time each commute took.

(オ) Fit people were better able to guess the time it would take them to commute by bicycle or foot.

Ⅲ 次の文章を読んで，問 1 ～ 5 に答えなさい。（配点 30 点）

They were tall, burly men in rugby jerseys with torn-off sleeves that exposed their muscles and they had almost passed when one of them turned. He must have said something because the entire group halted and looked. They stared at the small European woman with the powder blue parasol standing beside a pink baby-grand piano as cargo ships unloaded around her.

A brainwave forced a cry from Mrs. Patterson's lips. She shuffled towards them. "Excuse me, hello, excuse me!"

The men gathered about, smelling of tuna fish.

"I was wondering if you would all be so kind as to help me out. You see, I've bitten off rather more than I can chew. I must move that…" Their gaze followed her small pale hand to the piano sitting on the dock. "…up there." Their heads followed her finger back to the large wooden house high on the hillside.

Malakai Saulo, the smallest man in the group, stepped forward. "We're on our way home, Mrs. — "

" — Patterson."

"Yes, we know who you are. We have lived here our whole lives."

"Yes, of course you have…" she said. There was now a hint of pleading in her tone. "I was just wondering if you good men would help me."

They looked at one another. Someone cracked his knuckles.

"Listen Mrs. Patterson," said Malakai, "we wake up at five a.m. Monday to Friday. We start work at six a.m. and we work hard all day gutting, slicing, canning fish. Today

10 2019 年度　英語　　　　　　　　　　　　　　　　　　　　　　神戸大-文系前期

we did over twelve hundred tuna and we are paid only enough money to feed our families and send our children to school. All we want to do now is go home and drink a cold beer and go swimming with our kids." The men grunted in approval at Malakai's speech.

"Alright, how much then?" said Mrs. Patterson.

(B)"How much for what?" said Malakai.

"How much money will it take for you to move that piano?"

"This isn't about money, Mrs. Patterson. It's about tired men who have done an honest day's work and want to go home to their families."

"Alright, ten dollars," she said.

"Ten dollars each?"

"Ten dollars total."

(C)"We'll do it for fifteen."

"Fifteen?"

"Each."

(D)"No way! That's outrageous!" said Mrs. Patterson.

"No, Mrs. Patterson, that's capitalism."
                              (2)
Mrs. Patterson's chest swelled. "Now, you look here…"
                              (3)
Malakai shrugged and turned to leave, the men following. Mrs. Patterson's cheeks shook, her eyebrows clenched and a sound grew in her chest. It worked its way to her throat and leapt from her lips, a sound more shrill than the cannery siren. "NOOOO!" She felt faint. It was the heat, the smell of the docks, the canniness of the cannery men. And that damn piano! That damn pink piano sitting there on the dock like a big helpless baby.

"Alright!" she cried.

The men halted. They turned around, teeth flashing, and swept past her onto the dock where they assembled about the piano; ten big muscled men with size forty-six shoes and legs as tough as tree roots. Malakai counted and on "three" the piano rose into the sky in one momentous action.

問 1　下線部(1)のイディオムはこの場合何を指すのか。最も適切なものを下から一つ

　　選び，記号で答えなさい。

神戸大-文系前期　　　　　　　　　　　　　　　　　　　　2019 年度　英語　*11*

(ア)　She ate too much tuna for lunch.

(イ)　She had something she couldn't carry alone.

(ウ)　She didn't have enough money left to pay the men.

(エ)　She didn't know who to ask for help.

問 2　下線部(2)について，that の指す内容を明らかにしたうえで，日本語で具体的に
　　　説明しなさい。

問 3　波線部(A)〜(D)にある表現はどのような行為を指しているのか。最も適切なもの
　　　を下からそれぞれ一つ選び，記号で答えなさい。ただし，同じ記号は一度しか使
　　　えません。

(ア)　greeting

(イ)　counter-offering

(ウ)　offering

(エ)　clarifying

(オ)　requesting

(カ)　rejecting

問 4　下線部(3)の発言は途中で終わっているが，その続きにパターソン夫人は何を言
　　　おうとしたと考えられるか。最も適切なものを下から一つ選び，記号で答えなさ
　　　い。

(ア)　"I'm not paying that much."

(イ)　"That's not enough."

(ウ)　"Can you see this?"

(エ)　"Here you are."

問 5　結局パターソン夫人は謝礼をいくらあげることになるのか。最も適切なものを
　　　下から一つ選び，記号で答えなさい。

(ア)　10 dollars

(イ)　20 dollars

(ウ)　30 dollars

12 2019 年度　英語　　　　　　　　　　　　　　　　神戸大-文系前期

　　(エ)　100 dollars

　　(オ)　150 dollars

Ⅳ　Imagine you are going to rent accommodation from April. The two apartments below
　are available in an area you like. Answer the following questions.（配点 30 点）

APARTMENT 1	
Monthly rent	¥110,000
Size	38.00 m²
Deposit	¥110,000
Key money	¥110,000
Year built	2016
Nearest station	7 min. walk

N
Ent. Sink
Bath WC
Closet
7-mat room
4-mat room
Balcony

APARTMENT 2	
Monthly rent	¥55,000
Size	21.00 m²
Deposit	¥55,000
Key money	¥0
Year built	1996
Nearest station	10 min. walk

N
Balcony
6-mat room
Closet
Unit Bath Kitchen
Ent.

　(1)　Which apartment would you choose and why? Write your answer in English
　　　(around 60 words).

　(2)　In Japan, key money（礼金）is paid to the owner as a token of gratitude at the start
　　　of each new rental contract. Some people say that this custom is behind the times and
　　　we should stop doing it. What do you think? Give reasons for your opinion（around
　　　60 words）.

数学

(80 分)

1. a, b, c を実数とし, $a \neq 0$ とする. 2次関数 $f(x)$ を

$$f(x) = ax^2 + bx + c$$

で定める. 曲線 $y = f(x)$ は点 $\left(2, 2 - \dfrac{c}{2}\right)$ を通り,

$$\int_0^3 f(x)dx = \frac{9}{2}$$

をみたすとする. 以下の問に答えよ. (配点 25 点)

(1) 関数 $f(x)$ を a を用いて表せ.

(2) 点 $(1, f(1))$ における曲線 $y = f(x)$ の接線を ℓ とする. 直線 ℓ の方程式を a を用いて表せ.

(3) $0 < a < \dfrac{1}{2}$ とする. (2) で求めた直線 ℓ の $y \geqq 0$ の部分と曲線 $y = f(x)$ の $x \geqq 0$ の部分および x 軸で囲まれた図形の面積 S の最大値と, そのときの a の値を求めよ.

14 2019 年度　数学 神戸大-文系前期

2. 次のように 1, 3, 4 を繰り返し並べて得られる数列を $\{a_n\}$ とする.

$$1,\ 3,\ 4,\ 1,\ 3,\ 4,\ 1,\ 3,\ 4,\ \cdots$$

すなわち, $a_1 = 1$, $a_2 = 3$, $a_3 = 4$ で, 4 以上の自然数 n に対し, $a_n = a_{n-3}$ とする. この数列の初項から第 n 項までの和を S_n とする. 以下の問に答えよ. (配点 25 点)

(1) S_n を求めよ.

(2) $S_n = 2019$ となる自然数 n は存在しないことを示せ.

(3) どのような自然数 k に対しても, $S_n = k^2$ となる自然数 n が存在することを示せ.

3. $|\overrightarrow{AB}| = 2$ をみたす △PAB を考え, 辺 AB の中点を M, △PAB の重心を G とする. 以下の問に答えよ.

(配点 25 点)

(1) $|\overrightarrow{PM}|^2$ を内積 $\overrightarrow{PA} \cdot \overrightarrow{PB}$ を用いて表せ.

(2) $\angle AGB = \dfrac{\pi}{2}$ のとき, $\overrightarrow{PA} \cdot \overrightarrow{PB}$ の値を求めよ.

(3) 点 A と点 B を固定し, $\overrightarrow{PA} \cdot \overrightarrow{PB} = \dfrac{5}{4}$ をみたすように点 P を動かすとき, $\angle ABG$ の最大値を求めよ. ただし, $0 < \angle ABG < \pi$ とする.

問一　二重傍線部①「宜」、②「以為」、③「乃」、④「復」をすべて平仮名で書き下しなさい（現代仮名遣いでよい）。

問二　傍線部㋐「孤豈欲卿治経為博士邪」、㋑「卿言多務、孰若孤」をそれぞれ現代語訳しなさい。

問三　傍線部⒜「卿何独不自勉勗邪」について、「独」とあることに注目し、本文に即して意味を補い現代語訳しなさい。

問四　波線部「大兄何見事之晩乎」における「事」とは、だれのどのような状況を指すのか、本文に即して六〇字以内で説明しなさい。

〔注〕

○孫権——三国時代、呉の建国者(呉大帝)。在位二二二～二五二年。

○呂蒙——呉の武将。生没一七八～二一九年。

○当塗——要路にいること。重要な地位にいて権力を握っていること。

○孤——中国古代の王侯の自称。わたし。

○治経——『礼記』『春秋』などの経典を学んで身につける。

○博士——儒教を教授する官職。

○渉猟——書物を広く読みあさること。

○光武——後漢初代皇帝の光武帝(劉秀)。在位二五～五七年。

○巻——巻物。書物。

○孟徳——三国魏の始祖(魏武帝)である曹操の字。生没一五五～二二〇年。

○勉励——つとめ励むこと。努力すること。

○魯粛——呉の武将。生没一七二～二一七年。

○尋陽——地名。現在の中国江西省九江市。

○大弟——年少の男性に対する呼称。

○呉下阿蒙——かつて呉にいたときの蒙君。「阿」は相手を親しんで呼ぶ際にその姓や名につける接頭語。

○刮目——目をこすってよく見る。

○待——遇する。そなえる。

○大兄——年長の男性に対する呼称。

三 次の文章を読んで、問一～四に答えなさい（設問の都合で返り点や送り仮名、振り仮名を省略した部分がある）。（配点三〇点）

初、孫権謂呂蒙曰「卿今当塗掌事、宜①学問以自開益。」蒙辞以軍中多務。権曰「孤豈欲卿治経為博士邪、但当渉猟、見往事耳。卿言多務、孰若孤。孤常読書、自②以為大有所益。孔子言『終日不食、終夜不寝、以思無益、不如学也。』光武当兵戈之務、手不釈巻。孟徳亦自謂老而好学。(A)卿何独不自勉邪。」蒙③乃始就学。

後、魯粛過尋陽、与蒙論議、大驚曰「吾謂大弟但有武略耳、今者才略、非④復呉下阿蒙。」蒙曰「士別三日、即更刮目相待。大兄何見事之晩乎。」

（『資治通鑑』をもとに『江表伝』により改変）

んでもよい。

イ　助動詞「す」の未然形　　ロ　助動詞「す」の連用形　　ハ　助動詞「さす」の未然形の一部

ニ　助動詞「さす」の連用形の一部　　ホ　動詞「す」の未然形　　ヘ　動詞「す」の連用形

問三　波線部①〜④を、それぞれ現代語訳しなさい。④は「然」の内容を明らかにすること。

問四　傍線部(A)「逃げて去にけり」とあるが、僧がそのように行動した理由を六〇字以内で説明しなさい。

問五　傍線部(B)について、作者はどのようなことを評して罪深いと言っているのか、五〇字以内で説明しなさい。

と書きけるに、果ての「ふ」文字をばえ書き果てで息絶えにければ、父なむ、「然なめり」と言ひて、その「ふ」文字を書き添へて、

「形見にせむ」とて置きて、常に見つつ泣きければ、涙にぬれて果てには破れ失せにけり。父、京に帰り上りて語りければ、その

頃、これを聞く人いみじくあはれがりけり。

これを思ふに、いかに罪深かりけむ。三宝のことを心にかけて死ぬる人、なほし悪道を逃るることは難かなるに、これは、ひ

とへにその方をば離れければ、悲しきことなり。かくなむ語り伝へたるとや。

（『今昔物語集』より）

〔注〕○藤原為善・惟規 ── 平安時代の貴族。
○当職の ── 現職の。
○中有 ── 死後、次の生が決まるまでの四十九日間。
○かよる ── 近づけるしぐさをすること。
○三宝 ── 仏教で重視されている、仏・法・僧のこと。
○悪道 ── 現世で悪事を働いた者が、死後行くことになる苦しみの世界。

問一　『今昔物語集』と最も成立年代の近い作品を次の中から選び、記号で答えなさい。

イ　『伊勢物語』　ロ　『土佐日記』　ハ　『日本永代蔵』　ニ　『風姿花伝』　ホ　『枕草子』

問二　二重傍線部(a)〜(c)の「せ」の文法的な説明として正しいものを次の中から選び、記号で答えなさい。同じものを二回以上選

二 次の文章を読んで、問一～五に答えなさい。（配点四〇点）

今は昔、越中の守藤原為善といひける博士の子に、惟規といふ者あり。為善が越中守になりて下りける時に、惟規は当職の蔵人にてありければ、え具しても下らずして、叙爵して後にぞ下りけるに、惟規、道より重き病つきたりけれども、然りとて道に留まるべきにあらねば、構へて下り着きにけり。国に行き着きければ、限りなる様になりにけり。父為善、惟規下ると聞きて、喜びて待ちつけたるに、かく限りなる様なれば、あさましく思ひて、嘆き騒ぐこと限りなし。

さて、万にあつかひけれども癒えずして、無下に限りになりにければ、「今はこの世のことは益なかり。後の世のことを思へ」と言ひて、さとりあり、やむごとなかりける僧を枕上に据ゑて、念仏など勧めさせむとしけるに、僧、惟規が耳に当てて教へけるやう、「地獄の苦患はひたぶるになりぬ。言ひ尽くすべからず。まづ中有といひて、生いまだ定まらぬ程は、遥かなる広野に鳥獣などだにもなきに、ただ独りある心細さ、この世の人の恋しさなどの堪へ難さ、推し量らせたまへ」など言ひければ、惟規これを聞きて、息の下に、「その中有の旅の空には、嵐にたぐふ紅葉、風に随ふ尾花などの本に松虫などの音などは聞こえぬにや」と、ためらひつつ息の下に言ひければ、僧、憎さのあまりに、いと荒らかに、「何の料にそれをば尋ねたまふぞ」と問ひければ、惟規、「然らば、それらを見てこそはなぐさめめ」と、うち休みつつ言ひければ、僧、この事を、「いと狂ほし」と言ひて逃げて去にけり。

父、「なほ働かむ限りは」と思ひて、添ひてまもりければ、惟規、二つの手を挙げてかよりけるを、心も得で見るたりけるに、傍らなる人、「もし物書かむなど思すにや」と心得て問ひければ、うなづきければ、筆をぬらして、紙を具して取らせたりければ、かく書きたりけり。

　都にもわびしき人のあまたあればなほこのたびはいかむとぞ思ふ

問一　傍線部(a)〜(e)を漢字に改めなさい。はっきりと、くずさないで書くこと。

問二　傍線部(ア)「さらに業の深さを感じさせる」とあるが、どういうことか。八〇字以内で説明しなさい。

問三　傍線部(イ)「アンパンマンは個別的な存在でありながら、そうであるとはいい切れない」とあるが、どういうことか。八〇字以内で説明しなさい。

問四　傍線部(ウ)「ますますアンパンマン的状況が広まっている」とあるが、どういうことか。臓器移植の事例に即して、八〇字以内で説明しなさい。

問五　傍線部(エ)「無限複製されるアンパンマンの顔の自己犠牲性は、おそらくやなせがおもいつきもしなかった卓見を含んでいるのだろう」とあるが、どういうことか。本文全体の論旨を踏まえた上で、一六〇字以内で説明しなさい。

から自己の臓器を形成すること、それが実際に応用され、現実的にリンショウ(e)の場面でもちいられることはまだまだ先かもしれない。だがもともと受精卵であったES細胞をもちいた臓器のテクノロジー的形成が、「可能的に子供になりうる細胞」という素材であり、やはりカニバリズム的側面があったことを考えると、iPS細胞が理念的には自己生成する細胞であることには意味がある。これは自食のカニバリズムであるとさえいえる。自己犠牲と自己を救うことの回路が完結したこの場面では、カニバリズムは一個体のなかで完結してしまうことになる。

アンパンマンからは遠く離れてしまったかもしれない。だが飢えの問題から出発して、臓器移植に辿(たど)りつき、さらにiPS細胞による自己の身体の複製化には、そこで使用される臓器がいくらでも複製可能であることにおいて、アンパンマンのいれ替わる顔という知見は、いっそうひき延ばされているのだろう。それはおそらく、われわれの個別性、私のパーソナリティ、私の個別のいのちという事情を、しだいに消し去りつつあるのかもしれない。(エ)無限複製されるアンパンマンの顔の自己犠牲は、おそらくやせませがおもいつきもしなかった卓見を含んでいるのだろう。

（檜垣立哉『食べることの哲学』より、一部省略）

〔注〕　○大岡昇平 —— 小説家・評論家（一九〇九〜一九八八）。カニバリズムを扱った『野火』などを手がけた。
　　　　○ロゴス —— 「理性」などを示すギリシア語。
　　　　○ドナー —— 臓器の提供者。
　　　　○脳死 —— 脳全体の機能の停止状態を指す。
　　　　○生体移植 —— 生きている人の臓器を他人に移植すること。
　　　　○iPS細胞 —— 人工多能性幹細胞。ES細胞と同じく、あらゆる組織・臓器に分化しうる万能細胞。

か、これを再生産することはできない。しかしながら肉ということであればどうであろうか。現代のさまざまな場面で、身体へのテクノロジーが増してしていくなか、近い将来人間は人間の肉を不用なものとして切り捨て、あるいは必要であれば再生できるかもしれない。現代におけるアンパンマンの類似物をつくることは、不可能なテクノロジーではないかもしれないのである。アンパンマンの教えは実はこちらにあるとも考えられる。

　真面目にいえばこのはなしはいくらでも現代テクノロジーのもとで拡張可能なのである。医学においては臓器移植という問題がある。これはもとより、飢えにキインする(d)カニバリズムとはもちろん次元が違う。だが、自分が生きながらえるために他人を身体にとりこむという意味ではまさしく類似的な行為である。臓器移植するというこの技術は、これ自身、別の方向から考えられるべきアンパンマン的なカニバリズムにもおもえる。初期の臓器移植は、ドナーが亡くなったあと、その意思にしたがって、血液型の一致や免疫不全をおこしにくい患者へと、臓器をばらして届けていった。ドナーの臓器は亡くなったばかりの「新鮮な」ものであることが不可欠であったので、「脳死」という、死の概念についての定義づけ変更さえおこなわれている。そこでは、これまでは死んだと認識されていないひとを死んだことにして(そしてそれを科学的合理的な方法で、まさしくしたり顔で説明して)カニバリズムを可能にしたのである。私の勤めている学部の隣の医学部は、移植についてはきわめて重要な国の機関であるので、ヘリコプターが研究室の上空へ飛んでくるたびに、ああ、新鮮でぴちぴちとした臓器が届いたのだなという複雑な気持ちに襲われる。

　しかしそのうち、ある種の臓器については、(ウ)生体肝移植に代表される生体移植がなされるようになっている(死んでいなくてもよいのである)。これはますますアンパンマン的状況が広まっていることではないのか。それは誰かの(大抵は親族であるが)臓器を食している。口から食べるのではない。しかし生きるために身体にとりいれている。

　この方向における「アンパンマンの未来」は、すでに、バイオテクノロジーの進展において明示されているだろう。iPS細胞

せると、ジャムおじさんというコックの身なりをした登場人物が、ぱっとアンパンマンの顔をいれ替える。アンパンマンの顔そのものは複製可能で、何度もとり替えがきき、かくしてアンパンマンというキャラクターが死んだりすることはない。

これが相当に不思議な事態であることはいうまでもない。顔というのは、繰り返しになるが、人間のみならず四肢動物にとって、唯一性を示す人格を顕示するものなのだから。「誰か」という判断は、ふつうは「顔」によってなされる。食べられる以上に、唯一的なものがとり替え可能であるということは、その設定をさらに奇妙にさせている。

アンパンマンの顔を食べるときに、実はさしたる罪悪感をもたないのは、それがごく常識的な「アンパン」の（欠片の）形象をなしており、さらに上述のように一回食べても再生産されるものであるからだ。それゆえ、アンパンマンの顔がちぎれても、そしてそれがぱーっと飛んでいっても、そのこと自身には安心感すらある。アンパンマンは個別的な存在でありながら、そうであ<u>るとはいい切れない。これについて、どう考えるべきなのか。</u>

もちろん、そうである以上、アンパンマンを食べることはカニバリズムではない、という結論をだすことも可能だろう。再生されるということは、ちぎれば また生えてくる家庭菜園の野菜に近いともいえる。だが、それでもこれは人間のかたちをしたキャラクターである。どう考えるべきか。

別の視点でとらえれば、肉を食べること、カニバリズムであることを論じながらも、実際にはわれわれは、われわれ自身の身体をあまりよくみていないのかもしれない。

人間の個別性は、実は顔という器官をのぞけば、さしたる違いはない。自分の内臓のレントゲン写真をみせられても、それが自分のものか他人のものがわかるひとなどはほとんどいない。顔という特殊な器官をのぞけば、実は身体は、人間同士であれ、また四肢動物同士であれ、実際には似たり寄ったりである。

さらに、もっと荒唐無稽なことをのべることもできる。顔とは人格性の中心であるので、さすがにアンパンマンの世界でし

ただ私自身は、アンパンマンの作者であるやなせたかしという人物についても、この絵本（というか、すでに一種のキャラクターとして、アニメその他で多種多様にフキュウしているというべきだろう）についても、さして深く知っているわけではない。ただアンパンマンが、おなかがすいた者に、自分の顔を「食べさせる」ということは知っている。さらにいえば、それがやなせたかしの戦争従軍経験に依拠するものであるという事実も知識としてはもっている。飢えのなかで何かができること、何かしてあげることとは、飢えている生き物、飢えている同僚に食べ物を与える以外にはない。そしてその極北が、自分を食べてもらうということでしかないこともよくわかる。

ただし、アンパンマンが「自分を食べてよ」といって、自分の顔をむしりとって食べさせる姿は、異様なフンイキをかもしだすものではないだろうか。繰り返すが、アンパンマンが食べさせるものは顔なのである（もちろん、このキャラクターにとって顔がアンパンなのだから）。

この絵本の不思議さは、生命にとって、そしてとりわけ四肢動物全般にとって、その人格性＝パーソナリティを決定する器官である「顔」がそもそも食べ物であり、さらにそれを惜しげもなくちぎって相手に与えることにある。これは自分の肉を食べさせる、他人の肉を食べるというカニバリズムよりも、さらに業の深さを感じさせる所作ではないだろうか。余談であるが、ヴェジタリアンのイギリス人の同僚が、切り身として皿にのった刺身は食べられるが、焼き魚は食べられないと話してくれたことがある。逆に日本人にとっては、豚の丸焼きを連想すればわかりやすいだろう。顔を食べろというのは、たんなるカニバルなものではなく、相当な抵抗感をひきおこすものである。ところがアンパンマンは、顔こそを食べさせるのである。食べてはいけないものの最たる部分が食べ物であるという矛盾が、この絵本のもっとも重要で衝撃的な点ではないのだろうか。

ところがアンパンマンには、もうひとつの奇妙な細工がなされている。これもまた衝撃的であるのだが、アンパンマンの顔とは、いささか驚くべきことに、いくらでもとり替え可能なのである。アンパンマンは、おなかをすかせた者に自分の顔を食べさ

26　2019 年度　国語　　　　　　　　　　　　　　神戸大-文系前期

国語

（文・国際人間科・法・経済学部：一〇〇分　経営学部：八〇分）

（注意）　経営学部は一・二のみ解答のこと。

一　次の文章を読んで、問一～五に答えなさい。（配点八〇点）

　人食について、おそらくわれわれはきわめて得体の知れない、まさしく心の奥底の澱（おり）のような忌避感をもっている。われわれは動物であり、一定の(a)カンカクをもって食物を摂取しなければならない。植物のように光合成をしてエネルギーをつくることもできないし、草食動物のように大量の草を反芻（はんすう）することでいのちをながらえさせることもできない。何も食べ物がないときには、同種のものであれ何であれ、自らが生きるために食べる。食べなければ自分が死ぬ。

　だがそこで、人食をなすかなさないかは、きわめて繊細な問題をひきおこす。大岡昇平は、あくまでもキリスト教理念をもちだしつつ「言葉」と「ロゴス」の世界でそれを敢然と拒絶する。だがわれわれは、さまざまな動物が共喰（ともぐ）いをすること、場合によっては、それは生態系的にも生存戦略的にも合理的な行為であるとのべることさえ可能である。

　授業などでこの類いのはなしをすると、必ず学生が質問することがある。それはアンパンマンをどう考えるのかということである。

MEMO

MEMO

MEMO

############## **MEMO** ##

MEMO

教学社 刊行一覧

2024年版 大学入試シリーズ（赤本）
国公立大学（都道府県順）

378大学555点　全都道府県を網羅

全国の書店で取り扱っています。店頭にない場合は、お取り寄せができます。

1	北海道大学（文系-前期日程）
2	北海道大学（理系-前期日程）医
3	北海道大学（後期日程）
4	旭川医科大学（医学部〈医学科〉）医
5	小樽商科大学
6	帯広畜産大学
7	北海道教育大学
8	室蘭工業大学／北見工業大学
9	釧路公立大学
10	公立千歳科学技術大学
11	公立はこだて未来大学　総推
12	札幌医科大学（医学部）医
13	弘前大学
14	岩手大学
15	岩手県立大学・盛岡短期大学部・宮古短期大学部
16	東北大学（文系-前期日程）
17	東北大学（理系-前期日程）医
18	東北大学（後期日程）
19	宮城教育大学
20	宮城大学
21	秋田大学　医
22	秋田県立大学
23	国際教養大学　総推
24	山形大学　医
25	福島大学
26	会津大学
27	福島県立医科大学（医・保健科学部）医
28	茨城大学（文系）
29	茨城大学（理系）
30	筑波大学（推薦入試）医 総推
31	筑波大学（前期日程）
32	筑波大学（後期日程）
33	宇都宮大学
34	群馬大学　医
35	群馬県立女子大学
36	高崎経済大学
37	前橋工科大学
38	埼玉大学（文系）
39	埼玉大学（理系）
40	千葉大学（文系-前期日程）
41	千葉大学（理系-前期日程）医
42	千葉大学（後期日程）医
43	東京大学（文科）DL
44	東京大学（理科）DL 医
45	お茶の水女子大学
46	電気通信大学
47	東京医科歯科大学　医
48	東京外国語大学 DL
49	東京海洋大学
50	東京学芸大学
51	東京藝術大学
52	東京工業大学
53	東京農工大学
54	一橋大学（前期日程）DL
55	一橋大学（後期日程）
56	東京都立大学（文系）
57	東京都立大学（理系）
58	横浜国立大学（文系）
59	横浜国立大学（理系）
60	横浜市立大学（国際教養・国際商・理・データサイエンス・医〈看護〉学部）
61	横浜市立大学（医学部〈医学科〉）医
62	新潟大学（人文・教育〈文系〉・法・経済科・医〈看護〉・創生学部）
63	新潟大学（教育〈理系〉・理・医〈看護を除く〉・歯・工・農学部）医
64	新潟県立大学
65	富山大学（文系）
66	富山大学（理系）医
67	富山県立大学
68	金沢大学（文系）
69	金沢大学（理系）医
70	福井大学（教育・医〈看護〉・工・国際地域学部）
71	福井大学（医学部〈医学科〉）医
72	福井県立大学
73	山梨大学（教育・医〈看護〉・工・生命環境学部）
74	山梨大学（医学部〈医学科〉）医
75	都留文科大学
76	信州大学（文系-前期日程）
77	信州大学（理系-前期日程）医
78	信州大学（後期日程）
79	公立諏訪東京理科大学　総推
80	岐阜大学（前期日程）医
81	岐阜大学（後期日程）
82	岐阜薬科大学
83	静岡大学（前期日程）
84	静岡大学（後期日程）
85	浜松医科大学（医学部〈医学科〉）医
86	静岡県立大学
87	静岡文化芸術大学
88	名古屋大学（文系）
89	名古屋大学（理系）医
90	愛知教育大学
91	名古屋工業大学
92	愛知県立大学
93	名古屋市立大学（経済・人文社会・芸術工・看護・総合生命理・データサイエンス学部）
94	名古屋市立大学（医学部）医
95	名古屋市立大学（薬学部）
96	三重大学（人文・教育・医〈看護〉学部）
97	三重大学（医〈医〉・工・生物資源学部）医
98	滋賀大学
99	滋賀医科大学（医学部〈医学科〉）医
100	滋賀県立大学
101	京都大学（文系）
102	京都大学（理系）医
103	京都教育大学
104	京都工芸繊維大学
105	京都府立大学
106	京都府立医科大学（医学部〈医学科〉）医
107	大阪大学（文系）DL
108	大阪大学（理系）医
109	大阪教育大学
110	大阪公立大学（現代システム科学域〈文系〉・文・法・経済・商・看護・生活科〈居住環境・人間福祉〉学部-前期日程）
111	大阪公立大学（現代システム科学域〈理系〉・理・工・農・獣医・医・生活科〈食栄養〉学部-前期日程）医
112	大阪公立大学（中期日程）
113	大阪公立大学（後期日程）
114	神戸大学（文系-前期日程）
115	神戸大学（理系-前期日程）医
116	神戸大学（後期日程）
117	神戸市外国語大学 DL
118	兵庫県立大学（国際商経・社会情報科・看護学部）
119	兵庫県立大学（工・理・環境人間学部）
120	奈良教育大学／奈良県立大学
121	奈良女子大学
122	奈良県立医科大学（医学部〈医学科〉）医
123	和歌山大学
124	和歌山県立医科大学（医・薬学部）医
125	鳥取大学　医
126	公立鳥取環境大学
127	島根大学　医
128	岡山大学（文系）
129	岡山大学（理系）医
130	岡山県立大学
131	広島大学（文系-前期日程）
132	広島大学（理系-前期日程）医
133	広島大学（後期日程）
134	尾道市立大学　総推
135	県立広島大学
136	広島市立大学
137	福山市立大学　総推
138	山口大学（人文・教育〈文系〉・経済・医〈看護〉・国際総合科学部）
139	山口大学（教育〈理系〉・理・医〈看護を除く〉・工・農・共同獣医学部）医
140	山陽小野田市立山口東京理科大学　総推
141	下関市立大学／山口県立大学
142	徳島大学　医
143	香川大学　医
144	愛媛大学　医
145	高知大学　医
146	高知工科大学
147	九州大学（文系-前期日程）
148	九州大学（理系-前期日程）医
149	九州大学（後期日程）
150	九州工業大学
151	福岡教育大学
152	北九州市立大学
153	九州歯科大学
154	福岡県立大学／福岡女子大学
155	佐賀大学　医
156	長崎大学（多文化社会・教育〈文系〉・経済・医〈保健〉・環境科〈文系〉学部）
157	長崎大学（教育〈理系〉・医〈医〉・歯・薬・情報データ科学・工・環境科〈理系〉・水産学部）医
158	長崎県立大学　総推
159	熊本大学（文・教育・法・医〈看護〉学部）
160	熊本大学（理・医〈看護を除く〉・薬・工学部）医
161	熊本県立大学
162	大分大学（教育・経済・医〈看護〉・理工・福祉健康科学部）
163	大分大学（医学部〈医学科〉）医
164	宮崎大学（教育・医〈看護〉・工・農・地域資源創成学部）医
165	宮崎大学（医学部〈医学科〉）医
166	鹿児島大学（文系）
167	鹿児島大学（理系）医
168	琉球大学　医

2024年版　大学入試シリーズ（赤本）

国公立大学 その他

169 〔国公立大〕医学部医学科 総合型選抜・学校推薦型選抜 医総推
170 看護・医療系大学〈国公立 東日本〉
171 看護・医療系大学〈国公立 中日本〉
172 看護・医療系大学〈国公立 西日本〉
173 海上保安大学校／気象大学校
174 航空保安大学校
175 国立看護大学校
176 防衛大学校 総推
177 防衛医科大学校（医学科）医
178 防衛医科大学校（看護学科）

※No.169～172の収載大学は赤本ウェブサイト（http://akahon.net/）でご確認ください。

私立大学①

北海道の大学（50音順）
201 札幌大学
202 札幌学院大学
203 北星学園大学・短期大学部
204 北海学園大学
205 北海道医療大学
206 北海道科学大学
207 北海道武蔵女子短期大学
208 酪農学園大学（獣医学群〈獣医学類〉）

東北の大学（50音順）
209 岩手医科大学（医・歯・薬学部）医
210 仙台大学 総推
211 東北医科薬科大学（医・薬学部）
212 東北学院大学
213 東北工業大学
214 東北福祉大学
215 宮城学院女子大学 総推

関東の大学（50音順）
あ行（関東の大学）
216 青山学院大学（法・国際政治経済学部－個別学部日程）
217 青山学院大学（経済学部－個別学部日程）
218 青山学院大学（経営学部－個別学部日程）
219 青山学院大学（文・教育人間科学部－個別学部日程）
220 青山学院大学（総合文化政策・社会情報・地球社会共生・コミュニティ人間科学部－個別学部日程）
221 青山学院大学（理工学部－個別学部日程）
222 青山学院大学（全学部日程）
223 麻布大学（獣医、生命・環境科学部）
224 亜細亜大学
225 跡見学園女子大学
226 桜美林大学
227 大妻女子大学・短期大学部

か行（関東の大学）
228 学習院大学（法学部－コア試験）
229 学習院大学（経済学部－コア試験）
230 学習院大学（文学部－コア試験）
231 学習院大学（国際社会科学部－コア試験）
232 学習院大学（理学部－コア試験）
233 学習院女子大学
234 神奈川大学（給費生試験）
235 神奈川大学（一般入試）
236 神奈川工科大学
237 鎌倉女子大学・短期大学部
238 川村学園女子大学
239 神田外語大学
240 関東学院大学
241 北里大学（理学部）
242 北里大学（医学部）医
243 北里大学（薬学部）
244 北里大学（看護・医療衛生学部）
245 北里大学（未来工・獣医・海洋生命科学部）
246 共立女子大学・短期大学
247 杏林大学（医学部）医
248 杏林大学（保健学部）
249 群馬医療福祉大学 新
250 群馬パース大学 総推

さ行（関東の大学）
251 慶應義塾大学（法学部）
252 慶應義塾大学（経済学部）
253 慶應義塾大学（商学部）
254 慶應義塾大学（文学部）総推
255 慶應義塾大学（総合政策学部）
256 慶應義塾大学（環境情報学部）
257 慶應義塾大学（理工学部）
258 慶應義塾大学（医学部）医
259 慶應義塾大学（薬学部）
260 慶應義塾大学（看護医療学部）
261 工学院大学
262 國學院大學
263 国際医療福祉大学 医
264 国際基督教大学
265 国士舘大学
266 駒澤大学（一般選抜T方式・S方式）
267 駒澤大学（全学部統一日程選抜）
268 埼玉医科大学（医学部）医
269 相模女子大学・短期大学部
270 産業能率大学
271 自治医科大学（医学部）医
272 自治医科大学（看護学部）／東京慈恵会医科大学（医学部〈看護学科〉）
273 実践女子大学 総推
274 芝浦工業大学（前期日程〈英語資格・検定試験利用方式を含む〉）
275 芝浦工業大学（全学統一日程〈英語資格・検定試験利用方式を含む〉・後期日程）
276 十文字学園女子大学
277 淑徳大学
278 順天堂大学（医学部）医
279 順天堂大学（スポーツ健康科・医療看護・保健看護・国際教養・保健医療・医療科・健康データサイエンス学部）総推
280 城西国際大学 新
281 上智大学（神・文・総合人間科学部）
282 上智大学（法・経済学部）
283 上智大学（外国語・総合グローバル学部）
284 上智大学（理工学部）
285 上智大学（TEAPスコア利用方式）
286 湘南工科大学
287 昭和大学（医学部）医
288 昭和大学（歯・薬・保健医療学部）
289 昭和女子大学
290 昭和薬科大学
291 女子栄養大学・短期大学部
292 白百合女子大学
293 成蹊大学（法学部－A方式）
294 成蹊大学（経済・経営学部－A方式）
295 成蹊大学（文学部－A方式）
296 成蹊大学（理工学部－A方式）
297 成蹊大学（E方式・G方式・P方式）
298 成城大学（経済・社会イノベーション学部－A方式）
299 成城大学（文芸・法学部－A方式）
300 成城大学（S方式〈全学部統一選抜〉）
301 聖心女子大学
302 清泉女子大学

303 聖徳大学・短期大学部
304 聖マリアンナ医科大学 医
305 聖路加国際大学（看護学部）
306 専修大学（スカラシップ・全国入試）
307 専修大学（学部個別入試）
308 専修大学（全学部統一入試）

た行（関東の大学）
309 大正大学
310 大東文化大学
311 高崎健康福祉大学 総推
312 拓殖大学
313 玉川大学
314 多摩美術大学
315 千葉工業大学
316 千葉商科大学
317 中央大学（法学部－学部別選抜）
318 中央大学（経済学部－学部別選抜）
319 中央大学（商学部－学部別選抜）
320 中央大学（文学部－学部別選抜）
321 中央大学（総合政策学部－学部別選抜）
322 中央大学（国際経営・国際情報学部－学部別選抜）
323 中央大学（理工学部－学部別選抜）
324 中央大学（6学部共通選抜）
325 中央学院大学
326 津田塾大学
327 帝京大学（薬・経済・法・文・外国語・教育・理工・医療技術・福岡医療技術学部）
328 帝京大学（医学部）医
329 帝京科学大学 総推
330 帝京平成大学 総推
331 東海大学（医〈医〉学部を除く一般選抜）
332 東海大学（文系・理系学部統一選抜）
333 東海大学（医学部〈医学科〉）医
334 東京医科大学（医学部〈医学科〉）医
335 東京家政大学・短期大学部 総推
336 東京経済大学
337 東京工科大学
338 東京工芸大学
339 東京国際大学
340 東京歯科大学
341 東京慈恵会医科大学（医学部〈医学科〉）医
342 東京情報大学
343 東京女子大学
344 東京女子医科大学（医学部）医
345 東京電機大学
346 東京都市大学
347 東京農業大学
348 東京薬科大学（薬学部）総推
349 東京薬科大学（生命科学部）総推
350 東京理科大学（工学部－B方式）
351 東京理科大学（創域理工学部－B方式・S方式）
352 東京理科大学（工学部－B方式）
353 東京理科大学（先進工学部－B方式）
354 東京理科大学（薬学部－B方式）
355 東京理科大学（経営学部－B方式）
356 東京理科大学（C方式、グローバル方式、理学部〈第二部〉－B方式）

2024年版　大学入試シリーズ（赤本）

私立大学②

357 東邦大学（医学部）医
358 東邦大学（薬学部）
359 東邦大学（理・看護・健康科学部）
360 東洋大学（文・経済・経営・法・社会・国際・国際観光学部）
361 東洋大学（情報連携・福祉社会デザイン・健康スポーツ科・理工・総合情報・生命科・食環境科学部）
362 東洋大学（英語（3日程×3カ年））新
363 東洋大学（国語（3日程×3カ年））新
364 東洋大学（日本史・世界史〈2日程×3カ年〉）新
365 東洋英和女学院大学
366 常磐大学・短期大学 総推
367 獨協大学
368 獨協医科大学（医学部）医

な行（関東の大学）
369 二松学舎大学
370 日本大学（法学部）
371 日本大学（経済学部）
372 日本大学（商学部）
373 日本大学（文理学部〈文系〉）
374 日本大学（文理学部〈理系〉）
375 日本大学（芸術学部）
376 日本大学（国際関係学部）
377 日本大学（危機管理・スポーツ科学部）
378 日本大学（理工学部）
379 日本大学（生産工・工学部）
380 日本大学（生物資源科学部）
381 日本大学（医学部）医
382 日本大学（歯・松戸歯学部）
383 日本大学（薬学部）
384 日本大学（医学部を除く-N全学統一方式）
385 日本医科大学 医
386 日本工業大学
387 日本歯科大学
388 日本社会事業大学 新総推
389 日本獣医生命科学大学
390 日本女子大学
391 日本体育大学

は行（関東の大学）
392 白鷗大学（学業特待選抜・一般選抜）
393 フェリス女学院大学
394 文教大学
395 法政大学（法〈法律・政治〉・国際文化・キャリアデザイン学部-A方式）
396 法政大学（法〈国際政治〉・文・経営・人間環境・グローバル教養学部-A方式）
397 法政大学（経済・社会・現代福祉・スポーツ健康学部-A方式）
398 法政大学（情報科・デザイン工・理工・生命科学部-A方式）
399 法政大学（T日程〈統一日程〉・英語外部試験利用入試）
400 星薬科大学 総推

ま行（関東の大学）
401 武蔵大学
402 武蔵野大学
403 武蔵野美術大学
404 明海大学
405 明治大学（法学部-学部別入試）
406 明治大学（政治経済学部-学部別入試）
407 明治大学（商学部-学部別入試）
408 明治大学（経営学部-学部別入試）
409 明治大学（文学部-学部別入試）
410 明治大学（国際日本学部-学部別入試）
411 明治大学（情報コミュニケーション学部-学部別入試）
412 明治大学（理工学部-学部別入試）

413 明治大学（総合数理学部-学部別入試）
414 明治大学（農学部-学部別入試）
415 明治大学（全学部統一入試）
416 明治学院大学（A日程）
417 明治学院大学（全学部日程）
418 明治薬科大学 総
419 明星大学
420 目白大学・短期大学部

ら・わ行（関東の大学）
421 立教大学（文系学部-一般入試〈大学独自の英語を課さない日程〉）
422 立教大学（国語〈3日程×3カ年〉）
423 立教大学（日本史・世界史〈2日程×3カ年〉）
424 立教大学（文学部-一般入試〈大学独自の英語を課す日程〉）
425 立教大学（理学部-一般入試）
426 立正大学
427 早稲田大学（法学部）
428 早稲田大学（政治経済学部）
429 早稲田大学（商学部）
430 早稲田大学（社会科学部）
431 早稲田大学（文学部）
432 早稲田大学（文化構想学部）
433 早稲田大学（教育学部〈文科系〉）
434 早稲田大学（教育学部〈理科系〉）
435 早稲田大学（人間科・スポーツ科学部）
436 早稲田大学（国際教養学部）
437 早稲田大学（基幹理工・創造理工・先進理工学部）
438 和洋女子大学 総推

中部の大学（50音順）
439 愛知大学
440 愛知医科大学（医学部）医
441 愛知学院大学・短期大学部
442 愛知工業大学
443 愛知淑徳大学
444 朝日大学
445 金沢医科大学（医学部）医
446 金沢工業大学
447 岐阜聖徳学園大学・短期大学部 総推
448 金城学院大学
449 至学館大学
450 静岡理工科大学
451 椙山女学園大学
452 大同大学
453 中京大学
454 中部大学
455 名古屋外国語大学 総推
456 名古屋学院大学 総推
457 名古屋学芸大学 総推
458 名古屋女子大学・短期大学部 総推
459 南山大学（外国語〈英米〉・法・総合政策・国際教養学部）
460 南山大学（人文・外国語〈英米を除く〉・経済・経営・理工学部）
461 新潟国際情報大学
462 日本福祉大学
463 福井工業大学
464 藤田医科大学（医学部）医
465 藤田医科大学（医療科・保健衛生学部）
466 名城大学（法・経営・経済・外国語・人間・都市情報学部）
467 名城大学（情報工・理工・農・薬学部）
468 山梨学院大学

近畿の大学（50音順）
469 追手門学院大学 総推
470 大阪医科薬科大学（医学部）医
471 大阪医科薬科大学（薬学部）総推
472 大阪学院大学 総推

473 大阪経済大学 総推
474 大阪経済法科大学 総推
475 大阪工業大学 総推
476 大阪国際大学・短期大学部 総推
477 大阪産業大学 総推
478 大阪歯科大学（歯学部）
479 大阪商業大学 総推
481 大阪成蹊大学・短期大学 総推
482 大谷大学 総推
483 大手前大学・短期大学 総推
484 関西大学（文系）
485 関西大学（理系）
486 関西大学（英語〈3日程×3カ年〉）
487 関西大学（国語〈3日程×3カ年〉）
488 関西大学（文系選択科目〈2日程×3カ年〉）
489 関西医科大学（医学部）医
490 関西医療大学 総推
491 関西外国語大学・短期大学部 総推
492 関西学院大学（文・社会・法学部-学部個別日程）
493 関西学院大学（経済・人間福祉・国際学部-学部個別日程）
494 関西学院大学（神・商・教育・総合政策学部-学部個別日程）
495 関西学院大学（全学部日程〈文系型〉）
496 関西学院大学（全学部日程〈理系型〉）
497 関西学院大学（共通テスト併用日程・英数日程）
498 畿央大学 総推
499 京都外国語大学・短期大学 総推
500 京都光華女子大学・短期大学部 総推
501 京都産業大学（公募推薦入試）総推
502 京都産業大学（一般選抜入試〈前期日程〉）
503 京都女子大学 総推
504 京都先端科学大学 総推
505 京都橘大学 総推
506 京都ノートルダム女子大学 総推
507 京都薬科大学 総推
508 近畿大学・短期大学部（医学部を除く-推薦入試）総推
509 近畿大学・短期大学部（医学部を除く-一般入試前期）
510 近畿大学（英語〈医学部を除く3日程×3カ年〉）新
511 近畿大学（理系数学〈医学部を除く3日程×3カ年〉）新
512 近畿大学（国語〈医学部を除く3日程×3カ年〉）新
513 近畿大学（医学部-推薦入試・一般入試前期）総推
514 近畿大学・短期大学部（一般入試後期）医
515 皇學館大学 総推
516 甲南大学 総推
517 甲南女子大学 総推
518 神戸学院大学 総推
519 神戸国際大学 総推
520 神戸女学院大学 総推
521 神戸女子大学・短期大学 総推
522 神戸薬科大学 総推
523 四天王寺大学・短期大学部 総推
524 摂南大学（公募制推薦入試）総推
525 摂南大学（一般選抜前期日程）
526 帝塚山学院大学 新総推
527 同志社大学（法、グローバル・コミュニケーション学部-学部個別日程）
528 同志社大学（文・経済学部-学部個別日程）
529 同志社大学（神・商・心理・グローバル地域文化学部-学部個別日程）
530 同志社大学（社会学部-学部個別日程）

2024年版 大学入試シリーズ（赤本）

私立大学③

530	同志社大学（政策・文化情報〈文系型〉・スポーツ健康科〈文系型〉学部−学部個別日程）	546	立命館大学（英語〈全学統一方式3日程×3カ年〉）
531	同志社大学（理工・生命医科・文化情報〈理系型〉・スポーツ健康科〈理系型〉学部−学部個別日程）	547	立命館大学（国語〈全学統一方式3日程×3カ年〉）
532	同志社大学（全学部日程）	548	立命館大学（文系選択科目〈全学統一方式2日程×3カ年〉）
533	同志社女子大学 総推	549	立命館大学（IR方式〈英語資格試験利用型〉・共通テスト併用方式）／立命館アジア太平洋大学（共通テスト併用方式）
534	奈良大学 総推	
535	奈良学園大学 総推	550	立命館大学（後期分割方式・「経営学部で学ぶ感性＋共通テスト」方式）／立命館アジア太平洋大学（後期方式）
536	阪南大学	
537	姫路獨協大学	
538	兵庫医科大学（医学部） 医	551	龍谷大学・短期大学部（公募推薦入試） 総推
539	兵庫医科大学（薬・看護・リハビリテーション学部） 総推	552	龍谷大学・短期大学部（一般選抜入試）
		中国の大学（50音順）	
540	佛教大学	553	岡山商科大学 総推
541	武庫川女子大学・短期大学部 総推	554	岡山理科大学 総推
542	桃山学院大学／桃山学院教育大学 総推	555	川崎医科大学 医
543	大和大学・大和大学白鳳短期大学部 総推	556	吉備国際大学 総推
544	立命館大学（文系−全学統一方式・学部個別配点方式）／立命館アジア太平洋大学（前期方式・英語重視方式）	557	就実大学 総推
		558	広島経済大学
		559	広島国際大学 総推
545	立命館大学（理系−全学統一方式・学部個別配点方式・理系型3教科方式・薬学方式）	560	広島修道大学
		561	広島文教大学 総推
		562	福山大学／福山平成大学
		563	

564	安田女子大学・短期大学 総推	
四国の大学（50音順）		
565	徳島文理大学	
566	松山大学	
九州の大学（50音順）		
567	九州産業大学	
568	九州保健福祉大学 総推	
569	熊本学園大学	
570	久留米大学（文・人間健康・法・経済・商学部）	
571	久留米大学（医学部〈医学科〉） 医	
572	産業医科大学（医学部） 医	
573	西南学院大学（商・経済・法・人間科学部−A日程）	
574	西南学院大学（神・外国語・国際文化学部−A日程／全学部−F日程）	
575	福岡大学（医学部医学科を除く−学校推薦型選抜・一般選抜系統別日程） 総推	
576	福岡大学（医学部医学科を除く−一般選抜前期日程）	
577	福岡大学（医学部〈医学科〉−学校推薦型選抜・一般選抜系統別日程） 医 総推	
578	福岡工業大学	
579	令和健康科学大学	

医 医学部医学科を含む
総推 総合型選抜または学校推薦型選抜を含む
DL リスニング音声配信　新 2023年 新刊・復刊

掲載している入試の種類や試験科目、収録年数などはそれぞれ異なります。詳細については、それぞれの本の目次や赤本ウェブサイトでご確認ください。

akahon.net

赤本｜ 検索

難関校過去問シリーズ

出題形式別・分野別に収録した
「**入試問題事典**」
19大学 71点
定価 2,310〜2,530円（本体2,100〜2,300円）

先輩合格者はこう使った！
「難関校過去問シリーズの使い方」

61年,全部載せ！
要約演習で、総合力を鍛える
東大の英語 要約問題 UNLIMITED

国公立大学

- 東大の英語25カ年［第11版］
- 東大の英語リスニング20カ年［第8版］ⓒ
- 東大の英語 要約問題 UNLIMITED
- 東大の文系数学25カ年［第11版］
- 東大の理系数学25カ年［第11版］
- 東大の現代文25カ年［第11版］
- 東大の古典25カ年［第11版］
- 東大の日本史25カ年［第8版］
- 東大の世界史25カ年［第8版］
- 東大の地理25カ年［第8版］
- 東大の物理25カ年［第8版］
- 東大の化学25カ年［第8版］
- 東大の生物25カ年［第8版］
- 東工大の英語20カ年［第7版］
- 東工大の数学20カ年［第8版］
- 東工大の物理20カ年［第4版］
- 東工大の化学20カ年［第4版］
- 一橋大の英語20カ年［第8版］
- 一橋大の数学20カ年［第8版］

- 一橋大の国語20カ年［第5版］
- 一橋大の日本史20カ年［第5版］
- 一橋大の世界史20カ年［第5版］
- 京大の英語25カ年［第12版］
- 京大の文系数学25カ年［第12版］
- 京大の理系数学25カ年［第12版］
- 京大の現代文25カ年［第2版］
- 京大の古典25カ年［第2版］
- 京大の日本史20カ年［第3版］
- 京大の世界史20カ年［第3版］
- 京大の物理25カ年［第9版］
- 京大の化学25カ年［第9版］
- 北大の英語15カ年［第8版］
- 北大の理系数学15カ年［第8版］
- 北大の物理15カ年［第2版］
- 北大の化学15カ年［第2版］
- 東北大の英語15カ年［第8版］
- 東北大の理系数学15カ年［第8版］
- 東北大の物理15カ年［第2版］

- 東北大の化学15カ年［第2版］
- 名古屋大の英語15カ年［第8版］
- 名古屋大の理系数学15カ年［第8版］
- 名古屋大の物理15カ年［第2版］
- 名古屋大の化学15カ年［第2版］
- 阪大の英語20カ年［第9版］
- 阪大の文系数学20カ年［第3版］
- 阪大の理系数学20カ年［第9版］
- 阪大の国語15カ年［第3版］
- 阪大の物理20カ年［第8版］
- 阪大の化学20カ年［第6版］
- 九大の英語15カ年［第3版］
- 九大の理系数学15カ年［第7版］ⓒ
- 九大の物理15カ年［第2版］
- 九大の化学15カ年［第2版］
- 神戸大の英語15カ年［第9版］
- 神戸大の数学15カ年［第5版］
- 神戸大の国語15カ年［第3版］

私立大学

- 早稲田の英語［第10版］
- 早稲田の国語［第8版］
- 早稲田の日本史［第8版］
- 早稲田の世界史［第2版］
- 慶應の英語［第10版］
- 慶應の小論文［第2版］
- 明治大の英語［第8版］
- 明治大の国語
- 明治大の日本史
- 中央大の英語［第8版］
- 法政大の英語［第8版］
- 同志社大の英語［第10版］
- 立命館大の英語［第10版］ⓒ
- 関西大の英語［第10版］ⓒ
- 関西学院大の英語［第10版］ⓒ

ⓒ リスニングCDつき
ⓧ 2023年 改訂

共通テスト対策関連書籍

共通テスト対策 も 赤本で

❶ 過去問演習

2024年版 共通テスト赤本シリーズ 全13点

A5判／定価1,210円（本体1,100円）

▌これまでの共通テスト本試験 全日程収載!!＋プレテストも
▌英語・数学・国語には，本書オリジナル模試も収載！
▌英語はリスニングを11回分収載！ 赤本の音声サイトで本番さながらの対策！

- 英語 リスニング／リーディング※1
- 数学Ⅰ・A／Ⅱ・B※2
- 国語※2
- 日本史B
- 世界史B
- 地理B
- 現代社会
- 倫理, 政治・経済／倫理
- 政治・経済
- 物理／物理基礎
- 化学／化学基礎
- 生物／生物基礎
- 地学基礎

付録：地学

音声無料配信　※1 模試2回分収載　※2 模試1回分収載

❷ 自己分析

赤本ノートシリーズ　過去問演習の効果を最大化

▶ 共通テスト対策には

赤本ノート（共通テスト用）

赤本ルーズリーフ（共通テスト用）

共通テスト赤本シリーズ
Smart Startシリーズ
全28点に対応!!

▶ 二次・私大対策には

赤本ノート（二次・私大用）

大学入試シリーズ
全555点に対応!!

❸ 重点対策

Smart Startシリーズ　共通テスト スマート対策　3訂版

基礎固め＆苦手克服のための**分野別対策問題集!!**

- 英語（リーディング）
- 英語（リスニング）
- 数学Ⅰ・A
- 数学Ⅱ・B
- 国語（現代文）
- 国語（古文・漢文）
- 日本史B
- 世界史B
- 地理B
- 現代社会
- 物理
- 化学
- 生物
- 化学基礎・生物基礎
- 生物基礎・地学基礎

共通テスト本番の内容を反映！
全15点好評発売中！

音声無料配信

A5判／定価1,210円（本体1,100円）

手軽なサイズの実戦的参考書

目からウロコのコツが満載！
直前期にも！

満点のコツシリーズ

赤本ポケット

いつも受験生のそばに──赤本

大学入試シリーズ＋α
入試対策も共通テスト対策も赤本で

入試対策
赤本プラス

赤本プラスとは、**過去問演習の効果を最大にするためのシリーズ**です。「赤本」であぶり出された弱点を、赤本プラスで克服しましょう。

- 大学入試 すぐわかる英文法 DL
- 大学入試 ひと目でわかる英文読解
- 大学入試 絶対できる英語リスニング DL
- 大学入試 すぐ書ける自由英作文
- 大学入試 ぐんぐん読める英語長文[BASIC]
- 大学入試 ぐんぐん読める英語長文[STANDARD]
- 大学入試 ぐんぐん読める英語長文[ADVANCED]
- 大学入試 最短でマスターする
  数学Ⅰ・Ⅱ・Ⅲ・A・B・C 新 ◎
- 大学入試 突破力を鍛える最難関の数学 新
- 大学入試 ちゃんと身につく物理 新 ◎
- 大学入試 もっと身につく物理問題集
  （①力学・波動） 新 ◎
- 大学入試 もっと身につく物理問題集
  （②熱力学・電磁気・原子） 新 ◎

入試対策
英検®赤本シリーズ

英検®（実用英語技能検定）の対策書。
過去問集と参考書で万全の対策ができます。

▶過去問集（2023年度版）
- 英検®準1級過去問集 DL
- 英検®2級過去問集 DL
- 英検®準2級過去問集 DL
- 英検®3級過去問集 DL

▶参考書
- 竹岡の英検®準1級マスター DL
- 竹岡の英検®2級マスター CD DL
- 竹岡の英検®準2級マスター CD DL
- 竹岡の英検®3級マスター CD DL

入試対策
赤本プレミアム

「これぞ京大！」という問題・テーマのみで構成したベストセレクションの決定版！

- 京大数学プレミアム[改訂版]
- 京大古典プレミアム

 リスニングCDつき 音声無料配信
 2023年刊行 ◎ 新課程版

入試対策
赤本メディカルシリーズ

過去問を徹底的に研究し、独自の出題傾向をもつメディカル系の入試に役立つ内容を精選した実戦的なシリーズ。

- [国公立大]医学部の英語[3訂版]
- 私立医大の英語[長文読解編][3訂版]
- 私立医大の英語[文法・語法編][改訂版]
- 医学部の実戦小論文[3訂版]
- [国公立大]医学部の数学
- 私立医大の数学
- 医歯薬系の英単語[4訂版]
- 医系小論文 最頻出論点20[3訂版]
- 医学部の面接[4訂版]

入試対策
体系シリーズ

国公立大二次・難関私大突破へ、自学自習に適したハイレベル問題集。

- 体系英語長文
- 体系英作文
- 体系数学Ⅰ・A
- 体系数学Ⅱ・B
- 体系現代文
- 体系古文
- 体系日本史
- 体系世界史
- 体系物理[第6版]
- 体系物理[第7版] 新 ◎
- 体系化学[第2版]
- 体系生物

入試対策
単行本

▶英語
- Q&A即決英語勉強法
- TEAP攻略問題集 CD
- 東大の英単語[新装版]
- 早慶上智の英単語[改訂版]

▶数学
- 稲荷の独習数学

▶国語・小論文
- 著者に注目！現代文問題集
- ブレない小論文の書き方 樋口式ワークノート

▶理科
- 折戸の独習物理

▶レシピ集
- 奥薗壽子の赤本合格レシピ

入試対策 | 共通テスト対策
赤本手帳

- 赤本手帳（2024年度受験用）プラムレッド
- 赤本手帳（2024年度受験用）インディゴブルー
- 赤本手帳（2024年度受験用）ナチュラルホワイト

入試対策
風呂で覚えるシリーズ

水をはじく特殊な紙を使用。いつでもどこでも読めるから、ちょっとした時間を有効に使える！

- 風呂で覚える英単語[4訂新装版]
- 風呂で覚える英熟語[改訂新装版]
- 風呂で覚える古文単語[改訂新装版]
- 風呂で覚える古文文法[改訂新装版]
- 風呂で覚える漢文[改訂新装版]
- 風呂で覚える日本史[年代][改訂新装版]
- 風呂で覚える世界史[年代][改訂新装版]
- 風呂で覚える倫理[改訂]
- 風呂で覚える化学[3訂新装版]
- 風呂で覚える百人一首[改訂版]

共通テスト対策
満点のコツシリーズ

共通テストで満点を狙うための実戦的参考書。重要度の増したリスニング対策は「カリスマ講師」竹岡広信が一回読みにも対応できるコツを伝授！

- 共通テスト英語[リスニング] 満点のコツ DL
- 共通テスト古文 満点のコツ
- 共通テスト漢文 満点のコツ
- 共通テスト化学基礎 満点のコツ
- 共通テスト生物基礎 満点のコツ

入試対策 | 共通テスト対策
赤本ポケットシリーズ

▶共通テスト対策
- 共通テスト日本史[文化史]

▶系統別進路ガイド
- デザイン系学科をめざすあなたへ
- 心理学科をめざすあなたへ[改訂版]

英語の過去問、解きっぱなしにしていませんか?

大学合格のカギとなる勉強サイクル

STEP.1 解く!!
STEP.2 分析!!
STEP.3 対策!!

過去問を解いてみると、自分の弱い部分が見えてくる!

受験生は、英語のこんなことで悩んでいる…!?

【文法編】
- 😟 英文法の基礎に自信が持てない…
- 😊 入試で大事なところを反復しよう
- 😟 英文法の文法用語自体が難しい…
- 😊 シンプルな説明で整理しながら覚えよう!

【英文読解編】
- 😟 単語をつなぎ合わせて読んでます…
- 😊 まずは頻出の構文パターンを頭に叩き込もう
- 😟 下線部訳が苦手…
- 😊 SVOCを丁寧に分析できるようになろう

【英語長文編】
- 😟 いつも時間切れになってしまう…
- 😊 速読を妨げる原因を見つけよう
- 😟 何度も同じところを読み返してしまう…
- 😊 展開を予測しながら読み進めよう

【リスニング編】
- 😟 リスニングの勉強の仕方がわからない…
- 😊 まずはディクテーションから始めよう
- 😟 勘で解いてます…
- 😊 シャドーイングで英語の音声の特徴を知ろう

【自由英作文編】
- 😟 何から手をつけたらよいの…?
- 😊 志望校の出題形式や頻出テーマをチェック!
- 😟 自由と言われてもどう書き始めたらよいの…?
- 😊 自由英作文特有の「解答の型」を知ろう

こんな悩み😟をまるっと解決😊してくれるのが、赤本プラスです。

大学入試 すぐわかる **英文法**
基礎から応用まで大事なところをカバー!

大学入試 ひと目でわかる **英文読解**
英文構造がビジュアルで理解できる!

大学入試 ぐんぐん読める **英語長文** BASIC/STANDARD/ADVANCED
6つのステップで、英語が「正確に」「速く」読めるようになる!

大学入試 絶対できる **英語リスニング**
問題演習+シャドーイングで英語耳をつくる!

大学入試 すぐ書ける **自由英作文**
頻出テーマ×重要度順 最大効率で対策できる!

今、知りたい情報をお届け！
赤本チャンネル & 赤本ブログ

スキマ時間にぴったり！

YouTubeやTikTokで受験対策！

▶ 赤本チャンネル

大学別講座や共通テスト対策など、**受験に役立つ動画を公開中！**

YouTube

TikTok

竹岡広信先生 特別講座
「過去問を最大限に活用する方法はコレです。」

登木健司先生による
英文読解特別授業

山添玉基先生と
宮下卓也先生による
共通テスト英語対策

✎ 赤本ブログ

先輩合格者や有名予備校講師の
オススメ勉強法など、**受験に役立つ記事が充実。**

詳しくはこちら

玉置全人先生 特別講義
「過去問の完璧な活用法」

住吉千波先生に聞く
「苦手な人のための受験数学」

2022年度先輩合格者に聞く
失敗談やアドバイス